好学深思 心知其意

——司马迁《史记》二十讲

刘国民 著

中国社会科学出版社

图书在版编目（CIP）数据

好学深思 心知其意：司马迁《史记》二十讲/刘国民著．—北京：
中国社会科学出版社，2009.9
ISBN 978-7-5004-8070-9

Ⅰ．好… Ⅱ．刘… Ⅲ．史记—研究 Ⅳ．K204.2

中国版本图书馆 CIP 数据核字（2009）第 148121 号

责任编辑　雁　声
特邀编辑　广　思
责任校对　石春梅
封面设计　大鹏工作室
技术编辑　戴　宽

出版发行　中国社会科学出版社
社　　址　北京鼓楼西大街甲 158 号　　邮　编　100720
电　　话　010－84029450（邮购）
网　　址　http：//www.csspw.cn
经　　销　新华书店
印　　刷　北京君升印刷有限公司　　装　订　广增装订厂
版　　次　2009 年 9 月第 1 版　　印　次　2009 年 9 月第 1 次印刷
开　　本　710×1000　1/16
印　　张　24　　插　页　2
字　　数　370 千字
定　　价　38.00 元

前　言

《史记》的文本解释

　　研究司马迁《史记》的基本方法有二：一是思想研究的方法；二是文献研究的方法。

　　其一，思想研究的方法，是重在阐释《史记》文本的思想意义。但大多数研究者往往抛开《史记》文本，空言《史记》的义理思想；有时从《史记》文本中"断章取义"地征引片段材料，以证明自己的观点，且对征引的文本材料也没有认真的细读和深入的理解，以致流于文人的胡说、乱说、妄说。

　　其二，文献研究的方法，着力于《史记》文本之文字的训诂、名物制度的疏释等，属于清人所谓训诂、考据的范围。这种研究方法仅涉及《史记》文献之表面的解释，颇有化约倾向，无法深入到《史记》的思想世界。首先抄录《史记》的一大篇原文，然后对其字词句作出训释。训释完了，任务就完成了，似乎读者因此也可把握到文本的义理思想，即所谓"训诂明，则打基础在训诂上的义理也明"。殊不知，从训诂到义理尚需一跃。一方面训诂注释是零碎饾饤，往往破碎大义。另一方面，谈义理固然要细读原文而通训诂考据，但解释者要更进一步，深入发掘文本中的思想内涵，从而由古典注释走向义理思想的把握。港台治中国思想史的名家徐复观说："古人的思想，保存在遗留的文献里面。要了解遗留的文献，如文献的本身有问题，当然需要下一番训诂、考据的工夫。在这一点上，不应有任何争论。但仅靠训诂、考据，并不能把握到古人的思想。在训诂、考据以后，还有许多重要工作。"① 港台新儒家牟宗三先生也说："殊不知义理、训诂乃是两层，训诂有训诂之义法，义理有义理之义法。训诂只是解字，非解《庄》解《老》也，其于义理根本尚未着边，漫然以为解字即是明理，贸然由训诂以推定解不解。此不但己盲，亦盲古人。此是由盲抹杀学问、封闭学问。"② 以上两家皆重视古代文本的义理思想，因为义理思想是中国传统学问的主干。他们一方面不能认同乾嘉学派以来的考据学风，另一方面认为训诂并不能直接通向义理。

在检讨以上两种基本研究方法的基础上，拙著力求把文献研究的方法与义理研究的方法较好地结合起来。

（一）以《史记》文本为中心：在文本细读的基础上，一方面重视文本之字词句以及名物制度的精确训释；另一方面，更进一步地深入发掘文本的义理思想。有的学者空言思想，一涉及字词句的训释，即出现错误，这是所谓的"硬伤"，属于客观知识上的错误。有的学者训释详细、明白，或者不愿谈思想，总认为谈思想，是空谈，主观性较强，既没有落到实处，又不能追求到客观的知识；或者不善于谈思想，一谈思想即荒谬可笑。

（二）文本的训释侧重于重点、难点之字词句，力求精要、准确、明白，其最终目的是通向文本的义理思想。晋人郭象《庄子注》："鲲鹏之实，吾所未详也。夫庄子之大义，在乎逍遥游放，无为而自得。故极小大之至，以明性分之适。达观之士，宜要其会归，而遗其所寄，不足事事曲与生说。自不害其弘旨，皆可略之耳。"③ 有的《史记》注本训释过多、过滥，该注的注，不该注的也注。有的注本粗略，不该注的注，该注的不注，可能是该注的不能理解，所以阙而不注。

（三）拙著的解释体例如下：

开始有"序论"，主要是对本文之基本特点的提示，激发读者细读本文的兴趣。

① 徐复观：《中国思想史论集》，上海书店出版社 2004 年，第 91 页。
② 牟宗三：《才性与玄理》，广西师范大学出版社 2006 年，第 70 页。
③ 郭象注、成玄英疏：《南华真经注疏》（上），中华书局 1998 年，第 1 页。

在中间，把《史记》本文分成若干个段落，分别进行注释、讲解，"原文"、"注释"、"讲解"。"原文"按顺序分列为"原文一"、"原文二"等，"注释"、"讲解"即置于其下。"注释"是对字词句的训释，力求精要、简明。"讲解"，重在阐释文本的义理思想。大多《史记》注本，先抄录《史记》的一大篇本文，然后在后面注释。其注本的一个形式弊端是，读者一边翻看本文，一边还要翻到数页之后的注释部分以查看其注文，颇为辛苦费力，不利于读者的阅读。

在后面有"总论"、"补论"："总论"，概括或突出本文的重要思想内容；"补论"，是补充本文的内容。

（四）司马迁是一位思想家，《史记》具有丰富深刻的思想内涵而有待于阐释。拙著运用西方解释学的一般理论，创新地诠释司马迁《史记》的义理思想。

（1）重视诠释的循环：一是文本之部分与整体的循环，从而融会贯通地把握文本的思想内涵；二是文本与解释者之间的循环，即文本不是一种对象性的存在，而是与解释者的视域构成"视域融合"（fusion of horizons）的关系。笔者结合自己的时代背景、个性思想和情感，而阐释司马迁《史记》的思想内容。同时，在《史记》篇章的解读中，司马迁之坚强不屈的品格、"好学深思，心知其意"的求知精神、幽怨悲伤的情怀、"信而见疑，忠而被谤"的不幸命运，深深地影响着笔者，有的已内化到笔者的生命当中。

（2）重视解释学的应用功能。对任何文本的解释，都是在某一特定的历史条件下进行的；因此，对文本意义的理解和解释一开始就受到现实政治和学术思想的制约。德国哲学家伽达默尔强调了理解和应用的统一，理解文本总是知道如何把这种文本的意义应用于我们现实的具体境域和问题中；但是，应用绝不是理解之后才开始的过程，绝不是那种先理解、然后再把理解的东西应用于现实的所谓的应用，而是应用从一开始就整个地规定了理解的活动。[①] 因此，解释在任何时候都包含一种旨在对过去和现在进行沟通的具体应用，应用功能表现了解释学与时俱进

---

① 洪汉鼎：《诠释学——它的历史和当代发展》，人民出版社 2001 年，第 238—240 页。

的品格。拙著通过对《史记》文本的解释，由古典的《史记》文本走向现实的社会、政治和人生，以开掘其现实和超越的意义。

（3）重视解释学的"突出"观点。解释者对文本的解释总是"突出"某些内容，这正是前见和先见所发生的作用，陶渊明所谓"不求甚解，每有会意，便欣然忘食"（《五柳先生传》）。我们讲解《史记》的义理思想时，总是重点突出某些内容，因为笔者在此方面具有较为丰富的知识和深切的人生体验，故不遗余力地加以阐发。对笔者没有什么研究的内容，则略而不讲。这并不包括"注释"部分，因为注释部分是较为客观的知识内容。

（4）根据哲学解释学的观点，文本没有所谓的原意（一元性），文本的意义具有多元性和开放性；解释者不是被动地复制文本的原意，而是发挥其主观能动性，对文本的意义进行创造性的解释，文本常释常新。这肯定了解释者在解释文本过程中的能动性、创造性和主观性。解释者的解释，当然带着他的历史性和主观性。拙著对《史记》文本的解释，体现了笔者自己的志意、思想倾向、人生情趣、审美取向等，希望读者在阅读当中，能够见出笔者的心志且能产生共鸣和同情，司马迁所谓"述往事，思来者"（《报任少卿书》）。在笔者看来，作品解释必然、当然地表现解释者的思想情趣，不过是其思想情绪之表现的程度有所不同而已，有的程度较浅，有的浸染较深。笔者倒更喜欢那些较深地融合着解释者之人生感受的解释作品。陈寅恪先生晚年的作品，例如《柳如是别传》、《论再生缘》等，包含着他浓厚的人生感慨与他身世的坎坷不幸，读来凄婉动人。陈先生在《论再生缘》文中，屡将自己与陈端生相对照，他觉得自己的思想、遭遇几乎与陈端生一样，都是坚持"独立之精神，自由之思想"，都是"绝世才华命偏薄"。他最后说："偶听读《再生缘》，深感陈端生之身世，因草此文，并赋两诗，附于篇末，后之览者倘亦有感于斯欤？"[1] 我们之所以喜爱《史记》，而不太喜爱《汉书》，其重要的原因之一是，《汉书》的叙述较为客观，其主观情绪渗透不深，难以见出班固的志趣；而《史记》在"实录"的基础上，流动着

---

① 陈寅恪：《论再生缘》，《寒柳堂集》，生活·读书·新知三联书店 2001 年。

司马迁较为浓烈的思想情感及其人生感慨。

（五）拙著前面的十六讲，通过对文本的细读，在准确、精要训释文本之字词句的基础之上，重点阐释文本的义理思想。拙著选择文本有两个标准。一是司马迁《史记》中思想内容比较丰富深刻的篇章，例如《外戚世家》、《伯夷列传》、《屈原贾生列传》、《游侠列传》等；这些篇章的意义丰赡而深微，一般注者只是训诂文本的字词句，不能对司马迁的微言大义作深入的阐释。二是侧重于《史记》中所传的学术人物，例如《孔子世家》、《老子韩非列传》、《孟子荀卿列传》、《叔孙通列传》、《公孙弘列传》、《司马相如列传》等。这些篇章的故事性和文学性不强，但学术内容丰富；且这些传记在思想史上的意义特大，学术是在政治的上位，人类不能托命于政治，但可以托命于文化。《史记》注者一般不选择这样的篇目。拙著后面的四讲是专题论文，重点分析了司马迁的死亡之思、司马迁价值评价的片面性、司马迁对法家人物悲剧命运的表现和评价、司马迁的天命思想。这四篇论文，具有一定的学术创新价值。需说明的是，拙著"司马迁《史记》二十讲"，不是讲《史记》的人物故事。听故事是人的天性，尤其是十几岁之懵懂未知的少年，笔者更愿意为青中年人讲《史记》，青中年人经历了少年的感性时代，逐渐走向理性思考的时期。

（六）拙著是科研与教学结合的成果。笔者的硕士论文是《论司马迁的死亡之思》；博士论文是《董仲舒的经学诠释及天的哲学》（中国社会科学出版社 2007 年 8 月）。因此，拙著的写作有较为深厚的学术基础。笔者在中国青年政治学院中文系开设"《史记》导读"的课程已逾三载（自 2005 年 9 月至 2008 年 9 月），在一面教学一面科研的基础上对司马迁的《史记》进行了较为深入的研究。学生的反映和评价甚好，也得到同仁对这门课的肯定和称扬，这加强了我的信心，并转化为力量，写成这部著作。笔者深切地认识到，学术研究并不仅仅是谋生和获得名利的手段，龚自珍《咏史》所谓"著书都为稻粱谋"，也是自己的安身立命之所。笔者在成书过程中有一个强烈愿望，即是希望读者及我的学生在阅读拙著时，尽量不要发现错误，尽可能感到满意，故笔者对拙著进行了数次深入细致的修改。但每一次的修改，皆发现了不少错误。笔者深深地知道，自己是非常渺小和有限的，学术境界是"仰之弥高，钻之弥坚"而没有穷尽的，拙著的错误和不足是无可避免的。笔者只能恳求读者及我的学生批评指正，并给予谅解。庄生曰："吾生也有涯，而知也无涯。以有涯随无涯，殆已！已而为智者，殆而已矣！"（《庄子·养生主》）

目　录

"无人信高洁,谁为表予心"

——《报任少卿书》的解读

【序论】

《汉书·司马迁传》曰:"迁既披刑之后,为中书令,尊宠任职。故人益州刺史任安予迁书,责以古贤臣之义。"任安,字少卿。他先为益州刺史,曾写信给司马迁。武帝征和年间,他为北军使者护军。征和二年(前91),江充巫蛊案起,戾太子发兵与丞相战于长安城中(武帝时在甘泉),任安受太子节而按兵观望。后太子败而自杀,任安以"持两端"(首鼠两端)下狱,于征和二年十二月被腰斩。《报任少卿书》或《报任安书》,即作于征和二年十一月,时任安下在狱中。

征和二年,距司马迁遭李陵之祸已有八年。在短暂的人生中,八年的时光不算太短。人们可能早已淡忘了八年前的那场灾难,但司马迁的痛苦和耻辱仍是那么深重,长歌当哭,须是在痛定思痛之后。他要向世人表白:他为李陵辩护是正当合理的,他所受"诬上"、"沮贰师"的罪名是不当的,他之所以忍辱求生是为了完成《史记》的著述。

明人孙执升说:"史迁一腔抑郁,发之《史记》;作《史记》一腔抑郁,发之此书。识得此书,便识得一部《史记》。盖一生心事,尽泄于此也。纵横排宕,真是绝代大文章。"(《评注昭明文选》引)清人吴楚材说:"此书反复曲折,首尾相续,叙事明白,豪气逼人。其感慨啸歌,大有燕赵烈士之风;忧愁幽思,则又直与《离骚》对垒,文情至此极矣。"(《古文观止》)清人李晚芳说:"此篇与《自序》,俱原作史之由。《自序》重承先继圣,此重惜死立名。……盖因救友陷刑,满肚皮怫郁

(fú yù 愤懑，心情不舒畅) 不平之气，借此发泄。书中'舒愤懑'三字，是此本旨，故篇中处处皆愤懑之辞。纵横跌宕，慷慨淋漓，转折提接虽多，却如一气呵成。"(《读史管见》)

【原文】一

　　太史公牛马走 [1] 再拜言，少卿足下：曩者辱赐书 [2]，教以顺于接物 [3]，推贤进士为务。意气勤勤恳恳，若望仆不相师，而用流俗人之言 [4]，仆非敢如是也。仆虽疲驽 [5]，亦尝侧闻长者遗风矣 [6]。顾自以为身残处秽，动而见尤 [7]，欲益反损，是以独抑郁而与谁语！谚曰："谁为为之，孰令听之？" [8] 盖钟子期死，伯牙终身不复鼓琴。何则？士为知己者用，女为悦己者容 [9]。若仆大质已亏缺矣，虽材怀随、和 [10]，行若由、夷 [11]，终不可以为荣，适足以发笑而自点耳 [12]。

　　书辞宜答，会东从上来 [13]，又迫贱事，相见日浅 [14]，卒卒无须臾之间得竭指意 [15]。今少卿抱不测之罪 [16]，涉旬月，迫季冬 [17]，仆又薄从上上雍 [18]，恐猝然不可为讳 [19]。是仆终已不得舒愤懑以晓左右 [20]，则长逝者魂魄私恨无穷 [21]。请略陈固陋。阙然久不报 [22]，幸勿为过。

【注释】

[1] 牛马走：像牛马一样奔走于前后，即仆人。钱钟书先生认为，"牛马走"应作"先马走"，犹言"马前走卒"，自谦之词。① 　[2] 曩 (nǎng)：以往，过去。[3] 顺于接物：待人处事顺而非逆，即合于礼义。[4] 好像责备我不听从您的劝告，把您的话当作俗人之言。望：怨恨，责怪。师：效法，听从。 [5] 疲驽：疲惫的劣马，喻才能拙劣卑下。[6] 侧闻：从旁闻知，谦词。[7] 尤：指责。[8] 士为知己者用，没有知己，为谁而用？没有知己，谁人能听从你的表白？ [9] 容：修饰。[10] 有随侯之珠、和氏之璧那样的卓异才华。[11] 行为像许由、

---

① 　钱钟书：《管锥编》(第一册)，中华书局 1986 年，第 394—395 页。

伯夷那样廉洁。[12] 点:玷污,污辱。[13] 东从上来:从上东来,即从武帝由甘泉宫向东回到长安。武帝此次行幸甘泉宫在征和二年夏天。[14] 相见日浅:见面的机会甚少。[15] 卒卒:猝猝,匆匆。[16] 不测之罪:罪深不可测,即死罪。[17] 迫近十二月,汉律以十二月处决犯人。[18] 迫于将跟从武帝到雍州去。薄:迫近。雍州有五畤,汉帝常来这里祭祀五帝。此次幸雍在征和三年正月。[19] 猝然:突然。不可为讳:讳而不可以说,即受刑而死。[20] 左右:对人不直称其名,只称他的左右,表示尊敬。与"足下"、"阁下"意同。[21] 至死没有得到回信而怨恨。[22] 阙:缺。

【讲解】

司马迁受宫刑后不久,为中书令。中书令由宦官担任,在武帝周围,地位尊贵,但人格低下。任安的来信,劝勉司马迁的言行要合于礼义,并为武帝推荐贤士。信中的言辞似有责备之意。司马迁首先辩白说,自己虽疲驽,但言行不敢悖逆礼义。他接着沉痛地叙述其"身残处秽,动而见尤,欲益反损"的处境。下狱、受宫刑后,他的生命尊严丧失,他的道德人格亏缺。他处于卑贱污秽之地,动不动就遭受指责。因此,他并非不愿而是不能为武帝推贤进士。司马迁着重抒发了无人理解的悲愤:"谁为为之!孰令听之!"士为知己者用,没有知己,为谁而用;没有知己,谁人相信你、理解你、同情你。司马迁认为,武帝并不是他的知己,士大夫不能理解他的言行,也不是知己。《盐铁论·周秦》:"今无行之人,贪利以陷其身,蒙戮辱而捐礼义,恒于苟生。何者?一日下蚕室,创未瘳(chōu),宿卫人主,出入宫殿,得由受俸禄,食太官享赐,身以尊荣,妻子获其饶。"这可能是暗骂司马迁。亲近的朋友也不是知己,隐含了任安对他的不理解。骆宾王《在狱咏蝉》曰:"无人信高洁,谁为表予心。"李商隐《蝉》:"五更疏欲断,一树碧无情。"彻夜悲鸣的蝉,到天亮时,它的声音已渐渐稀疏,快要断绝,但一树碧绿,悄然无言,对蝉的悲鸣无动于衷。

清人包世臣认为:"窃谓'推贤进士',非少卿来书中本语,史公讳言少卿求援,故以四字约来书之意,而以少卿为天下豪俊以表其冤。中间述李陵事者,明与陵非素相善,尚力为引救,况少卿有许死之谊乎!

实缘自披刑后，所以不死者，以《史记》未成之故。是史公之身，乃《史记》之身，非史公所得自私，史公可为少卿死，而《史记》必不能为少卿废也。"（《安吴四种》）笔者不能同意包氏的观点。任安来信较早，当在司马迁为中书令之后、任安犯罪之前。任安也不可能再要司马迁冒着死罪而来替他说话。李陵之事已是明证，司马迁的辩护不但不能救李陵，自己反而陷入死罪。任安的来信较早，司马迁为何到征和二年十一月才回信呢？其一，任安将在征和二年十二月被处死，如果不及时回信，则没有机会。其二，司马迁当初忍辱求生的理由是著作《史记》，现在《史记》已完成，他借此信以陈述自己的心志，抒发自己的满腔悲愤。

【原文】二

　　仆闻之：修身者，智之府也 [1]；爱施者，仁之端也 [2]；取予者，义之符也 [3]；耻辱者，勇之决也 [4]；立名者，行之极也 [5]。士有此五者，然后可以托于世，而列于君子之林矣。故祸莫惨于欲利，悲莫痛于伤心，行莫丑于辱先，诟莫大于宫刑。刑余之人，无所比数 [6]，非一世也，所从来远矣。昔卫灵公与雍渠同载，孔子适陈；商鞅因景监见，赵良寒心 [7]；同子参乘，袁丝变色 [8]，自古而耻之。夫中材之人，事有关于宦竖，莫不伤气 [9]，而况于慷慨之士乎！如今朝廷虽乏人，奈何令刀锯之余，荐天下豪俊哉！

　　仆赖先人绪业 [10]，得待罪辇毂下 [11]，二十余年矣。所以自惟 [12]：上之，不能纳忠效信 [13]，有奇策材力之誉，自结明主；次之，又不能拾遗补阙 [14]，招贤进能，显岩穴之士；外之，不能备行伍，攻城野战，有斩将搴旗之功 [15]；下之，不能累日积劳，取尊官厚禄，以为宗族交游光宠。四者无一遂 [16]，苟合取容，无所短长之效 [17]，可见如此矣。向者，仆亦尝厕下大夫之列，陪外廷末议 [18]。不以此时引维纲 [19]，尽思虑，今已亏形为扫除之隶，在阘茸之中 [20]，乃欲仰首伸眉，论列是非，不亦轻朝廷，羞当世之士邪！嗟乎！嗟乎！如仆尚何言哉，尚何言哉!

【注释】

[1] 修身在于增进和提高知识和道德素养。府:财物积聚之处。[2] 仁之首在于爱人和给人恩惠。端:首。[3] 取予合于义,即不苟取、苟予。符:凭证。[4] 以受辱为耻是勇敢的先决条件,孔子谓"知耻近乎勇"。[5] 立德、立功、立言而留名于后世,是人之行为的最终目标。[6] 受宫刑的,是刑余之人,不被当成人。[7] 商鞅因宦官景监的推荐,而得到秦王的重用,赵良为他感到耻辱。事见《商君列传》。[8] 赵谈在车右边陪侍文帝,袁盎发怒。同子:赵谈。参乘:骖乘,在车的右边陪乘。袁丝:袁盎。[9] 宦竖:对宦官的鄙称。气:气节。[10] 绪业:遗业。司马迁先以父任为郎,后继父职为太史令。[11] 待罪辇毂(niǎn gǔ):侍候在皇帝的周围。辇毂,皇帝的车驾。[12] 自惟:自思。[13] 以忠信取得皇帝的信任。效:致。[14] 阙:缺失。[15] 搴(qiān):拔。[16] 遂:成就。[17] 勉强求合以容身,没有小大的贡献。效:贡献。[18] 厕:参与其中。末议:微不足道的议论。[19] 引据国家的政策法令而申述说明。[20] 阘(tà)茸:微贱,低下。

【讲解】

司马迁沉痛地叙说,自己受宫刑乃是奇耻大辱,"诟莫大于宫刑",已不成为人,丧失了士人的气节,再也不能列于君子之林。朝廷即使没有贤人,也轮不到他刑余之人来推荐天下的豪俊。同类相应,贤俊当是君子推荐。自己推荐,一方面主上不信,另一方面被荐之人也深感耻辱。董仲舒说:"美事召美类,恶事召恶类。"(《春秋繁露·同类相动》)

司马迁相当自卑,他说自己没有什么才能,无所成就,只是靠先人的遗业,得以做下大夫太史令,没有小大的贡献。他已失去了《太史公自序》里所表现出的自尊和自信,这表现了他心态的变化。

先人(司马谈)有言:"自周公卒五百岁而有孔子。孔子卒后至于今五百岁,有能绍明世,正《易传》,继《春秋》,本《诗》、

《书》、《礼》、《乐》之际?"意在斯乎,意在斯乎!小子何敢让焉。

我们列举一例。1940年代,冯友兰先生在《新原道》"自序"中说:"孔子曰:'文王既没,文不在兹乎!'孟子曰:'圣人复起,必从吾言。'其自信若是。即老子之徒,濡(rú,柔顺,容忍)弱谦下,亦曰:'知我者希,则我者贵。'亦何其高自期许耶?盖学问之道,各崇所见。当仁不让,理固然也。"但在他1960年代《中国哲学史新编》"题词"中,已完全看不到期许与自信:"望道便惊田地宽,南针廿载溯延安。小言亦可润洪业,新作亦需代旧刊。始悟颜回叹孔氏,不为余子学邯郸。此关换骨脱胎事,莫当寻常著述看。"

【原文】三

且事本末未易明也 [1]。仆少负不羁之才 [2],长无乡曲之誉。主上幸以先人之故,使得奏薄伎 [3],出入周卫之中 [4]。仆以为戴盆何以望天 [5],故绝宾客之知,忘室家之业,日夜思竭其不肖之材力,务壹心营职,以求亲媚于主上。而事乃有大谬不然者! [6]

夫仆与李陵俱居门下 [7],素非相善也。趋舍异路 [8],未尝衔杯酒、接殷勤之余欢。然仆观其为人自奇士,事亲孝,与士信,临财廉,取予义,分别有让 [9],恭俭下人 [10],常思奋不顾身以徇国家之急 [11]。其素所蓄积也,仆以为有国士之风。夫人臣出万死不顾一生之计,赴公家之难,斯已奇矣。今举事一不当,而全躯保妻子之臣,随而媒蘖其短 [12],仆诚私心痛之!且李陵提步卒不满五千,深践戎马之地,足历王廷 [13],垂饵虎口,横挑强胡,卬亿万之师,与单于连战十余日,所杀过当 [14]。虏救死扶伤不给 [15],旃裘之君长咸震怖 [16],乃悉征左右贤王,举引弓之民,一国共攻而围之。转斗千里,矢尽道穷,救兵不至,士卒死伤如积。然李陵一呼劳军 [17],士无不起,躬流涕,沫血饮泣 [18],张空拳,冒白刃,北向争死敌者。

【注释】

[1] 自己遭受李陵之祸的始末,不易为他人明白。[2] 少年时并没有卓异的才能。负:没有。不羁之才:材质高远,不可羁系。[3] 奏:献。薄伎:文史星历之类的小技艺。[4] 宫禁之中。[5] 戴盆即不敢望天,以免倾覆,比喻做事专心一意,而不是一心二意,既营职又治家室之业。[6] 不然:不是所想、所行的那样,即自己的愿望和行为不能与行为的结果构成因果关系。[7] 门下:宫门内。[8] 两人的趋向不同,一是武将,一是史官。[9] 言行各当其宜(即合于礼),谦让。《荀子·礼论》:"故礼者,别也。何谓别?贵贱有等,长幼有差,贫富轻重皆有称者也。"[10] 谦恭自约,甘居人后。俭:约束。[11] 徇:殉,舍身以从事。[12] 媒蘖(niè):像酵母涨大一样夸大别人的短处。蘖,酿酒的曲。[13] 王廷:匈奴单于的大本营。[14] 杀死敌人的数字超过自己牺牲的人数。当:相当,相等。[15] 死伤人数太多,而不能及时地救死扶伤。[16] 旃(zhān):毡。[17] 劳(lào)军:鼓励士兵。[18] 沫血饮泣:满脸是血,眼中含泪。沫,颒(huì),以水洗面。

【讲解】

天汉二年(前99),李陵率步兵五千人深入大漠,与匈奴单于接战,兵败投降。司马迁因替李陵辩护,蒙受"诬上"、"沮贰师"的罪名,被打入蚕室,形体和精神上皆遭受了最深重的痛苦。在世人看来,受宫刑不仅是形体上的残缺,有违儒家之"身体发肤皆受之于父母而不可损伤"的教训;① 而且是精神上的残缺,失去了生命的尊严,道德人格亏缺,是贪生怕死的表现。李陵之祸是司马迁生命历程中最重要的转折点。在此之前,他虽是太史令,厕身下大夫之列,但颇为自尊、自信,他把从事的著史比之于孔子作《春秋》的事业。受宫刑之后,他受到士大夫和乡党的讥讽和嘲弄,名声扫地,在污秽耻辱中踽踽(jǔ jǔ)独行,内心郁积着耻辱和悲愤。

司马迁申述为李陵辩护的原因。

---

① 曾子有疾,召门弟子曰:"启予足!启予手!《诗》云:'战战兢兢,如临深渊,如履薄冰。'而今而后,吾知免夫!小子!"(《论语·泰伯》)

其一，李陵有国士之风。

其二，李陵兵败投降固是不当，但他投降之前勇猛善战，应承认其功绩；可有一些全驱保妻子之臣落井下石，诋毁李陵。这表明司马迁具有清明的理性精神，不以李陵最终失败投降而抹杀他以前建立的功绩。

其三，李陵在兵败之前，建功甚伟，他率领五千步兵，横挑强胡，与亿万之匈奴军队接战数十日，杀伤敌人很多；最后在"转斗千里，矢尽道穷，救兵不至，士卒死伤如积"的情况下被迫投降。李陵的功过相当。

此一内容，司马迁着力铺排。行文富有充沛的气势，再现了李陵率领士卒与匈奴主力死战的峥嵘场面。文章的情感浓郁，尤其是写救兵不至、士卒死伤如积时，李陵大声一呼，士卒皆爬起来，满脸是血，眼中含着眼泪，赤手空拳，争先恐后与敌人拼命。这说明李陵爱护士卒，故士卒为他而死，是一位好将帅；且在困境中，李陵仍然战斗，他最后的投降实在是不得已。从表现形式上来看，司马迁适当地运用了夸张的手法予以渲染，且语句短促，富有节奏，加强了文章的气势和情感的力量。这一条是司马迁为李陵辩护的最坚强的理由，故写得最具功力。

【原文】四

陵未没时，使有来报 [1]，汉公卿王侯皆奉觞上寿。后数日，陵败书闻，主上为之食不甘味，听朝不怡。大臣忧惧，不知所出。仆窃不自料其卑贱 [2]，见主上惨凄怛悼 [3]，诚欲效其款款之愚 [4]。以为李陵素与士大夫绝甘分少 [5]，能得人之死力 [6]，虽古名将不过也。身虽陷败，彼观其意，且欲得其当而报汉 [7]。事已无可奈何，其所摧败，功亦足以暴于天下矣 [8]。仆怀欲陈之而未有路，适会召问，即以此指推言陵功，欲以广主上之意 [9]，塞睚眦之辞 [10]。未能尽明，明主不深晓，以为仆沮贰师 [11]，而为李陵游说，遂下于理 [12]。拳拳之忠，终不能自列 [13]。因为诬上，卒从吏议 [14]。家贫，财赂不足以自赎 [15]，交游莫救，左右亲近不为一言。身非木石，独与法吏为伍，深幽囹圄之中 [16]，谁可告诉者！此正少卿所亲见，仆行事岂不然邪？李陵既生降,颓其家声 [17],而仆又佴以蚕室 [18],重为天下观笑。悲夫!悲夫!事未易一二为俗人言也。[19]

【注释】

[1] 使者报李陵正与匈奴死战。[2] 不自料:不自量。[3] 怛(dá)悼:痛苦。[4] 效:献。款款:恳切忠诚。[5] 绝甘分少:好的东西,自己不要;稀罕的东西,分给别人。[6] 李陵爱护士卒,士卒为之而死。[7] 李陵暂且忍辱求生,欲在匈奴建立一份与其罪相当的功劳,来报答汉朝。[8] 暴(pù):昭示。[9] 广:宽慰。[10] 睚眦(yá zì)之辞:因微小的怨恨而构陷他人的言辞。睚眦,怒目而视。睚眦之仇,因小事结下深仇。[11] 沮(jǔ):毁坏。贰师:贰师将军李广利,是武帝宠姬李夫人之弟。当时,他率数万大军与李陵一同进攻匈奴,没有及时出兵解救李陵之困。[12] 理:治狱官。[13] 列:陈述。[14] 治狱官认为自己是"欺君罔上",武帝最后依从了他们的议决。[15] 武帝时,犯罪者可出钱免除死罪,或减轻刑罚。[16] 囹圄(líng yǔ):监狱。[17] 颓(tuí):堕坏。《汉书·苏武传》载李陵歌曰:"士众灭兮名已颓!"[18] 佴(èr):打入。蚕室:受宫刑时所居的温室。[19] 一二:一一地。

【讲解】

司马迁继续申述为李陵辩护的理由。

其四,李陵暂时投降,忍辱求生,欲在匈奴建立一份功劳,以报答汉朝。

这是受到司马迁忍辱求生之死亡观的影响。士人可以暂时忍受耻辱,保全生命,以期日后作出一番事业来报仇雪恨。忍辱求生易于招致世人的嘲弄和唾骂。事前和事中,世人往往认为你是苟且偷生、贪生怕死、好死不如赖活着;只有等到事后,你建立了一番功业时,世人才可能理解你当初的忍辱不死。忍辱求生的"辱"有一定的限度,小耻小辱可以忍受,但大耻大辱难以忍受。小大之辱的分别,有一定的客观标准,如韩信受胯下之辱即是小辱,投降卖国是大辱;但也有相对性,即所受的耻辱与将要完成的事业相比,哪一个意义更大。李陵作为一位失败的将领，数千士卒随你战死沙场，你如何能兵败投降而忍受这样的不世之辱呢？在西汉"杀身成仁"、"舍生取义"以及"死节"的风气中，李陵的兵败投降是完全不能接受的。且李陵的投降与日后不知要做的什么事业相比实在是得不偿失的。忍辱求生的理由是日后要作出一番事业。有些忍辱求生的人，确实作出了一番事业。但也有不少的人，日后是默默无闻，忍辱求生往往成为他们贪生怕死的精神支撑点。李陵是否是忍辱求生呢？《汉书·苏武传》曰：

> 于是李陵置酒贺武曰："今足下还归，扬名于匈奴，功显于汉室。虽古竹帛所载，丹青所画，何以过子卿！陵虽驽怯，令汉且贳(shì)陵罪，全其老母，使得奋大辱之积志，庶几乎曹柯之盟，此陵宿昔之所不忘也。收族陵家，为世大戮，陵尚复何顾乎？已矣！令子卿知吾心耳。异域之人，一别长绝！"陵起舞，歌曰："径万里兮度沙幕，为君将兮奋匈奴。路穷绝兮矢刃摧，士众灭兮名已颓。老母已死，虽欲报恩将安归！"陵泣下数行，因与武决。

李陵有忍辱求生之志，他欲为曹沫之事。曹沫是战国时鲁国的将领，与齐国三战三败，丧师失地；后来在柯之盟会上，他劫持齐桓公归还齐国所占领的鲁国土地[①]。但汉家残酷无情，杀其老母，族灭其家，彻底阻断了李陵的归来之路。司马迁的推断基本上是正确的。但关键问题是，李陵所忍受的耻辱太大了，且李陵忍辱求生具有滞后性，在当时不能为武帝和大臣所理解。当然，李陵在投降之前的确有国士之风，为汉家立了许多功绩，不应抹杀。这是事理的当然；但实际上，世上的风气就是这样，当你最终失败了，你就是一败涂地，以前的功劳可以忽略不计，甚至别有用心；当你最终胜利了，以前的平凡平庸罩上了光环，以前的过失也另有一番深义。这即是"胜者王侯败者贼"。

其五，李陵投降，主上忧虑，大臣不知如何劝慰。他欲为主上解忧，刚好武帝诏问，他即推言陵功。

---

① 事见《史记·刺客列传》。

孟浩然诗曰"不才明主弃,多病故人疏",但是明主不明,司马迁以"诬上"、"沮贰师"的罪名而下狱、受宫刑。他倾诉了罪非其罪、世态炎凉的满腔悲愤。李陵之祸表现了司马迁富有理性、正直敢言、不惧权势的可贵品质。

【原文】五

仆之先人,非有剖符丹书之功 [1],文史、星历,近乎卜祝之间,固主上所戏弄,倡优畜之 [2],流俗之所轻也。假令仆伏法受诛,若九牛亡一毛,与蝼蚁何以异!而世又不与能死节者 [3],特以为智穷罪极,不能自免,卒就死耳。何也?素所自树立使然 [4]。人固有一死,或重于泰山,或轻于鸿毛,用之所趋异也 [5]。太上不辱先,其次不辱身,其次理色受辱 [6],其次辞令受辱 [7],其次屈体受辱,其次易服受辱 [8],其次关木索、被棰楚受辱 [9],其次剔毛发、婴金铁受辱 [10],其次毁肌肤、断肢体受辱 [11],最下腐刑,极矣。

【注释】

[1] 剖符丹书之功:为国家立下大功,朝廷授"剖符丹书"给有功之家作为凭证,有功之家世代享有特权。[2] 倡优:乐工伶人,地位卑贱。[3] 与(yǔ):赞许。死节:大臣在犯罪后而下狱前即自杀,以保持生命的尊严和人格的独立完整。[4] 这是素日所从事的职业和所处的地位决定的。[5] 人本来有一死,有的死重于泰山,有的死轻于鸿毛,这是因为死亡价值的大小不同。[6] 理色受辱:受他人的脸色之辱。理色,面色。[7] 辞令受辱:受他人言辞的斥责之辱。[8] 易服受辱:为囚徒受辱。易服,换上囚徒的衣服。[9] 关木索:披戴枷索。关,披戴。棰(chuí)楚:刑具。棰,杖;楚,荆木。[10] 剔(tì)毛发:髡(kūn)刑。婴金铁:钳刑,以铁链束颈。[11] 劓(yì,割鼻子)、刖(yuè,断脚)、黥(qíng,在脸上刺记号,并涂上墨)等肉刑。

【讲解】

司马迁的罪名是"诬上"、"沮贰师"。如果他"伏法受诛",死得就像蝼蚁一样，毫无意义。世人也不许他死节，而是认为他智穷、罪大恶极，不能免除一死，只能走向死亡。为何是这样的呢？因为他的地位低下、职业卑贱，本没有什么品节可言。这是司马迁为何忍受宫刑耻辱而不死的原因之一。

"太上不辱先"至"最下腐刑"，并非一气蝉联而从轻到重递进排列。前两句的句式相同，意义是从重到轻：人自己受辱也就罢了，但不要辱没先人。以下八句的句式相同，皆是就辱身而言。辱身由轻至重，最轻的是受他人的脸色之辱，最下的是腐刑之辱。因此，笔者以为《汉书》、《文选》所录的"其次不辱理色，其次不辱辞令"，应是"其次理色受辱，其次辞令受辱"。关于耻辱的等次，这不仅是司马迁的看法，也是古代礼法制度的通义。司马迁突出了受宫刑的奇耻大辱，表明他自请宫刑，并非不知其奇耻大辱。

【原文】六

　　传曰"刑不上大夫"[1]，此言士节不可不勉励也。猛虎处深山，百兽震恐，及其在阱槛之中[2]，摇尾而求食，积威约之渐也[3]。故士有画地为牢势不入，削木为吏议不对[4]，定计于鲜也[5]。今交手足，受木索，暴肌肤，受榜棰[6]，幽于圜墙之中，当此之时，见狱吏则头抢地[7]，视徒隶则心惕息。何者？积威约之势也。及已至此，言不辱者，所谓强颜耳[8]，何足贵乎！

　　且西伯，伯也，拘羑里[9]；李斯，相也，具五刑[10]；淮阴，王也，受械于陈；彭越、张敖，南向称孤，系狱抵罪；绛侯诛诸吕，权倾五伯，囚于请室；魏其，大将也，衣赭衣[11]，关三木；季布为朱家钳奴；灌夫受辱于居室。此人皆身至王侯将相，声闻邻国，及罪至罔加[12]，不能引决自裁。在尘埃之中[13]，古今一体，安在其不辱也！由此言之，勇怯，势也；强弱，形也[14]。审矣，何足怪乎！夫人不能早自裁绳墨之外，已稍陵夷至于鞭棰之间[15]，乃欲引节，斯不亦远乎！古人所以重施刑于大夫者[16]，殆为此也。

【注释】

[1] 士大夫犯法,赐死而免于刑罚,以保持他们的生命尊严和人格的独立完整。此句出自《礼记·曲礼》,并非指法律不公,而是重视阶级之分,以礼对士大夫,以法对庶人,所谓"礼不下庶人,刑不上大夫"。[2] 阱:捕野兽的陷坑。槛(jiàn):关野兽的木笼。[3] 威约逐渐加之,积久而至于此。威:外在的威力;约:外在的约束。[4] 议不对:坚守士人的气节,而不面对狱吏。议,义。[5] 早早拿定主意。鲜:先。[6] 榜(péng):搒,用木棍或竹板打。[7] 抢(qiāng)地:碰地。[8] 强颜:厚颜,即不知羞耻。[9] 羑(yǒu)里:地名。[10] 具五刑:遍受五刑。[11] 赭(zhě)衣:囚衣。[12] 罔加:陷于法网。罔,网。[13] 尘埃之中:监狱中。[14] 这两句话出自《孙子·势篇》。[15] 陵夷:丘陵削成平地,比喻衰落。[16] 重:不轻易。

【讲解】

首先,司马迁认为士大夫要勉励自己的气节:有深重的耻辱感,自尊自重,有独立完整的道德人格,士可杀而不可辱。其次,他深切认识到,下狱之后,士大夫将遭受狱吏的辱骂和毒打,生命的尊严丧失,人格受到侮辱;在强大外力的不断威逼和约束下,他们渐渐变得怯懦和软弱,"见狱吏则头抢地,视徒隶则心惕息"。司马迁十分感慨地说,"勇怯,势也;强弱,形也",外在形势的强制和逼迫,使勇敢的人变成怯懦、强大的人变成软弱;那些曾自诩为勇敢强大的人,虽有一定的内在修养,但要投到监狱之中,也是摇尾乞怜。这是肯定外在形势对人的逼迫作用。

司马迁的耻辱感非常强烈。一个人如果没有耻辱感,则不成为人;士人比一般人的耻辱感强烈;慷慨之士的耻辱感尤为强烈。他说"耻辱者,勇之决也"。耻辱感与自尊自重结合在一起。贾谊重视对士大夫耻辱感、尊严感的磨炼和培养:

　　廉耻节礼以治君子,故有赐死而亡戮辱。是以黥、劓之罪不及大夫,以其离主上不远也。……廉耻不行,大臣无乃握重权、大官而有徒隶亡耻之心乎?……夫尝已在贵宠之位,天子改容而体貌之矣，吏民尝俯伏以敬畏之矣，今而有过，帝令废之可也，退之可也，赐之死可也，灭之可也；若夫束缚之，系绁之，输之司寇，编之徒官，司寇小吏詈骂而榜笞之，殆非所以令众庶见也。夫卑贱者习知尊贵者之一旦吾亦乃可以加此也，非所以习天下也，非尊尊贵贵之化也。夫天子之所尝敬，众庶之所尝宠，死而死耳，贱人安宜得如此而顿辱之哉！（《陈政事疏》）

司马迁列举了古代的数位王侯将相。他们在下狱之前地位高，权力大，像猛虎在深山而百姓尊重、恐惧他们。但他们犯法之后也不能引决自裁，而是陷于狱中，遭受耻辱，丧失了生命的尊严，损害了道德人格，他们也变得怯懦和软弱。

因此，士大夫不能在下狱之前自杀，则必然遭受耻辱，丧失生命和人格的尊严。司马迁隐含的意义是，他在下狱之前没有自杀，自己遭受了耻辱；下狱之后再自杀已不能保持士人的气节，等待"伏法受诛"也是毫无意义；如果他自请宫刑，减死一等，虽使遭受的耻辱更深重一层，但可以保住性命。这是他为何忍受宫刑耻辱而不死的原因之二。

【原文】七

夫人情莫不贪生恶死，念亲戚，顾妻子，至激于义理者不然，乃有不得已也 [1]。今仆不幸，早失父母，无兄弟之亲，独身孤立，少卿视仆于妻子何如哉？[2] 且勇者不必死节，怯夫慕义，何处不勉焉！[3] 仆虽怯懦欲苟活，亦颇识去就之分矣 [4]，何至自沉溺缧绁之辱哉！[5] 且夫臧获婢妾犹能引决 [6]，况仆之不得已乎！所以隐忍苟活，幽于粪土之中而不辞者，恨私心有所不尽，鄙没世而文采不表于后也。[7]

【注释】

[1] 为义理所激动而舍生取义，不再顾念父母和妻子。亲戚：父母。[2] 已轻妻子，故反问之。[3] 勇烈之人，不必死于名节，也可忍辱求生；怯懦之人慕义而立名，何处不勉于死呢（为小节小义轻易地丧

失自己的生命)？[4] 去就之分：求生和趋死的分别。[5] 缧绁：拘禁，囚禁。缧（léi）、绁（xiè），捆绑犯人的绳索。[6] 臧（zāng）获：奴仆。引决：自杀。 [7] 没世：死后。孔子曰："君子疾没世而名不称也。"

【讲解】

司马迁继续曲折地说明他忍辱不死的原因。他不是顾念父母和妻子。他也不是怯懦而不敢死，婢妾臧获这样的卑贱之人皆敢死，他为何不能死？他不是不知道"舍生取义"、"士可杀而不可辱"的士人气节。他不是不知道下狱、受宫刑给自己带来的深重耻辱。他之所以隐忍苟活，是因为《史记》没有完成，担心死了之后他的文章不能流传于后世。

【原文】 八

　　古者富贵而名磨灭，不可胜记，唯倜傥非常之人称焉 [1]。盖文王拘，而演《周易》；仲尼厄，而作《春秋》；屈原放逐，乃赋《离骚》；左丘失明，厥有《国语》；孙子膑脚，《兵法》修列；不韦迁蜀，世传《吕览》；韩非囚秦，《说难》、《孤愤》；《诗》三百篇，大抵圣贤发愤之所为作也 [2]。此人皆意有郁结，不得通其道 [3]，故述往事，思来者 [4]。及如左丘无目，孙子断足 [5]，终不可用，退而论书策，以舒其愤，思垂空文以自见 [6]。

【注释】

[1] 倜傥（tì tǎng）：卓异。称：称名于后世。[2] 大抵（dǐ）：大都。[3] 不得通其道：不能实行其道。在内，他们的悲思愤懑郁结在心中；在外，他们又不能实行其社会和政治的理想。[4] 叙述往前行事，思将来的人知道自己的志向。[5] 左丘、孙子，与司马迁一样身毁不用，故特别突出之。[6] 空文：文章。自见：自现己情。

【讲解】

司马迁阐述了"发愤著书"的思想。文王、仲尼、屈原、左丘、孙子等皆陷入了人生的困境当中，他们没有死节，而是忍辱求生；但他们不是苟且偷生，而是在困境和耻辱中奋起著书。通过空文，一方面抒发了自己的人生悲愤，希望将来的人知道自己的心志；另一方面通过发愤著书，既表现自己坚强不屈的生命意志，又因文采传于后世而立名不朽。"勇者不必死节"，他们也是勇者。

【原文】九

仆窃不逊，近自托于无能之辞，网罗天下放佚旧闻，略考其行事，综其终始，稽其成败兴坏之纪 [1]。上记轩辕 [2]，下至于兹 [3]，为十表，本纪十二，书八章，世家三十，列传七十，凡百三十篇。亦欲以究天人之际，通古今之变，成一家之言。草创未就，会遭此祸，惜其不成，是以就极刑而无愠色。仆诚以著此书，藏诸名山，传之其人 [4]，通邑大都。则仆偿前辱之债，虽万被戮，岂有悔哉 [5]！然此可为智者道，难为俗人言也。

【注释】

[1] 稽：考察。纪：理。[2] 轩辕：黄帝。[3] 武帝太初元年（前104）。[4] 其人：与己志同的人。[5] 因为《史记》没有完成，所以自己甘受下狱、受宫刑的奇耻大辱。现在，《史记》已完成，我愿意偿还以前所受的耻辱之债，即使遭受万种戮辱，也决不后悔。

【讲解】

司马迁概要介绍了《史记》的著述情况。一是广泛搜集材料，"网罗天下放佚旧闻"；二是考证材料的真伪，"略考其行事"；三是按照历史事件的发展顺序和内在的因果关系，以贯通始终；四是揭示历史事件所具有的意义和价值，从而为将来者指明方向。所谓"究天人之际"，即推究历史发展所包含的天命因素和人事因素的分野。际：相连而又相分，不易于辨明。所谓"通古今之变"，即从黄帝开始一直贯通到武帝太初年间，既写出历史的变化和发展，又揭示历史变化中的不变常道。所谓"成一家之言"，即自己的言论，并不受官方权威的影响，而是自成一家，保持史家的独立自主性。

【原文】十

　　且负下未易居 [1],下流多谤议。仆以口语遇此祸 [2],重为乡党所笑,以污辱先人,亦何面目复上父母丘墓乎? [3] 虽累百世,垢弥甚耳! [4] 是以肠一日而九回,居则忽忽若有所亡,出则不知其所往。每念斯耻,汗未尝不发背沾衣也! 身直为闺阁之臣 [5],宁得自引深藏于岩穴邪 [6]? 故且从俗浮沉,与时俯仰,以通其狂惑 [7]。今少卿乃教以推贤进士,无乃与仆私心刺谬乎? [8] 今虽欲自雕琢,曼辞以自饰 [9],无益于俗,不信,适足取辱耳。要之死日,然后是非乃定。书不能悉意,略陈固陋,谨再拜。

【注释】

[1] 处于下位的人不易居住,多遭受他人的非议和指责。《论语·子张》曰:"君子恶居下流,天下之恶皆归焉。" [2] 只是讲了几句话而并非做了罪恶的行为,却遭遇了此祸。[3] 我侮辱了祖先,又致身残毁,"太上辱先,其次辱身"。[4] 积至百世,也难以洗去此污垢耻辱。[5] 司马迁此时为中书令,这是由宦官担任的,故称为"闺阁之臣"。[6] 引:推荐。[7] 像世人一样狂妄昏惑。[8] 刺谬:乖背。[9] 美词以自我修饰。曼:美。

【讲解】

　　司马迁再次表达自己遭受宫刑的奇耻大辱,重提他不能推贤进士,照应开头。他遭受的精神痛苦是非常深重的:"肠一日而九回",柳宗元诗曰"江流曲似九回肠";精神被折磨得恍惚,出则不知其往,居则若有所亡,李清照《声声慢》谓"寻寻觅觅,冷冷清清,凄凄惨惨戚戚"。他生活于低贱污秽之中,其言行也随俗浮沉,沉瀣一气;这是令司马迁非常痛苦矛盾的。他实是一位慷慨有节的士人,他鄙视俗人的言行,而欲有所作为;但现实的处境不容许他有洁言廉行。因为他遭受下狱、受宫刑的耻辱,早已不成为人,他有所作为,不但不被人理解和称赞,反而更为人嘲弄和贬斥。司马迁的痛苦,在于他的言行与心志的冲突矛盾之中，在于他人格的内外分裂：在内，他鄙视卑贱的行为而欲有所作为，"顺于接物，推贤进士"；在外，他随俗浮沉，言行卑贱，而不能有所作为。

"要之死日，然后是非乃定"。到了终点死日，人之一生的行事才能贯通完整地显现出来，人之一生的意义和价值才能展现出来。在人的一生中，终点尤具有意义，故评价人的一生，必须等到终点，才能盖棺定论。

【总论】

一

耻辱、自卑、痛苦丝丝编织在一起。司马迁反复地叙说他下狱、受宫刑所遭受的奇耻大辱："自以为身残处秽"，"若仆大质已亏缺矣"，"诟莫大于宫刑"，"今已亏形为扫除之吏，在阘茸之中"，"最下腐刑，极矣"，"身直为闺阁之臣"等。下狱、受宫刑，他的生命尊严丧失，他的道德人格亏缺，他的身份地位卑贱。他"太上辱先，其次辱身"，为乡党耻笑，为士大夫讥讽，为武帝戏弄。他生活于污秽之地，内心充满痛苦和耻辱，"是以肠一日而九回，居则忽忽若有所亡，出则不知其所往。每念斯耻，汗未尝不发背沾衣也"。他的自卑感非常强烈："如今朝廷虽乏人，奈何令刀锯之余，荐天下豪俊哉"，"身直为闺阁之臣，宁得自引深藏于岩穴邪？故且从俗浮沉，与时俯仰，以通其狂惑"等。他的自卑感扩展到他受刑之前的各个方面："仆少负不羁之才，长无乡曲之誉"，"仆赖先人绪业，得待罪辇毂下，二十余年矣。所以自惟：……四者无一遂，苟合取容，无所短长之效"，"文史、星历，近乎卜祝之间，固主上所戏弄，倡优畜之，流俗之所轻也"等。

他的自卑和悲痛根源于他遭受的下狱、受宫刑的耻辱。他之所以下狱、受宫刑是因为他替李陵辩护，只是"以口语遭遇此祸"，并没有犯下什么滔天罪行。他认为，他为李陵辩护的行为是合理的，他之"诬上"、"沮贰师"的罪名是不当的，他罪非其罪。因此，在司马迁的内心深处郁积着一股悲愤和怨恨的情绪。

他的痛苦还在于他实是一位慷慨之士，有强烈的耻辱感，非常自尊、自信、自重。遭受宫刑之后，他不成为人。这种前后的遭遇犹如云泥之隔，强化了他的痛苦。同时，虽然他被世俗看卑看贱，他自己也自卑，但还有自尊和自信，可是这种自尊自信又要隐藏起来，而表面上不得不干卑贱低俗之事，从而造成他人格的内外分裂。

司马迁本是相当自负。他把著史看成是继承孔子作《春秋》的事业，自许甚高："先人有言：'自周公卒五百岁而有孔子。孔子卒后至于今五百岁，有能绍明世，正《易传》，继《春秋》，本《诗》、《书》、《礼》、《乐》之际？'意在斯乎，意在斯乎！小子何敢让焉。"但他遭受宫刑之后，已部分失去了这种自尊和自信。他在《报任少卿书》里，概要地叙述了《史记》的著作情况，相当低调，"仆窃不逊，近自托于无能之辞"。

司马迁在耻辱和痛苦中表现出理性的精神，面对生死抉择的困境，他选择了忍辱求生以完成《史记》，这体现了他生命选择的自由意志。出狱之后，他忍受痛苦和耻辱，在卑贱污秽之地发愤著书，不屈不挠，最终实现了自己的誓言。他虽然在道德人格上相当自卑，但在立言上有相当的自信。他自信《史记》具有价值，能流传后世，自己也因文采的风流而留名千古，将来的人会见出自己的心志。

司马迁最终完成了《史记》的著述，他是否觉得可以洗刷自己所遭受的耻辱呢？我们通常认为，忍辱不死的人，如果最终建功立业，以证明当初不死是因为自负才能而要展现于天下，像季布那样，那么就可以洗刷自己的耻辱，也得到世人的原谅和好评。或者，像伍子胥那样忍辱负重，最终带领吴军入郢，求平王不得，乃掘其墓，出其尸，鞭之三百，报父兄之仇，以洗刷忍辱不死之耻。实际上，对当事人而言，最终的建功立业或报仇雪恨，虽然能给自己带来一定的安慰，但终究不能消解自己内心的悲愤和痛苦，可能只是稍稍减轻。司马迁在完成《史记》后，他并没有从耻辱、痛苦、自卑、悲愤中走出来。完成《史记》只能了却他当初忍辱不死的心愿，他下狱、受宫刑的奇耻大辱并没有得到过多的消解。

司马迁在这封书信里表现出无人理解的孤独和痛苦情绪。他为李陵辩护的理由，武帝不明、不理解；大臣不理解而予以诽谤，结果使他蒙受"诬上"、"沮贰师"的罪名，而下狱、受宫刑。他下狱、受宫刑之后，士大夫嘲笑和鄙视他不能死节，而自请宫刑以苟且偷生，不能理解他为何忍受宫刑之辱的原因。司马迁出狱后，被武帝任为中书令，士大夫和乡党耻笑和指责他没有士人的耻辱感，行为卑劣，而贪图利益；任安来信，责备司马迁不能"顺于接物，推贤进士"，而是从俗浮沉。这是不理解司马迁当时的处境。他遭受宫刑之后，生命尊严丧失，道德人格亏缺，身份地位卑贱，他根本无资格推荐贤士，只能从俗浮沉。他沉痛地说："谚曰：'谁为为之，孰令听之！'盖钟子期死，伯牙终身不复鼓琴。何则？士为知己者用，女为悦己者容。""悲夫！悲夫！事未易一二为俗人言也。""然此可为智者道，难为俗人言也。""今虽欲自雕琢，曼辞以自饰，无益于俗，不信，适足取辱耳。"

二

面对抉择生死的困境，司马迁没有自杀死节。西汉士大夫崇尚死节，大臣有罪，在下狱前即自杀，以保持生命的尊严和道德人格的独立和完整。司马迁自请宫刑以减死一等，选择了忍辱求生。这严重违背了儒家所谓"士可杀而不可辱"以及汉代士大夫"死节"的人格追求。当代作家陈村说：

> 在我眼里，一个生命的尊严远远高于一橱最珍贵的书籍。书毕竟只是书。我要完整的司马迁，宁可没有《史记》。①

但是，司马迁有忍辱求生的坚强理由，因为他要完成《史记》。生

---

① 陈村：《死给"文革"》，载于《上海文学》1986年第9期。

需要理由,死也需要理由。忍辱求生体现了司马迁的理性反思精神,他不是一味盲从"死节"的社会规范。他接受了宫刑,保住了生命,接下来一个严重的问题摆在他面前:将如何生呢?司马迁从天汉三年到征和二年的八年中,忍辱发愤,对大量的历史资料进行阅读和思考,"厥协'六经'异传,整齐百家杂语",他付出的巨大心血和辛勤劳动绝非常人所能想象,所能忍受,他真的是"倜傥非常之人"。博极群书的班固盛赞他"斯以勤矣"!在如何生的过程中,深刻地表现了司马迁坚强不屈的生命意志和发愤图强的创造精神。司马迁著作《史记》,从他个人上来说,是让自己的文采流传于后世,是继承家族的事业和光荣;但更重要的是,他要以《史记》总结历史的经验教训,"稽其成败兴坏之纪",为将来的人指明前进的方向,"述往事,思来者";这表现了他著史的历史责任感和社会使命感,绝不仅仅是为了他自己沧海一粟的浮名。司马迁正是因为有了《史记》的伟大著作,才能永垂不朽!评论家黄子平说:

> 然而在这里依然很难得出答案:难道司马迁生命的尊严不正高扬在他的《史记》里么?难道作家不正是以自毁的方式肯定了生命意志的自由么?难道没有《史记》的司马迁还会是完整的么?①

今人对自杀往往予以贬斥。黄子平说:"在当代汉语系统中,'自杀'一词显然不具中性色彩。有时用'自绝于人民'来加深它的贬斥之意,有时则用'非正常死亡'或'含冤去世'来掩饰它的不那么光彩。"(《千古艰难唯一死》)对于有罪之人的自杀,世人常常觉得他是畏罪自杀,死有余辜,有一种"便宜了那小子"的心理。我们往往不能理解和尊重那些自杀的人。鲁迅先生在《论人言可畏》里曰:

> 至于阮玲玉的自杀,我并不想为她辩护。我是不赞成自杀,自己也不预备自杀的。但我的不预备自杀,不是不屑,却因为不能。

---

① 黄子平:《千古艰难唯一死》,载于《读书》1989 年第 4 期。

凡有谁自杀了，现在是总要受一通强毅的评论家的呵斥，阮玲玉当然也不在例外。然而我想，自杀其实是不很容易，决没有我们不预备自杀的人们所渺视的那样轻而易举的。倘有谁以为容易么，那么，你到试试看。

自然，能试的勇者恐怕也多得很，不过他不屑，因为他有对于社会的伟大的任务。那不消说，更加是好极了，但我希望大家都有一本笔记簿，写下所尽的伟大的任务来，到得有了曾孙的时候，拿出来算一算，看看怎么样。[①]

在鲁迅先生看来，自杀并不容易，"千古艰难唯一死"，自杀需要勇气，故对自杀的人应表示敬意。有一些人不屑自杀，因为他们自认为不是没有死的勇气，而是没有死的理由，他们还有伟大的事业要做，而不能死。实际上，真正能作出伟大事业的人究竟是少数，大多数人不过以此作为自己偷生乱世的主要支撑点。

在"文化大革命"期间，有不少知识分子自杀，一方面他们不能忍受生命尊严的丧失和道德人格的侮辱（到处游街批斗，下跪，挂牌子，等等），另一方面不能忍受形体上的折磨痛苦（蹲牛棚，艰苦的劳动，暴打，残羹冷炙，有病得不到医治，等等）。他们究竟犯了什么滔天罪行，而遭受如此非人的折磨。例如在"三反"运动中，冯友兰先生多次检查自己的反动思想，均未通过。其间，金岳霖、周礼全曾来看望冯先生，金、冯两人抱头痛哭。（参见蔡仲德《冯友兰先生年谱初编》）读来令人感慨系之。那些自杀的人，如果是经过其理性的慎重抉择，且是出于自己的自由意志，那么他们理应得到一份敬意和尊重，生命是他们自己的，他们有选择生命的自由和权利。

【补论】

后人认为司马迁的外孙杨恽《报孙会宗书》与《报任少卿书》皆是"舒愤懑"之作，具有相同的风格。

---

① 鲁迅：《论人言可畏》，《且介亭杂文二集》。

《汉书·杨敞传》曰:

恽既失爵位,家居治产业,起室宅,以财自娱。岁余,其友人安定太守西河孙会宗 [1],智略士也,与恽书谏戒之,为言大臣废退,当阖门惶惧 [2],为可怜之意,不当治产业,通宾客,有称誉。恽宰相子,少显朝廷,一朝以暗昧语言见废 [3],内怀不服,报会宗书曰:

恽材朽行秽,文质无所底 [4],幸赖先人余业得备宿卫,遭遇时变以获爵位,终非其任,卒与祸会。足下哀其愚,蒙赐书,教督以所不及,殷勤甚厚。然窃恨足下不深惟其终始 [5],而猥随俗之毁誉也 [6]。言鄙陋之愚心,若逆指而文过 [7],默而息乎,恐违孔氏"各言尔志"之义,故敢略陈其愚,唯君子察焉!

恽家方隆盛时,乘朱轮者十人,位在列卿,爵为通侯,总领从官,与闻政事 [8],曾不能以此时有所建明,以宣德化,又不能与群僚同心并力,陪辅朝廷之遗忘,已负窃位素餐之责久矣 [9]。怀禄贪势,不能自退,遭遇变故,横被口语,身幽北阙,妻子满狱。当此之时,自以夷灭不足以塞责 [10],岂意得全首领,复奉先人之丘墓乎?伏惟圣主之恩,不可胜量。君子游道,乐以忘忧;小人全躯,悦以忘罪。窃自思念,过已大矣,行已亏矣,长为农夫以没世矣。是故身率妻子,戮力耕桑,灌园治产,以给公上 [11],不意当复用此为讥议也。

夫人情所不能止者,圣人弗禁,故君父至尊亲,送其终也,有时而既 [12]。臣之得罪,已三年矣。田家作苦,岁时伏腊,烹羊炮羔 [13],斗酒自劳 [14]。家本秦也,能为秦声。妇,赵女也,雅善鼓瑟。奴婢歌者数人,酒后耳热,仰天拊缶而呼乌乌 [15]。其诗曰:"田彼南山,芜秽不治,种一顷豆,落而为萁 [16]。人生行乐耳,须富贵何时 [17]!"是日也,拂衣而喜,奋袖低昂,顿足起舞,诚淫荒无度,不知其不可也。恽幸有余禄,方籴贱贩贵 [18],逐什一之利,此贾竖之事,污辱之处,恽亲行之。下流之人,众毁所归,不寒而栗。虽雅知恽者,犹随风而靡 [19],尚何称誉之有！董生不云乎[20]？"明明求仁义，常恐不能化民者，卿大夫意也；明明求财利，常恐困乏者，庶人之事也。"故"道不同，不相为谋"。今子尚安得以卿大夫之制而责仆哉！

夫西河魏土，文侯所兴，有段干木、田子方之遗风[21]，漂然皆有节概[22]，知去就之分。顷者，足下离旧土，临安定，安定山谷之间，昆戎旧壤，子弟贪鄙，岂习俗之移人哉？于今乃睹子之志矣[23]。方当盛汉之隆，愿勉之[24]，毋多谈。

廷尉当恽大逆无道，要斩。妻子徙酒泉郡。

【注释】

[1] 西河是孙会宗的籍贯，他时任安定太守。[2] 阖门：闭门。[3] 太仆戴长乐告杨恽之私语非所宜言，有诽谤当世、讥讽皇帝之意，恽被废为庶人。[4] 过分自贬，是反语。恽母是司马迁之女。他熟读外祖《太史公记》，颇为《春秋》，以才能著称，好结交英俊诸儒，名显朝廷。他由中郎将迁光禄勋，封平通侯，亲近用事，颇有政声。底：砥，砥砺，磨炼。[5] 惟：思。[6] 猥（wěi）：曲。[7] 背逆足下的意指，而文饰自己的过失。[8] 与：参与。杨恽的父亲杨敞曾任丞相。[9] 不称其职，空食俸禄。素：空。[10] 塞：补。[11] 充当县官的赋敛。[12] 三年而止。既：止。[13] 炮（páo）：烧烤。[14] 劳（lào）：慰劳。[15]《李斯列传》曰："夫击瓮叩缶、弹筝搏髀（bì，拍大腿）而歌呼呜呜快耳者，真秦之声也。"拊（fǔ）：敲。[16] 萁（qí）：豆茎。[17] 须：等待。唐人颜师古注引张晏之语曰："山高而在阳，人君之象也。芜秽不治，言朝廷之荒乱也。一顷百亩，以喻百官也。言豆者，贞实之物，当在困仓，零落在野，喻己见放弃也。其曲而不直，言朝廷皆谄谀也。"[18] 籴（dí）：买。[19] 靡：倒下。追逐众议而诋毁我。[20] 董生，即董仲舒，其数语见于其《天人三策》。[21] 段干木、田子方，不趋势利，怀君子之道，隐处穷巷，魏文侯颇礼遇之。[22] 漂然：高远的样子。[23] 你本是西河之人，受段干木、田子方的影响而颇有节操，但来到安定不久，受贪鄙之俗的影响，而改变了节操。我本以为你是得道之人，现在看来，你的志向不远。[24] 希望你自勉而立

功名,不要与我多谈。

【讲解】

其一,杨恽的《报孙会宗书》开始自谓"材朽行秽,文质无所底,幸赖先人余业得备宿卫",这似与司马迁的《报任少卿书》所表现的自卑情绪相同。实际上,杨恽的家族位高官显,他本人也曾官拜九卿中的光禄勋,且颇好声名。因此,杨恽的自卑之语,实是反语,与司马迁之真诚的谦卑不同。

其二,杨恽"横被口语,身幽北阙,妻子满狱",似与司马迁一样是因为口语遭祸,但实质不同。杨恽的口语遭祸,是因为他与戴长乐之间出于私人的恩怨而互相攻讦,且杨恽自恃家族之隆以及自己的才能,时时好妄言。他的口语得祸,没有什么正义可言。但司马迁是出于公心在朝廷上为李陵辩护。

其三,杨恽遭祸之后,不但不能反省自责,默而不闻,而务好声名,言行放荡不羁,"治产业,通宾客","籴贱贩贵,逐什一之利",且"顿足起舞,诚淫荒无度",歌秦声,"仰天拊缶而呼乌乌"。司马迁遭受宫刑之后,隐忍而著作《史记》,"每念斯耻,汗未尝不发背沾衣也","故且从俗浮沉,与时俯仰,以通其狂惑"。

其四,任安来信有责备司马迁不能"推贤进士"之意,司马迁沉痛地陈述自己"大质已亏缺矣",已不成为人,没有资格推贤进士。司马迁对任安敬重,开始说"请略陈固陋。阙然久不报,幸勿为过",最后说"书不能悉意,略陈固陋,谨再拜"。但杨恽对孙会宗的批评和劝告,非常不满,不但强词夺理,而且嘲讥他:你本是西河之人,受段干木、田子方的影响而颇有节操,但来到安定不久,受贪鄙之俗的影响,而改变了节操;我本以为你是得道之人,现在看来,你的志向不远。

第二讲

"千秋万代名,寂寞身后事"

——《太史公自序》的解读

【序论】

　　清人李景星《史记评议》曰:"盖《自序》非他,即史迁自作之列传也。无论一部《史记》,总括于此;即史迁一人本末,亦备见于此。……其文势,犹之海也,百川之汇,万派之归,胥(都)于是乎此也。又史迁以此篇教人读《史记》之法也。凡全部《史记》之大纲细目,莫不于是粲然明白。未读《史记》以前,须将此篇熟读之;既读《史记》以后,尤须以此篇精参之。文辞高古庄重,精理微旨,更奥衍宏深,是史迁一生出格大文字。"①

　　《自序》的主要内容有五。一是追述自己家族的世系(世代相承的系统),突出"司马氏世典周史";他之作史,具有悠久的家族传统和深厚的史学渊源,是继承和发扬先祖的遗业和光荣。二是引录了其父司马谈《论六家要指》,这是孔子所谓"君子疾没世而文采不表于后世"之意。三是叙述自己主要的人生遭遇;他与其父执手流涕,而接受父亲临终嘱托的情景最为动人。四是说明他自己著作《史记》的法则、目的和意义;以"六艺"为法,继承孔子作《春秋》的事业。五是概要叙述《史记》的五种体例以及述作各篇的大旨。

---

　　①　李景星:《史记评议》,《四书评议》,岳麓书社 1986 年。

【原文】一

　　太史公学天官于唐都[1],受《易》于杨何,习道论于黄子[2]。太史公仕于建元、元封之间[3],悯学者之不达其意而师悖[4],乃论六家之要指曰[5]:《易大传》:"天下一致而百虑,同归而殊途。"夫阴阳、儒、墨、名、法、道德,此务为治者也[6],直所从言之异路[7],有省不省耳[8]。尝窃观阴阳之术,大祥而众忌讳[9],使人拘而多所畏;然其序四时之大顺,不可失也。儒者博而寡要[10],劳而少功,是以其事难尽从;然其序君臣父子之礼,列夫妇长幼之别,不可易也。墨者俭而难遵,是以其事不可遍循;然其强本节用,不可废也。法家严而少恩;然其正君臣上下之分,不可改矣。名家使人俭而善失真[11];然其正名实,不可不察也。道家使人精神专一,动合无形[12],赡足万物[13]。其为术也,因阴阳之大顺,采儒墨之善,撮名法之要[14],与时迁移,应物变化,立俗施事,无所不宜,指约而易操,事少而功多。儒者则不然,以为人主天下之仪表也,主倡而臣和,主先而臣随。如此则主劳而臣逸。至于大道之要,去健羡[15],绌聪明[16],释此而任术。夫神大用则竭,形大劳则敝。形神骚动,欲与天地长久,非所闻也[17]。

【注释】

　　[1]太史公:司马谈。天官:天文星历。 [2]道论:道家学说。[3]建元、元封:武帝年号。建元(前140—前135);元封(前110—前105)。元封元年司马谈去世。[4]师悖:各从其师,惑于一师的偏见,而不能通达诸师之说。悖(bèi),惑。[5]司马谈是一位精通诸家之说的宏博之士,《论六家要指》综论阴阳、儒、墨、法、名、道家的要指和得失。[6]六家之说,皆致力于治理国家。[7]各自的说法不同。直:只不过。[8]省(xǐng):明白。[9]重视讲究祥瑞灾异,忌讳众多。[10]"六艺"经传以千万数,累世不能通其学,当年不能究其礼。[11]俭:检,拘,拘于礼数、名分。[12]无形:没有一定的样式

和规则。道家内心虚静，不形成自己的先见和成见，而因顺事物本身的情况，故能穷究事物的实情，所谓"其术以虚无为本，以因循为用。无成势，无常形，故能究万物之情"。[13] 事物皆能任其本性，得到充分而自由的发展。[14] 撮（cuō）：摘取。[15] 去健羡：去掉刚强，去掉贪欲，以柔弱、知足自守。[16] 绌聪明：绝圣弃智。绌，黜。[17] "由是观之，神者生之本也，形者生之具也。不先定其神形，而曰'我有以治天下'，何由哉？"

【讲解】

司马谈论五家各有所长，亦各有所短；但独推崇道家，兼五家之长而去其所短。"有法无法，因时为业；有度无度，因物与合。故曰'圣人不朽，时变是守。虚者道之常也，因者君之纲'也。"道家法则，即内心虚静而不形成固定的样式和法则，以因顺万物的本性，让万物的本性得到充分自由的实现。此即"无物被排挤"、"无人被排挤"原则（exclusion of nobody）。赵汀阳先生说，这个原则可以表述为："（1）以你同意的方式对待你，当且仅当，你以我同意的方式对待我；（2）任何一种文化都有建立自己的文化目标、生活目的和价值系统的权利，即建立自己的关于优越性（virtues）的概念的权利，并且，如果文化间存在分歧，则以（1）为准。"[1]

钱钟书在《管锥编》里说："司马谈此篇以前，于一世学术能概观而综论者，荀况《非十二子》篇与庄周《天下》篇而已。荀门户见深，伐异而不存同，舍仲尼、子弓外，无不斥为'欺惑愚众'，虽子思孟轲亦勿免于'非'、'罪'之诃。庄周推关尹、老聃者，而黝达大度，能见异量之美，故未尝非邹鲁之士，称墨子曰'才士'，许彭蒙、田骈、慎到曰'概乎皆尝有闻'。推一本以贯万殊，明异流之出同源，高瞩遍包，司马谈殆闻其风而悦者欤！是以谈主道家，而不嗜甘忌辛、好丹掭素，盖有偏重而无偏废，庄周而为广大教化主，谈其升堂入室矣。"[2]

---

① 赵汀阳：《论可能生活》，中国人民大学出版社2004年，第311页。
② 钱钟书：《管锥编》（第一册），中华书局1986年，第390页。

【原文】二

太史公既掌天官 [1]，不治民。有子曰迁。

迁生龙门 [2]，耕牧河山之阳 [3]。年十岁则诵古文 [4]。二十而南游江、淮，上会稽 [5]，探禹穴，窥九疑 [6]，浮于沅、湘；北涉汶、泗，讲业齐、鲁之都 [7]，观孔子之遗风，乡射邹、峄 [8]；厄困鄱、薛、彭城 [9]，过梁、楚以归。于是迁仕为郎中，奉使西征巴、蜀以南，南略邛、笮、昆明 [10]，还报命。

【注释】

[1] 太史令的职责：主管天文星历；解释灾异；主卜筮之事；记录重要的人事等。[2] 龙门：龙门山，在今陕西韩城东北，即大禹治水时凿的龙门山。[3] 河山之阳：河之北，山之南。河，黄河。[4] 古文：相对于汉之隶书，秦之小篆、大篆与六国的文字皆为古文。[5] 会(kuài)稽：今浙江绍兴会稽山，山上有孔，名为禹穴，相传禹葬于此。[6] 九疑：九疑山，在今湖南道县东南，相传舜葬于此。[7] 在齐临淄、鲁曲阜讲习儒学。[8] 峄(yì)：峄山。乡射：儒家所讲习的古礼。州(乡)官于春秋两季，在乡学里召集乡民按照一定的仪式举行饮酒和射箭。[9] 鄱：蕃，在今山东滕县。薛：战国时齐国孟尝君的封地，在今山东滕县南。彭城：楚汉时项羽的国都，在今江苏徐州。[10] 邛(qióng)、笮(zé)：地名，在西南夷。略：巡行。

【讲解】

司马迁，字子长，名迁。从下至上曰"迁"。《诗经·小雅·伐木》曰："伐木丁丁，鸟鸣嘤嘤。出自幽谷，迁于乔木。"《孟子·滕文公上》曰："今也南蛮鴃(jué)舌之人，非先王之道，子背子之师而学之，亦异于曾子矣。吾闻'出于幽谷、迁于乔木'者，未闻下乔木而入于幽谷者。"

司马迁生于公元前 145 年，时在景帝（前 156—前 141）；夏阳人（今陕西韩城）。他十岁开始学习古文。当时，大多数书籍是用古文写成的，如《尚书》、《左传》等。在十岁至二十岁之间，他跟随孔安国学习古文《尚书》。《儒林列传》："孔氏有古文《尚书》，而安国以今文读之，因以起其家。"他从师董仲舒学习《公羊春秋》，推见至隐，阐释《春秋》的微言大义。董仲舒，孝景时为博士。《儒林列传》曰："下帷讲诵，弟子传以久次相受业，或莫见其面，盖三年董仲舒不观于舍园，其精如此。"

元朔三年（前126），司马迁在他父亲的安排下，到全国各地游历考察。《淮阴侯列传》曰："吾如淮阴，淮阴人为余言，韩信虽为布衣时，其志与众异。其母死，贫无以葬，然乃行营高敞地，令其旁可置万家。余视其母冢，良然。"《孔子世家》曰："《诗》有之：'高山仰止，景行行止。'虽不能至，然心向往之。余读孔氏书，想见其为人。适鲁，观仲尼庙堂车服礼器，诸生以时习礼其家，余祇（zhī）回留之不能去云。"《屈原贾生列传》："余读《离骚》、《天问》、《招魂》、《哀郢》，悲其志。适长沙，观屈原所自沉渊，未尝不垂涕，想见其为人。"《五帝本纪》曰："学者多称五帝，尚（久）矣。然《尚书》独载尧以来；而百家言黄帝，其文不雅驯（多为寓言、神话，不合常理，故不雅不训），缙绅先生难言之。……余尝西至空桐（黄帝传道于此），北过涿鹿（黄帝、尧、舜之都城），东渐于海，南浮江、淮矣。至长老皆各往往称黄帝、尧、舜之处，风教固殊焉（其风俗受到他们道德教化的影响，本来就不同寻常）。"

元狩四年（前119），司马迁因父任，仕为郎中。郎中是皇帝的侍从人员。

元鼎六年（前111），司马迁奉命出使西南夷。

【原文】三

是岁天子始建汉家之封[1]，而太史公留滞周南，不得与从事[2]，故发愤且卒。而子迁适使反，见父于河洛之间。太史公执迁手而泣曰："余先周室之太史也。自上世尝显功名于虞夏，典天官事[3]。后世中衰，绝于予乎？汝复为太史，则续吾祖矣。今天子接千岁之统[4]，封泰山，而余不得从行，是命也夫，命也夫！余死，汝必为太史；为太史，无忘吾所欲论著矣。且夫孝始于事亲，中于事君,终于立身。扬名于后世,以显父母,此孝之大者[5]。夫天下称诵周公,言其能论歌文、武之德,宣周、召之风,达太王、王季之思虑,爰及公刘,以尊后稷也[6]。幽、厉之后,王道缺,礼乐衰,孔子修旧起废[7],论《诗》、《书》,作《春秋》,则学者至今则之[8]。自获麟以来四百有余岁[9],而诸侯相兼,史记放绝[10]。今汉兴,海内一统,明主贤君忠臣死义之士,余为太史而弗论载,废天下之史文,余甚惧焉,汝其念哉!"迁俯首流涕曰:"小子不敏,请悉论先人所次旧闻,弗敢阙。"

【注释】

[1] 元封元年(前110),武帝封禅(shàn)泰山。[2] 与(yù):参与。[3] 典天官:主管天文星历。[4] 根据《封禅书》,西周初年(前11世纪),成王封禅泰山;秦始皇也曾封禅泰山,但汉家不予承认。从周初至武帝时大约有九百年,举其成数曰"千岁"。[5] 以上数句出自《孝经·开宗明义》。[6] 后稷是周的始祖,其次是公刘、太王(古公亶父)、王季、文王、武王。《诗经·大雅》有五篇周民族的史诗,即《生民》、《公刘》、《绵》、《皇矣》、《大明》,赞颂了周之祖先的业绩,反映了西周开国的历史。[7] 修旧起废:整理旧有的,振兴崩坏的。[8] 则之:以之为准则。[9] 鲁哀公十四年(前479),西狩获麟。《春秋》记事止于此年。《公羊传》曰:"麟者,仁兽也。有王者则至,无王者则不至。有以告者曰:'有麕(jūn)而角者。'孔子曰:'孰为来哉!孰为来哉!'反袂拭面,涕沾袍。"[10] 史记:泛指史书。放绝:散失断绝。

【讲解】

元封元年,武帝封禅泰山。自古受命帝王,何尝不封禅?在泰山上筑土为坛以祭天,报天之功,故曰封;在泰山下面的小山梁父除地以祭,报地之德,故曰禅。封禅是汉家的重大事情。其必要条件有二:一是易姓为王;二是太平盛世。封禅的目的在形式上是报答天地诸神的功德;实质上是表明自己的王朝是受命于天,因而皇权具有神圣性和合理性,同时颂扬盛世的豪迈和风流。作为主管天文星历的太史令,司马谈当然要陪侍天子封禅且承奉相当重要的职责,但他到洛阳时因病停留下来，他悲愤交集：“今天子接千岁之统，封泰山，而余不得从行，是命也夫，命也夫！”学人一般认为，司马迁不赞成武帝的封禅之事，以为它是浮夸和虚妄。但从其父的临终话语看，司马谈对汉家的封禅盛事是肯定和赞颂的，他因不能参加封禅活动而抱恨去世。

司马谈在元封元年去世，临死之际，他谆谆教诲：“且夫孝始于事亲，中于事君，终于立身。扬名于后世，以显父母，此孝之大者。”孝始于侍奉自己的父母，此亦是小孝；中于事君，以得君行道，治国平天下，这亦是中孝；最终立身，即立德、立功、立言，以扬名于后世，自己的父母也因此而得到尊显，这是对父母最大的孝。司马谈勉励司马迁通过立言以立身扬名，立言要效法周公和孔子。

【原文】四

卒三岁而迁为太史令 [1]，䌷史记石室金匮之书 [2]。五年而当太初元年，十一月甲子朔旦冬至，天历始改 [3]，建于明堂 [4]，诸神受纪 [5]。

太史公曰：“先人有言 [6]：‘自周公卒五百岁而有孔子。孔子卒后至于今五百岁，有能绍明世 [7]，正《易传》[8]，继《春秋》[9]，本《诗》、《书》、《礼》、《乐》之际 [10]？’意在斯乎！意在斯乎！小子何敢让焉。”[11]

【注释】

[1] 元封三年（前 108），司马迁为太史令。[2] 䌷（chōu）：缀集。石室金匮：皇家的藏书之地，太史令可以往来阅读。这是司马迁著作《史记》的最大机缘之一。匮，柜。[3] 太初元年（前 104），汉家废秦历而实行太初历。秦历以十月为岁首，太初历以正月为岁首。天历：太初历。司马迁参与了太初历的制定。[4] 在明堂举行颁布新历法的典礼。明堂：明政教之堂。[5] 受纪：接受新历法。[6] 先人：司马谈。[7] 绍明世：继承周公、孔子的志业而说明世代的变易。[8] 正《易传》：以《易传》之道为正。《易传》是孔子所作，以阐明天道。[9] 继承孔子修《春秋》的事业，《春秋》是讲人道。班固《汉书·律

历志》："《易》与《春秋》，天、人之道也。"[10] 本于《诗》、《书》、《礼》、《乐》。[11] 继承先父的遗志，发扬周公、孔子的事业，何敢自谦，当仁不让。

【讲解】

孟子曰："由尧、舜至于汤，五百有余岁。若禹、皋陶，则见而知之；若汤，则闻而知之。由汤至于文王，五百有余岁。若伊尹、莱朱，则见而知之；若文王，则闻而知之。由文王至于孔子，五百有余岁。若太公望、散宜生，则见而知之；若孔子，则闻而知之。由孔子而来，至于今百有余岁，去圣人之世，若此其未远也，近圣人之居，若此其甚（近）也，然而无有乎尔，则亦无有乎尔。"（《孟子·尽心下》）五百年有王者兴，圣王之道将不断地传承下去。孟子和司马迁自谓名世者（辅助圣王的贤臣，而名于一世），能承担传扬圣王之道的责任。这表现出他们"舍我其谁"的自信与自觉承担圣人之道的责任感。宋儒张载说"为天地立心，为生民立命，为往圣继绝学，为万世开太平"。孟子的话语里尚带有不得志于世的叹息，但司马迁是豪情万丈，充满了自信。

司马迁作《史记》要以"六艺"为法则。

【原文】五

上大夫壶遂曰："昔孔子何为而作《春秋》哉？"

太史公曰："余闻董生[1]曰：'周道衰废，孔子为鲁司寇，诸侯害之，大夫壅之[2]。孔子知言之不用，道之不行也，是非二百四十二年之中，以为天下仪表。贬天子，退诸侯，讨大夫，以达王事而已矣[3]。'子曰：'我欲载之空言，不如见之于行事之深切著明也。'[4] 夫《春秋》，上明三王之道，下辨人事之纪[5]，别嫌疑，明是非，定犹豫，善善恶恶，贤贤贱不肖，存亡国，继绝世，补敝起废，王道之大者也。……拨乱世反之正，莫近于《春秋》。《春秋》文成数万，其指数千。万物之散聚皆在《春秋》[6]。《春秋》之中，弑君三十六，亡国五十二，诸侯奔走不得保其社稷者不可胜数。察其所以，皆失其本已[7]。故《易》曰'失之毫厘，差以千里'。故曰'臣弑君，子弑父，非一旦一夕之故也，其

渐久矣'。故有国者不可以不知《春秋》，前有谗而弗见，后有贼而
不知。为人臣者不可以不知《春秋》，守经事而不知其宜，遭变事
而不知其权［8］。为人君父而不通于《春秋》之义者，必蒙首恶之
名。为人臣子而不通于《春秋》之义者，必陷篡弑之诛，死罪之
名。其实皆以为善，为之不知其义，被之空言而不敢辞［9］。夫不
通礼义之旨，至于君不君，臣不臣，父不父，子不子。夫君不君则
犯［10］，臣不臣则诛，父不父则无道，子不子则不孝。此四行者，
天下之大过也。以天下之大过予之，则受而弗敢辞。故《春秋》
者，礼义之大宗也。夫礼禁未然之前，法施已然之后；法之所为用
者易见，而礼之所为禁者难知。"［11］

【注释】

［1］董生：董仲舒，公羊学大师。班固《董仲舒传赞》："仲舒遭汉
承秦灭学之后，《六经》离析，下帷发愤，潜心大业，令后学者有所统
一，为群儒首。"［2］雍（yōng）：阻塞。［3］王事：王道，即儒家的
社会政治理想。［4］空言：抽象的议论性文字；行事：具体的历史事
实。［5］人事之纪：人伦之理。纪，理。［6］万物：万事。［7］仁义是
本。［8］经和权是对立统一：以经为主，以权为辅；权反经而合于善。
［9］遭受舆论的谴责和诛伐而不敢辞其罪。　［10］为臣下所干犯。
［11］以上数句采自贾谊《陈政事疏》。

【讲解】

司马迁论述了孔子作《春秋》的目的以及《春秋》的性质和功用。
其一，孔子是处于周之衰世而作《春秋》，即《春秋》是衰世之造。其
二，孔子作《春秋》的基本精神，是"贬天子，退诸侯，讨大夫"，即
对政治权势的理性批判精神。其三，《春秋》是"其事"与"其义"的
结合。《春秋》记载了二百四十二年的历史，并予以是非褒贬。其四，
《春秋》具有拨乱反正的重大作用。其五，《春秋》是礼义之大宗。礼治
重视礼义的道德教化，潜移默化地培养人的善心，自觉地行善。礼义的
教化在人犯罪之前。法治重视刑罚，其施行在人犯罪之后。法治的效用
明显，严刑重罚往往立即使人畏惧；礼义教化是缓慢的，效果不太显

著。司马迁的一番言论，充分地把《春秋》神圣化、经典化，他著《史记》是继承孔子作《春秋》的事业。

【原文】六

壶遂曰："孔子之时，上无明君，下不得任用，故作《春秋》，垂空文以断礼义 [1]，当一王之法 [2]。今夫子上遇明天子，下得守职，万事既具，咸各序其宜，夫子所论，欲以何明？"

太史公曰："唯唯，否否 [3]，不然。余闻之先人曰：'伏羲至纯厚，作《易》八卦。尧、舜之盛，《尚书》载之，礼乐作焉 [4]。汤、武之隆，诗人歌之。《春秋》采善贬恶，推三代之德，褒周室，非独刺讥而已也。'汉兴以来，至明天子，获符瑞，封禅，改正朔，易服色 [5]，受命于穆清 [6]，泽流罔极 [7]，海外殊俗，重译款塞 [8]，请来献见者，不可胜道。臣下百官力诵圣德，犹不能宣尽其意。且士贤能而不用，有国者之耻；主上明圣而德不布闻，有司之过也。且余掌其官 [9]，废明圣盛德不载，灭功臣世家贤大夫之业不述，堕先人所言，罪莫大焉。余所谓述故事，整齐其世传，非所谓作也 [10]，而君比之于《春秋》，谬矣。"

【注释】

[1] 空文：以褒贬的言论而立礼义的标准。[2] 当一王之法："以《春秋》当新王"，孔子受命为新王，以制《春秋》，作为新王朝的法典；孔子是素王，而不是实际掌握天下的统治者；《春秋》是一个象征的新朝代，汉是实际的新朝代；《春秋》为汉立法，《春秋》之道是汉之政治制度的大经大法。[3] 不想径直否定壶遂的说法，姑且肯定先之，以减损拒斥的语气。[4] 作：兴起。[5] 武帝和公卿大臣皆认为汉承黄帝为土德，黄帝受到特别尊崇，当时出现了土德的符瑞：元鼎元年，汾阳巫得宝鼎，谓是黄帝的宝鼎；迎黄帝宝鼎于中山，"有黄云盖焉"；元鼎五年，拜太一，"是夜有美光，及屋，黄气上属天"。（引文皆见于《史记·封禅书》）汉为土德是众望所归、众心所向。《汉书·武帝纪》曰："太初元年……夏五月，正历，以正月为岁首。色尚黄，数用五，定官

名，协音律。"［6］皇权受命于天。穆清：天。［7］恩泽流向四方，没有止境。罔（wǎng）：无。［8］重译款塞：远方的使者叩塞门来服从。重译，经过几重翻译的使者。款，叩。［9］掌其官：为太史令。［10］述：记录和叙述；作：创立和创造。孔子自称"述而不作"，但后世认为孔子是作。司马迁自谦自己作史，也是"述而不作"。

【讲解】

在《原文》四中，司马迁论述《春秋》是衰世之造，其基本精神是讥讽和批判乱世的政治权威，其功用是拨乱反正；他作史以《春秋》为法则，是继承孔子的事业。这引起了汉之君臣的嫌疑：首先，《春秋》是衰世之造，而《史记》作于大汉的盛世；其次，《春秋》是拨乱反正，贬斥乱世的大逆无道；《史记》应该主要歌颂汉之君臣的德业。司马迁作了言不由衷的辩说：《春秋》不独是刺讥，也有褒扬；《史记》作于盛世，主要是歌颂帝王功臣的德业，刺讥是次要的。

【原文】七

于是论次其文［1］。七年而太史公遭李陵之祸［2］，幽于缧绁。乃喟然而叹曰："是余之罪也夫！是余之罪也夫！身毁不用矣。"退而深惟曰［3］："夫《诗》、《书》隐约者，欲遂其志之思也。昔西伯拘羑里［4］，演《周易》；孔子厄陈蔡，作《春秋》；屈原放逐，著《离骚》；左丘失明，厥有《国语》；孙子膑脚，而论兵法；不韦迁蜀，世传《吕览》；韩非囚秦，《说难》、《孤愤》；《诗》三百篇，大抵贤圣发愤之所为作也［5］。此人皆意有所郁结，不得通其道也［6］，故述往事，思来者。"［7］于是卒述陶唐以来，至于麟止［8］，自黄帝始。

【注释】

［1］司马迁于太初元年著作《史记》。［2］天汉二年（前99），李陵兵败投降，司马迁为之辩护，下狱，天汉三年（前98）受宫刑之辱。幽于缧绁（léi xiè）：身处牢狱。缧绁，捆绑犯人的绳索。［3］深惟：深思。［4］羑（yǒu）里：地名。［5］大抵（dǐ）：大都。［6］不得通其道：不能实行其道。［7］叙述往前行事，思来人知自己的心志。［8］武

帝获麟在元狩元年（前122），司马迁比于孔子作《春秋》而终于哀公十四年之获麟。实际上，司马迁著《史记》迄于太初年间（前104—前101）。

【讲解】

司马迁阐述了"发愤著书"的思想。文王、仲尼、屈原、左丘、孙子等皆陷入了人生的困境当中，他们没有死节，而是忍辱求生；但他们不是苟且偷生，而是在困境和耻辱中奋起著书。通过空文，一方面抒发了自己的人生悲愤，希望将来的人知道自己的心志；另一方面通过发愤著书，既表现自己坚强不屈的生命意志，又以文采传于后世而立言不朽。

天汉三年，司马迁受宫刑后出狱，为中书令。《汉书·司马迁传》："迁既披刑之后，为中书令，尊宠任职。故人益州刺史任安予迁书，责以古贤臣之义。"司马迁忍辱负重，继续著作《史记》。

征和二年（前91），《史记》完成，司马迁写《报任少卿书》，抒发自己内心的悲愤，痛定思痛，悲歌慷慨。

【原文】八

维我汉继五帝末流，接三代绝业 [1]。周道废，秦拨去古文 [2]，焚灭《诗》、《书》，故明堂石室金匮玉版图籍散乱 [3]。于是汉兴，萧何次律令，韩信申军法，张苍为章程，叔孙通定礼仪，则文学彬彬稍进，《诗》、《书》往往间出矣 [4]。自曹参荐盖公言黄老，而贾生、晁错明申、商，公孙弘以儒显，百年之间，天下遗文古事靡不毕集太史公 [5]。太史公仍父子相续纂其职 [6]。曰："呜呼！余维先人尝掌斯事，显于唐虞，至于周，复典之，故司马氏世主天官。至于余乎，钦念哉 [7]！钦念哉！"网罗天下放佚旧闻，王迹所兴 [8]，原始察终，见盛观衰，论考之行事，略推三代，录秦汉，上记轩辕，下至于兹，著十二本纪，既科条之矣 [9]。并时异世 [10]，年差不明，作十表。礼乐损益，律历改易，山川鬼神，天人之际 [11]，承敝通变 [12]，作八书。二十八宿环北辰，三十辐共一毂 [13]，运行无穷，辅弼股肱之臣配焉，忠信行道，以奉主上，作三十世家。扶义俶傥 [14]，不令己失时，立功名于天下，作七十列传。凡百三十篇，五十二万六千五百字，为太史公书序，略以拾遗补艺 [15]，成一家之言，厥协六经异传 [16]，整齐百家杂语，藏之名山，副在京师，俟后世圣人君子 [17]。第七十。

太史公曰：余述历黄帝以来至太初而讫，百三十篇。

【注释】

[1] 汉家认为，秦命短祚，不成为一个朝代，是"闰"，故汉接周之末业。[2] 拨去：除去，废除。[3] 玉版：刊刻文字的白石板。[4] 间出：断断续续地出来。[5] 靡不：无不。[6] 仍：因袭。纂：继承。[7] 钦念：郑重地记住。钦，敬。[8] 王迹所兴：王者之业是如何兴起的。[9] 科条：分类条理。[10] 同时因年历、世代不同，而难以明辨。如公元前 476 年，是周元王元年，齐平公五年，楚惠王十三年等。[11] 天人之际：指《封禅书》。[12] 承敝通变：指《平准书》。[13] 众星同绕北辰，诸辐咸拱一毂，像诸侯重臣尊辅天子。毂（gǔ）：车轮的中心部分，有圆孔，可以插轴（zhóu）。共：拱。[14] 扶义：以义自持。俶傥（tì tǎng）：卓异非常之人。[15] 补"六艺"的缺失。[16] 厥协：整合。传（zhuàn）：解经的作品。[17] 等待后世君子观览。《公羊传》哀公十四年"制《春秋》之义以俟后圣，以君子之为，亦有乐乎此也"。

【讲解】

司马迁简述了《史记》五种体例所形成的全书构造。他以本纪、表、书、世家、列传控御历史，安排历史，使历史在这五种体例中得到突出、关联、完整的体现。

征和三年（前 90）之后，司马迁的事迹湮灭无闻。他的卒年，《汉书》没有记载。"迁既死后，其书稍出。宣帝时，迁外孙平通侯杨恽祖述其书，遂宣布焉。"《史记》的公布在汉宣帝时期。

司马迁大概卒于前 87 年，一生与武帝相始终（前 86 年，武帝去世）。

【总论】

从唐代之后,司马迁的声名越来越显;到现代,他的人格及其《史记》"与日月争光可也"。但是,司马迁生前备受耻辱,名声扫地;他无声无息地死去,没有人知道他死于何时何地,也没有人记载他死后家族的兴衰,只知他有个女儿;在他死后的一段时间里,《史记》虽出,但并未受到重视,他的声名不显,是如此的寂寞和萧条!司马贞《史记索隐序》:"比于班《书》,微为古质,故汉、晋名贤未知见重。"

"千秋万岁名,寂寞身后事。"(杜甫《梦李白》二首)

《汉书·司马迁传》曰:

赞曰:自古书契 [1] 之作而有史官,其载籍博矣。至孔氏纂之,上断唐尧,下讫秦缪。唐、虞以前,虽有遗文,其语不经 [2],故言黄帝、颛顼之事未可明也 [3]。及孔子因鲁史记而作《春秋》,而左丘明论集其本事以为之传,又纂异同为《国语》。又有《世本》,录黄帝以来至春秋时帝王公侯卿大夫祖世所出。春秋之后,七国并争,秦兼诸侯,有《战国策》。汉兴伐秦定天下,有《楚汉春秋》。故司马迁据《左氏》、《国语》,采《世本》、《战国策》,述《楚汉春秋》,接其后事,讫于天汉。其言秦汉,详矣。至于采经摭传 [4],分散数家之事,甚多疏略,或有抵梧 [5]。亦其涉猎者广博,贯穿经传,驰骋古今,上下数千载间,斯以勤矣。又其是非颇缪于圣人 [6],论大道而先黄老而后六经,序游侠则退处士而进奸雄 [7],述货殖则崇势利而羞贱贫 [8],此其所蔽也 [9]。然自刘向、扬雄博极群书,皆称迁有良史之材,服其善序事理,辨而不华 [10],质而不俚 [11],其文直,其事核 [12],不虚美,不隐恶,故谓之实录。呜呼!以迁之博物洽闻 [13],而不能以知自全,既陷极刑,幽而发愤,书亦信矣 [14]。迹其所以自伤悼,《小雅》巷伯之伦 [15]。夫唯《大雅》"既明且哲,能保其身",难矣哉!

【注释】

[1] 书契（qì）：文字。[2] 不经：不合常理。[3] 颛顼（zhuān xū）：五帝之一。[4] 采经摭传：摘取经传的材料。摭（zhí），取。[5] 抵梧（dǐ wǔ）：抵牾，抵触。[6] 缪：谬。[7] 处士：安贫乐道的儒生。奸雄：违禁犯法的游侠。[8]《货殖列传》曰："是故本富为上，末富次之，奸富最下。无岩处奇士之行，而长贫贱，好语仁义，亦足羞也。"[9] 蔽：蒙蔽，遮蔽。《荀子·解蔽》曰："凡人之患，蔽于一曲，而暗于大理。"[10] 辨而不华：明辩而不浮华。辨，辩。[11] 俚：鄙。[12] 核：真实。[13] 洽：广博，周遍。[14]《报任少卿书》自陈己志，抒写悲愤，确实不谬。[15] 寻其伤悼的原因，不过是遭遇谗言，而见疑、被谤，与《小雅·巷伯》所抒的忧愤相类。

【讲解】

这是班固对司马迁及其《史记》的总体评价。首先，《史记》所依据的历史材料相当丰富，司马迁博极群书，涉猎广博，是非常的勤奋和辛劳。其次，称赞司马迁有良史之材，《史记》是"不虚美，不隐恶，谓之实录"。再次，指出《史记》在材料的运用上粗略，也有矛盾和抵触；批评司马迁的是非观念与圣人颇有不同。最后，感叹司马迁遭受极刑，幽而发愤，与《小雅》的怨刺之作相类；而未能达到《大雅》所谓"既明且哲，能保其身"的人生境界。

关于班固对司马迁"是非颇谬于圣人"的批评，学人多为司马迁辩白。一是班固误把司马谈《论六家要指》当作司马迁的作品，才有"论大道而先黄老而后六经"的批评。司马谈对儒等五家既有肯定，又有否定，惟独对道家给予全面的肯定。二是在《游侠列传》里，司马迁以儒侠相对，儒者不论是仕宦显达还是安贫乐道（处士），皆能名扬后世；但侠者"其言必信，其行必果，已诺必诚，不爱其躯，赴士之厄困"，而湮灭不闻。司马迁颇为侠者不平，并非是贬斥处士。三是在《货殖列传》里，司马迁指出人的本性是追逐货财，"天下熙熙，皆为利来；天下攘攘，皆为利往"；司马迁如实地记录事势的必然和固然，并不表示他的价值追求。"若至家贫亲老，妻子软弱，岁时无以祭祀进醵（jù，酒），饮食被服不足以自通，如此不惭耻，则无所比矣。无岩处奇士之行，而长贫贱，好语仁义，亦足羞也。"司马迁说，有处士之行，好语仁义，则不足羞。

班固悲慨，司马迁是如此的"博物洽闻"，但不能"既明且哲，能保其身"，而是遭遇极刑。可见，知之未必能行之。从知到行，尚需一跃。司马迁在《史记》中也有此种悲叹。《老子韩非列传》曰，"然韩非知说之难，为说难书甚具，终死于秦，不能自脱"；"申子、韩子皆著书，传于后世，学者多有。余独悲韩子为说难而不能自脱耳"。韩非《说难》，言游说人君非常详备，但自己终死于此。司马迁的哀叹大概包含四层意义：一是人的智力有限，并不能应付繁复的社会政治生活；二是知之未必能行之；三是在险恶困窘的人生中，人往往失去命运的主体性；四是社会人生具有非理性和荒诞性，你的意志和行为与结果并不能构成因果关系。班固最终也是死于狱中，不能自免，时年六十一岁。范晔（蔚宗）《后汉书·班彪传》曰：

> 论曰：司马迁、班固父子，其言史官载籍之作，大义粲然著矣。议者咸称二子有良史之材。迁文直而事核，固文赡而事详。若固之序事，不激诡，不抑抗，赡而不秽，详而有体，使读之者亹亹（wěi wěi，有吸引力）而不厌，信哉其能成名也。彪、固讥迁，以为是非颇谬于圣人。然其论议常排死节，否正直，而不叙杀身成仁之为美，则轻仁义，贱守节愈矣。固伤迁博物洽闻，不能以智免极刑；然亦身陷大戮，智及之而不能守之。呜呼，古人所以致论于目睫（目睫：目不见睫，比喻眼光短浅，无自知之明）也！

范蔚宗说迁、固皆不能明哲保身，而他自己最终也是陷于刑戮。这是在专制政治下知识分子的共同悲剧命运，不能作论人之资。

【补论】

根据《汉书·杨敞传》记载，司马迁的女儿嫁给了杨敞；杨敞在昭帝时任丞相，封安平侯，谨慎畏事。

杨敞，华阴人也。给事大将军幕府，为军司马，霍光爱厚之，稍迁至大司农。元凤中，稻田使者燕仓知上官桀等反谋，以告敞。敞素谨畏事，不敢言，乃移病卧。以告谏大夫杜延年，延年以闻。苍、延年皆封，敞以九卿不辄言，故不得侯。后迁御史大夫，代王䜣（xīn）为丞相，封安平侯。

明年，昭帝崩。昌邑王征即位，淫乱，大将军光与车骑将军张安世谋欲废王更立。议既定，使大司农田延年报敞。敞惊惧，不知所言，汗出洽背，徒唯唯而已。延年起至更衣，敞夫人遽从东箱谓敞曰："此国大事，今大将军议已定，使九卿来报君侯。君侯不疾应，与大将军同心，犹与无决，先事诛矣。"延年从更衣还，敞、夫人与延年参语许诺，请奉大将军教令，遂共废昌邑王，立宣帝。宣帝即位月余，敞薨，谥曰敬侯。子忠嗣，以敞居位定策安宗庙，益封三千五百户。

忠弟恽，字子幼，以忠任为郎，补常侍骑，恽母，司马迁女也。恽始读外祖《太史公记》，颇为《春秋》。以材能称。好交英俊诸儒，名显朝廷，擢为左曹。霍氏谋反，恽先闻知，因侍中金安上以闻，召见言状。霍氏伏诛，恽等五人皆封，恽为平通侯，迁中郎将。

杨恽是司马迁的外孙，《史记》由他而宣布。杨恽因遭受口语之祸而贬为庶人，后写《报孙会宗书》，被诛杀。《报孙会宗书》的解读参见《报任少卿书》。

唐褚遂良《故汉太史司马公侍妾随清娱墓志铭》碑（见于韩城司马祠内），叙说司马迁有侍妾随清娱之事。其事未必是实，但读其碑文，令人感慨伤情。盖情之所至，可以忘事之虚实。《牡丹亭》写杜丽娘因情而死，因情而生；其事幻想浪漫，但其情一往情深。汤显祖说："只云理之所必无，安知情之所必有耶！"（《牡丹亭》题词）

永徽二年（651）九月，余判同州道，夜静坐于西所，若有若无，犹梦犹醒，见一女子，高髻盛妆，泣谓余曰："妾，汉太史司马迁之侍妾也。赵之平原人，姓随名清娱。年十七事迁，同游名山大川，携妾于此，会迁有事去京，妾缟居（gǎo，清白简朴而居）于同，后迁故，妾亦忧伤寻故，葬于长乐寺之西。天帝悯妾未尽天年，遂司此土，代异时移，谁为我知，血食何所？君亦将主此地，不揣人神之隔，乞一言铭墓，以垂不朽。"余感寤铭之。铭曰：嗟尔淑女，不世之资。事彼君子，弗终厥志，百年亿年，血食于斯。

清娱能知遇司马迁，确有不世之才，但其命运悲惨，中道永诀，不遂其志，寄寓他乡，望断良人，终因伤悼而夭死，但死而不亡，可谓至情之人也。"厚地高天，堪叹古今情不尽；痴男怨女，可怜风月债难偿。"（《红楼梦》第五回）

第三讲

"生当作人杰,死亦为鬼雄"

——《项羽本纪》的解读

【序论】

《项羽本纪》的篇幅较长,一般读者难以卒读。笔者在力求整体贯通地理解全文的基础上,着重突出《项羽本纪》的重要和精彩内容,而省略了部分内容。

清人李晚芳说:"(项)羽之神勇,千古无二;太史公以神勇之笔,写神勇之人,亦千古无二。迄今正襟读之,犹觉喑哑(yīn yǎ)叱咤(chì zhà)之雄,纵横驰骋于数页之间,驱数百万甲兵,如大风卷箨(tuò,从草木上脱落下来的皮和叶),奇观也。……当是时,秦纲懈而维弛(纲、维:大绳子,喻指国家的法度),天下叛之,英雄杂沓并起,千头万绪,棼如乱丝,太史一笔写之,或插序,或陪序,或带序,或附传,无不丝丝入扣,节节归根,步骤井然不乱,后之作史者,谁有此笔力?"(《读史管见》卷一)

项羽是一位失败的英雄,但项羽盖世的才气、豪迈不羁的性格、对虞姬的一片深情、志在亡秦的公心、不善权术的真纯以及愧对江东父老而不肯苟活等,一切都在司马迁饱含同情的彩笔下表现得凄恻动人。如果说,刘邦是司马迁并不喜欢的胜利者,那么项羽是司马迁倾注了满腔感情的失败者。《项羽本纪》是献给楚霸王的一曲深沉的挽歌。

【原文】一

项籍者,下相人也 [1],字羽。初起时,年二十四。其季父项

梁,梁父即楚将项燕,为秦将王翦所戮者也。项氏世世为楚将,
封于项[2],故姓项氏。项籍少时,学书不成,去学剑,又不成。
项梁怒之。籍曰:"书足以记名姓而已。剑一人敌,不足学,学万
人敌。"于是项梁乃教籍兵法,籍大喜,略知其意,又不肯竟
学[3]。……秦始皇帝游会稽[4],渡浙江,梁与籍俱观。籍曰:
"彼可取而代也。"梁掩其口,曰:"毋妄言,族矣!"[5]梁以此奇
籍。籍长八尺余,力能扛鼎[6],才气过人,虽吴中子弟皆已
惮[7]籍矣。

【注释】

[1]下相:在今江苏宿迁西南。[2]项:在今河南项城东北。[3]竟
学:学到底。竟,从头到尾,全。[4]会(kuài)稽:在今浙江绍兴东
南。[5]族:灭族。[6]扛(gāng)鼎:举鼎。[7]惮:畏惧。

【讲解】

项梁、项羽的反秦之心非常坚定、坚决,可以从他们的家世中得到
说明。项羽少时学书不成,学剑不成,学兵法又不能竟学;这是他日后
不能成就帝王之业的一个重要原因。项羽脱口而出"彼可取而代也",
凶猛而无畏。刘邦在咸阳观秦始皇出游时喟然太息:"嗟乎,大丈夫当
如此也!"(《高祖本纪》)津津不胜歆(xīn)慕。项羽才气过人:一是
力量强大;二是勇气、胆气壮而无畏;三是凶猛、凶暴而令人恐惧。

【原文】二

秦二世元年七月[1],陈涉等起大泽中。其九月,会稽守通谓
梁曰:"江西皆反[2],此亦天亡秦之时也。吾闻先即制人,后则
为人所制。吾欲发兵,使公及桓楚将。"是时桓楚亡在泽中。梁曰:
"桓楚亡,人莫知其处,独籍知之耳。"梁乃出,诫籍持剑居外待。
梁复入,与守坐,曰:"请召籍,使受命召桓楚。"守曰:"诺。"梁
召籍入。须臾,梁眴籍曰[3]:"可行矣!"于是籍遂拔剑斩守头。
项梁持守头,佩其印绶。门下大惊,扰乱,籍所击杀数十百人。一
府中皆慑伏[4],莫敢起。……众乃皆服。于是梁为会稽守,籍为

裨将［5］，徇下县［6］。

【注释】

［1］前209年，二世胡亥即位；前207年，他为赵高弑杀。［2］江西：长江以北地区。［3］眴（shùn）：用眼睛示意。［4］慑伏：慑服，恐惧。［5］裨（pí）将：副将。［6］徇（xùn）下县：巡行下令，使会稽所属各县听从自己。下县，郡下属县。

【讲解】

项羽在项梁的示意下，凶猛无畏，拔剑斩守头，并击杀门下数十百人，一府中皆慑服恐惧，莫敢起。这正是项羽力气、胆气过人的表现。

【原文】 三

　　项梁起东阿，西，比至定陶［1］，再破秦军，项羽等又斩李由，益轻秦，有骄色。宋义乃谏项梁曰："战胜而将骄卒惰者败。今卒少惰矣［2］，秦兵日益，臣为君畏之。"项梁弗听，乃使宋义使于齐。道遇齐使者高陵君显，曰："公将见武信君乎［3］？"曰："然。"曰："臣论武信君军必败。公徐行即免死，疾行则及祸。"秦果悉起兵益章邯，击楚军，大破之定陶，项梁死。沛公、项羽去外黄攻陈留［4］，陈留坚守不能下。沛公、项羽相与谋曰："今项梁军破，士卒恐。"乃与吕臣军俱引兵而东。吕臣军彭城东，项羽军彭城西，沛公军砀［5］。

　　章邯已破项梁军，则以为楚地兵不足忧，乃渡河击赵［6］，大破之。当此时，赵歇为王，张耳为相，皆走入巨鹿城［7］。章邯令王离、涉间围巨鹿，章邯军其南，筑甬道而输之粟［8］。陈余为将，将卒数万人而军巨鹿之北，此所谓河北之军也。楚兵已破于定陶，怀王恐，从盱台之彭城［9］，并项羽、吕臣军自将之。

【注释】

［1］比：及。定陶：在今山东定陶西北。［2］少：稍。清人吴见思说："本言将骄，讳而言卒，辞令之妙。"（《史记论文》）［3］项梁自号

为"武信君"。[4] 去外黄:离开外黄。[5] 沛公军砀(dàng):驻军于砀。[6] 河:黄河。[7] 巨鹿:在今河北平乡西南。[8] 甬道:两侧筑有防御工事的通道。[9] 盱台:盱眙(xū yí),在今江苏盱眙东北。

【讲解】

项梁骄傲轻敌而战死。章邯乘胜渡黄河击破赵军,围困赵军于巨鹿之城。怀王恐惧,东徙彭城。反秦之义军正陷于困境当中。

【原文】四

初,宋义所遇齐使者高陵君显在楚军,见楚王曰:"宋义论武信君之军必败,居数日,军果败。兵未战而先见败征,此可谓知兵矣。"王召宋义与计事而大悦之,因置以为上将军,项羽为鲁公,为次将,范增为末将,救赵。诸别将皆属宋义,号为卿子冠军[1]。行至安阳,留四十六日不进。项羽曰:"吾闻秦军围赵王巨鹿,疾引兵渡河,楚击其外,赵应其内,破秦军必矣。"宋义曰:"不然。夫搏牛之虻不可以破虮虱[2]。今秦攻赵,战胜则兵疲,我承其敝;不胜,则我引兵鼓行而西[3],必举秦矣。故不如先斗秦赵。夫被坚执锐,义不如公;坐而运策,公不如义。"因下令军中曰:"猛如虎,很如羊[4],贪如狼,强不可使者[5],皆斩之。"乃遣其子宋襄相齐,身送之至无盐,饮酒高会[6]。天寒大雨,士卒冻饥。

项羽曰:"将戮力而攻秦[7],久留不行。今岁饥民贫,士卒食芋菽[8],军无见粮[9],乃饮酒高会,不引兵渡河因赵食[10],与赵并力攻秦,乃曰'承其敝'。夫以秦之强,攻新造之赵,其势必举赵。赵举而秦强,何敝之承!且国兵新破,王坐不安席,扫境内而专属于将军,国家安危,在此一举。今不恤士卒而徇其私[11],非社稷之臣。"项羽晨朝上将军宋义,即其帐中斩宋义头,出令军中曰:"宋义与齐谋反楚,楚王阴令羽诛之。"当是时,诸将皆慑服,莫敢枝梧[12]。皆曰:"首立楚者,将军家也。今将军诛乱。"乃相与共立羽为假上将军[13]。使人追宋义子,及之齐,杀之。使桓楚报命于怀王。怀王因使项羽为上将军,当阳君、蒲将军皆属项羽。

【注释】

[1] 卿子冠军：善于谋事运策的儒将。 [2] 拍击牛身上的虻（méng），而不能消灭牛毛里的虮虱（jǐ shī）；比喻志在大而不在小，方欲破秦，不必立即与章邯交战而救赵。[3] 鼓行而西：击鼓西行，公行无忌。[4] 很：不听从，执拗。《说文》："很，不听从也。"[5] 强（jiàng）：倔。[6] 高会：大会宾客。[7] 戮力：合力。[8] 芋菽（yù shū）：马铃薯和豆类。[9] 军无见粮：现存的粮食。见，现。[10] 因赵食：就赵地取粮而食。[11] 徇（xùn）其私：为了私情而做不合法的事。徇，依从，曲从。宋义之私有二：一是观秦赵斗，成楚之私；二是饮酒高会，送其子相齐，成己之私。[12] 枝梧：抗拒。[13] 假：暂时代理。

【讲解】

章邯破败项梁军，又击破赵军而围之于巨鹿，兵势正盛。宋义一方面畏惧秦军，另一方面颇有私志：让秦赵先斗，楚渔翁得利。宋义只是站在楚军的立场上，而没有同仇敌忾、志在亡秦的公心。这难以打败强秦。汉献帝初平元年（190），关东各路义军推袁绍为盟主，讨伐董卓。但"军合力不齐，踌躇而雁行。势利使人争，嗣旋自相戕"（曹操《蒿里行》），最终失败。宋义的亡秦之心远远没有项羽急切、坚定、坚决，他送其子为齐相，饮酒高会，坐而观望。但项羽与秦有不共戴天之仇，他勇猛凶暴，对强秦无所畏惧，故他极力主张攻秦救赵。项羽斩上将军宋义头，这是项羽一生中的重要事件：他从此成为楚的上将军，接着率楚军发动了巨鹿之战的重大事变。这展现了项羽才气过人的性格以及志在亡秦的公心。

【原文】五

项羽已杀卿子冠军，威震楚国，名闻诸侯。乃遣当阳君、蒲将军将卒二万渡河，救巨鹿。战少利[1]，陈余复请兵。项羽乃悉引兵渡河，皆沉船，破釜甑[2]，烧庐舍，持三日粮，以示士卒必死，无一还心。于是至则围王离，与秦军遇，九战，绝其甬道，大破之，杀苏角，虏王离。涉间不降楚，自烧杀。当是时，楚兵冠诸侯。诸侯军救巨鹿下者十余壁，莫敢纵兵。及楚击秦，诸将皆从壁上观 [3]。楚战士无不一以当十，楚兵呼声动天，诸侯军无不人人惴恐。于是已破秦军，项羽召见诸侯将，入辕门 [4]，无不膝行而前，莫敢仰视。项羽由是始为诸侯上将军，诸侯皆属焉。

……

到新安……项羽乃召黥布、蒲将军计曰："秦吏卒尚众，其心不服，至关中不听，事必危，不如击杀之，而独与章邯、长史欣、都尉翳入秦。"于是楚军夜击坑秦卒二十余万人新安城南。

【注释】

[1] 少：稍微。[2] 釜（fǔ）甑（zēng）：铁锅、瓦罐类的器具。《太平御览》第 482 卷引太公《六韬》："武王伐殷，乘舟济河，兵车出，坏船于河中。太公曰：'太子为父报仇，今死无生。'所过津梁，皆悉烧之。"[3] 诸侯兵不敢出战，而从营垒上观望。壁：营垒。[4] 辕门：营门。

【讲解】

项羽破釜沉舟，引兵渡河，与秦军决战，兵法上所谓"投之亡地而后存，陷之死地然后生"（《孙子·九地》）。司马迁叠用三个"无不"，很富有精神。数语有如火如荼之景象。司马迁行文，深得累叠之妙。如本文末写项羽三次说"此天之亡我，非用兵之罪也"，心已死而意犹未平，认输而不服气，故言之不足，再三言之。又如《袁盎晁错列传》记错父曰："刘氏安矣！而晁氏危矣！吾去公归矣！"叠三"矣"字，纸上如闻太息。①

巨鹿之战是项羽一生中最得意之战，意义重大。其一，打败秦军的主力，奠定了起义军彻底胜利的基础；促进了秦王朝内部的分裂、瓦解（章邯投降项羽，赵高杀二世，子婴杀赵高）；转移了秦王朝的注意力，

---

① 钱钟书：《管锥编》（第一册），中华书局 1986 年，第 272—273 页。

为刘邦从南路长驱入关创造了条件。其二，巨鹿之战前，宋义坐而观望，怀藏私心。诸侯军畏葸不前，各自保存实力。巨鹿之战后，项羽成为诸侯的上将军，开始了"霸王"的事业，他在反秦斗争中最为勇猛无畏，率领各诸侯军彻底摧毁了秦王朝的统治势力，建立了亡秦的历史功绩；其志在亡秦的公心可歌可泣。其三，巨鹿之战也突出了项羽勇猛善战以及"力拔山兮气盖世"的英雄气概。

项羽在新安击坑秦卒二十余万人。从事功方面来看，这有利于最终的亡秦，具有肯定的意义。但从道德尺度来看，项羽击坑投降的秦卒是非常残忍、凶暴的，在道德上是给予彻底否定的。

【原文】六

沛公旦日从百余骑来见项王，至鸿门，谢曰："臣与将军戮力而攻秦，将军战河北，臣战河南，然不自意能先入关破秦 [1]，得复见将军于此。今者有小人之言，令将军与臣有隙。"[2] 项王曰："此沛公左司马曹无伤言之；不然，籍何以至此。"项王即日因留沛公与饮。项王、项伯东向坐 [3]。亚父南向坐。亚父者，范增也。沛公北向坐，张良西向侍。范增数目项王，举所佩玉玦以示之者三 [4]，项王默然不应。范增起，出召项庄，谓曰："君王为人不忍 [5]，若入前为寿。寿毕，请以剑舞，因击沛公于坐，杀之。不者，若属 [6] 皆且为所虏。"庄则入为寿，寿毕，曰："君王与沛公饮，军中无以为乐，请以剑舞。"项王曰："诺。"项庄拔剑起舞，项伯亦拔剑起舞，常以身翼蔽沛公，庄不得击。

于是张良至军门，见樊哙。樊哙曰："今日之事何如？"良曰："甚急。今者项庄拔剑舞，其意常在沛公也。"哙曰："此迫矣，臣请入，与之同命 [7]。"哙即带剑拥盾入军门。交戟之卫士欲止不纳，樊哙侧其盾以撞，卫士仆地，哙遂入，披帷西向立，瞋目视项王 [8]，头发上指，目眦尽裂 [9]。项王按剑而跽曰 [10]："客何为者？"张良曰："沛公之参乘樊哙者也。"[11] 项王曰："壮士，赐之卮酒。"则与斗卮酒 [12]。哙拜谢，起，立而饮之。项王曰："赐之彘肩。"则与一生彘肩 [13]。樊哙覆其盾于地，加彘肩上，

拔剑切而啖之 [14]。项王曰:"壮士,能复饮乎?"樊哙曰:"臣死且不避,卮酒安足辞!夫秦王有虎狼之心,杀人如不能举 [15],刑人如恐不胜,天下皆叛之。怀王与诸将约曰'先破秦入咸阳者王之'。今沛公先破秦入咸阳,豪毛不敢有所近,封闭宫室,还军霸上,以待大王来。故遣将守关者,备他盗出入与非常也。劳苦而功高如此,未有封侯之赏,而听细说 [16],欲诛有功之人。此亡秦之续耳,窃为大王不取也。"项王未有以应,曰:"坐。"樊哙从良坐。坐须臾,沛公起如厕,因招樊哙出。

沛公已出,项王使都尉陈平召沛公。沛公曰:"今者出,未辞也,为之奈何?"樊哙曰:"大行不顾细谨 [17],大礼不辞小让 [18]。如今人方为刀俎 [19],我为鱼肉,何辞为?"于是遂去。乃令张良留谢。……项王曰:"沛公安在?"良曰:"闻大王有意督过之,脱身独去,已至军矣。"项王则受璧,置之坐上。亚父受玉斗,置之地,拔剑撞而破之,曰:"唉!竖子不足与谋! [20] 夺项王天下者,必沛公也,吾属今为之虏矣。"沛公至军,立诛杀曹无伤。

【注释】

[1] 自意:自料。[2] 刘邦平生喜大言,好侮人,但此数语相当谦卑恭敬;刘邦把一件惊天动地之事说得如此雪淡,因而项羽放松了警惕。[3] 东向坐:面向东而坐。堂上之位,对堂下者,南向为贵;不对堂下者,东向为贵。[4] 玉玦(jué):有缺口的玉环。玦与决谐音双关,范增示玦以暗示项羽下决心杀掉刘邦。[5] 不忍:不狠心。[6] 若属:你们这些人。[7] 与之同命:与项羽等人拼命。[8] 瞋(chēn)目:瞪着一双愤怒的眼睛。[9] 目眦(zì):眼角。[10] 按剑而跽(jì):按剑而跪起,是一种准备行动的警戒姿势。[11] 参乘:陪乘,乘车时立于车右,是卫士。[12] 斗卮(zhī):大酒杯。卮,古代盛酒的器具。[13] 彘(zhì)肩:猪腿。[14] 啖(dàn):吃。[15] 举:全。胜:尽。[16] 细说:小人的谗言。[17] 大行不顾细谨:大行,做大事;细谨,细小的礼节。[18] 大礼不辞小让:辞,回避;小让,小过失。[19] 俎(zǔ):切东西用的砧板。[20] 竖子:小子。这是明斥项

庄辈，而暗讥项羽。

【讲解】

鸿门宴是政治历史上的重大事件（如果杀掉刘邦，历史就重新改写）；是项羽一生中的关键事件（如果杀掉刘邦，项羽的命运就会改变）。

刘邦从南路避开秦军的主力，长驱入关，此计策是非常巧妙的（既保存、壮大了他的实力，又在名义上获得亡秦的首攻）。入关之后，刘邦派兵守函谷关，不让诸侯军入关，这暴露了他的私心。刘邦在旦日来鸿门向项羽谢罪，项羽设宴留刘邦饮酒。与项羽旦日击破沛公军相比，在鸿门宴上杀掉刘邦是最好的时机。在鸿门宴上杀掉刘邦，事后处理得当，不会引起双方数十万大军的混战；项羽是诸侯上将军，有理由说服怀王以及各诸侯军；项羽才气盖世，砍掉刘邦之头，诸将会慑服。

后来者都是事后诸葛亮，是"旁观者清"，而在当局者项羽看来，项羽有不杀刘邦的诸多理由，所谓"当局者迷"。其一，项伯的劝说起了一定的作用："沛公不先破关中，公岂敢入乎？今人有大功而击之，不义也，不如因善遇之。"其二，沛公旦日向项羽谢罪，卑称臣；在鸿门宴的坐次上，项羽东向坐，刘邦北向坐。东向坐，是最尊的位置；北向坐，是最卑的臣位。鸿门宴的坐次表明，项羽已把刘邦看成他的部属，并正式接受了刘邦的臣服，不复有杀刘邦之心。有人认为，刘邦从鸿门宴逃走，从此龙归大海，项羽再也没有剪除刘邦的机会。这是不确实的。如果项羽有杀刘邦之心，项羽在关中既可以进军霸上，又可以再次寻找机会杀掉刘邦。其三，后世的人们知道历史的发展，但在当时，刘邦最终统一天下的趋向是相当的不明朗，其后经历数年的变化，其变化的迅速和偶然是非常大的；不仅项羽不能察知，即使刘邦本人也不甚清楚。因此，项羽没有杀掉刘邦虽缺乏一定的政治眼光，但他也受到当时眼界的限制，是当局者迷。其四，怀王与诸将约曰："先破秦入咸阳者王之。"项羽率诸侯灭亡了秦国，刘邦已臣服，项羽不愿再挑起战端。

【原文】七

居数日，项羽引兵西屠咸阳，杀秦降王子婴，烧秦宫室，火三月不灭;收其货宝妇女而东。人或说项王曰:"关中阻山河四塞[1],地肥饶,可都以霸。"项王见秦宫皆已烧残破,又心怀思欲东归,曰:"富贵不归故乡,如衣绣夜行,谁知之者!"说者曰:"人言楚人沐猴而冠耳[2],果然。"项王闻之,烹说者。

项王使人致命怀王[3]。怀王曰:"如约[4]。"乃尊怀王为义帝。项王欲自王,先王诸将相。谓曰:"天下初发难时,假立诸侯后以伐秦[5]。然身被坚执锐首事,暴露于野三年,灭秦定天下者,皆将相诸君与籍之力也。义帝虽无功,故当分其地而王之。"诸将皆曰:"善。"乃分天下,立诸将为侯王。……项王自立为西楚霸王[6],王九郡,都彭城。

【注释】

[1]阻:依恃。四塞:东面的函谷关,南面的武关,西面的散关,北面的萧关。[2]沐猴而冠:沐猴(猕猴)即使戴上人的帽子,也办不成人事。[3]致命:报命。[4]如约:按照原来的约定,即"先入关者王之"。[5]假立:借诸侯后代之名而暂且立之为王。[6]霸王:同于春秋时期的霸主,即诸侯盟主。

【讲解】

项羽焚烧秦宫,大火三月不灭。许多图籍被焚毁,其滔天罪行实在令人切齿痛恨、扼腕长叹。杜牧《阿房宫赋》:"戍卒叫,函谷举。楚人一炬,可怜焦土!"

项羽离开关中,而还都彭城,其原因相当复杂。首先,如怀王之约,先入关者为王,则项羽留守关中是违约。其次,项羽对秦恨之入骨,先在新安坑秦降卒二十万,接着引兵西屠咸阳,故关中人对项羽也是恨之入骨,项羽留在关中没有坚实的社会基础。再次,项羽怀恋故乡。晚唐诗人李商隐《题汉祖庙》曰:"乘运应须宅八荒,男儿安在恋池隍?君王自起新丰后,项羽何曾在故乡!"有"宅八荒"之志的刘邦,在他建立了统一中国的大业后,可以按照其意愿在长安另建与家乡一样的新丰;而"恋池隍"的项羽,到头来兵败身亡,又何曾能在故乡称王称霸,夸耀富贵!

项羽率诸侯亡秦，实现了他最大的志向，他不以天下为自己一家一姓的产业，而分封诸侯王。这一方面表明他的公心和信义；另一方面说明他没有统一天下的深远政治眼光；再一方面，他没有深刻认识到分封诸侯王所产生的恶果：诸侯王由原先的共同志向"亡秦"转变成争夺土地的互相混战。《高祖本纪》："未央宫成。高祖大朝诸侯群臣，置酒未央前殿。高祖奉玉卮，起为太上皇寿，曰：'始大人常以臣无赖，不能治产业，不如仲力。今某之业所就孰与仲多?'殿上群臣皆呼万岁，大笑为乐。"在刘邦和群臣的大笑中，一是表现刘邦好侮人的习性，连他的父亲也不放过；二是展示刘邦把天下看成自己产业的自傲和自豪。

【原文】八

春，汉王部五诸侯兵 [1]，凡五十八万人，东伐楚。项王闻之，即令诸将击齐，而自以精兵三万人南从鲁出胡陵。四月，汉皆已入彭城，收其货宝美人，日置酒高会。项王乃西从萧，晨击汉军而东，至彭城，日中，大破汉军。汉军皆走，相随入谷、泗水，杀汉卒十余万人。汉卒皆南走山，楚又追击至灵壁东睢水上。汉军却，为楚所挤，多杀，汉卒十余万人皆入睢水，睢水为之不流。围汉王三匝。于是大风从西北而起，折木发屋，扬沙石，窈冥昼晦 [2]，逢迎楚军。楚军大乱，坏散，而汉王乃得与数十骑遁去，欲过沛，收家室而西。楚亦使人追之沛，取汉王家。家皆亡，不与汉王相见。汉王道逢得孝惠、鲁元，乃载行。楚骑追汉王，汉王急，推堕孝惠、鲁元车下，滕公常下收载之 [3]。如是者三。曰："虽急不可以驱，奈何弃之?" [4] 于是遂得脱。求太公、吕后不相遇。审食其从太公、吕后间行 [5]，求汉王，反遇楚军。楚军遂与归，报项王，项王常置军中。[6]

【注释】

[1] 春：汉之二年春（前205年）。部：部署，统领。[2] 窈（杳）冥昼晦：昏暗犹如黑夜，屈原《九歌·山鬼》谓"杳冥冥兮羌昼晦"。[3] 滕公：太仆夏侯婴，为汉王御车。[4] 事虽紧急，又不能把车赶快

一点,但也不能抛弃自己的骨肉。[5] 审食其(yì jī):吕后的幸臣,封辟阳侯。[6] 项王把太公、吕后扣留在军中,当作人质。

【讲解】

项羽以精兵三万,击破号称五十六万的汉军。汉军四处狼狈逃窜,十余万人皆被挤入睢水而死,睢水为之不流。这充分说明项羽所率楚军的勇猛善战。刘邦在奔逃中,数次推堕孝惠、鲁元车下,暴露了刘邦的刻薄寡恩。刘邦对亲生儿女尚且如此,韩信等功臣日后被刘邦诛杀是题中应有之义。

项羽率军围汉王数重,眼看就要活捉他。突然狂风大作,砂石穿空,一片黑暗。刘邦趁机逃走。这是所谓的天意、天命吗?天不让项羽灭亡刘邦。日后,项羽被刘邦围在垓下,自知日暮途穷,数次哀叹:"此天亡我,非用兵之罪也!"

【原文】九

汉之三年,项王数侵夺汉甬道,汉王食乏,恐,请和,割荥阳以西为汉。[1] 项王欲听之。历阳侯范增曰:"汉易与耳[2],今释弗取,后必悔之。"项王乃与范增急围荥阳。汉王患之,乃用陈平计间项王[3]。项王使者来,为太牢具[4],举欲进之。见使者,佯惊愕曰:"吾以为亚父使者,乃反项王使者。"更持去[5],以恶食食项王使者[6]。使者归报项王,项王乃疑范增与汉有私,稍夺之权[7]。范增大怒,曰:"天下事大定矣,君王自为之。愿赐骸骨归卒伍。"[8] 项王许之。行未至彭城,疽发背而死[9]。

【注释】

[1] 荥(xíng)阳:军事要地;在今河南荥阳东北。[2] 易与:容易对付。[3] 间:离间。[4] 太牢具:牛羊豕皆备的饭食,为待客的最高礼节。具,饭食。[5] 更:更换。[6] 恶(è)食(shí)食(sì):供给粗恶的食物吃。[7] 稍:逐渐。[8] 赐骸骨归卒伍:赐还我的尸骨而归故里,当平民。[9] 疽(jū):一种恶毒的疗疮。

【讲解】

范增是项羽的主要谋臣，被尊为"亚父"，深得项羽的敬重。陈平所用的离间计，算不上高明，不应引起项羽的过分猜忌，想来还有其他原因。范增与张良等谋臣相比，器量较为狭小，且易于发怒，例如鸿门宴上放走刘邦，范增非常愤怒，把刘邦所赠的玉斗，"置于地，拔剑撞而破之，曰：'唉！竖子不足与谋！夺项王天下者，必沛公也。吾属今为之虏也。'"这种行事方式容易与刚愎自用、自骄自傲的项羽发生矛盾。范增一路气愤，而导致背上疔疮破裂而死。悲哉！范增之死，注定了项羽最终的败亡。

【原文】十

当此时，彭越数反梁地，绝楚粮食，项王患之。为高俎，置太公其上，告汉王曰："今不急下，吾烹太公。"汉王曰："吾与项羽俱北面受命怀王，曰'约为兄弟'，吾翁即若翁，必欲烹而翁，则幸分我一杯羹。"[1] 项王怒，欲杀之。项伯曰："天下事未可知，且为天下者不顾家，虽杀之无益，只益祸耳。"项王从之。

……

是时，汉兵盛食多，项王兵罢食绝 [2]。汉遣陆贾说项王，请太公，项王弗听。汉王复使侯公往说项王，项王乃与汉约，中分天下，割鸿沟以西者为汉 [3]，鸿沟而东者为楚。项王许之，即归汉王父母妻子。军皆呼万岁。汉王乃封侯公为平国君。匿弗肯复见。[4] 曰："此天下辩士，所居倾国 [5]，故号为平国君。"项王已约，乃引兵解而东归。汉欲西归，张良、陈平说曰："汉有天下太半，而诸侯皆附之。楚兵罢食尽，此天亡楚之时也，不如因其机而遂取之。今释弗击，此所谓'养虎自遗患'也。"汉王听之。

【注释】

[1] 以上数语，活写出刘邦的无赖和寡情。[2] 兵罢食绝：楚往来奔走，兵疲食绝；汉以逸待劳，兵盛食多。[3] 鸿沟：战国时魏国开凿的沟通黄河与淮河的运河。北起荥阳，东经中牟、开封，南流至淮阳入

颍水。[4] 匿弗肯复见:或谓刘邦忌讳侯公的长短之术,而不欲见之。实际上,刘邦为了达到自己的目的,往往是不择手段,无所忌讳。这句意谓,作为纵横之士的侯公,深知其辩术徒能蛊惑人心,而不能坚守信义,但为了报答刘邦的知遇之恩而游说项王,此后不再见刘邦而为之出力;可能也有不受封赏之意,即鲁仲连所谓"所贵于天下之士者,为人排患、释难、解纷乱而无所取也。即有所取者,是商贾之人也,仲连不忍为也"。遂辞平原君而去,终身不复见。[5] 口舌之利足以坏人国家。倾:颠覆。

【讲解】

项羽此招,未免荒唐,乃不知人之过也。刘邦连自己的儿女尚且抛弃不顾,何况自己的太公老父。《庄子·天运》:"忘亲易,使亲忘我难;使亲忘我易,兼忘天下难。"子女不能忘掉父母,而表现出孝;父母不能忘掉子女,而表现出慈。相较而言,父母更加不能忘掉子女,所谓"忘亲易,使亲忘我难"。父母不能忘掉子女,但更不能忘掉夺取天下而使之成为自己的产业,所谓"使亲忘我易,兼忘天下难"。刘邦的最大野心是夺取天下,子女可以抛弃,父母更可以抛弃。

项羽与刘邦约定,以鸿沟为界,各守东西。项羽退兵,但刘邦不守约定,乘项羽东归之际而联合彭越、韩信军队,把项羽围在垓下。此不守约之事从事功尺度来看,无疑具有重大的意义;但从道德尺度来看,这是不讲信用的,应予以唾弃。这里有三点值得我们思考。一是仁义礼智信的道德价值有没有普遍性,信义是对所有人而言,还是只对部分人来说,例如对敌人讲不讲信义。二是在战争中是不是以"兵不厌诈"为原则,即在战争的特殊领域,不应讲信义。三是在某种场合下,讲信义与事功发生矛盾时,如何予以抉择?是以信义为原则还是以事功为目的。

【原文】十一

项王军壁垓下 [1],兵少食尽,汉军及诸侯兵围之数重。夜闻汉军四面皆楚歌 [2],项王乃大惊曰:"汉皆已得楚乎?是何楚人之多也!"项王则夜起,饮帐中。有美人名虞,常幸从;骏马名

骓 [3]，常骑之。于是项王乃悲歌慷慨，自为诗曰："力拔山兮气盖世，时不利兮骓不逝。骓不逝兮可奈何，虞兮虞兮奈若何！"歌数阕，美人和之。[4] 项王泣数行下，左右皆泣，莫能仰视。

【注释】

[1] 壁：营垒；此用作动词，在垓下驻扎。垓（gāi）下：在今安徽固镇县城东数里。[2] 四面皆楚歌：四面都响起用楚方言所唱的歌曲，指楚人多已降汉。[3] 骓（zhuī）：毛色黑白相间的马。[4] 明人周亮工说："余独谓垓下是何等时，虞姬死而子弟散，匹马逃亡，身迷大泽，亦何暇更作歌诗！即使有作，亦谁闻之而谁记之欤？吾谓此数语者，无论事之有无，应是太史公'笔补造化'，代为传神。"（《尺牍新钞》三集卷二）

【讲解】

"力拔山兮气盖世"，是项羽品格的突出写照。一是侧重于力；项羽自起兵以来已有八年，身经七十余战，所当者破，所击者服。二是侧重于气；项羽非常凶暴，勇猛顽强，无所畏惧，气势强盛。四面楚歌中的霸王别姬，悲歌慷慨，一方面表现了英雄失败时一腔不平的悲愤；另一方面展现了英雄末路多情而无可奈何的心情。清人吴见思说："'可奈何'、'奈若何'，若无意义，乃一腔怒愤，万种低回，地厚天高，托身无所，写英雄失路之悲，至此极矣。"（《史记论文》）

【原文】十二

于是项王乃上马骑，麾下壮士骑从者八百余人 [1]，直夜溃围南出 [2]，驰走。平明，汉军乃觉之，令骑将灌婴以五千骑追之。项王渡淮，骑能属者百余人耳 [3]。项王至阴陵，迷失道，问一田父，田父绐曰"左" [4]。左，乃陷大泽中。以故汉追及之。项王乃复引兵而东，至东城 [5]，乃有二十八骑。汉骑追者数千人。项王自度不得脱。谓其骑曰："吾起兵至今八岁矣，身七十余战，所当者破，所击者服，未尝败北，遂霸有天下。然今卒困于此，此天之亡我，非战之罪也。今日固决死，愿为诸君快战 [6]，必三胜之,为诸君溃围、斩将、刈旗,令诸君知天亡我,非战之罪也。"
乃分其骑以为四队,四向。汉军围之数重。项王谓其骑曰:"吾为
公取彼一将。"令四面骑驰下,期山东为三处[7]。于是项王大呼
驰下,汉军皆披靡,遂斩汉一将。是时,赤泉侯为骑将,追项王,
项王瞋目而叱之,赤泉侯人马俱惊,辟易数里[8]。与其骑会为三
处。汉军不知项王所在,乃分军为三,复围之。项王乃驰,复斩汉
一都尉,杀数十百人,复聚其骑,亡其两骑耳。乃谓其骑曰:"何
如?"骑皆伏曰:"如大王言。"

【注释】

[1] 麾(huī)下:将帅的部下。[2] 直夜:当夜。溃围:突破重
围。[3] 属:追随。[4] 田父(fǔ):农夫。绐(dài):欺骗。[5] 东
城:在今安徽定远东南。[6] 快战:痛快地一战。[7] 约定突围后在山
东面的三个地点集合。期:约定。[8] 辟易:因畏惧而逃避。辟,避。
易,易地。

【讲解】

项羽在围之数重中仍能率领麾下八百人突出重围,但终于陷于大泽
之中,他自知已是穷途末路。他一则曰:"此天之亡我,非战之罪也。"
再则说:"令诸君知天亡我,非战之罪也。"三则曰:"天之亡我,我何
渡为。"他的心已死而意犹未平,认输而不服气,故言之不足,再三
言之。

【原文】十三

于是项王乃欲东渡乌江[1]。乌江亭长舣船待[2],谓项王
曰:"江东虽小,地方千里,众数十万人,亦足王也。愿大王急渡。
今独臣有船,汉军至,无以渡。"项王笑曰:"天之亡我,我何渡
为!且籍与江东子弟八千人渡江而西,今无一人还,纵江东父兄怜
而王我,我何面目见之?[3]纵彼不言,籍独不愧于心乎?"乃谓
亭长曰:"吾知公长者。[4]吾骑此马五岁,所当无敌,尝一日行
千里,不忍杀之,以赐公。"乃令骑皆下马行,持短兵接战。独籍

所杀汉军数百人。项王身亦被十余创[5]。顾见汉骑司马吕马童，曰："若非吾故人乎？"马童面之，指王翳曰："此项王也。"项王乃曰："吾闻汉购我头千金，邑万户，吾为若德。"[6]乃自刎而死。王翳取其头，余骑相蹂践争项王[7]，相杀者数十人。最其后，郎中骑杨喜、骑司马吕马童、郎中吕胜、杨武各得其一体。五人共会其体，皆是。

【注释】

[1]项王欲从乌江浦渡长江东去（江东，江南）。乌江浦：渡口名，在今安徽和县东北的长江西岸。[2]舣（yǐ）：移船靠岸。[3]《左传》僖公二十八年"（子玉）既败，王使谓之曰：'大夫若入，其若申息之老何？'"申息二邑的子弟皆从了王战死，子玉回来，如何见申息的父老？此与项羽的心情正同。[4]长者：性情温厚的人。[5]创（chuāng）：伤口。[6]吾为若德：我给你做点好事。[7]争夺项王的尸体，而相互纵马践踏。

【讲解】

项羽乌江自刎，宁死不辱，以死谢罪于江东父老子弟，知耻重义，死得壮烈不屈。宋词人李清照说："生当作人杰，死亦为鬼雄。至今思项羽，不肯过江东。"明人凌稚隆说："项羽不听亭父言，所谓小不忍者。后人有诗曰'江东子弟多才俊，卷土重来未可知'，可概见矣。"（《史记评林》）实际上，项羽自知大势已去，即使逃到江东，也难以活命，最终仍被刘邦追杀，死得更加耻辱，如何谈不上卷土重来。杜牧《题乌江亭》："胜败兵家事不期，包羞忍耻是男儿。江东子弟多才俊，卷土重来未可知。"这是文人之见。

【原文】十四

太史公曰：吾闻之周生曰"舜目盖重瞳子"，又闻项羽亦重瞳子。羽岂其苗裔邪？何兴之暴也[1]！夫秦失其政，陈涉首难[2]，豪杰蜂起，相与并争，不可胜数。然羽非有尺寸[3]，乘势起陇亩之中，三年，遂将五诸侯灭秦，分裂天下，而封王侯，政由羽出,号为"霸王",位虽不终,近古以来未尝有也。及羽背关怀楚,放逐义帝而自立,怨王侯叛己,难矣。自矜功伐[4],奋其私智而不师古,谓霸王之业,欲以力征经营天下[5],五年卒亡其国,身死东城,尚不觉悟而不自责,过矣。乃引"天亡我,非用兵之罪也",岂不谬哉!

【注释】

[1]暴:突然。[2]首难:首先发难,高举反秦反暴的义旗。《秦楚之际月表》曰:"初作难,发于陈涉;虐戾灭秦,自项氏;拨乱诛暴,平定海内,卒践帝祚,成于汉家。"[3]非有尺寸:没有尺寸封地可以凭借。[4]自矜功伐:夸耀自己的战功。[5]力征:武力征伐。

【讲解】

这是司马迁对项羽的盖棺定论,共有四层意义。

其一,项羽难道是舜的后代吗?这是犹疑之词,并非是在事实上认定,而是在情感上为项羽高攀华胄,以叨(tāo)余庆,而成为项羽之迅速勃兴的一种神秘理由。这种神秘理由可以从《易》所谓"积善之家必有余庆,积不善之家必有余殃"得到伦理性的解释。金人王若虚《滹(hū)南遗老集》曰:"陋哉斯论! 人之容貌,偶有相似。商均、舜之亲子,不闻其亦重瞳,而千余年之远,乃必重瞳耶? 舜玄德升闻,岂专以异相之故而暴兴?"这是不理解司马迁在情感上的痴语。

其二,秦残暴不仁,陈涉首先发难反秦,接着豪杰蜂拥而起。项羽无尺寸的封地,凭借其"力拔山兮气盖世"的突出品格,而成为诸侯的上将军,率领五诸侯灭亡秦国,然后分封王侯,成为诸侯的霸主。"位虽不终,但近古以来未尝有也。"项羽最终败亡,但他亡秦的历史功绩将永载史册,他的盖世才气也将世世代代为人景慕和敬仰。

其三,司马迁指出了项羽败亡的主要原因。一是离开关中,建都彭城。二是放逐义帝而杀之,成为刘邦鼓动诸侯反楚的重要原因。三是刚愎自用,不善用人。高祖向群臣说明得天下的原因:"公知其一,未知其二。夫运筹策帷帐之中,决胜于千里之外,吾不如子房。镇国家,抚百姓,给馈饷,不绝粮道,吾不如萧何。连百万之军,战必胜,攻必取，吾不如韩信。此三者，皆人杰也，吾能用之，此吾所以取天下也。
项羽有一范增而不能用，此其所以为我擒也。"（《高祖本纪》）四是不行
仁德，夸耀自己的武功，欲以武力残暴经营天下。五是没有统一天下的
政治眼光。明人凌稚隆说："项羽非特暴虐不得人心，亦从来没有统一
天下之志。咸阳既灭，而都彭城；既复彭城，而割图荣阳；既割鸿沟，
而思东归。岂如高祖规模宏远，天下不归于一不止哉？"（《史记评林》）

　　其四，司马迁否定了项羽失败的"天命"之因。项羽的失败主要是
其行为过失的人事之因造成的，他应对他的行为及其行为的结果负责，
而不能以天命之因逃脱自己的罪责。天命是一种神秘的力量，不能用理
性予以解释的，而给人以很大的影响。司马迁明确否定天命的作用，而
犹疑地肯定了先祖的德业对后代子孙的影响，这实际上也是非理性的。
但不同的是，天命不具有伦理性，而先祖的阴德贯穿着坚强的伦理筋
脉。司马迁侧重于从项羽本身的行为解释他败亡的结果。这说明项羽应
对他自己的行为及其结果负责，这种因果关系的解释具有伦理性和非理
性。实际上，项羽的败亡固然有他行为的过失，但这只是必要的理由，
而不是充分的理由，还有其他外在的力量，共同构成了项羽败亡之因。
如果仅斥责本人，而没有考虑到外在力量，则对项羽的斥责未免过于苛
刻，当然也不符合认知理性。

【总论】

　　司马迁为项羽立"本纪"的重要意义。"本纪"是记录帝王的事迹，
根据此一客观的标准，则不应为项羽立本纪。因此，司马迁立本纪不仅
有客观的标准，也有历史价值评价的意义。(1)项羽在秦末风起云涌的
反秦斗争中，率领各诸侯灭亡秦国，为西楚霸王，是天下政令的实际发
出者。(2)亡秦是历史上的一件大事，司马迁为项羽立本纪的主要意
义，是把亡秦之功归为项羽。成王败寇，是人情势利之常。刘邦得了天
下，又是先入关受子婴之降的人；汉的臣子，当然要降低项羽的地位，
将亡秦之功，归于刘邦。可是刘邦初起，从项梁，不仅项梁资之以兵，
乃得为别将；且秦军的主力为章邯，若无项羽的巨鹿一战，坑秦卒二十
余万人，刘邦何能有入关的机会？秦之亡，乃亡于其主力的被歼；入关

乃乘虚蹈隙，借项羽的声威，非秦亡的关键所在。司马迁以亡秦之功归项羽，正是显露此一历史的真实。但此一历史的真实，在汉臣的歌功颂德中已经淹没。

历史价值评价分为事功评价与道德评价。事功评价即是对历史人物行为之成败效果的分析。道德评价即是对历史人物行为之道德善恶的判断。事功评价与道德评价可以是同向：事功评价的肯定或否定与道德评价的肯定与否定一致；也可以是对立：事功评价与道德评价相反，即"二元对立"。对于某一事件或人物，我们可以从事功尺度与道德尺度两方面予以评价。例如，项羽在新安击坑秦卒二十余万人。从事功方面来看，这有利于最终的亡秦，具有肯定的意义。但从道德尺度来看，项羽击坑秦卒是非常残忍的，在道德上是给予否定的。再例如，项羽与刘邦约定，以鸿沟为界，各守东西。项羽退兵，但刘邦不守约，乘项羽东归之际，联合彭越、韩信军队，把项羽围在垓下。此不守约之事从事功尺度来看，无疑具有重大的意义；但从道德尺度来看，这不讲信用，是予以否定的。

【补论】

论者一般认为，司马迁不以成败论英雄，项羽虽是失败的英雄，但他热情赞颂了项羽亡秦的历史功绩，并对项羽的性格和命运予以深切同情；而对胜利者刘邦，司马迁则是以理性的批判精神，指出了刘邦诛杀功臣、阴险狡诈、无赖、好欺侮人的品行。港台新儒家牟宗三认为，"刘邦之在斯世，乃一赤裸裸之原始生命也，无任何世家门第可言，无任何文化装饰可凭，只是蒙昧中一片灵光，而独辟草莱也"；刘邦是一位天才的英雄：率性，气壮，行为不合常规常矩，心胸宽广，灵活，悟性高。①《高祖本纪》：

> 高祖为人，隆准而龙颜，美须髯，左股有七十二黑子。仁而爱人，喜施，意豁如也。常有大度，不事家人生产作业。及壮，试为

---

① 牟宗三：《历史哲学》，广西师范大学出版社 2007 年，第 135—147 页。

　　吏，为泗水亭长，廷中吏无所不狎侮。好酒及色。

刘邦的生命之气充沛，他自足无待，超越一切，固足以俯视一切，而狎侮他人，亦非任何成规成矩所能约束。

　　《郦生陆贾列传》：

　　　　沛公至高阳传舍，使人召郦生。郦生至，入谒，沛公方踞床使两女子洗足，而见郦生。郦生入，则长揖不拜，曰："足下欲助秦攻诸侯乎？且欲率诸侯破秦也？"沛公骂曰："竖儒！夫天下同苦秦久矣，故诸侯相率而攻秦，何谓助秦攻诸侯乎？"郦生曰："必聚徒合义兵诛无道秦，不宜倨见长者。"于是沛公辍洗，起摄衣，延郦生上坐，谢之。

刘邦之谩骂无礼，也是他的风姿之一，颇富有艺术性。他骂人不伤人，故人多乐从之，且刘邦非常灵活，善于改变。人不能无好恶，有好恶而不滞于好恶，则其机灵活。

　　《郦生陆贾列传》：

　　　　陆生时时前说称《诗》、《书》。高帝骂之曰："乃公居马上而得之，安事《诗》、《书》！"陆生曰："居马上得之，宁可以马上治之乎？且汤武逆取而以顺守之，文武并用，长久之术也。昔者吴王夫差、智伯极武而亡；秦任刑法不变，卒灭赵氏。向使秦已并天下，行仁义，法先圣，陛下安得而有之？"高帝不怿而有惭色，乃谓陆生曰："试为我著秦所以失天下，吾所以得之者何，及古成败之国。"

陆贾称说《诗》、《书》，刘邦乃骂。但陆贾的一番言论，颇合道理，刘邦悟性高，马上能够理解。牟宗三先生说："呈天资而服善，好简易而从理：固未曾僵滞于其主观之资质中而不化也。"①

────────

① 牟宗三：《历史哲学》，广西师范大学出版社 2007 年，第 138 页。

《淮阴侯列传》:

> 汉四年,信遂皆降平齐。使人言汉王曰:"齐伪诈多变,反覆之国也,南边楚,不为假王以镇之,其势不定。愿为假王便。"当是时,楚方急围汉王于荥阳,韩信使者至,发书,汉王大怒,骂曰:"吾困于此,旦暮望若来佐我,乃欲自立为王!"张良、陈平蹑汉王足,因附耳语曰:"汉方不利,宁能禁信之王乎?不如因而立,善遇之,使自为守。不然,变生。"汉王亦悟,因复骂曰:"大丈夫定诸侯,即为真王耳,何以假为!"乃遣张良往立信为齐王,征其兵击楚。

刘邦悟性极高,且极灵极活,能超脱而不滞于物。
《高祖本纪》:

> 高祖击布时,为流矢所中,行道病。病甚,吕后迎良医,医入见,高祖问医,医曰:"病可治。"于是高祖嫚(màn,轻视、侮辱)骂之曰:"吾以布衣提三尺剑取天下,此非天命乎?命乃在天,虽扁鹊何益!"遂不使治病,赐金五十斤罢之。已而吕后问:"陛下百岁后,萧相国即死,令谁代之?"上曰:"曹参可。"

刘邦之气至死不衰。一番谩骂,有病而不治,提出"天命",则天资自足。

第四讲

"高山仰止，景行行止"

——《孔子世家》的解读

【序论】

"世家"是记录诸侯王的世系。《史记正义》："孔子无侯伯之位，而称世家者，太史公以孔子布衣传十余世，学者宗之，自天子王侯，中国言'六艺'者宗于夫子，可谓至圣，故为世家。"宋人王安石说："处之世家，仲尼之道，不从而大；置之列传，仲尼之道，不从而小。"（《临川先生文集》卷七十）这是站在孔子地位早已确立的时代所讲的话。

"六艺"是中国古代文化的总结，孔子传承之而代表了古代整个的历史文化；但诸子百家所代表的是个人的思想。这在学术文化中，司马迁认为孔子不应与其他诸子百家处于同等的地位，故列入世家中以突出之。将孔子列入列传，这在学术文化中是对人的"平均化"，不是对历史社会负责的态度。平等，是从基本上说。若将平等误用到把人平均化，这便不足以标示人类向上的方向，而历史的是非也因之不显。[1]

新儒家大师牟宗三说："吾之生命依据不在现实。现实一无所有矣。试看国在哪里？家在哪里？吾所依据者华族之文化生命，孔、孟之文化理想耳。"[2] 1982 年 2 月 14 日，台港新儒家另一位大师徐复观病重立下遗嘱："余自四十五岁以后，乃渐悟孔、孟思想为中华文化命脉所寄，今以未能赴曲阜亲谒孔陵为大恨也。"他口占一律以表达自己最后的志

---

① 徐复观：《两汉思想史》（第三卷），华东师范大学出版社 2001 年，第 210 页。
② 牟宗三：《五十自述》，台湾鹅湖出版社 1989 年，第 116 页。

意："中华片土尽含香，隔岁重来再病床。春雨阴阴膏草木，友情默默感时光。沉疴未死神医力，圣学虚悬寸管量。莫计平生伤往事，江湖烟雾好相忘。"① 思想文化的价值是置于现实政治的上位，人类不能托命于政治，但可托命于文化。今天全世界的华人所共同托命的是中华民族的传统文化，是孔、孟的文化理想。

【原文】一

孔子生鲁昌平乡陬邑 [1]。其先宋人也，曰孔防叔。防叔生伯夏，伯夏生叔梁纥。纥与颜氏女野合而生孔子 [2]，祷于尼丘得孔子。鲁襄公二十一年而孔子生 [3]。生而首上圩顶 [4]，故因名曰丘云。字仲尼，姓孔氏。

丘生而叔梁纥死，葬于防山。防山在鲁东，由是孔子疑其父墓处，母讳之也 [5]。孔子为儿嬉戏，常陈俎豆 [6]，设礼容 [7]。孔子母死，乃殡五父之衢 [8]，盖其慎也。陬人挽父之母诲孔子父墓 [9]，然后往合葬于防焉。

······

鲁南宫敬叔言鲁君曰 [10]："请与孔子适周。"鲁君与之一乘车，两马，一竖子俱，适周问礼，盖见老子云。辞去，而老子送之曰："吾闻富贵者送人以财，仁人者送人以言。吾不能富贵，窃仁人之号，送子以言，曰：'聪明深察而近于死者，好议人者也。博辩广大而危其身者，发人之恶者也。为人子者毋以有己，为人臣者毋以有己。'" [11] 孔子自周反于鲁，弟子稍益进焉 [12]。

【注释】

[1] 孔子居鲁之陬（zōu）邑昌平乡阙里，今山东曲阜。[2] 其父是叔梁纥（hé），其母是颜征在。"野合"，是谓叔梁纥年老而娶年少之颜征在，不合礼也。[3] 襄公二十一年，即前551年。[4] 圩（wéi）

---

① 曹永洋等：《徐复观先生年谱》，《徐复观教授纪念文集》，台湾时报文化出版事业有限公司1984年。

顶：孔子头顶，中间低而四旁高，像丘之形。[5] 纥葬于防山，孔子不知其墓处，母讳而不说。[6] 陈：陈列。俎（zǔ）豆：祭祀时盛牛羊等祭品的器具。[7] 礼容：礼仪。[8] 殡（bìn）：停放灵柩。五父：地名。衢（qú）：大路。[9] 挽（wǎn）父：赶车人，同于"渔父（fǔ）"。[10] 南宫敬叔学礼于夫子。[11] 毋（wú）以有己：毋我，去己。[12] 益进：增多。

【讲解】

夫子生也不幸，父去世甚早，他孤苦无依；母少而守寡，生活艰难而没有依靠，而卒早亡。夫子不知其父坟墓处，母未告之，当有难言之隐，也可见出其母婚姻的不幸。夫子少而好礼，岂生而知之乎?!

"野"，数见于《论语》。《雍也》："子曰：'质胜文则野（野人，其言鄙略），文胜质则史（掌文书，多闻习事，诚或不足）。文质彬彬，然后君子。'"野：粗俗无礼。《先进》："子曰：'先进于礼乐，野人也；后进于礼乐，君子也。如用之，则吾从先进。'"朱熹释曰："先进于礼乐，文质得宜，今反谓之质朴，而以为野人；后进于礼乐，文过其质，今反谓之彬彬，而以为君子。"（《四书集注》）野：质朴无文。《子路》："子曰：'野哉（鄙俗，责子路不能阙疑而率尔妄对），由也！君子于其所不知，盖阙如也。名不正，则言不顺；言不顺，则事不成；事不成，则礼乐不兴；礼乐不兴，则刑罚不中；刑罚不中，则民无所错手足。故君子名之必可言也，言之必可行也。君子于其言，无所苟而已矣。'"野：不合礼。

请记住老子的告诫："聪明深察而近于死者，好议人者也。博辩广大而危其身者，发人之恶者也。"不要轻议、妄议他人，不要妄发他人之恶。

【原文】二

孔子年三十五，而季平子与郈昭伯以斗鸡故得罪鲁昭公 [1]，昭公率师击平子，平子与孟氏、叔孙氏三家共攻昭公，昭公师败，奔于齐，齐处昭公乾侯 [2]。其后顷之，鲁乱。孔子适齐，为高昭子家臣，欲以通乎景公。与齐太师语乐，闻《韶》音，学之，三月

不知肉味 [3],齐人称之。

……

桓子嬖臣曰仲梁怀 [4],与阳虎有隙。阳虎欲逐怀,公山不狃止之 [5]。其秋,怀益骄,阳虎执怀。桓子怒,阳虎因囚桓子,与盟而释之。阳虎由此益轻季氏。季氏亦僭于公室 [6],陪臣执国政,是以鲁自大夫以下皆僭离于正道。故孔子不仕,退而修《诗》、《书》、《礼》、《乐》,弟子弥众,至自远方,莫不受业焉。

【注释】

[1] 君臣因斗鸡之故而互相攻伐,是玩物丧志。郈（hòu）:姓。[2] 齐安置昭公于乾侯之地。昭公终死于此。[3]《韶》乐为虞舜所作,尽善尽美。孔子闻习《韶》乐之善美,而忘记肉味。[4] 嬖（bì）臣:宠幸之臣。[5] 公山不狃（niǔ）:季氏宰。[6] 僭（jiàn）:超越本分。孔子谓季氏:"八佾（yì）舞于庭,是可忍也,孰不可忍也?"(《八佾》)

【讲解】

人之好肉味是乐之也。孔子曰:"知之者不如好之者,好之者不如乐之者。"(《论语·雍也》)此译成英语曰:To be fond of it is better than merely to realize it; to enjoy it is better than merely to be fond of it.

【原文】三

定公十四年 [1],孔子年五十六,由大司寇行摄相事 [2],有喜色。门人曰:"闻君子祸至不惧,福至不喜。"孔子曰:"有是言也。不曰'乐其以贵下人'乎?" [3] 于是诛鲁大夫乱政者少正卯。与闻国政三月 [4],鬻羔豚者弗饰贾 [5];男女行者别于途;途不拾遗;四方之客至乎邑者不求有司,皆予之以归 [6]。

齐人闻而惧,曰:"孔子为政必霸,霸则吾地近焉,我之为先并矣。盍致地焉?" [7] 黎鉏曰:"请先尝沮之 [8];沮之而不可则致地,庸迟乎 [9]!"于是选齐国中女子好者八十人,皆衣文衣而舞康乐 [10],文马三十驷 [11],遗鲁君 [12]。陈女乐文马于鲁城南高门外，季桓子微服往观再三，将受，乃语鲁君为周道游 [13]，往观终日，怠于政事。子路曰："夫子可以行矣。"孔子曰："鲁今且郊，如致膰乎大夫 [14]，则吾犹可以止。"桓子卒受齐女乐，三日不听政；郊，又不致膰俎于大夫。孔子遂行，宿乎屯。而师己送，曰："夫子则非罪。"孔子曰："吾歌可夫？"歌曰："彼妇之口，可以出走；彼妇之谒，可以死败。盖优哉游哉 [15]，维以卒岁！"师己反，桓子曰："孔子亦何言？"师己以实告。桓子喟然叹曰："夫子罪我以群婢故也夫！"[16]

【注释】

[1] 公元前 496 年。[2] 担任代理相。相是辅助诸侯的最高行政长官。[3] 君子乐其高位而礼贤下士。[4] 与：参与。[5] 卖羔豚的商人不虚抬价格。鬻（yù）：卖。贾：价。[6] 予之犹如归家。[7] 盍（hé）：何不。[8] 沮（jǔ）：阻止。[9] 庸：难道。[10] 文衣：华丽的衣服。文，纹。康乐：靡靡之音。康，安。[11] 文马：身披彩饰的马。[12] 遗（wèi）：赠给。[13] 周道游：请鲁君出游而往观齐之女乐。[14] 膰（fán）：祭肉。[15] 夫子感叹虚度岁月。[16] 群婢：女乐。

【讲解】

鲁君贪恋女乐，怠于政事；贵族大臣季桓子沉溺于女乐之中，三日不听政。孔子不得已离开了鲁国。他在途中歌咏，一方面斥责女乐将使鲁陷入死败之地，另一方面哀叹岁月流逝而自己的政治理想难以实现。《孟子·公孙丑下》曰：

孟子去齐，宿于昼。……尹士语人曰："不识王之不可以为汤武，则是不明也；识其不可，然且至，则是干（求）泽也。千里而见王，不遇故去，三宿而后出昼，是何濡滞也？士则兹不悦。"高子以告。曰："夫尹士恶知予哉？千里而见王，是予所欲也。不遇故去，岂予所欲哉？予不得已也。予三宿而出昼，于予心犹以为速，王庶几改之！王如改诸，则必反予。夫出昼，而王不予追也，予然后浩然有归志。予虽然，岂舍王哉！王由足用为善，王如用

予,则岂徒齐民安? 天下之民举安。王庶几改之! 予日望之! 予岂
若是小丈夫然哉? 谏于其君而不受,则怒,悻悻然见(现)于其
面,去则穷日之力而后宿哉?"尹士闻之,曰:"士诚小人也。"

孟子在齐,虽受到齐王的敬重,但齐王不能实行他的王道理想,故孟子
离开齐国。在离去的途中,他缓慢而行,希望齐王能够醒悟。但齐王终
于没有追回孟子,于是孟子浩然有归志。这表明,孔子、孟子在不受君
王的重用时,并不是怨天尤人,迅速离开,而是不忘君王,期望君王能
够醒悟。苏轼《贾谊论》曰:

> 非才之难,所以自用者实难。惜乎贾生王者之佐,而不能自用
> 其才也。夫君子之所取者远,则必有所待;所就者大,则必有所
> 忍。孟子去(离开)齐,三宿而后出昼,犹曰"王其庶几召我"。
> 君子之不忍弃其君,如此其厚也。公孙丑问曰:"夫子何为不豫?"
> 孟子曰:"方今天下,舍我其谁哉,而吾何为不豫?"君子之爱
> 其身,如此其至也。夫如此而不用,然后知天下之果不足与有
> 为,而可以无憾矣。若贾生者,非汉文之不用生,生之不能用汉文
> 也。……观其过湘,为赋以吊屈原,抑郁愤闷,超然有远举之志。
> 其后卒以自伤哭泣,至于夭绝。是亦不善处穷者也。夫谋之一不见
> 用,安知终不复用也? 不知默默以待其变,而自残至此。呜呼,贾
> 生志大而量小,才有余而识不足也。

苏轼批评贾谊受到文帝的贬逐时,不能忍,先是牢骚满腹,接着有远举
之志,其后自伤哭泣夭绝;因此,贾生志大而量小,才有余而识不足。

【原文】四

孔子遂适卫,主于子路妻兄颜浊邹家。卫灵公问孔子:"居鲁
得禄几何?"对曰:"奉粟六万。"卫人亦致粟六万。居顷之,或谮
孔子于卫灵公 [1]。灵公使公孙余假一出一入 [2]。孔子恐获罪
焉,居十月,去卫。

将适陈，过匡，颜刻为仆，以其策指之曰："昔吾入此，由彼缺也。"匡人闻之，以为鲁之阳虎。阳虎尝暴匡人 [3]，匡人于是遂止孔子。孔子状类阳虎，拘焉五日，颜渊后 [4]，子曰："吾以汝为死矣。"颜渊曰："子在，回何敢死！" [5] 匡人拘孔子益急，弟子惧。孔子曰："文王既没，文不在兹乎？天之将丧斯文也，后死者不得与于斯文也。天之未丧斯文也，匡人其如予何！" [6] 孔子使从者为宁武子臣于卫，然后得去。

【注释】

[1] 譖（zèn）：诬陷，中伤。[2] 公孙余假以兵杖出入，威胁孔子。[3] 暴：暴虐。[4] 颜渊与孔子相失在后。[5] 见于《论语·先进》。[6] 见于《论语·子罕》。

【讲解】

孔子周游列国，游说人君，宣扬和推行儒家社会、政治、人生的理想。"累累如丧家之犬"，表现了孔子坎坷周游、困顿不遇的悲剧命运。《论语·子罕》："子畏于匡，曰：'文王既没，文不在兹乎？天之将丧斯文也，后死者不得与于斯文也；天之未丧斯文也，匡人其如予何？'"文王已没，我传承文王之道，当仁不让。天命如果断绝文王之道，则我必不得参与此道；今我既然传承此道，则天命不欲丧绝此文。天既未欲丧此文，那么匡人其奈我何，即必不能违天害己。

【原文】五

去即过蒲。月余，反乎卫，主蘧伯玉家 [1]。灵公夫人有南子者，使人谓孔子曰："四方之君子不辱欲与寡君为兄弟者，必见寡小君 [2]。寡小君愿见。"孔子辞谢，不得已而见之。夫人在绨帷中 [3]。孔子入门，北面稽首 [4]。夫人自帷中再拜，环珮玉声璆然 [5]。孔子曰："吾向为弗见，见之礼答焉。"子路不悦。孔子矢之曰 [6]："予所否者，天厌之！天厌之！" [7] 居卫月余，灵公与夫人同车，宦者雍渠参乘 [8]，出，使孔子为次乘，招摇市过之。孔子曰："吾未见好德如好色也。" [9] 于是丑之，去卫，过曹。是岁，鲁定公卒。

孔子去曹适宋，与弟子习礼大树下。宋司马桓魋欲杀孔子[10]，拔其树。孔子去。弟子曰："可以速矣。"孔子曰："天生德于予[11]，桓魋其如予何！"

孔子适郑，与弟子相失，孔子独立郭东门。郑人或谓子贡曰："东门有人，其颡似尧[12]，其项类皋陶，其肩类子产，然自腰以下不及禹三寸。累累若丧家之狗。"[13]子贡以实告孔子。孔子欣然笑曰："形状，末也。而谓似丧家之狗，然哉！然哉！"

【注释】

[1] 蘧（qú）：姓。[2] 小君：诸侯夫人，即南子。[3] 绤（chī）帷：帷幕。绤，细的葛布。[4] 稽（qǐ）首：一种恭敬的礼节，叩头至地。[5] 璆（qiú）然：环玉相击时所发出的圆润之声。[6] 矢：发誓。[7] 我之所行如不合礼义，则天厌弃我。[8] 参乘：骖乘，在车的右边陪乘。[9] 好色，乐也。好德如好色，则以好德为乐也。孔子曰："知之者，不如好之者，好之者，不如乐之者。"（《雍也》）[10] 桓魋（tuí）：人名。[11] 孔子认为他是受天命而传承礼乐，桓魋等小人不能伤害他。[12] 颡（sǎng）：前额。[13] 孔子生于乱世，道不得行，四处奔走，瘦弱疲乏，而不得志。累累：瘦弱疲乏的样子。

【讲解】

史公为孔子立世家，在材料的缀辑上详备而有序，可知他用力之勤。《论语·子罕》："子曰：'吾未见好德如好色者也。'"《论语·卫灵公》："子曰：'已矣乎！吾未见好德如好色者也。'"《论语·雍也》："子见南子，子路不悦。夫子矢之曰：'予所否者，天厌之！天厌之！'"《左传》定公十四年记载，南子依仗卫灵公的宠幸，与情人宋朝"会于洮（táo）"，丑闻传遍朝野。

《孔子世家》叙孔子与南子会见之事，较为详细，描写生动，且增加了孔子为次乘的情节。这使一些学者忍无可忍、义愤填膺。清人梁玉绳指责道："欲媚夫人，帷中交拜，且使为次乘，俨同宦寺之流，过市招摇，不顾辱身之丑，小人所不为也，而谓孔子为之乎？马迁诬圣，罪在难宽。"(《史记志疑》)朱熹的见识较为通达。他说："盖古者仕于其国,有见其小君之礼,而子路以夫子见此淫乱之人为辱,故不悦。……圣人道大德全,无可不可。其见恶人,固谓在我有可见之礼,则彼之不善,我何与焉?然此岂子路所能测哉?故重言以誓之,欲其姑信此而深思以得之也。"(《论语集注》)

【原文】六

灵公老,怠于政,不用孔子。孔子喟然叹曰:"苟有用我者,期月而已[1],三年有成。"孔子行。(《子路》)

……

孔子学鼓琴师襄子,十日不进[2]。师襄子曰:"可以益矣。"孔子曰:"丘已习其曲矣,未得其数也。"[3]有间,曰:"已习其数,可以益矣。"孔子曰:"丘未得其志也。"[4]有间,曰:"已习其志,可以益矣。"孔子曰:"丘未得其为人也。"[5]有间,有所穆然深思焉,有所怡然高望而远志焉。[6]曰:"丘得其为人,黯然而黑,几然而长[7],眼如望羊[8],如王四国,非文王孰能为此也!"师襄子避席再拜,曰:"师盖云《文王操》也。"[9]

【注释】

[1]期(jī)月:一月。[2]十日未学新曲。[3]数:乐曲所含之理。[4]由曲之理察知作曲者之心志。[5]由作曲者之心志把握其人格。[6]孔子穆然深思,怡然远望,与文王的人格相融通。[7]人格是内外的合一,孔子察知文王的气象:面色黧黑,身材颀长,目光高远,有王天下的气概。几:颀。[8]望羊:望洋,仰视的样子。[9]《文王操》:文王所作的琴曲。

【讲解】

"望洋"一词,又见于《庄子·秋水》:"秋水时至,百川灌河。泾流之大,两涘渚崖之间,不辨牛马。于是焉河伯欣然自喜,以天下之美为尽在己。顺流而东行,至于北海,东面而视,不见水端,于是焉河伯始旋其面目,望洋向若而叹曰:'野语有之曰,闻道百以为莫己若者',

我之谓也。且夫我尝闻少仲尼之闻而轻伯夷之义者，始吾弗信；今我睹子之难穷也，吾非至于子之门则殆矣，吾长见笑于大方之家。"

乐曲与人的个性人格融合在一起。孟子曰："君子所性，仁义礼智根于心。其生色也，睟然（suì，润泽）见于面，盎（丰厚洋溢）于背，施于四体（见于动作威仪之间），四体不言而喻（四体不待吾言，则自能晓吾意也）。"（《尽心上》）仁义理智等道德观念与人的生命结合起来，表现于人的形容与言行当中。

【原文】七

明年，孔子自蔡如叶。叶公问政，孔子曰："政在来远附迩。"他日，叶公问孔子于子路，子路不对 [1]。孔子闻之，曰："由，尔何不对曰'其为人也，学道不倦，诲人不厌 [2]，发愤忘食，乐以忘忧 [3]，不知老之将至'云尔。"（《述而》）

去叶，反于蔡。长沮、桀溺耦而耕 [4]，孔子以为隐者，使子路问津焉 [5]。长沮曰："彼执舆者为谁?"[6] 子路曰："为孔丘。"曰："是鲁孔丘与?"曰："然。"曰："是知津矣。"[7] 桀溺谓子路曰："子为谁?"曰："为仲由。"曰："子，孔丘之徒与?"曰："然。"桀溺曰："悠悠者天下皆是也 [8]，而谁以易之? [9] 且与其从避人之士 [10]，岂若从避世之士哉!"耰而不辍 [11]。子路以告孔子，孔子怃然曰 [12]："鸟兽不可与同群，吾非斯人之徒与而谁与! [13] 天下有道，丘不与易也。"[14]（《微子》）

他日，子路行，遇荷蓧丈人 [15]，曰："子见夫子乎?"丈人曰："四体不勤，五谷不分 [16]，孰为夫子!"植其杖而芸 [17]。子路以告，孔子曰："隐者也。"复往，则亡。

【注释】

[1] 子路不对：子路不知如何回答。[2] 厌：满足。[3] 学道未得，则发愤而忘食；学道已得，则乐之忘忧。[4] 长沮（jǔ）、桀溺（nì）：隐者。耦而耕：两人合耕，是古代的一种耕种方法。[5] 津：渡口，代指路，喻治国之道。王维《终南山》："欲投人处宿，隔水问樵

夫。"[6] 执舆者：执辔（pèi，马缰绳）的人。子路御而执辔，今下问津，故孔子代之。[7] 此人周游列国，见识广博，是知道"路"的。[8] 悠悠：《论语·微子》作"滔滔"，水势盛大的样子，比喻社会秩序混乱。[9] 易之：治理乱世。[10] 避人之士：孔子。孔子与当时的国君不能合。[10] 耰（yōu）：播种后，用土盖上。[12] 怃（wǔ）然：怅然，惜隐者不知己意。[13] 既然不可与鸟兽共同生活，则我不与世人一起生活，还同谁生活在一起呢？与：相与。[14] 如果天下平治，我就不用参与治理天下了。与（yù）：参与。圣人不敢有忘天下之心，故其言如此也。[15] 莜（diào）：一种古代除草的农具。[16] 责怪孔子不能从事农业生产，而周游列国。勤：劳。[17] 植：置。芸：耘，除草。

【讲解】

"文化大革命"期间，人们经常痛骂孔子"四体不勤，五谷不分"。孔子虽不从事劳动，但并不表明他不了解农人的艰辛及其要求。社会必然分工，孔子主要是游说诸侯，宣扬和推行仁义礼智等人伦之道。孟子说："故曰或劳心，或劳力；劳心者治人，劳力者治于人；治于人者食人，治人者食于人，天下之通义也。"（《滕文公上》）

　　彭更问曰："后车数十乘，从者数百人，以传食于诸侯，不以泰乎？"孟子曰："非其道，则一箪食不可受于人；如其道，则舜受尧之天下，不以为泰。子以为泰乎？"曰："否！士无事而食，不可也。"曰："子不通功易事，以羡补不足，则农有余粟，女有余布；子如通之，则梓匠轮舆皆得食于子。于此有人焉，入则孝，出则悌，守先王之道，以待后之学者，而不得食于子。子何尊梓匠轮舆而轻为仁义者哉？"曰："梓匠轮舆，其志将以求食也；君子之为道也，其志亦将以求食与？"曰："子何以其志为哉？其有功于子，可食而食之矣。且子食志乎？食功乎？"曰："食志。"曰："有人于此，毁瓦画墁（màn，粉刷过的墙壁），其志将以求食也，则子食之乎？"曰："否。"曰："然则子非食志也，食功也。"（《滕文公上》）

孟子认为,他带领弟子游说诸侯,宣扬仁义孝悌,是有事、有功之人,理应得到食物。所谓"食志",即志在求食;所谓"食功",即做事有功而给予他食物。儒家游说诸侯,虽然不是志在求食,他们的志向是使天下之人有吃有穿,且能知礼义,他们有功,所以理应给他们饭吃。

【原文】八

孔子迁于蔡三岁,吴伐陈。楚救陈,军于城父。闻孔子在陈、蔡之间,楚使人聘孔子。孔子将往拜礼,陈、蔡大夫谋曰:"孔子贤者,所刺讥皆中诸侯之疾 [1]。今者久留陈、蔡之间,诸大夫所设行皆非仲尼之意 [2]。今楚,大国也,来聘孔子。孔子用于楚,则陈、蔡用事大夫危矣 [3]。"于是乃相与发徒役围孔子于野 [4]。不得行,绝粮。从者病,莫能兴 [5]。孔子讲诵弦歌不衰。子路愠见曰:"君子亦有穷乎?" [6] 孔子曰:"君子固穷,小人穷斯滥矣。"[7](《卫灵公》)

子贡色作 [8]。孔子曰:"赐,尔以予为多学而识之者与?"[9]曰:"然。非与?"孔子曰:"非也。予一以贯之。"[10](《卫灵公》)

孔子知弟子有愠心,乃召子路而问曰:"《诗》云'匪兕匪虎,率彼旷野'[11]。吾道非邪?吾何为于此?"子路曰:"意者吾未仁邪? [12] 人之不我信也。意者吾未知邪? 人之不我行也。"孔子曰:"有是乎! 由,譬使仁者而必信,安有伯夷、叔齐? 使知者而必行,安有王子比干?"

子路出,子贡入见。孔子曰:"赐,《诗》云'匪兕匪虎,率彼旷野'。吾道非邪? 吾何为于此?"子贡曰:"夫子之道至大也,故天下莫能容夫子。夫子盖少贬焉?"[13] 孔子曰:"赐,良农能稼而不能为穑 [14],良工能巧而不能为顺 [15]。君子能修其道,纲而纪之,统而理之,而不能为容 [16]。今尔不修尔道而求为容。赐,而志不远矣!"[17]

子贡出,颜回入见。孔子曰:"回,《诗》云'匪兕匪虎,率彼旷野'。吾道非邪? 吾何为于此?"颜回曰:"夫子之道至大,故天下莫能容。虽然，夫子推而行之，不容何病［18］，不容然后见君子！夫道之不修也，是吾丑也。夫道既已大修而不用，是有国者之丑也。不容何病，不容然后见君子！"孔子欣然而笑曰："有是哉颜氏之子！使尔多财，吾为尔宰。"［19］

于是使子贡至楚［20］。楚昭王兴师迎孔子，然后得免。

【注释】

［1］疾：弊病。［2］设行：行政措施。［3］用事：当权。［4］徒役：徒隶。［5］兴：起。［6］愠（yùn）：怨恨，生气。穷：困厄。［7］君子固知有穷，而安于穷困；小人不安于穷，而无所不作。［8］色作：脸变色，即有不悦之色。［9］子贡之学，多而能识。孔子欲知其本，故问而发之。［10］朱子说："圣人之心，浑然一理，而泛应曲当，用各不同。"这即所谓"一本万殊"。［11］率：循。此两句出自《诗经·何草不黄》。［12］想来我们不够仁智，故他人不信不行。意：主观猜想。［13］少贬：稍微贬损己道，以迎合人君。［14］稼：耕种。穑：收获。［15］顺：合于他人的心意。［16］君子行道，不求为人君所容。［17］而志：你的志向。［18］不容没有什么耻辱。［19］假使你多财，则我为你主管财物。这是孔子的戏言，说明他们志向相同的惬意。［20］予贡善于论辩，有游说之才。

【讲解】

司马迁为孔子立世家，在材料的缀辑上非常详备而有序，可知他用力之勤。《论语》主要记录孔子的言论，也涉及一些行为，但凌乱琐碎、年月不明，因而孔子一生的经历没有得到具体而完整的显现。《论语·卫灵公》有两段材料：

在陈绝粮，从者病，莫能兴。子路愠见曰："君子亦有穷乎？"子曰："君子固穷，小人穷斯滥矣。"

子曰："赐也，汝以予为多学而识之者欤？"对曰："然，非欤？"曰："非也，予一以贯之。"

司马迁把上面的两段材料联系起来，予以充分的扩充，构成了《孔子世家》中最为精彩的一段文字，其文学性和思想性皆相当强。孔子及其弟子困于陈、蔡之间，粮食断绝，从者病，莫能起，孔子依然弦歌不衰。他的弟子子路、子贡心怀怨恨，不悦之色可掬。孔子与弟子们展开了一次发人深省的对话。

子路的个性直率、好勇、不让，他修道的境界不是太高，时常与孔子闹些矛盾。孔子曾说："由也升堂矣，而未入室也。"当他们陷入困境时，他心怀不满，嘲弄说："君子亦有穷乎？"孔子回答：君子本有穷时，这是不可避免的；君子一方面能安于穷困，另一方面在困穷时能执守仁义之道，孔子所谓"君子去仁，恶乎成名？君子无终食之间违仁，造次必于是，颠沛必于是"（《里仁》）；但小人自以为不应受穷，故在穷时一方面怨天尤人，另一方面滥作非为。孔子意在警醒子路：君子安于穷困，不要怨天尤人，必须坚守仁义之道。

子贡博学多才，善于辩论。子说："巧言令色，鲜矣仁！"（《学而》）他游说诸侯，颇得到时君的信任和重用，这与他少贬其道而迎合时君有关。他善于货殖，财物最为饶益，背离"君子喻于义，小人喻于利"之旨。《仲尼弟子列传》："孔子卒，原宪遂亡在草泽中。子贡相卫，而结驷连骑，排藜藿入穷阎，过谢原宪。宪摄敝衣冠见子贡。子贡耻之，曰：'夫子岂病乎？'原宪曰：'吾闻之，无财者谓之贫，学道而不能行者谓之病。若宪，贫也，非病也。'子贡惭，不怿而去，终身耻其言之过也。"因此，子贡修道的境界不高，不能守死善道。当陷入困境时，他脸露不悦之色。孔子开启说：你认为我是博学多识吗？子贡自许博学多识，但孔子认为博学多识是事实之知，必须以道德之知为根本。孔子之问意在启发子贡要知道学问之本在于仁义道德。孔子说："非也。予一以贯之。"孔子即是以仁义之道作为博学多识的根本。《论语·里仁》："子曰：'参乎！吾道一以贯之。'曾子曰：'唯。'子出，门人问曰：'何谓也？'曾子曰：'夫子之道，忠恕而已矣！'"尽己之谓忠，即自觉内省和扩充自己内心的仁善；推及之谓恕，不仅成就自己的良善人格，还要推己及人，成就他人之良善的人格。

孔子知道，他的弟子有怨言，而且在思考：吾道非邪？吾何为于此？孔子问曰："《诗》云'匪兕匪虎，率彼旷野'。吾道非邪？吾何为于此？"这正是其弟子心想知而未能回答的问题，富有启发性，所谓"不愤不启，不悱不发"（《述而》）。

子路认为：他们师徒之穷一是他们可能未达到仁智的境界，所以世人不信、不行（这是对自己的不信任）；二是他们所任之道可能未至仁至智，所以世人不信、不行（这是对所任之道的怀疑）。孔子举伯夷、叔齐、比干之事说明，仁者、智者以及至仁至智之道未必为人所信、所行，君子不因他人不信、不行，就怀疑甚至否定自己及其所任之道。孔子意在加强子路对自己和仁义之道的信任和尊崇，不要因为挫折而悲观失望、丧失勇气。

子贡认为：夫子之道远大，不能为天下所知、所用，所以要少贬远大之道而求为天下所容，即枉道而迎合现实的政治权势。这样，一是儒家之道的理想性受到贬损，二是儒者及其所任之道也失去了部分的独立性。这可能走向"枉尺而直寻"甚至枉道从势之途。子贡之论受到孔子的严厉批评。君子修其道，守其道，不求为政治权势所容而贬损仁义之道。孔子旨在告诫子贡要坚守儒者的独立人格和所任之道的独立性和理想性，坚决反对为了迎合政治权势而贬损仁义之道。

在孔门中，颜回的道德境界最高，深得孔子的赞扬。子曰："贤哉回也！一箪食，一瓢饮，在陋巷，人不堪其忧，回也不改其乐。贤哉回也！"（《雍也》）颜回认为：夫子之道至远至大，而不能为世人所容，但君子应修其道、守其道，不求为世人所容；愈在困境时，愈能见出君子修道、守道、行道之坚贞不屈的品格，"岁寒，然后知松柏之后凋也"！颜回之论深契孔子之意。孔子在欢欣中戏言："假使你多财，则我为你主管财物。"这里表现出孔子可亲幽默的情趣。

孔子与弟子的对话，揭示了儒者之守道和行道的矛盾。

儒者之以道自任表现在两个方面。

首先，儒者修道、守道，即培养道的人格，主要通过三种努力（自觉内省人性之善，通过外在的学习和教化，自觉的道德实践），这三种努力取决于主体的自为。孔子说："仁远乎哉，我欲仁，斯仁至矣。"

其次，儒者行道，即儒者游说诸侯，宣扬和推行自己的道，以道议论和批评现实的社会政治,希望受到君王的重用而实现其仁义之道。儒者之行道不仅在于儒者自己,而且在于世人,尤其是天子、国君、大夫及其支配的政治权势。

守道与行道难以统一。

(一)守道是儒者的自为;行道不仅在于自为,还在于他为。孟子曰:"求则得之,舍则失之,是求有益于得也,求在我者也。求之有道,得之有命,是求无益于得也,求在外者也。"(《孟子·尽心上》)

(二)儒者之道远大,源于现实而高于现实,与现实的社会政治相冲突。

因此,儒者要么少贬其道,以求为政治权势所容;要么以道自任,死守善道,不求为政治权势所容。显然,这两种选择皆不能实现儒者守道和行道统一的志向。

【原文】九

　　楚狂接舆歌而过孔子,曰:"凤兮凤兮,何德之衰![1]往者不可谏兮[2],来者犹可追也![3]已而已而[4],今之从政者殆而!"孔子下[5],欲与之言。趋而去,弗得与之言。

　　于是孔子自楚反乎卫。是岁也,孔子年六十三,而鲁哀公六年也。

　　……

　　孔子之时,周室微而礼乐废,《诗》、《书》缺。追迹三代之礼[6],序《书传》,上纪唐虞之际,下至秦穆,编次其事。曰:"夏礼吾能言之,杞不足征也[7]。殷礼吾能言之,宋不足征也。足,则吾能征之矣。"观殷、夏所损益,曰:"后虽百世可知也,以一文一质。周监二代,郁郁乎文哉[8]。吾从周。"故《书传》、《礼记》自孔氏。(《八佾》)

　　……

　　古者《诗》三千余篇,及至孔子,去其重,取可施于礼义,上采契、后稷,中述殷、周之盛,至幽、厉之缺,始于衽席[9],故曰"《关雎》之乱以为《风》始[10],《鹿鸣》为《小雅》始,《文

王》为《大雅》始，《清庙》为《颂》始"。三百五篇孔子皆弦歌
之，以求合《韶》、《武》、《雅》、《颂》之音［11］。礼乐自此可得
而述，以备王道，成"六艺"。

孔子晚而喜《易》，序《彖》、《系》、《象》、《说卦》、《文言》［12］。
读《易》，韦编三绝［13］。曰："假我数年，若是，我于《易》则
彬彬矣。"［14］

【注释】

［1］比孔子于凤鸟，待圣君乃现；但孔子在衰世中汲汲以求，不合
凤鸟之德。［2］以往所行，无法挽回。［3］自今以来犹可把握，即避乱
隐居。［4］世乱已甚，不可救治。复言之，伤之深也。［5］下：下车。
［6］迹：寻其踪迹。［7］我能言夏礼，但杞没有足够的文献（文，典
籍；献，贤）证明。杞：夏后。征：证明。［8］周视二代之礼而损益
之。监（jiān）：视。郁郁：礼乐完备而美盛。文：礼乐。［9］衽（rèn）
席：卧席，代指男女情事。［10］乱：理。《毛诗序》："《关雎》，后妃之
德也，风之始也，所以风天下而正夫妇也。"［11］《韶》是舜乐。《武》
是周武王之乐。［12］孔子释《易经》，作《易传》，即"十翼"：《上彖》
（tuàn），《下彖》，《上象》，《下象》，《上系》，《下系》，《文言》，《序
卦》，《说卦》，《杂卦》。［13］韦：熟牛皮。［14］彬彬：文质兼备。

【讲解】

孔子是凤，老子是龙。《老子韩非列传》记载，孔子拜访老子之后
回去，谓弟子曰："鸟，吾知其能飞；鱼，吾知其能游；兽，吾知其能
走。走者可以为网，游者可以为纶，飞者可以为矰。至于龙吾不能知，
其乘风云而上天。吾今日见老子，其犹龙邪！"

某一民族，如果没有文化的传承，即意味着某一民族生命的断绝。
文化传承，必须在许多文化遗产中确定一个主流。同时，文化是抽象
的；抽象性的东西，是不断在演变的，须有一定的主要典籍，以求得在
演变中的根源性、稳定性。"六艺"，是中国古代文化长时期的积累和总
结，孔子加以整理，并赋予新的意义，从而奠定了古代文化在典籍上的
根据。孔子通过整理古代文化的典籍，阐发儒家的政治和人生理想。

孔子晚年,颇好《易》。《易》通吉凶、天命鬼神之事,幽远而深微,人非到晚年,不能察知。《田敬仲完世家》:"太史公曰:盖孔子晚而喜《易》。《易》之为术,幽明远矣,非通人达才孰能注意焉!"《外戚世家》:"孔子罕称命,盖难言之也。非通幽明之变,恶能识乎性命哉?"

【原文】十

孔子以《诗》、《书》、《礼》、《乐》教,弟子盖三千焉,身通"六艺"者七十有二人。如颜浊邹之徒,颇受业者甚众[1]。

……

子罕言利与命与仁[2]。不愤不启,举一隅不以三隅反,则弗复也。[3]

……

子贡曰:"夫子之文章,可得闻也[4]。夫子言天道与性命,弗可得闻也已[5]。"(《公冶长》)颜渊喟然叹曰:"仰之弥高,钻之弥坚[6]。瞻之在前,忽焉在后[7]。夫子循循然善诱人[8],博我以文,约我以礼,欲罢不能。既竭我才,如有所立,卓尔[9]。虽欲从之,末由也已。"[10](《子罕》)

【注释】

[1]颇:稍微。[2]孔子曰:"君子喻于义,小人喻于利。"天命难言,故稀言。仁是行之盛德,少有人及之。[3]愤:心欲求通而未得。举一端以告之,其人不思其类,即不能触类旁通,则不重教。[4]文章:德之表现于外者,如威仪、文辞等,皆可见闻。[5]至于性与天道,孔子罕言之,以前不得闻见,子贡现在始得闻之,而感叹其美也。[6]仰弥高,不可及;钻弥坚,不可入。[7]夫子之道及其德性人格,恍惚不可形象。[8]循循:有次序。[9]夫子教以文礼,自己是欲罢不能,竭尽己才,似乎有所立,但仰望夫子之道的卓然,还有相当大的一段距离,虽欲从之,但不能及,又不能止。[10]末:无。

【讲解】

《述而》:"子曰:'不愤不启,不悱不发,举一隅不以三隅反,则不复也。'"学生首先要"愤"(心求通而未得)、"悱"(口欲言而未能),然后老师开其意、达其辞;接着学生由老师开其意(师举一),进一步地思考而能知三。如果学生不能知三,则老师不再告。具体地说,学生对某一知识有疑难而渴求解决,老师予以开导启发,学生再深入思考,由一而知三,对某一知识的理解提高到一个新的高度。这即是启发式的教育。《八佾》:

> 子夏问曰:"'巧笑倩兮,美(修饰)目盼兮,素以为绚兮',何谓也?"子曰:"绘事后素。"曰:"礼后乎?"子曰:"起予者商也,始可与言《诗》已矣。"

子夏先发问:好口(倩,好口)、好目(盼,黑白分明之目)配以巧笑、美目,洁白的面容修饰彩色的化妆品,为何更加动人呢?子夏遇到疑难问题,积极地进行思考,但心未通,他渴求解决。孔子予以启发"绘事后素",即先有白色的画布,然后绘上彩色的图画。子夏受到启发,由一知三,先有好口、好目之质,再加以修饰、文饰,并进一步思考,先有内在的仁义之质,再加以外在的礼仪修饰。这深入把握了孔子的仁礼之学:仁是礼内在的精神实质,孔子所谓"人而不仁,如礼何?人而不仁,如乐何?"(《八佾》)《学而》曰:

> 子贡曰:"贫而无谄,富而无骄,何如?"子曰:"可也。未若贫而乐,富而好礼者也。"子贡曰:"《诗》云:'如切如磋,如琢如磨',其斯之谓与?"子曰:"赐也,始可与言《诗》已矣。告诸往而知来者。"

子贡先发问,贫而无谄、富而无骄是否为至。孔子开启他,不若贫而乐、富而好礼。子贡闻夫子之言,知道义理的无穷,虽有所得,而未可自足,故引是《诗》以明:治玉石,切之而复磋之,琢之而复磨之;治之已精,而精益求精;因此,学者不可安于小成,而不求道之极致。孔子赞叹子贡由已言而推知未言。①

【原文】十一

　　鲁哀公十四年春 [1]，狩大野。叔孙氏车子锄商获兽 [2]，以为不祥。仲尼视之，曰："麟也。"[3] 取之。曰："凤鸟不至，河不出图 [4]，吾已矣夫！"颜渊死，孔子曰："天丧予！"及西狩见麟，曰："吾道穷矣！"[5] 喟然叹曰："莫知我夫！"子贡曰："何为莫知子？"子曰："不怨天，不尤人 [6]，下学而上达 [7]，知我者其天乎！"[8]（《宪问》）

　　……

　　子曰："弗乎弗乎 [9]，君子病没世而名不称焉 [10]。吾道不行矣，吾何以自见于后世哉？"乃因史记作《春秋》，上至隐公，下讫哀公十四年，十二公。据鲁，亲周，故殷 [11]，运之三代。约其文辞而指博。故吴楚之君自称王，而《春秋》贬之曰"子"；践土之会实召周天子，而《春秋》讳之曰"天王狩于河阳"[12]；推此类以绳当世。贬损之义，后有王者举而开之。《春秋》之义行，则天下乱臣贼子惧焉。

　　孔子在位听讼 [13]，文辞有可与人共者，弗独有也。至于为《春秋》，笔则笔，削则削 [14]，子夏之徒不能赞一辞 [15]。弟子受《春秋》，孔子曰："后世知丘者以《春秋》，而罪丘者亦以《春秋》。"

【注释】

[1] 前 479 年。[2] 车子锄商：驾车的人，叫锄商。[3] 麟少见到，以为是不祥之兽。孔子认为，麟是仁兽，在盛世才来。[4] 凤是灵鸟，舜时来仪，文王时鸣于岐山。河图：黄河中龙马负图，伏羲时出。图，八卦图。这皆是圣王之瑞。[5] 麟来于衰世，不该来而来，且被贱者所获，来不逢时。孔子慨叹自己生于乱世不能实行仁义之道。[6] 世

---

① 朱熹：《四书集注》，北京古籍出版社 2000 年，第 61 页。

人不知、不信和不行自己的社会政治主张，但不得于天而不怨天，不得于人而不怨人。《论语·学而》："人不知而不愠，不亦君子乎！"[7] 下学人事，而上达天理。[8] 不知命，无以为君子。[9] 弗乎：不可。[10] 称名于后世。[11] 据鲁：以鲁为主。亲周：以周为亲近。故殷：以殷为故旧。[12] 僖公二十八年（前632），晋文公召集周天子与诸侯在践土会盟，而确立自己的霸主地位，挟天子以令诸侯。孔子说："天下有道，则礼乐征伐自天子出；天下无道，则礼乐征伐自诸侯出。"（《季氏》）[13] 听讼：审理诉讼案件。[14] 书写与删削，皆有微言大义。[15] 子夏之徒不能帮助书写和删削一词。

【讲解】

"笔则笔，削则削"，即笔削，即书与不书；大到对某事的书与不书，小到对某事发生月日、地点等的书与不书。一般而言，书与不书是表示对事实的知与不知，正如《左传》二十四年"春，王正月，秦伯纳之（纳晋文公重耳），不书（《春秋》未记这件事），不告入也（未告鲁史臣，故不知而未录）"。但孔门认为，在《春秋》特定语境中，书与不书，不是表示对史实的知与不知，而是蕴涵了丰富深刻的意义，所以"子夏之徒不能赞一辞"。

《春秋》隐公二年"夫人子氏薨"。

《公羊传》解释说："夫人子氏者何？隐公之母也。何以不书葬？成公意也。何成乎公之意？子将不终为君，故母亦不终为夫人也。"后面的经文里，未书"夫人子氏葬"。《公羊传》认为，《春秋》不书隐公之母葬，隐含了"成公意"的深层义，即成隐公将返位于桓公之意。

《春秋》隐公十一年"冬，十有一月，壬辰，公薨"。

《公羊传》曰："何以不书葬？隐之也。何隐尔？弑也。弑则何以不书葬？《春秋》君弑，贼不讨，不书葬，以为无臣子也。……公薨何以不地？不忍言也。隐何以无正月？隐将让乎桓，故不有其正月也。"

经文不书隐公葬。《公羊传》认为不书葬有深层的意义：讳隐公为桓公所弑之事和贬斥臣子不讨弑君之贼。隐公薨未书地点，《公羊传》认为这是伤痛隐公被弑。除《春秋》隐公元年书王正月外，其余皆未书。《公羊传》认为不书正月是褒隐公将让位于桓。因此，在《春秋》

特定语境中,不书葬、不地、无正月皆有微言大义,非一般人所能解释。

【原文】十二

明岁,子路死于卫。孔子病,子贡请见。孔子方负杖逍遥于门 [1],曰:"赐,汝来何其晚也?" [2] 孔子因叹,歌曰:"太山坏乎! [3] 梁柱摧乎! 哲人萎乎!"因以涕下。谓子贡曰:"天下无道久矣,莫能宗予 [4]。夏人殡于东阶,周人于西阶,殷人两柱间。昨暮予梦坐奠两柱之间,予始殷人也。" [5] 后七日卒。孔子年七十三,以鲁哀公十六年四月己丑卒 [6]。

……

孔子葬鲁城北泗上,弟子皆服三年。三年心丧毕,相诀而去,则哭,各复尽哀;或复留。唯子贡庐于冢上 [7],凡六年,然后去。弟子及鲁人往从冢而家者百有余室,因命曰孔里。鲁世世相传以岁时奉祠孔子冢 [8],而诸儒亦讲礼乡饮大射于孔子冢 [9]。孔子冢大一顷。故所居堂、弟子内 [10],后世因庙,藏孔子衣冠琴车书,至于汉二百余年不绝。高皇帝过鲁,以太牢祠焉 [11]。诸侯卿相至,常先谒然后从政 [12]。

【注释】

[1] 负杖:拄着拐杖。逍遥:漫步。[2] 夫子在将死之际,思见其弟子。鸟之将死,其鸣也哀;人之将死,其言亦善。[3] 太山是众山所仰。[4] 宗予:尊奉我的主张。孔子伤道之不行。[5] 坐奠:坐着受人祭奠。孔子的始祖是宋人,宋是殷之后。[6] 前 479 年。[7] 子贡在坟冢的边上盖一间草庐,为孔子守丧六年。[8] 祠:祭祀。[9] 讲礼:讲习礼仪。乡饮:乡学结业的仪式。[10] 在孔子原来所居的堂屋、弟子所居住的房室上建立孔庙。内:内室。[11] 太牢:牛、羊、猪皆备的祭祀。[12] 谒:拜祭。

【讲解】

哲人寂寞地逝去,令人伤情! 孔子把自己比作泰山、梁柱,自许为哲人，但在那个礼崩乐坏的时代，他是壮志难酬，最终无可奈何地凋零衰落。夫子临死之际，渴望见到自己的弟子，以慰其孤寂和相思的情怀。他念念不忘乱世的无道及其给社会民生带来深重的灾难。他感伤仁义之道的不行以及自己困顿寥落的命运。夫子生以荣，死则备极哀痛。

《孟子·滕文公上》曰："昔者孔子没，三年之外，门人治任将归，入揖于子贡，相向而哭，皆失声，然后归。子贡反，筑室于场，独居三年，然后归。"

《论语·阳货》：

> 宰我问："三年之丧，期（jī，周年）已久矣。君子三年不为礼，礼必坏；三年不为乐，乐必崩。旧谷既没，新谷既升，钻燧改火，期可已矣。"子曰："食夫稻，衣夫锦，于汝安乎?"曰："安!""汝安则为之。夫君子之居丧，食旨不甘，闻乐不乐，居处不安，故不为也。今汝安，则为之。"宰我出。子曰："予（宰我，字予）之不仁也! 子生三年，然后免于父母之怀。夫三年之丧，天下之通丧也。予也有三年之爱于其父母乎?"

【原文】十三

太史公曰：《诗》有之："高山仰止，景行行止。"[1] 虽不能至，然心向往之。余读孔氏书，想见其为人。适鲁，观仲尼庙堂车服礼器，诸生以时习礼其家，余祗回留之不能去云 [2]。天下君王至于贤人众矣，当时则荣，没则已焉。孔子布衣，传十余世，学者宗之。自天子王侯，中国言"六艺"者折中于夫子 [3]，可谓至圣矣!

【注释】

[1] 景：太阳。[2] 祗（zhī）：恭敬。回留：徘徊留恋。[3] 以夫子的言论为正（为准则）。

【讲解】

孔子就像高山、太阳那样令人仰慕尊崇。我虽生不逢时，未能亲自聆听孔子的教诲,但内心十分向往。我在孔子的言行中又仿佛见到了他亲切感人的形象。我到孔子的故乡,参观了他的庙堂、乘的车子、穿的衣服以及行礼的器具,睹我思人,令我敬慕不已。诸生按时在孔庙练习礼仪,孔子的礼乐文化代代传承。我内心充满了敬佩之情,留恋徘徊不能离去。天下的君王、贤臣众多,他们生时,凭借其政治权势,非常富贵荣耀,但他们死后,名字很快就会灰飞烟灭。孔子是一介布衣,没有任何政治权势可以依恃,但因创立儒家思想、继承和发展礼乐文化,而世世为人景仰,为人传颂。自天子至王侯,中国谈论"六艺"皆以孔子之论为准则,可谓至圣矣。

【总论】

古代文明发展过程中有一种"突破"的现象,有人称为"哲学的突破"(philosophic breakthrough),或称为"超越的突破"(transcendent breakthrough)。公元前 5 世纪左右,古希腊、以色列、印度和中国这几个古老国家,先后方式各异地经历了这种"突破"。所谓"突破",是指某一民族在文化发展到一定的阶段时,对自身在宇宙中的位置与历史上的处境发生一种系统性、超越性和批判性的反省,通过反省,思想的形态确立了,旧传统改变了,整个文化终于进入了一个崭新的、更高的境地。[①]

"哲学的突破"或"超越的突破"是和古代少数圣哲的名字分不开的。这少数圣哲正由于把握到了文化发展的脉搏才能有所"突破",故宋儒所说"天不生仲尼,万古如长夜"点明了突破的一个重要方面。同时,一切突破都发生在一定的历史文化传统之中,不是凭空而来的。古代中国的突破当然也有其独特的文化基础,那便是礼乐文化的传统。

春秋战国是"礼坏乐崩"的时代,王官之学在此崩坏的情势下散失到士阶层的手中。从思想史的角度来说,古代中国的"哲学的突破"或"超越的突破"则是起于文化秩序的"崩坏"。儒家在诸子百家中兴起最

---

① 余英时:《古代知识阶层的兴起和发展》,《余英时文集》(第四卷),广西师范大学出版社 2004 年。

早，因此与礼乐传统的关系也最为密切而直接。这就是《庄子·天下》所谓"其在诗书礼乐者，邹鲁之士、缙绅先生多能明之"。

孔子一生尊重三代相传的礼乐，但又不满当时礼乐之流为僵死的形式而不复有内在的生命。他慨叹道："礼云礼云，玉帛云乎哉？乐云乐云，钟鼓云乎哉？""仁"是孔子思想的核心，他终于找到了礼乐的内在根据。礼乐是孔子思想的传统部分，"仁"则是其创新的部分。以发生的历程而言，后者正是突破前者而来。以"仁"重新解释礼乐，礼乐的含义遂焕然一新，非复三代相传之旧物。

在诸家的"突破"之中，儒家是最温和平正的一支。儒家一方面继承了礼乐传统，整理了古代经典，另一方面又在继承与整理之际将一种新的精神贯注于旧传统之中。这种寓开来于继往的"突破"途径，正合乎孔子所谓"周因于殷礼，其所损益可知"那种特殊的变革方式。《诗经·大雅·文王》："周虽旧邦，其命维新。"近代西方学者所说的中国史："在传统中变迁（change within tradition）。"这都说明儒家"突破"的基本性格。儒家成为中国的主流思想绝不是偶然的。

第五讲

"人能弘道，无如命何"

——《外戚世家》的解读

【序论】

《外戚世家》是一篇具有浓厚宿命色彩的人物传记。在此世家中登场的人物，一生受到神秘之命的支配，几乎不具有人生的主体性。钱钟书说：

> 马迁引男女匹配，忽牵引幽明性命，疑若小题大做，张皇其词，如为辙鲋而激西江之水；故《湋（hū）南遗老集》卷一二讥之曰："夫一妇人之遇否，亦不足道矣！"不识此正迁之深于阅历、切于事情也。盖婚姻之道，多出于傥来偶遇，智力每无所用之。重以父母之命、媒妁之言，几于暗中摸索。……好逑怨偶，同室方知，只有以宿世因缘、前生注定为解。……马迁因夫妇而泛及天命，殊非迂阔。①

"如为辙鲋（fù，鲫鱼）而激西江之水"，出自《庄子·外物》，曰：

> 庄周家贫，故往贷粟于监河侯。监河侯曰："诺。我将得邑金，将贷子三百金，可乎？"庄周忿然作色曰："周昨来，有中道而呼者。周顾视车辙中，有鲋鱼焉。周问之曰：'鲋鱼来！子何为者

---

① 钱钟书：《管锥编》（第一册），中华书局 1986 年，第 295—296 页。

邪?'对曰:'我,东海之波臣也。君岂有斗升之水而活我哉?'周
曰:'诺。我且南游吴越之王,激西江之水而迎子,可乎?'鲋鱼忿
然作色曰:'吾失我常与,我无所处。我得斗升之水然活耳,君乃
言此,曾不如早索我于枯鱼之肆!'"

此寓言成为"涸辙之鲋"的成语,比喻处于困境当中,而急需援助。钱
先生化用此寓言的意指是,斗升之水即可以救辙鲋之命,何必小题大
做,而激西江之水呢?

就过去一般人的婚姻而言,男女的匹配多出于偶然的遇合,他们听
从父母之命、媒妁之言,不具有婚姻的主体性,故以"宿世因缘、前生
注定"为解。但《外戚世家》叙述的是皇帝之妃嫔的婚姻。首先,她们
的人生遭遇尤其动荡曲折,她们与皇帝之分合具有更大的偶然性,绝非
一般人的婚姻遭逢可以相比。其次,一般男女的婚姻关系较为简单,但
皇帝妃嫔的婚姻往往被置于错综复杂的政治权力斗争之中,有着激烈的
紧张冲突。再次,妃嫔的幸与不幸主要取决于专制之主的好恶,而其好
恶是非理性的。因此,妃嫔在自己的婚姻遭逢中更失去了人生的主体
性。

《外戚世家》主要叙述了吕太后、薄太后、窦太后、王太后、卫皇
后的婚姻遭遇。

【原文】一

自古受命帝王及继体守文之君 [1],非独内德茂也,盖亦有外
戚之助焉 [2]。夏之兴也以涂山 [3],而桀之放也以末喜 [4]。殷
之兴也以有娀 [5],纣之杀也嬖妲己 [6]。周之兴也以姜源及太
任 [7],而幽王之擒也淫于褒姒 [8]。故《易》基乾坤 [9],《诗》
始《关雎》[10],《书》美釐降 [11],《春秋》讥不亲迎 [12]。夫
妇之际,人道之大伦也 [13]。礼之用,唯婚姻为兢兢 [14]。夫乐
调而四时和,阴阳之变,万物之统也 [15]。可不慎欤?人能弘道,
无如命何。甚哉,妃匹之爱,君不能得之于臣,父不能得之于
子 [16],况卑下乎!既欢合矣,或不能成子姓 [17];能成子姓

矣, 或不能要其终 [18]: 岂非命也哉? 孔子罕称命, 盖难言之也。非通幽明之变, 恶能识乎性命哉? [19]

【注释】

[1] 受命帝王: 受天命为王的开国创业之主。继体守文之君: 继承先帝之位、坚守先帝法度的君主。[2] 外戚对君王事业的成败兴亡也有重要的辅助作用。外戚: 帝王之母及后妃的亲族。[3] 涂山: 涂山女, 禹娶之为妻, 生启, 启建立夏朝。[4] 末喜: 桀的妃子。夏桀暴虐, 宠幸末喜, 终于被商汤放逐。[5] 有娀 (sōng): 有娀氏之女, 生契, 为商的始祖。[6] 妲 (dá) 己: 纣的妃子。商纣荒淫残暴, 宠妲己而亡国灭身。嬖 (bì): 宠幸。[7] 姜源: 周始祖后稷之母。太任: 周文王之母。[8] 褒姒 (sì): 幽王宠幸的妃子。[9]《易》的前两卦是乾坤, 乾是天, 坤是地, 象征阴阳、君臣、父母、夫妻。其他六十二卦皆以乾坤两卦为基础。[10]《诗》的首篇是《关雎》, 赞美后妃之德。[11]《尚书·尧典》述说, 尧欲观舜的治迹, 以己二女妻之, 以成其德。釐 (lí) 降: 下嫁。舜为匹夫, 帝女下嫁。[12] 古代婚礼规定, 夫婿应亲自到女家迎娶新娘, 以示重视。见于《公羊传》隐公二年。[13] 伦: 理。[14] 兢兢: 戒慎。[15] 阴阳喻夫妇, 是化生万物和人的根本。统: 本。[16] 夫妇亲爱之情, 虽君父之尊也不能夺臣子所好爱, 使移其本意。妃匹: 配偶。妃, 配。[17] 不能生子。[18] 生子不能尽其天年, 即中途夭折。[19] 恶 (wū) 能: 怎么能。

【讲解】

"人能弘道, 无如命何。"个体对于自己的道德修养, 能发挥主体的作用, 孔子谓"为仁由己"、"我欲仁, 斯仁至矣"; 但个体不能决定自己穷通得失的人生遭遇。《孟子·尽心上》曰: "求则得之, 舍则失之, 是求有益于得也, 求在我者也。求之有道, 得之有命, 是求无益于得也, 求在外者也。"求则得之的是自己的道德修养; 命是个体的人生遭遇, 自己求之未必能得到。命是神秘的, 孔子尚难以言说, 一般人如何能知道"命"的实情呢?

【原文】二

太史公曰：秦以前尚略矣 [1]，其详靡得而记焉 [2]。汉兴，吕娥姁为高祖正后 [3]，男为太子。及晚节色衰爱弛，而戚夫人有宠，其子如意几代太子者数矣。及高祖崩，吕后夷戚氏，诛赵王 [4]，而高祖后宫唯独无宠疏远者得无恙。

吕后长女为宣平侯张敖妻，敖女为孝惠皇后。吕太后以重亲故，欲其生子万方 [5]，终无子，诈取后宫人子为子。及孝惠帝崩，天下初定未久，继嗣不明 [6]。于是贵外家，王诸吕以为辅 [7]，而以吕禄女为少帝后，欲连固根本牢甚，然无益也。

高后崩，合葬长陵。禄、产等惧诛，谋作乱。大臣征之，天诱其统 [8]，卒灭吕氏。唯独置孝惠皇后居北宫。迎立代王，是为孝文帝，奉汉宗庙。此岂非天邪？非天命孰能当之？

【注释】

[1] 尚：上，久远。略：简略。[2] 靡：无。[3] 吕娥姁（xǔ）：吕太后。[4]《吕太后本纪》："吕太后者，高祖微时妃也，生孝惠帝、女鲁元公主。及高祖为汉王，得定陶戚姬，爱幸，生赵隐王如意。孝惠为人仁弱，高祖以为不类我，常欲废太子，立戚姬子如意，如意类我。戚姬幸，常从上之关东，日夜啼泣，欲立其子代太子。吕后年长，常留守，希见上，益疏。如意立为赵王后，几代太子者数矣，赖大臣争之，及留侯策，太子得毋废。……太后遂断戚夫人手足，去眼，熏耳，饮瘖（yīn）药，使居厕中，命曰'人彘'。居数日，乃召孝惠帝观人彘。孝惠见，问，乃知其戚夫人，乃大哭，因病，岁余不能起。使人请太后曰：'此非人所为。臣为太后子，终不能治天下。'"[5] 万方：千方百计。[6] 继嗣不明：继承人的身份不明。惠帝崩，少帝即位，但少帝并非惠帝的亲子。[7] 诸吕：吕后母家的子弟。[8] 天引导继承汉家的正统。诱：引导。吕后称制，诸吕擅权，背离了刘氏的统系。

【讲解】

贵妃们的命运实在是变化无常、难以测度的。当初得到宠幸的,如何能知道这成为日后被幽闭和诛杀的主要原因;当初不幸的,又怎么能料到日后会因此而得到好运。

刘邦去世,吕后当权。为了巩固自己的地位,吕后采取了一系列措施。首先,她以长女的女儿为孝惠帝的皇后,希望孝惠皇后生子,承继皇位。这是亲上加亲,但事与愿违,孝惠皇后终于无子。其次,吕后诈取后宫人子为孝惠的儿子,是为少帝。吕后又以她弟弟吕禄的女儿为少帝后,欲使根本牢固。然而吕后的意志和行为适得其反,不仅孝惠一脉断绝,而且吕氏家族遭受灭顶之灾。这表明吕后的意志和行为正与其结果相悖。吕后不具有人生命运的主体性,她成败祸福的结果主要不是由自己的行为决定,而是受到神秘之命的播弄。

孝文帝登上帝位,也是相当偶然的。他自己也许从来没有想到,也没有为之付出什么努力,似乎取决于神秘天命的支配。《史记·吕太后本纪》:

> 诸大臣相与阴谋曰:"少帝及梁、淮阳、常山王,皆非真孝惠子也。吕后以计诈名他人子,杀其母,养后宫,令孝惠子之,立以为后,及诸王,以强吕氏。今皆已夷灭诸吕,而置所立,即长用事,吾属无类矣。不如视诸王最贤者立之。"或言"齐悼惠王高帝长子,今其嫡子为齐王,推本言之,高帝嫡长孙,可立也"。大臣皆曰:"吕氏以外家恶而几危宗庙,乱功臣。今齐王母家驷钧,驷钧,恶人也。即立齐王,则复为吕氏。"欲立淮南王,以为少,母家又恶。乃曰:"代王方今高帝见子,最长,仁孝宽厚。太后家薄氏谨良。且立长故顺,以仁孝闻于天下,便。"乃相与共阴使人召代王。代王使人辞谢。再反,然后乘六乘传。后九月晦日己酉,至长安,舍代邸。大臣皆往谒,奉天子玺上代王,共尊立为天子。代王数让,群臣固请,然后听。

大臣共立代王:一是太后薄氏家谨良势微,这种选择不符合常理(因为势力强大，所以凭借多），只是鉴于吕氏之祸而偶然合于世运；二是文帝仁孝宽厚，这也只是一个不太重要的原因。代王没有想到他会被立为帝王，他的再三推辞，可能并不是故意谦让，而实在是出乎他的意料之外，他的心理还承受不了帝王之位。

【原文】三

　　薄太后，父吴人，姓薄氏，秦时与故魏王宗家女魏媪通 [1]，生薄姬，而薄父死山阴，因葬焉。

　　及诸侯叛秦，魏豹立为魏王，而魏媪内其女于魏宫 [2]。媪之许负所相 [3]，相薄姬，云当生天子。是时项羽方与汉王相拒荥阳 [4]，天下未有所定。豹初与汉击楚，及闻许负言，心独喜 [5]，因背汉而叛，中立，更与楚连和 [6]。汉使曹参等击虏魏王豹，以其国为郡，而薄姬输织室 [7]。豹已死，汉王入织室，见薄姬有色，诏内后宫，岁余不得幸。始姬少时，与管夫人、赵子儿相爱，约曰："先贵无相忘。"已而管夫人、赵子儿先幸汉王。汉王坐河南宫成皋台，此两美人相与笑薄姬初时约。汉王闻之，问其故，两人具以实告汉王。汉王心惨然，怜薄姬，是日召而幸之。薄姬曰："昨暮夜妾梦苍龙据吾腹。"高帝曰："此贵征也，吾为汝遂成之。"一幸生男，是为代王。其后薄姬希见高祖 [8]。高祖崩，诸御幸姬戚夫人之属 [9]，吕太后怒，皆幽之 [10]，不得出宫。而薄姬以希见故，得出，从子之代，为代王太后。太后弟薄昭从如代。

　　代王立十七年，高后崩。大臣议立后，疾外家吕氏强，皆称薄氏仁善，故迎代王，立为孝文皇帝，而太后改号曰皇太后，弟薄昭封为轵侯 [11]。……

　　薄太后后文帝二年，以孝景帝前二年崩 [12]，葬南陵。以吕后会葬长陵 [13]，故特自起陵，近孝文皇帝霸陵。

【注释】

　　[1] 媪（ǎo）：妇女的通称。[2] 内：纳，送入。[3] 魏媪至许负的住所看相。之：到。许负：汉初著名的看相人。[4] 荥（xíng）阳：

在今河南荥阳东北。[5] 豹以为当得天下。[6] 更：变化。[7] 输：送入。[8] 希：稀。[9] 御：侍奉。[10] 幽：拘禁。[11] 轵（zhǐ）侯：列侯，封地在轵。[12] 前155年。[13] 因吕后与高祖合葬长陵，故薄太后特为己起陵。

【讲解】

薄太后的人生遭遇颇为动荡曲折。其母魏媪先纳薄姬于魏王豹的宫中。后来，魏王豹背汉与楚连和，汉使曹参击虏魏王豹，而薄姬输入织室。这是人生的一变。豹死之后，刘邦偶然到织室，见薄姬有色，诏纳后宫，但薄姬一年多不得幸。因两位美人的笑语，刘邦一幸薄姬而生男（即文帝），以后薄姬很少见到刘邦。这又是人生的一变。高祖崩，吕后把刘邦宠幸的妃子幽禁起来，不让她们出宫。薄姬因很少见到刘邦得出，跟从自己的儿子至代国。这又是人生的一变。薄姬之子刘恒最终即位为汉家天子，薄姬被封为薄太后。这更是人生的重大变化。薄太后的一生遭遇了数次重大的变化，这些变化皆具有偶然性和非理性，不能不感到她的一生受到神秘之命的支配。许负所相以及薄姬的梦象具有神秘性，似乎命运早已就注定了薄姬之穷通得失的遭际。

【原文】四

窦太后，赵之清河观津人也。吕太后时，窦姬以良家子入宫侍太后 [1]。太后出宫人以赐诸王，各五人，窦姬与在行中 [2]。窦姬家在清河，欲如赵近家，请其主遣宦者吏 [3]："必置我籍赵之伍中。"[4] 宦者忘之，误置其籍代伍中。籍奏，诏可，当行。窦姬涕泣，怨其宦者，不欲往，相强，乃肯行。至代，代王独幸窦姬，生女嫖，后生两男。而代王王后生四男。先代王王后未入立为帝而王后卒。及代王立为帝，而王后所生四男更病死 [5]。孝文帝立数月，公卿请立太子，而窦姬长男最长，立为太子。立窦姬为皇后，女嫖为长公主 [6]。其明年，立少子武为代王，已而又徙梁，是为梁孝王。

窦皇后亲早卒，葬观津。于是薄太后乃诏有司，追尊窦后父为安成侯，母曰安成夫人。

窦皇后兄窦长君，弟曰窦广国，字少君。少君年四五岁时，家贫，为人所略卖[7]，其家不知其处。传十余家，至宜阳，为其主入山作炭，暮卧岸下百余人，岸崩，尽压杀卧者，少君独得脱，不死。自卜数日当为侯，从其家之长安[8]。闻窦皇后新立，家在观津，姓窦氏。广国去时虽小，识其县名及姓，又常与其姊采桑堕[9]，用为符信[10]，上书自陈。窦皇后言之于文帝，召见，问之，具言其故，果是。又复问他何以为验？对曰："姊去我西时，与我决于传舍中[11]，丐沐沐我，请食饭我[12]，乃去。"于是窦后持之而泣，泣涕交横下。侍御左右皆伏地泣，助皇后悲哀。乃厚赐田宅金钱，封公昆弟[13]，家于长安。……

窦太后好《黄帝》、《老子》言，帝及太子诸窦不得不读《黄帝》、《老子》，尊其术。窦太后后孝景帝六岁崩[14]，合葬霸陵。遗诏尽以东宫金钱财物赐长公主嫖。

【注释】

[1] 良家子：良家之女。[2] 与：参与。行：行列。[3] 主遣宦者吏：主管遣送宫女的宦者吏。[4] 籍：名簿。伍：列。[5] 更：交替。[6] 年纪最长，故为长公主。[7] 略卖：劫掠出卖。略，掠。[8] 跟从他的主家。[9] 采桑堕于树下。[10] 符信：凭证。[11] 姊离开我西到长安时，与我在传舍里诀别。传舍：驿站中的客舍。[12] 姊要来热水为我洗头，又请求饭菜给我吃。[13] 公昆弟：同祖的兄弟。[14] 建元六年，前135年。

【讲解】

窦太后以良家子侍奉吕后。吕后要把她们赐给诸王。她希望去靠近家的赵国。她请求宦者说："必置我籍赵之伍中。"但宦者忘之，误置其籍代伍中。窦太后悲伤涕泣，心怨之。由于外在偶然的原因，窦太后去了代国，成为文帝刘恒的妃嫔。个人的意志和行为与其结果相背离。然而此不幸又是大幸，"代王独幸窦姬，生女嫖，后生两男"。叙述时一"独"字，表现了此欢合的偶然性。更具有偶然性、非理性的是：代王的皇后不久死去，且所生的四男也相继去世。如果代王后之死尚有一定的可能性,那么其四子相继死去,则使人难以相信。但正是此偶然性和非理性,成就了窦太后及其子女,窦姬立为皇后,其长男景帝立为太子。在窦太后的人生遭遇中,充满了神秘性和偶然性的因素,难以用人的理性予以解释;同时,窦太后本人的意志和行为所起的作用甚微,而外在力量处于支配的地位。因此,窦太后的人生遭遇如果没有神秘之命的预先设定,史家又能作何解释呢?

司马迁接着叙述说,窦太后的弟弟窦少君,年少家贫,被人掠卖,辗转迁移数家,命运不可谓不惨,但是他终于与其姐窦太后生死重逢,被封为列侯,其遭逢真有云泥之隔。而且此遭逢具有相当大的偶然性:一是山崖突崩而他独不死;一是他事隔几十年后仍记得年少时与姐姐分别的情形。正是姐弟的重逢具有很大的偶然性,故才产生惊喜交集的美学效果:"于是窦后持之而泣,泣涕交横下。侍御左右皆伏地泣,助皇后悲哀。"唐代诗人杜甫《羌村三首》(其一):"妻孥怪我在,惊定还拭泪。世乱遭飘荡,生还偶然遂。"在乱世当中,生是偶然,死倒是必然。乱世的偶然相聚,使杜甫和妻子惊喜交集,"夜阑更秉烛,相对如梦寐"。

【原文】五

王太后,槐里人,母曰臧儿 [1]。臧儿者,故燕王臧荼孙也。臧儿嫁为槐里王仲妻,生男曰信,与两女 [2]。而仲死,臧儿更嫁长陵田氏,生男蚡、胜 [3]。臧儿长女嫁为金王孙妇,生一女矣,而臧儿卜筮之 [4],曰两女皆当贵。因欲奇两女 [5],乃夺金氏。金氏怒,不肯予决 [6],乃内之太子宫。太子幸爱之,生三女一男。男方在身时,王美人梦日入其怀。以告太子,太子曰:"此贵征也。"未生而孝文帝崩,孝景帝即位,王夫人生男。

先是臧儿又入其少女儿姁,儿姁生四男。

景帝为太子时,薄太后以薄氏女为妃。及景帝立,立妃曰薄皇后。皇后毋子,毋宠。薄太后崩,废薄皇后。

景帝长男荣,其母栗姬。栗姬,齐人也。立荣为太子。长公主嫖有女,欲予为妃。栗姬妒,而景帝诸美人皆因长公主见景帝,得

贵幸，皆过栗姬 [7]，栗姬日怨怒，谢长公主，不许。长公主欲予
王夫人，王夫人许之。长公主怒，而日谗栗姬短于景帝曰："栗姬
与诸贵夫人幸姬会，常使侍者祝唾其背 [8]，挟邪媚道。"景帝以
故望之 [9]。

　　景帝尝体不安，心不乐，属诸子为王者于栗姬 [10]，曰："百
岁后 [11]，善视之。"栗姬怒，不肯应，言不逊。景帝恚，心嗛之
而未发也 [12]。长公主日誉王夫人男之美，景帝亦贤之，又有曩
者所梦日符 [13]，计未有所定。王夫人知帝望栗姬，因怒未解，
阴使人促大臣立栗姬为皇后。大行奏事毕，曰："'子以母贵，母以
子贵' [14]，今太子母无号，宜立为皇后。"景帝怒曰："是而所宜
言邪！" [15] 遂案诛大行 [16]，而废太子为临江王。栗姬愈恚恨，
不得见 [17]，以忧死。卒立王夫人为皇后，其男为太子，封皇后
兄信为盖侯。景帝崩，太子袭号为皇帝。尊皇太后母臧儿为平原
君。封田蚡为武安侯，胜为周阳侯。……

【注释】

[1] 臧（zāng）儿：原燕王臧荼的孙女。[2] 两女：长女王太后，
小女儿姁（xǔ）。[3] 更嫁：改嫁。田蚡（fén）：封武安侯。[4] 筮
（shì）：用蓍（shī）草来占卜。[5] 以两女为卓异。奇：异。[6] 臧儿
强行把女儿接回家，但金家不肯解除婚姻关系。[7] 过：逾，超过。
[8] 祝：咒，诅咒。唾：唾骂。[9] 望：怨恨。[10] 属：嘱。[11] 人
生百年，百岁后即去世。[12] 恚（huì）：愤怒。嗛（xián）：心怀怨
恨。[13] 曩（nǎng）：以往。符：吉祥的征兆。[14] 出自《公羊传》
隐公元年（前722）。[15] 而：尔。[16] 案：审判后定出结论，即判
决。[17] 不能见到景帝。

【讲解】

　　王太后的命运也颇多曲折。她先嫁到金王孙家，生一女。因占卜的
神秘原因，母亲臧儿把她强行带回家。金氏不肯解除婚约，臧儿一气之
下把她送给太子。可以说，她的婚姻遭逢是受她母亲支配的，且出于神
秘的原因。在争立太子的过程中，她虽付出一定的努力，但她个人的意

志和力量所产生的作用是微不足道的,这主要来自于外在的恩怨情仇。一是长公主与栗姬的交恶;二是栗姬与喜怒无常之景帝间矛盾的激化。皇权的本质是极端独裁,变化莫测。讲你行,你就行,不行也行;讲你不行,你就不行,行也不行。最后,不服还不行。昨天你是皇后,就母仪天下;今天打入冷宫,就四面楚歌。东方朔《答客难》曰:"用你则为虎,不用则为鼠。"专制皇帝的喜怒哀乐、爱恨情仇,皆是国策。

【原文】六

卫皇后字子夫,生微矣。盖其家号曰卫氏,出平阳侯邑 [1]。子夫为平阳主讴者 [2]。武帝初即位,数岁无子。平阳主求诸良家子女十余人,饰置家。武帝祓霸上还 [3],因过平阳主。主见所侍美人。上弗悦。既饮,讴者进,上望见,独悦卫子夫。是日,武帝起更衣,子夫侍尚衣轩中,得幸。上还坐,欢甚。赐平阳主金千斤。主因奏子夫奉送入宫。子夫上车,平阳主抚其背曰:"行矣,强饭,勉之!即贵,无相忘。"入宫岁余,竟不复幸。武帝择宫人不中用者,斥出归之。卫子夫得见,涕泣请出。上怜之,复幸,遂有身 [4],尊宠日隆。召其兄卫长君弟青为侍中。而子夫后大幸,有宠,凡生三女一男。男名据。

初,上为太子时,娶长公主女为妃。立为帝,妃立为皇后,姓陈氏 [5],无子。上之得为嗣 [6],大长公主有力焉,以故陈皇后骄贵。闻卫子夫大幸,恚,几死者数矣。上愈怒。陈皇后挟妇人媚道 [7],其事颇觉,于是废陈皇后 [8],而立卫子夫为皇后。陈皇后母大长公主,景帝姊也,数让武帝姊平阳公主曰:"帝非我不得立,已而弃捐吾女,壹何不自喜而背本乎!"平阳公主曰:"用无子故废耳。"[9]陈皇后求子,与医钱凡九千万,然竟无子。

卫子夫已立为皇后,先是卫长君死,乃以卫青为将军,击胡有功,封为长平侯。青三子在襁褓中,皆封为列侯。及卫皇后所谓姊卫少儿,少儿生子霍去病,以军功封冠军侯,号骠骑将军。青号大将军。立卫皇后子据为太子。卫氏枝属以军功起家,五人为侯。

【注释】

[1] 卫青之父郑季，在平阳侯（曹参的曾孙曹时）家做事，与侯之妾卫媪私通，生子卫青，故冒卫氏。[2] 平阳主：平阳公主，武帝的同母长姐，嫁给平阳侯。讴者：歌女。[3] 祓（fú）：三月上巳日，临水洗濯污垢、祛除不祥，称为祓禊（xì）。[4] 有身：怀孕。[5] 大长公主的女儿，小名阿娇。[6] 嗣：继承帝位。[7] 阿娇看到卫子夫得宠，嫉妒、怨恨，她私招巫师楚服，以巫蛊诅咒卫子夫等得宠的妃嫔。事情败露后，武帝派酷吏张汤严查此案，牵连三百多人，楚服枭首示众，陈阿娇被废长门宫。巫蛊，即是把写上被害人名字和生辰八字的木偶人埋在地下而加以诅咒的巫术。武帝晚年深受巫蛊之害。卫子夫、太子刘据即是因为巫蛊之害而死。[8] 废而退居长门宫，怨闷悲思，奉黄金百斤予司马相如，司马相如作《长门赋》。南宋词人辛弃疾《摸鱼儿》曰："长门事，准拟佳期又误，娥眉曾有人妒。千金纵买相如赋，脉脉此情谁诉！"[9] 用：因。

【讲解】

陈阿娇是大长公主的女儿。武帝还是年少的时候，他的姑母长公主嫖曾抱着他问："儿欲得妇不？"他说："欲得妇。"长公主指着自己的女儿问："阿娇好不？"他笑答："好！若得阿娇作妇，当以金屋贮之也。"这即所谓的"金屋藏娇"。白居易《长恨歌》："金屋妆成娇侍夜，玉楼宴罢醉和春。"

陈阿娇成为皇后，非常专横霸道，一是凭借她出身尊贵，二是依靠她母亲长公主为武帝即位立下不世之功。她恃宠妒忌，"自淫其色"（专宠，即"三千宠爱在一身"），加之她又没有生子，武帝渐渐疏远她。阿娇愤恨悲怨，利用巫蛊诅咒卫子夫等，事情败露，被打入长门宫。后代文人较为同情阿娇失宠的不幸，因为妃嫔的失宠与文人遭受帝王的冷落，是相似的。王安石《明妃曲》（其一）曰："明妃初出汉宫时，泪湿春风鬓脚垂。低徊顾影无颜色，尚得君王不自持。归来却怪丹青手，入眼平生几曾有。意态由来画不成，当时枉杀毛延寿。一去心知更不归，可怜着尽汉宫衣。寄声欲问塞南事，只有年年鸿雁飞。家人万里传消息，好在毡城莫相忆。君不见咫尺长门闭阿娇，人生失意无南北。"诗的最后两句非常发人深省。昭君去国远嫁,很失意;阿娇与武帝只有咫尺之隔,但被打入长门宫,仍是失意。两人的命运在本质上是相同的,并不在于距离的远近。阿娇失意是因为武帝的少恩,昭君失意同样是元帝的寡德,帝王对其妃嫔和大臣只是玩弄,很难有所谓的真情。这是把矛头直指向皇帝。这首诗脱尽窠臼,议论精辟大胆,集中体现了宋诗在唐诗之外求新求变的精神。

卫子夫出身微贱。她之受到武帝的宠幸是非常的偶然。男女之情实在讲不清楚,平阳公主为武帝求良家女数十人,武帝皆看不上,歌者数人进,武帝独独看上了卫子夫。子夫来到宫中,一年余没有复幸,将被斥归。子夫得见武帝,涕泣请出,这触动了武帝的怜惜之情。上复幸,子夫有身,尊崇日隆。子夫的地位和权势与陈皇后有云泥之隔,但她做梦也没有想到她最终取代陈阿娇而成为皇后。她的意志和行为与她的结果相背离,她的命运不是由自己决定的,而是受到神秘力量的支配。陈皇后凭借自己的地位和权势,自以为无所不能。但命运偏与她作对,首先她不能得到武帝的宠幸,武帝小时的甜言"若得阿娇,当金屋贮之"本只是一时的戏语,不可当真,即使是真话,也难以"我心永恒"。帝王对妃嫔的情爱就像天上的一片云,变化多端。其次,陈皇后费了无数的钱,也不能使自己怀孕生子,不能达到"母因子贵"的目的。再次,陈皇后的母亲再有权势,对武帝有恩,也不能让武帝重新宠爱她的女儿,所谓"甚哉,妃匹之爱,君不能得之于臣,父不能得之于子"。

卫青是郑季与卫媪私通所生。卫媪的三子:长子卫长君,次子卫青,三子卫步广。卫媪的三女:长女卫孺,次女少儿,三女子夫。卫少儿与霍中孺生霍去病。霍光是霍中孺与其妾所生。

卫青与霍去病历来受到后人称颂,但司马迁对卫青、霍去病颇有微词。《史记·卫将军骠骑列传》:

太史公曰:苏建语余曰:"吾尝责大将军至尊重,而天下之贤大夫毋称焉,愿将军观古名将所招选择贤者,勉之哉。大将军谢曰:'自魏其、武安之厚宾客,天子常切齿。彼亲附士大夫,招贤黜不肖者,人主之柄也。人臣奉法遵职而已,何与招士!'"骠骑亦放此意，其为将如此。

这似是批评卫青不能推贤进士、正言直谏。霍去病也是这样。今人多赞
颂霍去病之言"匈奴未灭，无以家为也"。实际上，霍去病非常骄横、
奢侈，不恤士卒，绝不同于李广将军与兵士的同甘共苦。《史记》本传
说，骠骑将军霍去病，"少而侍中，贵不省士。其从军，天子为遣太官
赍数十乘（天子给他派去太官，携带生活用品数十车）。既还，重车余
弃粱肉，而士有饥者"。《李将军列传》曰："广廉，得赏赐辄分其麾下，
饮食与士共之。终广之身，为二千石四十余年，家无余财，终不言家产
事。……广之将兵，乏绝之处，见水，士卒不尽饮，广不近水，士卒不
尽食，广不尝食。宽缓不苛，士以此爱乐为用。"因此，李广自杀后，
"广军士大夫一军皆哭。百姓闻之，知与不知，无老壮皆为垂涕"。高适
《燕歌行》："战士军前半死生，美人帐下犹歌舞。……君不见沙场征战
苦，至今犹忆李将军。"战士深情忆念李将军，主要是因为他能体恤士
卒而与士卒同甘共苦。

【总论】

《外戚世家》是一篇富有浓厚宿命色彩的人物传记。在文章的一开
始，司马迁就先声夺人，发表了一番关于"命"的议论：

> 人能弘道，无如命何。甚哉，妃匹之爱，君不能得之于臣，父
> 不能得之于子，况卑下乎！既欢合矣，或不能成子姓；能成子姓
> 矣，或不能要其终：岂非命也哉？孔子罕称命，盖难言之也。非通
> 幽明之变，恶能识乎性命哉？

人能弘道，但对于神秘之命无可奈何，既不能察知，又不能控制。
在叙述外戚成败祸福的人生遭遇时，司马迁重视记录占卜、看相、
梦，以预知他们的成败结果，暗示他们的得意和失意、成功和失败，都
由神秘之命丝丝编织而成。例如，薄太后纳于魏豹宫中，许负为薄姬看
相，说她将来要生天子。后来，薄姬给刘邦生了儿子文帝。窦太后的弟

弟窦少君为他的主人在山中烧炭,夜晚,数百人卧在山崖下,突然崖崩,尽压死卧者,少君独自得脱。自卜数日当为侯。果然不久,他被封为章武侯。王太后是美人时,怀有身孕,王美人梦日入其怀,以告太子。太子说,这是贵的征兆。王美人未生而孝文帝崩,太子(景帝)即位,王美人生男,此男即是汉武帝刘彻。占卜、看相、梦皆相当神秘,很难为人的理性所理解,它们预知了人的神秘之命。

妃嫔一生的成败得失受到人生命运的支配,主要表现在三个方面。

其一,她们的人生遭遇动荡曲折,具有偶然性和非理性。

其二,造成她们成败得失的原因是神秘的、偶然的、不合理性的。

其三,她们不具有人生命运的主体性,即她们成败祸福的结果主要不是自己的行为决定的,她们自己的意志和行为与得到的结果成反向。

第六讲

"位冠群臣，声施后世"

——《萧相国世家》的解读

【序论】

诸侯王与列侯不同。诸侯王：分封建国，专土治民。列侯：分封土地较小，没有专土治民的权力，只享有所封食邑的租税；但列侯以此固定的身份地位，表示已进入到以皇室为中心的统治集团，而与皇室有密切的联系，可以世袭。周是封建政治；秦是专制政治；汉是半封建半郡县，半封建即指诸侯王，而不是指列侯而言，但总的来说，汉是专制政治。刘邦与功臣约定："非刘氏而王者，无功而侯者，天下共诛之。"

三十世家中，司马迁为孔子、陈涉以及萧相国、曹相国、留侯、陈丞相、绛侯周勃立世家的问题引起议论。司马迁之立世家不仅有客观的标准，也含有历史的价值判断。他为陈涉立世家，一是因为陈涉自立为张楚王；二是肯定陈涉在亡秦斗争中"首难"的历史功绩。

汉初分封的列侯有一百余位，萧何、曹参、张良、陈平、周勃是列侯，仅能食封邑的租税，没有专土治民之权；但因他们对汉室政权所发生的作用大，而不能把他们"平均化"于列侯之中，所以司马迁置之于世家以特别突出。

【原文】一

萧相国何者，沛丰人也。以文无害为沛主吏掾 [1]。高祖为布衣时，何数以吏事护高祖。高祖为亭长，常左右之 [2]。高祖以吏繇咸阳 [3]，吏皆送奉钱三，何独以五。秦御史监郡者与从事［4］,常辨之［5］。何乃给泗水卒史事［6］,第一［7］。秦御史欲入言征何［8］,何固请［9］,得毋行。

及高祖起为沛公,何常为丞督事。沛公至咸阳,诸将皆争走金帛财物之府分之,何独先入收秦丞相御史律令图书藏之［10］。沛公为汉王,以何为丞相。项王与诸侯屠烧咸阳而去。汉王所以具知天下厄塞［11］,户口多少,强弱之处,民所疾苦者,以何具得秦图书也。

何进言韩信,汉王以信为大将军。语在《淮阴侯》事中。

【注释】

［1］文无害:精通法令条文而无人能比。文,法令条文。无害,特出无比。一说,虽为文吏而不枉害。主吏掾(yuàn):主吏的属官。［2］左右:帮助。［3］高祖作为吏送徒到咸阳服劳役。［4］监郡:秦以御史监督、检查郡的工作。　［5］御史以为何办事有条理,多谋略。［6］御史推荐萧何担任泗水郡卒史的工作。给(jǐ)事:处事;供职。［7］考核中名列第一。［8］入言征何:入朝进言征召萧何。［9］请:辞谢。［10］萧何先入丞相御史府,收取法律条文、地理图册、户口档案等文献材料。［11］厄塞:险要之地。

【讲解】

萧何的见识深远。他在与刘邦的交往中,已认识到刘邦之卓异的才能,故他时时帮助地位微贱的刘邦。刘邦至咸阳,诸将争先恐后地奔向富贵之家,抢夺财物;"沛公入秦宫,宫室、帷帐、狗马、重宝、妇女以千数,意欲留居之"(《留侯世家》);但萧何独入秦丞相御史府而收藏律令、地理、户籍等文献图书,为刘邦夺取天下创造了条件。

萧何善知人,他向刘邦荐举韩信为大将。《淮阴侯列传》曰:

信数与萧何语,何奇之。至南郑,诸将行道亡者数十人,信度何等已数言上,上不我用,即亡。何闻信亡,不及以闻,自追之。……何曰:"王计必欲东,能用信,信即留;不能用,信终亡耳。"王曰:"吾为公以为将。"何曰:"虽为将,信必不留。"王曰:"以为大将。"何曰："幸甚。"于是王欲召信拜之。何曰："王素慢无礼，今拜大将如呼小儿耳，此乃信所以去也。王必欲拜之，择良日，斋戒，设坛场，具礼，乃可耳。"王许之。诸将皆喜，人人各自以为得大将。至拜大将，乃韩信也，一军皆惊。

【原文】二

汉王引兵东定三秦，何以丞相留收巴蜀，填抚谕告 [1]，使给军食 [2]。汉二年，汉王与诸侯击楚，何守关中，侍太子，治栎阳 [3]。为法令约束，立宗庙社稷宫室县邑，辄奏上，可，许以从事；即不及奏上，辄以便宜施行，上来以闻 [4]。关中事计户口转漕给军 [5]，汉王数失军遁去，何常兴关中卒，辄补缺。上以此专属任何关中事 [6]。

汉三年 [7]，汉王与项羽相距（拒）京索之间，上数使使劳苦丞相 [8]。鲍生谓丞相曰："王暴衣露盖 [9]，数使使劳苦君者，有疑君心也。为君计，莫若遣君子孙昆弟能胜兵者悉诣军所 [10]，上必益信君。"于是何从其计，汉王大悦。

【注释】

[1] 填抚：安抚。填，镇，安定。谕告：发布政令。[2] 给（jǐ）：供应，供给。[3] 治栎阳：以栎（yuè）阳为治所。[4] 萧何在后方主政，有事就上奏刘邦，得到同意才实行；假使有来不及上奏的事，则自己因利乘便而灵活处理，刘邦归来时再告诉他。便（biàn）宜：因利乘便，见机行事。[5] 转漕：征集粮草通过陆路、水路运送给军队。漕，水运。[6] 属：嘱托。[7] 汉三年：前 204 年。[8] 数（shuò）：屡次。劳苦：慰劳。[9] 暴（pù）：显露。[10] 胜兵者：胜任带兵打仗的人。

【讲解】

萧何精通吏治，善于守成。他一直留守后方，治事安民，使刘邦在前方打仗具有坚实的后方根据地。萧何不断地转运粮草、征集士兵到前方。

刘邦在前方与项羽相拒，他时时处于劣势，将士有怨心。如果此时萧何倾动关中,则刘邦的下场不可设想,故他常常猜忌、防范萧何。

【原文】三

汉五年,既杀项羽,定天下,论功行封。群臣争功,岁余功不决。高祖以萧何功最盛,封为酂侯[1],所食邑多。功臣皆曰:"臣等身被坚执锐,多者百余战,少者数十合,攻城略地[2],大小各有差。今萧何未尝有汗马之劳,徒持文墨议论,不战,顾反居臣等上,何也?"高帝曰:"诸君知猎乎?"曰:"知之。""知猎狗乎?"曰:"知之。"高帝曰:"夫猎,追杀兽兔者狗也,而发踪指示兽处者人也[3]。今诸君徒能得走兽耳,功狗也[4]。至如萧何,发踪指示,功人也[5]。且诸君独以身随我,多者两三人。今萧何举宗数十人皆随我[6],功不可忘也。"群臣皆莫敢言。

【注释】

[1] 酂(cuó)侯:列侯,封地在酂。[2] 略:夺取。[3] 发现野兽的踪迹而指出其藏身之处且给猎狗发号施令的,是猎人。[4] 功狗:功劳比于捕捉野兽的猎狗。 [5] 功人:功劳比于发号施令的猎人。[6] 宗:宗族。

【讲解】

刘邦以"功狗"、"功人"比喻诸战将与萧何的功绩,很形象生动,但也侮人不敬。这一向是刘邦的性格。诸将犹如追逐兽兔的猎狗,虽有奔走捕捉之劳,但他们之捕捉兽兔,是受到猎人的发号施令,发号施令之猎人的功劳自然在猎狗之上。实际上,萧何与诸战将皆不过是刘邦的功狗,刘邦才是真正发号施令的功人。《淮阴侯列传》曰:

上常从容与信言诸将能否,各有差。上问曰:"如我能将几何?"信曰:"陛下不过能将十万。"上曰:"于君何如?"曰:"臣多多而益善耳。"上笑曰:"多多益善,何为为我擒?"信曰:"陛下不能将兵,而善将将,此乃信之所以为陛下擒也。"

【原文】四

　　列侯毕已受封，及奏位次，皆曰："平阳侯曹参身被七十创 [1]，攻城略地，功最多，宜第一。"上已桡功臣 [2]，多封萧何，至位次未有以复难之 [3]，然心欲何第一。关内侯鄂君进曰："群臣议皆误。夫曹参虽有野战略地之功，此特一时之事。夫上与楚相拒五岁，常失军亡众，逃身遁者数矣。然萧何常从关中遣军补其处，非上所诏令召，而数万众会上之乏绝者数矣。夫汉与楚相守荥阳数年，军无见粮 [4]，萧何转漕关中，给食不乏。陛下虽数亡山东，萧何常全关中以待陛下，此万世之功也。今虽亡曹参等百数，何缺于汉？汉得之不必待以全。奈何欲以一旦之功而加万世之功哉！萧何第一，曹参次之。"高祖曰："善。"于是乃令萧何第一，赐带剑履上殿，入朝不趋 [5]。

　　上曰："吾闻进贤受上赏。萧何功虽高，得鄂君乃益明。"于是因鄂君故所食关内侯邑封为安平侯 [6]。是日，悉封何父子兄弟十余人，皆有食邑。乃益封何二千户，以帝尝徭咸阳时何送我独赢奉钱二也 [7]。

【注释】

　　[1] 创（chuāng）：伤口。　[2] 桡（náo）：挠，屈。　[3] 难（nàn）：责问，反驳。[4] 没有现存的粮食。见：现。[5] 趋：小步快走，以表示恭敬。[6] 关内侯：爵位名，地位仅次于列侯（彻侯，避武帝彻之讳）。[7] 众人二百钱，萧何独五百，比众人多二百。赢：余。

【讲解】

　　通过关内侯鄂君之口，肯定了萧何辅助刘邦在亡秦灭项斗争中的重要功绩。其一，萧何固守后方，以待高祖，高祖没有后顾之忧，随时可以退守关中。其二，萧何在关中源源不断地支持前方：兴关中卒，补充兵源；转漕粮草，使军中粮草不乏。这对于汉家来说，确是建立了万世之功，而诸将的战功只是一时之功。此段话中也表现出对刘邦的讽刺：刘邦在前方常常是失军亡众，数次轻身遁逃。

【原文】五

汉十一年 [1]，陈豨反，高祖自将，至邯郸。未罢 [2]，淮阴侯谋反关中，吕后用萧何计，诛淮阴侯，语在《淮阴事》中。上已闻淮阴侯诛，使使拜丞相何为相国，益封五千户，令卒五百人一都尉为相国卫。诸君皆贺，召平独吊。召平者 [3]，故秦东陵侯。秦破，为布衣，贫，种瓜于长安城东，瓜美，故世俗谓之"东陵瓜"，从召平以为名也 [4]。召平谓相国曰："祸自此始矣。上暴露于外而君守于中，非被矢石之事而益君封置卫者，以今者淮阴侯新反于中，疑君心矣。夫置卫卫君，非以宠君也。愿君让封勿受，悉以家私财佐军，则上心悦。"相国从其计，高帝乃大喜。

【注释】

[1] 汉十一年：前 196 年。[2] 平叛没有结束。[3] 召（shào）：姓。[4] 根据召平的封号来命名的。阮籍《咏怀诗》曰："昔闻东陵瓜，近在青门外。连畛距阡陌，子母相钩带。五色耀朝日，嘉宾四面会。膏火自煎熬，多财为患害。布衣可终身，宠禄岂足赖。"

【讲解】

成也萧何，败也萧何。以萧何的见识深远，他并非不知刘邦对功臣的猜忌和诛杀。许多功臣皆死于"莫须有"之罪。萧何设计而帮助吕后诛杀了韩信，历来受到后人的诟病。《淮阴侯列传》曰：

其舍人得罪于信，信囚，欲杀之。舍人弟上变，告信欲反状于吕后。吕后欲召，恐其党不就，乃与萧相国谋，诈令人从上所来，言豨已得死，列侯群臣皆贺。相国绐（dài，欺骗）信曰："虽疾，强入贺。"信入，吕后使武士缚信，斩之长乐钟室。信方斩，曰："吾悔不用蒯（kuǎi）通之计，乃为儿女子所诈，岂非天哉！"遂夷信三族。

陈豨（xī）反，淮阴又反，高祖不能不怀疑萧何。萧何长期留守关中，一直享有很高的声誉，关中民只知有萧何，而不知有刘邦。但幸运的是，萧何不以功自傲，谨慎小心，也不贪恋封赏，他深知刘邦对他的猜忌而时时化解之。

【原文】六

汉十二年秋，黥布反，上自将击之，数使使问相国何为。相国为上在军，乃拊循勉力百姓[1]，悉以所有佐军，如陈豨时。客有说相国曰："君灭族不久矣。夫君位为相国，功第一，可复加哉？然君初入关中，得百姓心，十余年矣，皆附君，常复孳孳得民和[2]。上所为数问君者，畏君倾动关中。今君胡不多买田地，贱贳贷以自污[3]？上心乃安。"于是相国从其计，上乃大悦。

【注释】

[1] 拊循：抚慰，安抚。循，安慰。[2] 孳孳：孜孜，勤勉不懈。[3] 以低价、赊欠的方式买民之田宅，而败坏自己的声誉。贳（shì）：赊欠。

【讲解】

萧何在关中很得民心，高祖的猜忌是有道理的。萧何为了消解高祖的疑忌，不惜以贱买民众土地、向民众贷款而谋取高利息的行为来自污。这里，我们不必过多责备刘邦的不是，也不必同情萧何的遭遇，因为帝王与功高大臣的关系本来就是相互怀疑和忌恨。这是事之固然，理之必然。《白起王翦列传》曰："王翦既至关，使使还请善田者五辈。或曰：'将军之乞贷，亦已甚矣。'王翦曰：'不然。夫秦王怚（jǔ，骄傲自满）而不信人。今空秦国甲士而专委于我，我不多请田宅为子孙业以自坚，顾令秦王坐而疑我邪？'"这与萧何买田宅以自污之事正同。

【原文】七

上罢布军归，民道遮行上书[1]，言相国贱强买民田宅数千万。上至，相国谒。上笑曰："夫相国乃利民！"[2]民所上书皆以与相国，曰："君自谢民。"[3]相国因为民请曰："长安地狭，上

林中多空地,弃 [4],愿令民得入田,毋收稿为禽兽食 [5]。"上
大怒曰:"相国多受贾人财物,乃为请吾苑!"乃下相国廷尉,械
系之 [6]。数日,王卫尉侍,前问曰:"相国何大罪,陛下系之暴
也?"[7]上曰:"吾闻李斯相秦皇帝,有善归主,有恶自与 [8]。
今相国多受贾竖金而为民请吾苑,以自媚于民 [9],故系治之。"
王卫尉曰:"夫职事苟有便于民而请之 [10],真宰相事,陛下奈何
乃疑相国受贾人钱乎!且陛下拒楚数岁,陈豨、黥布反,陛下自将
而往,当是时,相国守关中,摇足则关以西非陛下有也。相国不以
此时为利,今乃利贾人之金乎?且秦以不闻其过亡天下,李斯之分
过 [11],又何足法哉。陛下何疑宰相之浅也。"[12]高帝不怿。
是日,使使持节赦出相国。相国年老,素恭谨,入,徒跣谢 [13]。
高帝曰:"相国休矣!相国为民请苑,吾不许,我不过为桀纣主,
而相国为贤相。吾故系相国,欲令百姓闻吾过也。"

【注释】

[1] 民在道上遮天子行。遮:阻拦。[2] 刘邦嘲笑说,相国是如此
利民的?这是反语,不是给民带来利,而是取民田宅以为己利。[3] 谢
民:向民谢罪。[4] 弃:土地荒废。[5] 把上林中的空地给民作为田地
耕种,使民不要收取稻草以给禽兽吃。这样,一举两得。稿:稻草。上
林:上林苑,皇帝打猎的园林。[6] 用镣铐等刑具拘禁萧何。[7] 暴:
突然。[8] 自与:自予。[9] 自媚于民:求爱于民。[10] 职:掌管。
[11] 分过:李斯恶以自予,是分担皇帝的过失,从而使皇帝不知过,
更加胡作非为。这不值得效法。[12] 陛下在此时猜疑萧何,是见识浅
短。[13] 徒跣(xiǎn)谢:光着脚行走而谢罪。

【讲解】

李斯之"有善归主,有恶自与",即法家主张的"尊君卑臣"的思
想,所谓"善者归为君,恶者归为臣"。《春秋繁露·阳尊阴卑》:"是故
《春秋》君不名恶,臣不名善,善皆归于君,恶皆归于臣。"人臣是地,
人君是天,天高地低,君尊臣卑。君之地位尊贵,臣之地位卑贱,这与
善恶本没有必然的联系,但董仲舒把身份地位的尊卑贵贱与善恶的道德

评价联系在一起。人君尊贵即是善，人臣卑贱即是恶。地位等级和道德统一，以爵位代表道德，把道德托付给人君。《竹林》曰："《春秋》之义，臣有恶，君名美。"人君是不会犯错误的，即使有错误，也应由臣子来承担过错。这在维护人君尊严时而贬斥人臣的独立价值。孔子修《春秋》，本没有这样的意义。仲舒借《春秋》而为法家的尊君卑臣的思想建立经典的根据。余英时认为，汉代儒家例如叔孙通、公孙弘、董仲舒皆具有法家化的倾向，所谓"儒学的法家化"。他说："汉初儒学的法家化，其最具特色的表现乃在于君臣观念的根本改变。汉儒抛弃了孟子的'君轻'论、荀子的'从道不从君'论，而代之以法家的'尊君卑臣'论。"①

萧何以田宅之事自污，刘邦喜；但萧何又为民请田，是失其本计。刘邦最担心的是萧何得民，故系之。但此一心病只能隐秘于内，故刘帮以萧何受贾人金作为系萧何的借口。刘邦引李斯"分过"的行为指责萧何。王卫尉的开解，虽能说明萧何始终没有倾动关中之心，是忠于刘邦的，但仍不能消解刘邦因萧何得民而削弱自己威望的忌恨。高帝不怿并非颜师古注《汉书》所谓"感卫尉之言，故惭愧而不悦也"。当赦出的萧何向刘邦谢罪时，刘邦还是愤愤不平：相国为民请田，我不许而系之，此事使天下之民更加知道我是桀纣主而相国是贤相也。刘邦所谓"吾故系相国，欲令百姓闻吾过也"，是"反言若正"。

【原文】八

何素不与曹参相能 [1]，及何病，孝惠自临视相国病，因问曰："君即百岁后 [2]，谁可代君者？"对曰："知臣莫如主。"[3]孝惠曰："曹参何如？"何顿首曰："帝得之矣！臣死不恨矣！"[4]何置田宅必居穷处，为家不治垣屋 [5]。曰："后世贤，师吾俭；不贤，毋为势家所夺。"孝惠二年 [6]，相国何卒，谥为文终侯。

---

① 余英时：《反智论与中国政治传统》，载于《中国思想传统的现代诠释》，江苏人民出版社 2003 年。

【注释】

[1] 相能：互相和睦。能，和睦。[2] 即：假使。百岁：人生百年，百岁后即指去世。[3] 萧何不先说出，一是出于他的一向谨慎，二是由此彰显惠帝的知贤之能。[4] 恨：遗憾。[5] 垣（yuán）屋：有短墙围绕的房舍。[6] 孝惠二年：前 193 年。

【讲解】

萧何与曹参，原皆为沛吏，萧何为主吏，他们在一起共事。后来，萧何留守后方，曹参在前方攻城略地。他们冲突的可能原因，一是刘邦夺取天下后，他们争夺谁是汉家第一功臣的问题；二是萧何善治事安民，没有用兵打仗的才能；而曹参不仅仅是一位武将，也是一位能臣，他善于治事理民，他不服萧何。萧何为丞相时，高祖把曹参派到齐国，担任大国的相国，意在消解他们之间的正面冲突。但萧何临死时不计他与曹参的前嫌而举荐他为相国，足见萧何之以国家利益为重的大度以及私心对曹参才能的肯定。这同样也得到了曹参的良好反应，"参代何为汉相国，举事无所变更，一遵萧何约束"（《曹相国世家》）。这即是历史上所美誉的"萧规曹随"。《高祖本纪》：

> 高祖击布时，为流矢所中，行道病。……已而吕后问："陛下百岁后，萧相国即死，令谁代之？"上曰："曹参可。"问其次，上曰："王陵可。然陵少戆，陈平可以助之。陈平智有余，然难以独任。周勃重厚少文，然安刘氏者必勃也，可令为太尉。"吕后复问其次，上曰："此后亦非而所知也。"

【原文】九

太史公曰：萧相国何于秦时为刀笔吏，碌碌未有奇节。及汉兴，依日月之末光，何谨守管籥 [1]，因民之疾秦法，顺流与之更始 [2]。淮阴、黥布等皆以诛灭，而何之勋烂焉。位冠群臣，声施后世 [3]，与闳夭、散宜生等争烈矣 [4]。

【注释】

[1] 管籥（yuè）：掌管钥匙的人，即守家之人。萧何一直在后方辅助太子，为刘邦持家守成。末光：余光。[2] 因：顺。疾秦法：痛恨秦法的繁苛和严酷。更始：重新开始。[3] 施（yì）：流传。[4] 与周公、召公、太公相比，闳夭、散宜生是周之二等大臣。烈：光明，显赫。

【讲解】

司马迁首先指出，萧何原为刀笔之吏，出身微贱，碌碌无为，并没有表现出非常突出的才能，这暗含轻视之意。其次认为，萧何是依汉之日月的余光，而持家守成，顺着民众嫉恨秦法之意而宽于使民，但并没有进取开拓之功。再次指出，等到淮阴侯、黥布等功臣被诛杀之后，萧何的功业才得以灿烂。这流露出对萧何帮助吕后而诛杀韩信等功臣的不满。最后评价萧何虽位冠群臣，声传后世，但论其功业只能与周之二等大臣相比。这暗示他为汉家建立的功业不能与周之太公、周公、召公相比。那么，谁是汉家的第一等功臣呢？《淮阴侯列传》曰："假令韩信学道谦让，不伐已功，不矜其能，则庶几哉，于汉家勋可以比周、召、太公之徒，后世血食矣。"在司马迁的心中，韩信才是汉家的一等功臣。这是对萧何所谓"功第一"的批评。后世有人对司马迁的评价颇为不满。宋人叶适说："萧何虽不逮古人，然汉非何不兴也。迁既不能品第其人，而始但轻之为刀笔吏，终遽与闳、散争烈。"（《习学纪言序目》卷十九《史记》）。

【总论】

按照客观的标准，诸侯王才能称世家。但是，汉所封的诸侯王韩信、黥布、彭越等皆以列传传之，这主要是因为他们以谋反罪被诛灭，而不能世传其家；汉初分封的列侯有一百余位，他们不应称世家。司马迁认为，萧何、曹参、张良、陈平、周勃，对汉室政权所发生的作用重大，不能把他们平均化于列侯之中，故置于世家以特别彰显出来。显然，司马迁之本纪、世家之称也包含了价值的评价。

在《萧相国世家》里，司马迁实录萧何的功绩甚为简略，主要通过刘邦的"功狗"、"功人"之说与鄂君的"一旦之功"、"万世之功"的议论，以侧面烘托的虚写手法肯定了萧何的重要功绩。司马迁着力叙写了刘邦与萧何的几次矛盾,萧何虽尽力消解,他始终难以去掉刘邦的忌恨。这也深刻说明了君臣关系的险恶。司马迁对萧何的持家守成之功,有所轻视,对萧何不能止言直谏而过于谨慎、阿顺的行为不满,并对萧何帮助刘邦、吕后诛杀功臣的行为愤愤不平。

【补论】

《曹相国世家》共分四个部分。

其一,叙载曹参的战功,简洁明晰而无精神。

其二,较为具体地叙述曹参跟随韩信所立的丰功。司马迁之意,表面上是记录曹参的战功,实际上暗指韩信是一位杰出的军事帅才,曹参不过是一位战将,只有跟从韩信才能立下如此的战功。

其三,司马迁很赞赏曹参行政的清静无为、与民休息。此段文字最具有精神,是曹参传记的精彩出色之处。

> 闻胶西有盖公,善治黄老言,使人厚币请之。既见盖公,盖公为言治道贵清静而民自定。……其治要用黄老术,故相齐九年,齐国安集,大称贤相。

> 参代何为汉相国,举事无所变更,一遵萧何约束。……日夜饮醇酒。

> 惠帝怪相国不治事,参免冠谢曰:"陛下自察圣武孰与高帝?"上曰:"朕乃安敢望先帝乎!"曰:"陛下观臣能孰与萧何贤?"上曰:"君似不及也。"参曰:"陛下言之是也。且高帝与萧何定天下,法令既明,今陛下垂拱,参等守职,遵而勿失,不亦可乎?"惠帝曰:"善。君休矣!"

其四,司马迁的评价:曹参只是一位将领,其攻城野战之功如此之多是因为他跟随军事帅才韩信;称赞曹参实行的清静无为的政策。

> 太史公曰:曹相国参攻城野战之功所以能多若此者,以与淮阴

侯俱。及信已灭，而列侯成功，唯独参擅其名。参为汉相国，清静
极言合道。然百姓离秦之酷后，参与休息无为，故天下俱称其
美矣。

《留侯世家》是张良的传记。留侯是孔子所谓"君子不器"：器，即
器具，各有具体之用，不能相通。不器，即超越具体之用，而从战略上
予以谋划，且无所不周。张良居下邳十年，诵读《太公兵法》，修身养
性。"圯下拾履"的故事曰：

　　良尝闲从容步游下邳圯上，有一老父，衣褐，至良所，直堕其
履圯下，顾谓良曰："孺子，下取履！"良愕然，欲殴之。为其老，
强忍，下取履。父曰："履我！"良业为取履，因长跪履之。父以足
受，笑而去。良殊大惊，随目之。父去里所，复还，曰："孺子可
教矣。后五日平明，与我会此。"良因怪之，跪曰："诺。"

老父之无礼要求，良能忍辱行之。老学的精要是能忍，不逞匹夫之
勇。苏轼《留侯论》曰："古之所谓豪杰之士者，必有过人之节。人情
有所不能忍者，匹夫见辱，拔剑而起，此不足为勇也。天下之大勇者，
猝然临之而不惊，无故加之而不怒，此其所挟持者甚大，而其志甚远
也。……彼（张良）其能有所忍也，然后可以就大事。……高祖之所以
胜，高祖能忍之，此子房之教也。"有人说，老子之学最忍，他闲时似
个虚无单弱的人，而到紧要处发出来，使人支吾不住，张子房是也。
《项羽本纪》曰：

　　项王与汉约，以鸿沟为界，中分天下。汉欲西归，张良、陈平
说曰："汉有天下大半，而诸侯皆附之。楚兵疲食尽，此天亡楚之
时也，不如因其机而遂取之。今释弗击，此所谓'养虎自遗患'
也。"汉王听之。

在政治上，张良重视分封功臣，这是运用老子"将欲取之，必固予

之"的策略。《老子》第 36 章曰："将欲弱之，必故强之；将欲废之，必固兴之；将欲夺之，必固与之。"这段文字被认为有权诈之术，所谓欲取先予，以退为进，隐忍不发。

> 汉四年，韩信破齐而欲自立为齐王，汉王怒。张良说汉王，汉王使良授齐王信印，语在《淮阴事》中。

> 其秋，汉王追楚至阳夏南，战不利而壁固陵，诸侯期不至。良说汉王，汉王用其计，诸侯皆至。语在《项籍事》中。

> 汉六年正月，说刘邦封功臣。

张良在出处上，"知其雄，守其雌"，"静为躁君"，"不伐己功，不矜其能"。

> 汉六年正月，封功臣。良未尝有战斗功，高帝曰："运筹策帷帐中，决胜千里外，子房功也。自择齐三万户。"良曰："始臣起下邳，与上会留，此天以臣授陛下。陛下用臣计，幸而时中，臣愿封留足矣，不敢当三万户。"乃封张良为留侯，与萧何等俱封。

《老子》第 16 章曰："致虚极，守静笃。万物并作，吾以观其复。夫物芸芸，各归其根。归根曰静，静曰复命。"万物的根源是虚静。老子面对世事的纷争搅扰，希望人的一切活动，能够致虚守静。《老子》第 4 章："道冲而用之，或不盈，渊兮似万物之宗。"道冲即形容道状是虚体的。这个"虚"状的"道"体，是万物的根源，而且它所发挥出来的作用是永不穷竭的。

> 留侯从上击代，出奇计马邑下，及立萧何相国，所与上从容言天下事甚众，非天下所以存亡，故不著。留侯乃称曰："家世相韩，及韩灭，不爱万金之资，为韩报仇强秦，天下振动。今以三寸舌为

帝者师，封万户，位列侯，此布衣之极，于良足矣。愿弃人间事，欲从赤松子游耳。"乃学辟谷（不食五谷，可以长生），道引轻身。

"事能知足心常惬，人到无求品自高。"

　　太史公曰：学者多言无鬼神，然言有物。至如留侯所见老父予书，亦可怪矣。高祖离困者数矣，而留侯常有功力焉，岂可谓非天乎？上曰："夫运筹策帷帐之中，决胜千里外，吾不如子房。"余以为其人计魁梧奇伟，至见其图，状貌如妇人好女。盖孔子曰："以貌取人，失之子羽。"留侯亦云。

　　司马迁本认为张良非常魁梧奇伟，但看到张良的画像才知道他的形象如妇人好女。实际上，张良是静如处女，动若脱兔。《仲尼弟子列传》曰："子羽，状貌甚恶。欲事孔子，孔子以为材薄。既已受业，退而修行，行不由径，非公事不见卿大夫。南游至江，从弟子三百人，设取予去就，名施乎诸侯。孔子闻之，曰：'吾以言取人，失之宰予；以貌取人，失之子羽。'"可见，人之形象与其品格没有确定的关系。《论语·公冶长》："宰予昼寝。子曰：'朽木不可雕也，粪土之墙不可圬（wū，涂饰墙壁）也。于予与何诛？'子曰：'始吾与人也，听其言而信其行；今吾与人也，听其言而观其行。于予与改是。'"宰予善于言说，但言行不一，故孔子死骂他一顿。

第七讲

"隐约幽微，低回要眇"

——《伯夷列传》的解读

【序论】

《伯夷列传》是《史记》七十"列传"的首篇，历来被认为具有非常重要的意义。港台学者徐复观说："史公作传的第一大义，具见于《伯夷列传》。"① 此篇又有突出的特点。钱钟书先生说："此篇记夷、齐行事甚少，感慨议论居其泰半，反论赞之宾，为传记之主。马迁牢骚孤愤，如喉鲠之快于一吐，有欲罢而不能者。"②《史记》的人物传记一般以叙述传主的行事为主，以议论为辅；但是《伯夷列传》记叙伯夷、叔齐的行事甚少，约占四分之一；而感慨议论的文字占四分之三，司马迁是借题发挥，以抒发自己的牢骚孤愤。清人李景星说："世家首太伯，列传首伯夷，美让国高节以讽世也。而此篇格局、笔意尤为奇创，后人不能读，故妄生议论，任意批评，以为文义错乱，不可为法。其实篇中脉络分明，节节可寻。……虽用笔千变万化，适成其为一篇《伯夷列传》而已。似此奇文，哪能不推为千古绝调！"③ 结构曲折多变，文义错综复杂。叶嘉莹先生说，《伯夷列传》在章法上是"神龙见首不见尾"，在情思上是隐约幽微、低回要眇，其主要原因是司马迁心中有"贤人君子幽约怨悱不能自言之情"。④

---

① 徐复观：《两汉思想史》（第三卷），华东师范大学出版社 2001 年，第 246 页。

② 钱钟书：《管锥编》（第一册），中华书局 1986 年，第 306 页。

③ 李景星：《史记评议》，《四书评议》，岳麓书社 1986 年，第 59 页。

④ 叶嘉莹：《神龙见首不见尾》，载于《天津大学学报》1999 年第 1 期。

要之,《伯夷列传》的主要特点有四:一是记伯夷、叔齐的行事甚少,感慨议论居其大半,司马迁借此抒发自己的人生感慨;二是行文中有许多问句(质疑和问难),又杂引经传的文字;三是文章的章法和意脉忽隐忽现,曲折多变;四是文义隐约幽微而丰富复杂。

【原文】一

夫学者载籍极博,犹考信于"六艺"[1]。《诗》、《书》虽缺,然虞、夏之文可知也。尧将逊位[2],让于虞舜。舜、禹之间,岳牧咸荐[3],乃试之于位,典职数十年[4],功用既兴,然后授政[5]。示天下重器[6],王者大统,传天下若斯之难也。而说者曰:"尧让天下于许由,许由不受,耻之逃隐。及夏之时,有卞随、务光者。"此何以称焉[7]? 太史公曰:余登箕山[8],其上盖有许由冢云[9]。孔子序列古之仁圣贤人,如吴太伯、伯夷之伦详矣[10]。余以所闻由、光义至高,其文辞不少概见[11],何哉?

【注释】

[1] 载籍:书籍。载,记录。六艺:六经,即《书》、《礼》、《乐》、《诗》、《易》、《春秋》。[2] 逊位:退位。[3] 岳牧:四岳(镇守四方的首领)和十二州牧。[4] 典职:任职管事。典,主管。[5] 授政:传与帝位。[6] 重器:大器,神器,即国家政权。[7] 称(chèn):符合。[8] 箕(jī)山:山名,在河南登封东南。[9] 曰"盖"曰"云",疑之也。[10] 吴太伯:周太王的长子,携弟仲雍出走吴国,把王位让给其三弟季历,季历之子即文王。《论语·泰伯》:"泰伯其可谓至德也矣,三以天下让,民无得而称焉(其逊隐微,无迹可见)。"[11] 概:大略。

【讲解】

学者一般以"六艺"为标准来考证其他书籍所记之事的真伪。《尚书》是上古史料的汇编,虽在流传中存有缺失,但《尧典》、《舜典》、《大禹谟》记载了尧、舜、禹之间的禅让之事:首先得到大臣的一致推荐,接着在天子的职位上试用数年,已经建立了功业,取得了成就,最后传与帝位。因此,传帝位之事是慎重而艰难的。《庄子·让王》记录了尧让位于许由、商汤让位于卞随和务光之事；他们的让位很轻易。这如何符合《尚书》所说的"传天下若斯之难也"？这是问句,表现了司马迁的质疑和问难:根据《尚书》,那么《让王》所说的让位之事不太可信,但能否轻易否定呢？司马迁登山箕山的许由冢墓而加以考察,也难以断定真伪;"其上盖有许由冢云",是犹疑之词。学者一般以孔子之言断定真伪。孔子称颂古之仁圣君子如吴太伯、伯夷让位之事较详;但许由、卞随、务光之义极高,孔子为何没有称扬他们的文字呢？这又是问句,表现了司马迁的质疑和问难:是历史上确实没有许由等让位之事,所以孔子没有论之;还是有此事,而孔子未论;抑或是孔子有论,而遗失呢？这实在是令人不得而解的问题。

此段在行文的章法上由远及近,曲折多变:从尧、舜、禹的禅让引出许由等人的让位之事,再陪出泰伯、伯夷,最后落到伯夷。但意脉是贯通的,即以"让位"为主旨。此一段有两个问句,是质疑和问难,表现了司马迁的理性反思精神。其一,质疑和问难学者的一般看法:以"六艺"、孔子之言为标准来断定其他书籍的真伪。在司马迁看来,"六艺"和孔子之言以信为主,亦有缺和存疑;《让王》等材料,以疑为主,但不否认其中可信的内容。司马迁在后文为伯夷、叔齐作的传记中,以孔子之言为基础,又择录《庄子》、《吕氏春秋》、《韩诗外传》等材料。这隐微地表现了司马迁对学者只信"六艺"和孔子之言的批评。其二,从孔子称扬伯夷的言论中可以肯定伯夷之事的可信,表明他为伯夷作传的合理性;但他不像一般学者根据"六艺"的记录和孔子的言论而完全否定许由等让位之事。司马迁认为,许由等让位之事虽可疑,但如果完全放弃不用,就抹杀了疑中可能含有信的内容;如果直接写成可信的传记,便又抹杀了其中可能含有疑的内容,不忠于史学求真的良心;故对《让王》所记之事要慎重处理,取其可信,去其可疑,但这是很困难的,"非好学深思,心知其意,固难为浅见寡闻道也"(《史记·五帝本纪》)。这是对儒家学者简单而轻易否定许由等让位之事的不满和批评。

要之,此段章法曲折多变,文义隐约幽微而丰富复杂;其原因有二:一是司马迁的思想感情复杂矛盾而难以简单明确地表达;二是司马迁质疑和问难孔子及儒者的一般观点,而不便明确地说明。

【原文】二

　　孔子曰："伯夷、叔齐，不念旧恶，怨是用希。"[1]（《论语·公冶长》）"求仁得仁，又何怨乎？"（《论语·述而》）余悲伯夷之意 [2]，睹轶诗可异焉 [3]。

【注释】

[1] 是用：因是，因此。用，因。希：稀。[2] 悲伯夷兄弟相让，又义不食周粟而死。[3] 轶诗：下文伯夷、叔齐所唱的歌，因没有收入《诗经》而称为轶诗。轶，佚，散失。

【讲解】

　　孔子说，伯夷、叔齐不念旧恶，求仁得仁，故没有什么怨恨。司马迁认为，从伯夷、叔齐的临终悲歌中可看出他们的内心是有怨恨的。这是司马迁对孔子之言的质疑，班固谓"又其是非颇谬于圣人"（《汉书·司马迁传》）。

【原文】三

　　伯夷、叔齐，孤竹君之二子也。父欲立叔齐，及父卒，叔齐让伯夷。伯夷曰："父命也。"遂逃去。叔齐亦不肯立而逃之。国人立其中子 [1]。于是伯夷、叔齐闻西伯昌善养老 [2]，盍往归焉 [3]。及至，西伯卒，武王载木主 [4]，号为文王，东伐纣。伯夷、叔齐叩马而谏曰："父死不葬，爰及干戈 [5]，可谓孝乎？以臣弑君，可谓仁乎？"左右欲兵之 [6]。太公曰："此义人也。"[7]扶而去之。武王已平殷乱，天下宗周 [8]，而伯夷、叔齐耻之，义不食周粟，隐于首阳山，采薇而食之。及饿且死，作歌。其辞曰："登彼西山兮，采其薇矣。以暴易暴兮 [9]，不知其非矣。神农、虞、夏忽焉没兮，我安适归矣？吁嗟徂兮 [10]，命之衰矣！"遂饿死于首阳山。由此观之，怨邪非邪？

【注释】

[1] 中:仲,第二子。[2] 西伯昌:文王姬昌,为西方诸侯之长。[3] 盍(hé):何不。[4] 木主:西伯姬昌的木制灵位,追尊谥号为文王。[5] 爰(yuán):于是,就。[6] 兵之:以武器杀之。兵,用作动词。[7] 义:坚持气节。[8] 宗周:以周王室为宗主。[9] 以暴易暴:以一种暴乱变易另一种暴乱。《孟子·梁惠王下》:"齐宣王问曰:'汤放桀,武王伐纣,有诸?'孟子对曰:'于传有之。'曰:'臣弑其君,可乎?'曰:'贼仁者谓之贼,贼义者谓之残。残贼之人,谓之一夫。闻诛一夫纣矣,未闻弑君也。'"[10] 徂(cú):往。或曰:徂,殂,死。

【讲解】

司马迁根据《论语》、《孟子》、《庄子》、《吕氏春秋》、《韩诗外传》等为伯夷、叔齐作了简短的传记。一方面他以"六艺"以及孔、孟的言论为信史,另一方面又谨慎选择其他书籍的材料。由于材料不足,且有的材料值得怀疑而不便轻易使用,所以司马迁作伯夷、叔齐的传记简短,这也是"巧媳妇难为无米之炊",是无可奈何之事。

此传记有三个方面的内容。其一,伯夷、叔齐有让德,不贪求富贵权势。这与近世、当世的最高统治阶级因争夺王位权势而相互篡夺残杀的情形构成鲜明的对比。《史记·太史公自序》:"末世争利,维彼奔义,让国饿死,天下称之。"其二,伯夷、叔齐批评武王是不仁不孝,是"以暴易暴"而不知其非。商、周的朝代更替不过是易君但未改革暴政,下民的困苦仍不异于前。其三,伯夷、叔齐行仁由义,隐于西山,采薇而食,但最终饿死。他们在临终悲歌中,哀叹自己生不逢时的衰败命运,表现自己行仁由义而不得善报的悲怨。

司马迁在叙述伯夷、叔齐的传记之后,问道:"由此观之,怨邪非邪?"这是用充满愤激之情的反诘语句强调:伯夷、叔齐有怨恨,而非如孔子所说。伯夷、叔齐怎么能不念旧恶呢?念旧恶心中当然有怨恨。他们行仁由义,死后虽得到仁名,但他们生前采薇而食,最终饿死,如何不怨恨呢?孔子所说"不怨天,不尤人"(《论语·宪问》),孟子谓"我何为不豫哉"(《孟子·公孙丑下》),虽值得追慕,但究竟是理想的人格,不切人情,正如钱钟书先生所说"越世高谈,恐乏平矜息躁之用"。① 这是司马迁对那些遭遇不幸而内心怨恨之人的同情和理解，是他对儒者之温柔敦厚的中庸人格的质疑，也是他自己敢恨敢怨之个性气质的表现，他因为李陵辩护，而下狱、受宫刑，遭遇了人生的奇耻大辱，他罪非其罪，如何不怨恨呢？

司马迁突出了伯夷、叔齐的怨恨，表现了他发愤著书的思想。伯夷、叔齐的心中存有怨恨，不平则鸣，故作诗以表达其悲愤和不平。屈原"信而见疑，忠而被谤，能无怨乎？屈平之作《离骚》，盖自怨生也"（《史记·屈原贾生列传》）。司马迁在《报任少卿书》里说："盖文王拘而演《周易》；仲尼厄而作《春秋》；屈原放逐，乃赋《离骚》；左丘失明，厥有《国语》……《诗》三百篇，大抵圣贤发愤之所为作也。此人皆意有郁结，不得通其道，故述往事，思来者。"司马迁心中有怨恨，发愤著作《史记》，"思往事，见来者"，让将来的人见出自己的冤屈和心志。

此段的表达方式：寓议论于叙事之中，运用一个充满愤激的反问句。这种表达方式造成了思想内容的隐约难辨，而形式和内容之隐约幽微的主要原因有三。一是决定于司马迁本身之思想的复杂矛盾：按照孔子的人生观，君子虽遭不幸的命运，不应怨天尤人；但君子遇到不幸的命运，实际上心中有怨恨。从义之应然说，不当怨恨；就事之实然看，怨恨不平是人之常情。司马迁虽不完全否定孔子之言的理想性，但突出了怨恨的实然性和现实性。二是司马迁对怨恨的肯定有悖于儒者之"温柔敦厚"的人格。三是怨恨之情的肯定也是他自己之不平则鸣的个性气质的反映。

【原文】四

或曰："天道无亲 [1]，常与善人。"若伯夷、叔齐，可谓善人者非邪？[2] 积仁洁行如此而饿死！且七十子之徒，仲尼独荐颜渊为好学。然回也屡空 [3]，糟糠不厌 [4]，而卒早夭。天之报施善人，其何如哉？盗跖日杀不辜，肝人之肉 [5]，暴戾恣睢 [6]，聚

---

① 钱钟书：《管锥编》（第一册），中华书局 1986 年，第 308 页。

党数千人横行天下,竟以寿终 [7]。是遵何德哉?此其尤大彰明较著者也 [8]。若至近世,操行不轨,专犯忌讳 [9],而终身逸乐,富厚累世不绝。或择地而蹈之 [10],时然后出言 [11],行不由径 [12],非公正不发愤 [13],而遇祸灾者,不可胜数也。余甚惑焉,傥所谓天道 [14],是邪非邪?

【注释】

[1] 人间的秩序和价值来自于天道,天道是人道的根据。亲:偏爱。[2] 若伯夷、叔齐可谓善人者邪?非邪?[3] 空(kòng):贫穷。[4] 厌:餍,饱。[5] 胏:或是"脍"(kuài),切肉成细丝。[6] 恣睢(zì suī):放纵骄横。[7] 竟以寿终:最后尽天年而死。竟,最终。[8] 彰明较著:极其明显。较,明。[9] 专门违法乱禁。[10] 选好地方才落步,行为谨慎。[11] 看准时机才开口,不乱说话。《论语·宪问》:"夫子时然后言,人不厌其言。"[12] 径:小路,近路,喻邪道。[13] 非公正之事不感激发愤。[14] 傥:倘。

【讲解】

有人曰:天道是不偏爱的,是公正、公平的,善人得到善报,恶人得到恶报。伯夷、叔齐难道不是善人吗?他们为何遭遇饿死的不幸命运呢?在七十子之中,孔子特别称赞颜渊好学,可颜渊糟糠不饱,且早早夭亡;天之报答善人难道就是这样的吗?盗跖聚党数千人横行天下,日杀无罪之人,恣睢暴戾,但一生富足,且以寿终;这遵照的是何种道德呢?至于近世和当世,许多恶人操行不轨,专犯忌讳,却终身逸乐富贵,世世不绝。不少善人行正道,非公正而不发愤,不仅得不到好报,反而遭受灾祸。司马迁悲愤填膺,心中充满困惑:"余甚惑焉,傥所谓天道,是邪非邪?"

从表现形式上看,本段使用四个问句,或疑问,或反问,或疑问加反问,以表现司马迁的疑问和困惑。疑问句,没有回答;反问句,不需回答;这就造成了本段思想内容的隐约难辨,以致学者的解释也见仁见智。钱钟书说:"马迁唯不信'天道'(divine justice),故好言'天命'(blind fate);盖信有天命,即疑无天道,曰天命不可知者,乃谓天道无知尔。天道而有知，则报施不爽，无复不平则鸣或饮恨吞声矣。顾事乃大谬不然，理遂大惑不解。"① 钱先生认为，天道具有道德理性，天命不合理性而具有荒诞性；司马迁不信理性的天道，即是肯定非理性天命的存在。港台学者徐复观说，司马迁是否定理性的天；最低限度，是怀疑理性的天，而自然归结到非理性的天上面。② 程世和说："司马迁这位伟大史家只好把一切都归于不可理喻的天命。……司马迁在现实中惨遭痛击，看不到一点正义的光芒，便企图在历史中找到正义，找到决定历史存在的根据，找到高踞人类历史之上的'天道'。然而这一切都没有看到，看到的却是一个并非善有善报、恶有恶报的'不仁世界'，一个充满偶然与荒谬的世界。"③ 如果根据程先生的解释，则天道和人道完全颠倒于非理性之下，因而人类社会也是幽暗而漆黑一片。司马迁"述往事，思来者"，绝不会使人产生愤世、厌世、弃世的思想。程先生似片面夸大了司马迁对天道的否定。

　　"倘所谓天道，是邪非邪"，隐含了司马迁复杂矛盾的思想。其一，司马迁突出了对天道的怀疑和困惑。怀疑天道，即是怀疑人道，即是怀疑"善有善报，恶有恶报"的人伦道德法则。因为天道支配人道，天道是人道的终极根据。司马迁怀疑天道而肯定非理性天命的存在，实际上是对历史人物以及他自己人生遭遇荒谬性、非理性的控诉。他为那些善人没有得到善报的悲剧命运抱不平。他悲惨的人生遭遇，使他对命运的非理性有深切的体验。他在这段文字中一连数次质疑，正是质疑天道的存在。其二，司马迁又不能完全否定天道的存在，因为在历史现实中也存在善人得到善报、恶人遭受厄运的事，历史丰富复杂，历史的真实是偶然性和必然性、理性和非理性并存。其三，否定天道的存在，即否定孔、孟儒家宣扬的道德伦理，那么人类社会的行为将陷入幽暗混乱之中。因此，他怀疑天道的存在，又希望存有天道以主持公平和正义。钱钟书说："故疑无天者，犹每私冀其或有，而信有天者，则常窃怨其

---

① 钱钟书：《管锥编》（第一册），中华书局1986年，第308页。
② 徐复观：《两汉思想史》（第三卷），华东师范大学出版社2001年，第198页。
③ 徐兴海、尚永亮：《司马迁与史记论集》，陕西人民出版社1995年，第334页。

若无。"①

　　要之,本段在形式表达上有四个没有回答的问句,因而意在言外;在思想内容上隐约幽微。这主要是因为司马迁有"幽约怨悱不能自言之情":一是他的思想感情复杂矛盾而不易于简单明确地表达;二是他怀疑"善有善报,恶有恶报"的天道和人道,违背了儒家的道德观念,这也是"又其是非颇谬于圣人",因而出之于隐微之言。

【原文】五

　　　　子曰"道不同不相为谋"(《论语·卫灵公》),亦各从其志也。故曰"富贵如可求,虽执鞭之士,吾亦为之。如不可求,从吾所好"[1](《论语·述而》)。"岁寒,然后知松柏之后凋"(《论语·子罕》)。举世混浊,清士乃见。岂以其重若彼,其轻若此哉?[2]

【注释】

　　[1] 东汉郑玄曰:"富贵不可求而得之,当修德以得之。若于道可求而得之者,虽执鞭贱识,我亦为之。"[2]《史记索隐》:"谓伯夷让德之重若彼,而采薇饿死之轻若此。又一解云,操行不轨,富厚累代,是其重若彼;公正发愤而遇灾祸,是其轻若此也。"再一解曰,所重者仁义之志,所轻者富贵穷达之遇。

　　【讲解】

　　此一段首先引用《论语》的三段文字,跳跃性大,司马迁又没有作出任何解释,故难以窥见和把握其意脉以及内涵。最后是反诘句,语意很不显明。韩兆琦先生说:"此处文意不清,众说纷纭。……文意不明。"②

　　"道不同不相为谋",君子和小人各从其志,各行其道,不相为谋。这是承接上文之善人行不由径和恶人操行不轨而言,意在表明善人不因行善而遇灾祸就改变其道。

　　①　钱钟书:《管锥编》(第一册),中华书局1986年,第308页。
　　②　韩兆琦:《史记选注集评》,广西师范大学出版社1995年,第190页。

"富贵如可求，虽执鞭之士，吾亦为之。如不可求，从吾所好"，颇令学人费解。因为学人不能同意孔子为求富贵而肯做执鞭那样下贱的事。韩兆琦先生说，在孔子看来，富贵是不可追求的，子夏曰"商闻之矣，死生有命，富贵在天"（《论语·颜渊》），所以"虽执鞭之士，吾亦为之"不能实行，这段的主旨是"从吾所好"，即行仁义之道。① 笔者认为司马迁引此段有丰富复杂的含义。孔子说："富与贵，是人之所欲也；不以其道得之，不处也。贫与贱，是人之所恶也；不以其道得之，不去也。君子去仁，恶乎成名？君子无终食之间违仁，造次必于是，颠沛必于是。"（《论语·里仁》）孔子承认富贵是人所欲求的，但应求之有道，即以仁义之道求富贵，"不义而富且贵，于我如浮云"（《论语·述而》）。这表明，孔子清醒地认识到义与利并非完全对立，有时又是统一的，并且肯定了对富贵的合理追求。司马迁洞察世情和人情。他在《货殖列传》里指出天下人对富利的热切追求："天下熙熙，皆为利来；天下攘攘，皆为利往。……富者，人之情性，所不学而俱欲者也。故壮士在军，攻城先登，陷阵却敌，斩将搴旗，前蒙矢石，不避汤火之难者，为重赏使也。……今夫赵女郑姬，设形容，揳（jiá，敲打，弹奏）鸣琴，揄（yú，手挥）长袂，蹑利屣，目挑心招，出不远千里，不择老少者，奔富厚也。"故司马迁引孔子之言的含义是：如果富贵可求，即求富贵不违背仁义之道，则吾虽做为人执鞭那样低贱的事也愿意，这表明君子只要不违仁义虽做低贱的事以求富贵，也不可耻；如果富贵不可求，即求富贵与行仁义发生冲突，则从吾所好，安贫而坚守其道。司马迁的看法与孟子和西汉大儒董仲舒的义利观有所不同。孟子说："王何必曰利？亦有仁义而已矣。"（《孟子·梁惠王上》）董仲舒说："正其义不谋其利，明其道不计其功。"（《汉书·董仲舒传》）君子好义，小人好利，义与利相对立，义高于利。

春夏之时，松柏和其他树一样郁郁葱葱，它们似乎并没有什么不同，但寒冬之后，其他树枝叶凋零，惟独松柏仍然青葱，由此知道松柏的本性坚贞可贵，与其他树不同。君子在陷入仁义与富贵相冲突的困境

---

① 韩兆琦：《史记选注集评》，广西师范大学出版社 1995 年，第 189 页。

中,能坚持仁义之道而自甘贫贱;君子在颠沛流离中仍然能够行仁义之道,孔子曰"君子固穷,小人穷斯滥矣"(《论语·卫灵公》)。这两种困境更能彰显君子安贫乐道、行仁由义、坚贞不屈的品格。在举世混浊中,愈是能突出君子的高洁。君子岂能看重小人走邪径而获得富贵权势,而轻视善人行正道而遭遇不幸呢?

要之,司马迁的思想很复杂:一方面他洞察世人以利为追求的最终目的,这是事之必然和实然;另一方面,他并非简单地把义与利对立起来,标榜义高于利,而是肯定君子可用合理的手段追求富贵,君子富贵也便于行仁义,"故君子富,好行其德"(《货殖列传》);再一方面,追求富贵与守道如果矛盾,君子应从吾所好,坚持仁义之道。本段的思想内容虽然复杂,但以君子行善守道而贯之。

【原文】六

"君子疾没世而名不称焉。"[1](《论语·卫灵公》)贾子曰:"贪夫徇财[2],烈士徇名[3],夸者死权[4],众庶冯生。"[5](《服鸟赋》)"同明相照,同类相求。云从龙,风从虎,圣人作而万物睹[6]。"《周易·乾》)伯夷、叔齐虽贤,得夫子而名益彰。颜渊虽笃学,附骥尾而行益显[7]。岩穴之士,趋舍有时若此,类名埋灭而不称[8],悲夫!闾巷之人,欲砥行立名者[9],非附青云之士,恶能施于后世哉?[10]

【注释】

[1]称:称名于后世。[2]徇:殉。以身从物,即为了得到某种外物而残生伤性。[3]烈士:有志立功建业的人。[4]夸者:喜矜夸、好权势之人。[5]冯:凭,恃,看重。[6]圣人出现,则万物在其生养之德的润溉下而生机勃勃。[7]苍蝇附骥尾而行千里,喻颜回得到夫子的表彰而垂名于后世。骥:千里马。[8]类:大抵,大都。湮(yān)灭:埋没。[9]砥行:磨炼操行。砥(dǐ),细的磨刀石。[10]恶(wū):怎么。施(yì):流传。

【讲解】

本段杂引经传文字，又不予说明，含义隐微；且章法和意脉曲折多变，难以把握。孔子说"君子疾没世而名不称焉"，君子立身处世，可视不义的富贵为浮云，而自甘贫贱；可以不为举世混浊所动，而保持自己的节操；也可以忍受自己遭遇的不幸；但君子应当发愤，立德、立功、立言以留名于后世。《报任少卿书》："立名者，行之极也"；"所以隐忍苟活，幽于粪土之中而不辞者，恨私心有所不尽，鄙陋没世而文采不表于后世也"。

君子为什么追求没世之名呢？因为没世之名是君子之善终可大白的表现，是使将来者见出君子心志的表现，是对君子坚持正道而甘于贫贱、遭受不公正待遇的补偿。贾谊说，贪夫追求财货，烈士追求声名，夸者为权势而死，众人为了生存而奋斗。他们的追求不同，也是各从其道。司马迁引此文的用意有二：一是各从其道，二是"烈士徇名"，从而与上下文贯通。《周易·乾》曰：水之性为湿，先流向潮湿之地；火之性是燥，先烧向干燥的柴草；云与龙相伴，风与虎相从；圣人出现，则万物在其生养之德的润溉下而生机勃勃。这是同类相应。司马迁引此文的主旨是：人从其类，道同相与为谋，孔子与伯夷、叔齐、颜渊是同类之人，故孔子称扬他们，推向下文。善人伯夷、颜回，得圣人孔子的称扬，而"名益彰"、"行益显"。他们生前虽备受痛苦，但死后获得千秋万代之名，他们是不幸中的幸者。但文章接着发生了转折，有许多岩穴之士，他们的操行如伯夷一样，但因没有得到圣人的传颂，他们的名字早已湮没不闻。这是令人十分伤痛的事。文章接着再一转，岩穴之士不同寻常，尚有留名的艰难，更何况在闾巷的普通人，要想磨炼操行而立名后世，如果不攀附德高位重的青云之士则怎么能扬名后世呢？这是以反诘语句突出强调。司马迁悲慨那些砥行立名的闾巷之人：磨炼操行的闾巷之人，往往得不到善报，且遭受各种打击；他们坚持自己的节操，甘于贫贱，而不与小人同流合污；但因为天道的难凭，圣人的不世出，他们想留名后世的希望实在也渺不可得。司马迁慨叹他们遭遇的不幸命运，又为他们立名的艰难而悲慨。

要之，本段的意脉曲折多变，但以"立名"贯通；本段的思想内容丰富复杂,但幽约隐微,意在言外。司马迁对孔子的言论表示质疑,并对圣人的不世出寓于一定的悲慨,这也是他"又其是非颇谬于圣人"的表现。

【总论】

综上所述,《伯夷列传》的章法曲折多变,其文义幽约深微而丰富复杂。首先,文章以孔子称扬伯夷之言,说明伯夷让位之事的可信和为伯夷作传的合理性。但文章包含着更为丰富复杂的内容:由伯夷涉及许由等人的让位之事,虽不太可信,也不可轻易抹杀;批评学者只以"六艺"、孔子之言为准,而不能采撷其他诸子的言论。其次,文章为伯夷、叔齐作了简短的传记,突出了伯夷的"怨恨"及发愤作诗,隐含了司马迁发愤著书的思想。再次,文章从伯夷行善而遭遇灾祸展开论述:许多恶人操行不轨,专犯忌讳,却终身逸乐富贵;不少善人行正道,非公正而不发愤,反而遭受灾祸。司马迁悲愤填膺,怀疑"善有善报,恶有恶报"之天道和人道的存在。这里也寄予了司马迁公正发愤而遭遇了下狱、受宫刑之不幸的悲慨。但文章并不由此否定君子的行道、行善。君子遭遇困境,但仍安贫乐道、行仁由义、坚贞不屈。在举世混浊中,愈是能突出君子的高洁。君子岂能够看重小人走邪径而获得富贵权势,而轻视善人行正道而遭遇不幸呢?最后,伯夷、叔齐虽一生不幸,但因孔子的传扬而留名于后世,这也是不幸中之大幸。文章由此抒发了士人"立名"的艰难:慨叹许多岩穴之士虽行为高洁,但没有伯夷受到孔子赞扬的幸运,而早已湮没不闻;闾巷之人没有任何富贵权势的凭借,又得不到圣人的传颂,其立名更为艰难。司马迁又悲愤填膺:那些善人在人生中行道、行善而遭遇不幸,死后的立名使他们的善终可大白于天下,使他们的心志终可见之于后世,是对君子坚持正道而甘于贫贱、遭受不公正待遇的补偿;但因为立名的艰难,他们早已湮没不闻,这实在是令人痛惜!

司马迁在《伯夷列传》里,借伯夷之酒杯,以浇自己心中的块垒。在行文上伯夷之事虽贯穿全篇,但只是引子,司马迁的主要目的是借此抒发郁结在心中的悲愤和感慨。司马迁的感情脉络:善人得不到善报,心中当然有怨恨，不平则鸣，发愤作歌、著书；对善有善报之天道的怀疑，寄托了对善人遭遇不幸的悲愤之情；君子不因善人不得好报，就像小人一样胡作非为，而是安贫乐道，坚持自己的节操；善人因得到圣人的称颂而能传名于后世，这是对善人的补偿，也是让善人的心志大白于后世，可是有许多善人早已湮没不闻，他们实在是非常不幸的。

《伯夷列传》的章法曲折多变，文义幽约深微而丰富复杂，其隐约幽微、低回要眇之风格形成的主要原因有四。

（1）司马迁的思想感情非常丰富复杂，而难以简单明确的表达，故他自觉运用隐约幽微的表达方式。例如多用问句和反问句，表示自己的质疑和问难，但不作回答；多引经传的文字，又不作具体的解释。

（2）司马迁洞悉世情和人情，即事之固然、实然，因事之固然未必合于义之应然、当然，故他不愿明白地说出：一是担心遭到正人君子的批评；二是不愿公然冒犯义之当然。钱钟书说："夫知之往往非难，行之亦或不大艰，而如实言之最不易；故每有举世成风、终身为经，而肯拈出道破者少矣。盖义之当然未必即事之固然或势之必然，人之所作所行，常判别于人之应作应行。"①

（3）司马迁以清明的理性精神质疑和问难圣人孔子以及儒者的一般观点，而表现出非常的卓识，这是"又其是非颇谬于圣人"，他出之于隐约幽微的表述。陈桐生说："《史记》大多是从正面引证《论语》作为立论依据，《史记·伯夷列传》则通篇对孔子言论提出疑问，这是司马迁征引《论语》的反例。"② 如果司马迁明确地说出，则一是对圣人的不敬，二是招致正人君子的指责。

（4）司马迁借《伯夷列传》抒发了自己的人生悲慨。这种人生悲慨虽有相当大的普遍性，但世俗之人往往不能理解而认为他只是发泄一己的悲愤。为了免遭世俗之人的讥讽和打击，他以低回要眇的方式，曲折而含蓄地叙说自己的悲愤。

① 钱钟书：《管锥编》（第一册），中华书局 1986 年，第 382 页。
② 陈桐生：《不是六艺，胜似六艺》，载于《孔子研究》2004 年第 1 期，第 52 页。

第八讲

"老子犹龙，庄子犹凤"

——《老子韩非列传》的解读

【序言】

五千言的一本《老子》，充满了不少深沉的智慧之言，借用德国哲学家尼采之语曰："像一个永不枯竭的井泉，满载宝藏，放下汲桶，垂手可得。"

老子思想的特异之处在于首先建立了形而上学的道论。道，是老子哲学的最高概念。道不是纯物质性的物体或纯精神性的理念，而是一个物质性和精神性相结合的实体；道是无形无声的，不能为人的理性所认知，且存在于万物之上，是天地万物的本原，故道有超越性（认识论和存在论）。道创生天地万物。《老子》第 25 章："有物混成，先天地生。寂兮寥兮，独立而不改，周行而不殆，可以为天下母。吾不知其名，故强字之曰道。"道生万物时，寓道之一体于万物之中而成为万物各自的本性，即德，所谓道德，故道又是内在的。《老子》第 1 章："道可道，非常道；名可名，非常名。"万物是有形的，有形即可定名，定名即可言说。定名即有概念的内涵和外延，内涵和外延是限定的，则是有限的，有限的是整体的一部分，有限的必然变化消亡。因此，道可称谓，可言说，则不是常道。要言之，常道具有无限性、整体性、超越性。

《老子》第 25 章："人法地，地法天，天法道，道法自然。"人、地、天、道皆以自然为法则，自然是老子哲学的核心观念。其一，自然与自然界不同，它不是物质的实体，而是一种状态，即原初的、本然的、本真的状态。自然与文明相对立。儒家强调自然应当人文化才能获得价值。老子认为，自然是一种完美和谐的状态，具有内在的目的和价值，而自然的人文化，破坏了原初的和谐之大美。其二，自然，即自己而然，自然而然。这一观念可能隐含的哲学意蕴表现为两个方面。首先，自然应当在本然的意义上理解。天地间万事万物，形形色色，仪态万千，都有其自身独特的、本然的生成方式和存在发展的途径。自然作为自己而然，所强调的就是这种存在的独特性与无可替代性。万事万物的存在，是一种在周遭情境中自生、自长、自成、自衰、自亡。王维《辛夷坞》曰：“木末芙蓉花，山中发红萼。涧户寂无人，纷纷开且落。”其次，既然万事万物之自然，是其各自不断地成为自身和其不断地认定自身的过程，那么这一自然的自生、自成和自认，就不仅蕴涵着承认自身与非自身之他者的区别，且蕴涵着反对任何他者对自我以及自我对任何他者的干扰和强制。因此，自然表征自由和自立。

【原文】一

老子者，楚苦县厉乡曲仁里人也 [1]，姓李氏，名耳，字聃，周守藏室之史也 [2]。

孔子适周，将问礼于老子。老子曰：“子所言者，其人与骨皆已朽矣，独其言在耳。且君子得其时则驾 [3]，不得其时则蓬累而行 [4]。吾闻之，良贾深藏若虚 [5]，君子盛德，容貌若愚。去子之骄气与多欲，态色与淫志 [6]，是皆无益于子之身。吾所以告子，若是而已。”孔子去，谓弟子曰：“鸟，吾知其能飞；鱼，吾知其能游；兽，吾知其能走。走者可以为网，游者可以为纶 [7]，飞者可以为矰 [8]。至于龙吾不能知，其乘风云而上天。吾今日见老子，其犹龙邪！”

老子修道德，其学以自隐无名为务 [9]。居周久之，见周之衰，乃遂去。至关 [10]，关令尹喜曰 [11]：“子将隐矣，强为我著书。”于是老子乃著书上下篇，言道德之意五千余言而去，莫知其所终 [12]。

【注释】

[1] 苦县：在今河南鹿邑境内。[2] 藏（zàng）室：藏书室。[3] 君子得遇明主则驾车服冕，即做官。[4] 君子不遇明主，则若转蓬随风而行，行止不定。累：转行之状。[5] 好商人隐藏宝货，外形若虚。[6] 态色：恣（zì，放纵）态之颜色。淫志：过高的志向。[7] 纶：钓丝。[8] 赠（zēng）：一种系着丝绳的射鸟的短箭。[9] 无名：不求名。[10] 关：函谷关，在今河南灵宝东北。[11] 关令：负责守关的人。尹喜：人名。[12] 老子犹龙，飘然远逝。龙隐喻超越于世俗观念之上而隐于江湖的得道之人。扬雄说："君子得时则大行，不得时则龙蛇。"《吊屈原赋》："袭九渊之神龙兮，沕（mì，潜藏）深潜以自珍。"谢灵运《登池上楼》："潜虬媚幽姿，飞鸿响远音。薄霄愧云浮，栖川怍渊沉。"

"良贾深藏若虚，君子盛德，容貌若愚"，即内外不一，老子的本意可能是以外表的虚和愚来保护自己，没有想到这种行为举止容易流为虚伪狡诈，走向阴谋之术。儒家也有"君子盛德，容貌若愚"之言，但含义不同。君子内有盛德，但始终自以为不足，因而表现在行为举止上是谦虚退让，似乎是愚钝之人。

【讲解】

老子，姓李氏，名耳，字聃（dān）。老子所说"子所言者，其人与骨皆已朽矣，独其言在耳"的含义是，孔子所称颂的先王之言实是糟粕（zāo pò）。《庄子·天道》：

桓公读书于堂上。轮扁斫轮于堂下，释椎（chuí）凿而上，问桓公曰："敢问，公之所读者何言邪？"公曰："圣人之言也。"曰："圣人在乎？"公曰："已死矣。"曰："然则君之所读者，古人之糟粕已夫！"桓公曰："寡人读书，轮人安得议乎！有说则可，无说则死。"轮扁曰："臣也以臣之事观之。斫轮，徐则甘而不固，疾则苦而不入。不徐不疾，得之于手而应于心，口不能言，有术存焉于其间。臣不能以喻臣之子，臣之子亦不能受之于臣，是以行年七十而老斫轮。古之人与其不可传也死矣，然则君之所读者，古人之糟粕已夫！"

　　真正之意存在于主体与客体融合的情境中。言是在主体与客体分离时，主体对主客曾经融合之情境的描述。由于主体已离开主客融合的境界，故其描述不可能切合真正之意。真正之意，不可言说。主体言说，不可得真正之意。主体忘言，即主体达到主客融合的境界，即主体消融于客体之中，迷失于对象之中，如盐融于水而无迹可寻，此时的主体才能得到真正之意。因此，得意必须忘言。《庄子·外物》曰："筌（鱼笱，gǒu）者所以在鱼，得鱼而忘筌；蹄（兔网）者所以在兔，得兔而忘蹄；言者所以在意，得意而忘言。吾安得夫忘言之人而与之言哉！"通常的解释：言只是通向意的桥梁，一方面只有通过言才能理解意；另一方面必须突破言的限制，即忘言，才能真正地把握意，因为言有尽而意无穷，即言不尽意。笔者的解释则异于是。

　　陶渊明《饮酒》曰："结庐在人境，而无车马喧。问君何能尔，心远地自偏。采菊东篱下，悠然见南山。山气日夕佳，飞鸟相与还。此中有真意，欲辨已忘言。"此中有真意，诗人与风景融合为一，诗人沉浸在风景之中，迷失于风景之中，忘记了自我的存在，即没有自我的意识。此时之真意，是主客融合之意。当诗人从主客融合之境回到主客分离的状态，主体清醒了，自我意识恢复了，即主体找回了自己，找回了语言。诗人再想体会和表达刚才的主客融合之意，已是非常的困难。这主要不是他不能用准确的语言来描述（这只是多数人语言技术不好的问题），而是主体此时立足于主客分离的状态，已经离开了主客融合之境，主体如何能准确体会和描述那时的心境呢？回忆是支离破碎的，突出了一些，遗失了一些，再也不能有完整的、融贯的感受了。俞平伯《桨声灯影里的秦淮河》有下面的一段文字，颇能证成我们的观点：

　　　　犹未下弦，一丸鹅蛋似的月，被纤柔的云丝们簇拥上了一碧的遥天。冉冉地行来，冷冷地照着秦淮。我们已打桨而徐归了，归途的感念，这一个黄昏里，心和境的交萦互染，其繁密殊超我们的言说。主心主物的哲思，依我外行人看，实在把事情说得太嫌简单，太嫌容易，太嫌分明了。实有的只是浑然之感。就论这一次秦淮夜泛罢，从来处来，到去处去，分析其间的成因自然亦是可能；不过求得圆满足尽的解析，使片段的因子们合拢来代替刹那间所体验的实有，这个我觉得有点不可能，至少于现在的我们是如此的。

凡上所叙，请读者们只看作我归来后，回忆中所偶然留下的千百分之一二，微薄的残影。若所谓"当时之感"，我决不敢望诸君能在此中窥得，即我自己虽正在这儿执笔构思，实在也无从重新体验出那时的情景。说老实话，我所有的只是忆。我告诸君的只是忆中的秦淮夜泛。至于说到那"当时之感"，这应当去请教当时的我，而他久飞升了，无所存在。

凉月凉风之下，我们背着秦淮河走去，悄默是当然的事了。如回头，河中繁灯想定是依然。我们却早已走得远，"灯火未阑人散"；佩弦，诸君，我记得这就是在南京四日的酣嬉，将分手时的前夜。

【原文】二

或曰：老莱子亦楚人也，著书十五篇，言道家之用，与孔子同时云。

盖老子百有六十余岁，或言二百余岁，以其修道而养寿也 [1]。

自孔子死之后百二十九年，而史记周太史儋见秦献公曰 [2]："始秦与周合，合五百岁而离，离七十岁而霸王者出焉。"或曰儋即老子，或曰非也，世莫知其然否。老子，隐君子也。

......

世之学老子者则绌儒学 [3]，儒学亦绌老子。"道不同不相为谋"，岂谓是邪？李耳无为自化，清静自正 [4]。

【注释】

[1] 养寿：养身心而长寿。[1] 儋（dān）：人名。[3] 绌（chù）：黜，排斥。[4]《老子》第 57 章谓"我无为而民自化；我好静而民自正"。我无为、好静，而民自然地顺其真实、质朴、虚静的本性。正：

本性之正。

【讲解】

司马迁也记录了世上流传的关于老子之其人其事，不肯轻易抹杀其中可信的内容。《三代世表》："故疑则传疑，盖其慎也。"

【原文】三

庄子者，蒙人也[1]，名周。周尝为蒙漆园吏，与梁惠王、齐宣王同时。其学无所不窥，然其要本归于老子之言。故其著书十余万言，大抵率寓言也[2]。作《渔父》、《盗跖》、《胠箧》[3]，以诋訿孔子之徒[4]，以明老子之术。《畏累虚》、《庚桑子》之属，皆空语无事实。然善属书离辞[5]，指事类情[6]，用剽剥儒、墨[7]，虽当世宿学不能自解免也[8]。其言洸洋自恣以适己[9]，故自王公大人不能器之[10]。

楚威王闻庄周贤，使使厚币迎之，许以为相。庄周笑谓楚使者曰："千金，重利；卿相，尊位也。子独不见郊祭之牺牛乎？[11]养食之数岁，衣以文绣，以入太庙。当是之时，虽欲为孤豚[12]，岂可得乎？子亟去[13]，无污我。我宁游戏污渎之中自快[14]，无为有国者所羁，终身不仕，以快吾志焉。"

【注释】

[1]蒙：在今河南商丘东北。[2]大抵：大都。率：类似。寓言：寄托之言。[3]胠箧（qū qiè）：从旁边打开箱子。[4]诋訿（dǐ zǐ）：诋毁，诽谤。[5]离：摛（chī），铺陈描写。[6]连类譬喻事情。用一连串的寓言说理，寓言之中套寓言，多重比喻。[7]剽剥：攻击。[8]此句有两解：一是当世的博学之人也不能理解庄子之言；二是当世的博学之士也不能避免庄子的攻击。宿学：学识渊博的人。[9]洸（guāng）洋：水势浩大的样子，比喻庄子之言是"谬悠之说，荒唐之言，无端崖之辞"（《天下》）。适己：任性适意。[10]器之：以之为器，即以之为工具使用。[11]独：难道。郊祭：祭祀天帝。牺牛：用作祭品的牛。[12]孤豚：小猪。[13]亟（jí）：赶快。[14]渎（dú）：水沟。

【讲解】

庄子（前369？—前288？），战国时人。庄子不同于世俗之人，他的言论有异于流俗之论。从此意义上来说，庄子是一个狂人，他的言论即狂言。《庄子·大宗师》认为，世俗之人游于方之内，而庄子则游于方之外。外内不相及，自内视外，在外的人自然就是狂的。《庄子·秋水》曰：

> 惠子相梁，庄子往见之。或谓惠子曰："庄子来，欲代子相。"于是惠子恐，搜于国中三日三夜。庄子往见之，曰："南方有鸟，其名曰鹓雏，子知之乎？夫鹓雏（yuān chú，属于凤凰一类的鸟），发于南海而飞于北海，非梧桐不止，非练实不食，非醴泉不饮。于是鸱（chī，猫头鹰）得腐鼠，鹓雏过之，仰而视之曰'吓！'今子欲以子之梁国而吓我邪？"

庄子是鹓雏，高飞远蹈，无功无名。惠子如此看重的相位，对庄子言不过是一只腐烂的老鼠，只有鸱才会喜欢。晚唐诗人李商隐心有戚戚，《安定城楼》："迢递高城百尺楼，绿杨之外尽汀洲。贾生年少虚垂泪，王粲春来更远游。永忆江湖归白发，欲回天地入扁舟。不知腐鼠成滋味，猜意鹓雏竟未休。"诗人自比鹓雏，志向远大，无意贪求富贵利禄，不料受到嗜腐鼠小人的猜忌和排斥，"一生襟怀未曾开"。

庄子透视了仁义的虚伪性。儒家所提倡的仁义之道，往往为大盗所盗取，打着仁义的幌子，行其不仁不义之实，仁义之道成为实现其自私自利之目的的工具。《庄子·胠箧》："将为胠箧（qū qiè，撬开箱子）探囊发柜之盗而为守备，则必摄缄縢（jiān téng），固扃鐍（jiōng jué，用锁锁牢固），此世俗所谓智也。然而巨盗至，则负柜揭箧担囊而趋，唯恐缄縢扃鐍之不固也。然则向之所谓智者，不乃为大盗积者也？……为之仁义以矫之，则并与仁义而窃之。何以知其然邪？彼窃钩者诛，窃国者为诸侯，诸侯之门而仁义存焉。"

《庄子·外物》曰：

儒以《诗》、《礼》发冢，大儒胪（上传语告下曰胪）传曰：
"东方作矣，事之何若？"小儒曰："未解裙襦，口中有珠。"（大儒
曰：）"《诗》固有之曰：'青青之麦，生于陵陂。生不布施，死何含
珠为！'撮其鬓，压其颅，儒以金椎控其颐，徐别其颊，无伤口
中珠！"

儒者用《诗》、《礼》来盗掘坟墓。大儒传话说："天将要亮了，事
情怎么样了？"小儒说："锦绣的衣服还没有脱下，口中还含有珠。"大
儒说："《诗》曰：'青青的麦子，生长于山坡之上；生不施舍人，死了
何必要含珠！'抓着他的鬓发，按着他的面颊，用铁锥敲开他的嘴巴，
慢慢地别出口中的珠子。嘴巴、面颊烂了没有事，但不要损伤了我的
珠子。"

【原文】四

韩非者 [1]，韩之诸公子也。喜刑名法术之学 [2]，而其归本
于黄老 [3]。非为人口吃，不能道说，而善著书。与李斯俱事荀
卿，斯自以为不如非。

非见韩之削弱，数以书谏韩王 [4]，韩王不能用。于是韩非疾
治国不务修明其法制，执势以御其臣下 [5]，富国强兵而以求人
任贤，反举浮淫之蠹而加之于功实之上 [6]。以为儒者用文乱
法 [7]，而侠者以武犯禁 [8]。宽则宠名誉之人 [9]，急则用介胄
之士 [10]。今者所养非所用，所用非所养。悲廉直不容于邪枉之
臣 [11]，观往者得失之变，故作《孤愤》、《五蠹》、《内外储》、
《说林》、《说难》十余万言。

然韩非知说之难，为《说难》书甚具，终死于秦，不能自
脱 [12]。

【注释】

[1] 韩非（前280—前233），法家的代表人物。[2] 刑名：形名，
即事实和名称。刑名之学主张循名责实，审察事物的名称与事实是否适

合、言论与实际是否一致。这是针对儒家的好名之弊而提出的。儒家标榜声名，言辞浮华，名大于实，因而不符合实际，迂阔而不切合事之实情。[3] 归：归宿，宗旨。[4] 数（shuò）：屡次。[5] 君主执威权以控制臣下，即尊君卑臣。[6] 浮淫：虚浮淫邪。蠹（dù）：蛀虫，喻指危害国家的人。韩非所谓的"五蠹"是工商之民、学者、言谈者、带剑者、近习小臣。功实：能获得功效和实利的人，即耕战之士。[7] 文：仁义礼乐的理论。以仁义礼乐扰乱法制。[8] 禁：国家的禁令。[9] 宽：国家和平时期。[10] 急：国家战争时期。介胄之士：披甲带盔的战士。介，铠甲。胄，头盔。[11] 行法的大臣公而无私、廉洁正直，而受到君主身边近臣的诋毁。[12] 不能避免君主的诛杀。脱：脱身于灾祸。

【讲解】

"非为人口吃，不能道说，而善著书"；《司马相如列传》"相如口吃而善著书"；《儒林列传》"（倪宽）善著书，书奏敏于文，口不能发明也"；《汉书·扬雄传》"口不能剧谈，默而好深沉之思"。"吾口枯瘠，吾笔丰沃。"口吃而善著书，笔札唇舌，若相乘除，心理学谓之"补偿反应"，如同古之音乐师必以矇瞽（méng gǔ，眼瞎）为之。①

《韩非子·五蠹》："今人主之于言也，悦其辩而不求其当焉；其用于行也，美其声而不责其功焉。是以天下之众，其谈言者务为辩而不周于用，故举先王言仁义者盈廷，而政不免于乱；行身者竞于为高而不合于功。"

此即刑名之论，其要旨有三：一是不要讲得好听而难以实践（即"议卑而易行也"）；二是重视实际的功利；三是所讲的与所行的要一致，即名实相符。儒家是理想主义者，其理想是通过"托古"而建立起来的，所讲的政治理想高于现实，而难以实行，有人批评说"迂远而阔于事情"。既然是理想，则是"应然"的价值追求，与"实然"的事实不合，故所说的远大于所行的。儒家重视宣扬自己的理想，不太重视实际的功利，故名大于实。

---

① 钱钟书：《管锥编》（第一册），中华书局1986年，第310—311页。

韩非说："且民者固服于势，寡能怀于义。仲尼，天下圣人也，修行明道以游海内，海内悦其仁，美其义，而为服役者七十人，盖贵仁者寡，能义者难也。故以天下之大，而为服役者七十人，而仁义者一人。鲁哀公，下主也，南面君国，境内之民莫敢不臣。民者固服于势，势诚易以服人，故仲尼反为臣，而哀公顾为君。仲尼非怀其义，服其势也。故以义则仲尼不服于哀公，乘势则哀公臣仲尼。"（《韩非子·五蠹》）

韩非把"势"与"义"对立起来，肯定势则否定义。这是他的"矛盾"、"势不两立"的思维方式。实际上，无论势还是义，如果各自片面的发展，都不能建立良好的社会秩序。因此，应该把势与义统一起来。韩非只看到势的强制作用以及快速的功效，而不见义的心悦诚服和潜移默化的作用。

《韩非子·五蠹》："故明主之国，无书简之文，以法为教；无先王之语，以吏为师；无私剑之悍，以斩首为勇。是境内之民，其言谈者必轨于法，动作者归之于功，为勇者尽之于军。是故无事则国富，有事则兵强，此之谓王资。"

这是对传统文化的彻底断绝。"文化大革命"期间，我们在政治上标榜法家，而反对儒家，实质上即是反智、反文化传统。1973年，毛泽东写了一首诗《读〈封建论〉赠郭老》："劝君少骂秦始皇，焚坑事件要商量。祖龙魂死业尤在，孔学名高实秕糠。"

《韩非子·五蠹》曰："明王峭其法而严其刑也。……故明主必其诛也。是以赏莫如厚而信，使民利之；罚莫如重而必，使民畏之；法莫如一而固，使民知之。故主施赏不迁，行诛无赦。誉辅其赏，毁随其罚，则贤不肖俱尽其力矣。"

这是严刑酷罚的酷吏政治。韩非提出赏要"厚而信"，罚要"重而必"。信和必，是正确的；但厚而重，是有小功劳而获大封赏或轻罪重罚，这不符合理性。例如弃灰于道披刑。韩非的刑法，范围甚广，涉及人民多方面的生活领域，也具有不同的层次。一般而言，刑法主要是针对重要的领域加以规范；且低于道德的层次（道德的底线），属于较高的道德层级不在法律之内。

《韩非子·定法》曰："术者，因任而授官，循名而责实，操杀生之柄,课群臣之能者也,此人主之所执也。法者,宪令著于官府,刑罚必于民心,赏存乎慎法,而罚加乎奸令者也,此臣之所师也。君无术则弊于上,臣无法则乱于下,此不可一无,皆帝王之具也。"

韩非的基本理论是法、术、势的结合。术是人君控御人臣的权术。人君根据人臣的才能和言论,而授之官;再根据人臣实际的效果,以衡断人臣有无才能以及所说的与所行的是否一致;最后人君施之于赏罚和生杀。

【原文】五

《说难》曰 [1]:

凡说之难,非吾知之有以说之难也;又非吾辩之能明吾意之难也;又非吾敢横佚能尽之难也 [2]。凡说之难,在知所说之心 [3],可以吾说当之 [4]。

所说出于为名高者也,而说之以厚利,则见下节而遇卑贱 [5],必弃远矣。所说出于为厚利者也,而说之以名高,则见无心而远事情 [6],必不收矣。所说实为厚利而显为名高者也,而说之以名高,则阳收其身而实疏之 [7];若说之以厚利,则阴用其言而显弃其身 [8]。此不可不察也。

【注释】

[1]《说难》,言游说之道为难。[2] 横佚(yì),纵横驰骋。[3] 所说:游说的对象,即人君。[4] 当(dāng):适合,适应。[5] 则被看作志节低下而以卑贱相待。[6] 则被认为没有实际的谋略而迂阔于事情。事情:事之情实。秦孝公志在强国,而商鞅说之帝王之道,故疏而远之。[7] 阳:表面上。[8] 阴:暗中。

【讲解】

说之难不在以下三个方面:一是说者有没有游说的事理;二是说者能否善于论辩,把事理明白地说出来;三是说者能不能充分详尽地表达游说的事理。

说之难,主要在于说者难以知道人君的心意。君臣贵贱相隔,君心隐秘难测，往往有阴阳的两面，故人臣难以察知。说者必须先知人君之心，然后迎合之。法家所塑造的人君，以道自守，其道乃是老子之道，无形无名，神秘难知。《韩非子·主道》曰："道者，万物之始，是非之纪也。是以明君守始以知万物之源，治纪以知善败之端。故虚静以待令，令名自命也，令事自定也。虚则知实之情，静则知动者正。有言者自为名，有事者自为形，形名参同，君乃无事焉，归之其情。故曰：君无见其所欲，君见（现）其所欲，臣自将雕琢；君无见其意，君见其意，臣将自表异。故曰：去好去恶，臣乃见素；去旧（成见）去智，臣乃自备。……道在不可见，用在不可知。虚静无事，以暗见疵。见而不见，闻而不闻，知而不知。……函掩其迹，匿其端，下不能原。去其智，绝其能，下不能意。"

【原文】六

　　夫事以密成，语以泄败。未必其身泄之也，而语及所匿之事 [1]，如是者身危。贵人有过端，而说者明言善议以推其恶者 [2]，则身危。周泽未渥也而语极知 [3]，说行而有功则德忘，说不行而有败则见疑，如是者身危。夫贵人得计而欲自以为功 [4]，说者与知焉 [5]，则身危。彼显有所出事，乃自以为他故 [6]，说者与知焉，则身危。强之以其所必不为，止之以其所不能已者 [7]，身危。故曰：与之论大人，则以为间己 [8]；与之论细人 [9]，则以为鬻权 [10]。论其所爱，则以为借资 [11]；论其所憎，则以为尝己 [12]。径省其辞，则不智而拙之 [13]；泛滥博文，则多而久之 [14]。略事陈意 [15]，则曰怯懦而不尽；虑事广肆 [16]，则曰草野而倨侮 [17]。此说之难，不可不知也。

【注释】

　　[1] 说者无意泄密，但言语触及人主的密谋。[2] 贵人有过失，说者明言巧议，推断贵人之恶。[3] 周：亲密。泽：恩泽。渥（wò）：深透。语极知：说者吐诚极言（穷尽其言），所谓"交浅而言深"。[4] 贵

人得某计策，欲以此为功。[5] 与（yù）：参与。[6] 贵人明有所出事，实际上是为了成就他事。[7] 例如景帝决定废栗太子，而亚夫强欲止之，景帝不从其言，亚夫后下狱。[8] 人君以为说者是离间他和大臣的关系。[9] 细人：小人。[10] 鬻（yù）权：卖弄权势。[11] 借资：借为进身的资本。[12] 尝己：试探自己。[13] 人主务在文华，而说者简捷其辞，则以为你不智而愚拙。[14] 人主志在于简要，而说者浮辞泛滥，则人主嫌其多而冗长。[15] 略言其事，粗陈其意。[16] 谋事广大，放言无忌。肆：不受拘束。[17] 草野：散漫粗野。倨（jù）侮：傲慢。

【讲解】

说者游说之难，表现在许多方面；说者在有意和无意之间将可能陷于危险当中。

【原文】七

凡说之务，在知饰所说之所矜，而灭其所耻 [1]。彼自智其计，则毋以其失穷之 [2]；自勇其断，则毋以其敌怒之 [3]；自多其力，则毋以其难概之 [4]。规异事与同计 [5]，誉异人与同行者 [6]，则以饰之无伤也 [7]。有与同失者，则明饰其无失也 [8]。大意无所拂悟 [9]，辞言无所击排 [10]，乃后申其辩知焉 [11]。此所以亲近不疑，而得尽辞也。得旷日弥久，而周泽既渥 [12]，深计而不疑，交争而不罪 [13]，乃明割利害以致其功 [14]，直指是非以饬其身 [15]，以此相持 [16]，此说之成也。

伊尹为庖，百里奚为虏 [17]，皆所由干其上也 [18]。故此二子者，皆圣人也，犹不能无役身而涉世如此其污也 [19]，则非能士之所耻也 [20]。

【注释】

[1] 人主所矜夸的，则文饰之；人主以为耻辱的，则掩盖之。灭：掩盖。[2] 人主自以其计为高明，则不要指出其计之失而使人主难堪。穷：困窘，难堪。[3] 人主以其断为勇，说者不要举出人主的不勇之断

来激怒他。敌：对立面，即不勇之断。[4] 人主自夸多力，说者不要以难事压制他。自多：自夸。概：阻止。[5] 说者规划他事（与人主做的事同类），而与人主有相同的计谋。这是委婉地称赞人主之计。[6] 说者赞誉与人主有同样行为的他人，这是委婉的赞颂人主。[7] 说者在作以上的两件事时加以修饰，是没有害处的。[8] 对与人主犯同样过失的人，说者明确地辩解他没有过失，实际是掩饰人主的过失。[9] 拂牾：抵触，矛盾。[10] 击排：攻击排斥。[11] 申：伸，伸展。[12] 既：已经。渥：深厚。[13] 交争：交锋争论。[14] 明割：明白地剖析。致：获得。[15] 饬：整治，修正。[16] 相持：相对峙。[17] 虏：奴隶。[18] 干：求。求得人君的重用。[19] 役身：身为贱役。[20] 能士：有才能的士人。

【讲解】

说者在察知人君的心意后，首先是迎合其意，不惜屈辱自己的人格，歪曲自己所承担的道。这是相当卑屈的臣道，为孔、孟儒家所不许。但韩非阿谀承意的目的，是为了得到人君的信任，周泽既渥，则可以直言极谏，"明割利害以致其功，直指是非以饬其身"。这是孟子所谓"枉尺而直寻"。《孟子·滕文公下》曰：

> 陈代曰："不见诸侯，宜若小（心胸狭小）然。今一见之，大则以王，小则以霸。且《志》曰：'枉尺而直寻'（一寻是八尺，即小枉曲是为了大直），宜若可为也。"孟子曰："昔齐景公田，招虞人以旌，不至，将杀之。志士不忘在沟壑，勇士不忘丧其元（志士葬沟壑，勇士丧其首，皆不顾也）。孔子奚取焉？取非其招不往也。如不待其招而往，何哉？且夫枉尺而直寻者，以利言也。如以利，则枉寻直尺而利，亦可为与？……如枉道而从彼，何也？且子过矣！枉己者，未有能直人者也。"

孟子不赞成"枉尺而直寻"，其原因有三。一是士人应坚持所任之道，而不能枉道从政治权势。二是"枉尺而直寻"，是为了最终求得更大的利益，这是以利为目的，背离儒家"正其义不谋其利，明其道不计其功"。既然是以利为目的，则枉寻直尺也可以做。三是枉己未有能直人，己不正如何能正人。司马迁在评论驺衍时说：

> 是以驺子重于齐。适梁，惠王郊迎，执宾主之礼。适赵，平原君侧行避席。如燕，昭王拥彗先驱（拿着扫帚在前清扫道路），请列弟子之座而受业，筑碣石宫，身亲往师之。作《主运》。其游诸侯见尊礼如此，岂与仲尼菜色陈、蔡，孟轲困于齐、梁同乎哉！故武王以仁义伐纣而王，伯夷饿不食周粟；卫灵公问阵，而孔子不答；梁惠王谋欲攻赵，孟轲称太王去邠。此岂有意阿世俗苟合而已哉！持方枘而内圆凿，其能入乎？或曰，伊尹负鼎而勉汤以王，百里奚饭牛车下而穆公用霸，作先合，然后引之大道。驺衍其言虽不轨，倘亦有牛鼎之意乎？

司马迁所谓"牛鼎之意"，即先迎合而周泽既渥，然后引之大道，即"枉尺而直寻"。

【原文】八

　　宋有富人，天雨墙坏。其子曰"不筑且有盗"，其邻人之父亦云，暮而果大亡其财，其家甚智其子而疑邻人之父。昔者郑武公欲伐胡，乃以其子妻之 [1]。因问群臣曰："吾欲用兵，谁可伐者？"关其思曰："胡可伐。"乃戮关其思，曰："胡，兄弟之国也，子言伐之，何也？"胡君闻之，以郑为亲己而不备郑。郑人袭胡，取之。此二说者，其知皆当矣，然而厚者为戮，薄者见疑 [2]。非知之难也，处知则难矣 [3]。

　　昔者弥子瑕见爱于卫君 [4]。卫国之法，窃驾君车者罪至刖 [5]。既而弥子之母病 [6]，人闻，往夜告之，弥子矫驾君车而出 [7]。君闻之而贤之曰："孝哉，为母之故而犯刖罪！"与君游果园，弥子食桃而甘，不尽而奉君。君曰："爱我哉，忘其口而念我！"及弥子色衰而爱弛，得罪于君。君曰："是尝矫驾吾车，又尝食我以其余桃。"故弥子之行未变于初也，前见贤而后获罪者，爱憎之变也。故有爱于主，则知当而加亲 [8]；见憎于主，则罪当而加疏。故谏说之士不可不察爱憎之主而后说之矣。

夫龙之为虫也柔，可狎而骑也 [9]。然其喉下有逆鳞径尺，人有婴之 [10]，则必杀人。人主亦有逆鳞，说之者能无婴人主之逆鳞，则几矣 [11]。

【注释】

[1] 把女儿嫁给胡公为妻，以娱其意，所谓"欲取先予"。[2] 邻人说的得当，因他与富人的关系疏远，故他极智之语招来猜疑。关其思之言，暗合武公之意，但这是隐秘的，不能说出米。[3] 知道事理不难，难就难在如何处理所知的事理。司马迁所谓"非死者难也，处死者难"，与此同。[4] 见爱：被宠爱。[5] 刖（yuè）：砍掉脚的刑罚。[6] 既而：不久。[7] 矫：假称人君之命。[8] 当（dàng）：适当。[9] 狎：亲近而戏弄。[10] 婴：撄（yīng）：触犯。[11] 几：差不多。

【讲解】

韩非用三个寓言说明游说之理。第一个寓言的寓意是，"周泽未渥也而语极知，说行而有功则德忘，说不行而有败则见疑，如是者身危"。邻人之父与受害人的关系一般，他所说的极智，得到应验。当事人怀疑偷盗之事是邻人所做或是邻人谋划的。第二个寓言的寓意是，"夫事以密成，语以泄败。未必其身泄之也，而语及所匿之事，如是者身危"。郑武公阳为亲胡，阴为伐胡；关其思说之以伐胡，触及了人主的秘密。第三个寓言的寓意是，说者先要迎合人主，与之建立亲密的关系，然后直言切谏，则人主会实行而不怪罪，"周泽既渥，深计而不疑，交争而不罪，乃明割利害以致其功，直指是非以饬其身"。

【原文】九

人或传其书至秦。秦王见《孤愤》、《五蠹》之书，曰："嗟乎，寡人得见此人与之游，死不恨矣 [1]！"李斯曰："此韩非之所著书也。"秦因急攻韩。韩王始不用非，及急，乃遣非使秦。秦王悦之，未信用 [2]。李斯、姚贾害之，毁之曰："韩非，韩之诸公子也。

今王欲并诸侯，非终为韩不为秦，此人之情也。今王不用，久留而归之，此自遗患也，不如以过法诛之。"[3] 秦王以为然，下吏治非。李斯使人遗非药[4]，使自杀。韩非欲自陈，不得见。秦王后悔之，使人赦之，非已死矣。

申子、韩子皆著书，传于后世，学者多有。余独悲韩子为《说难》而不能自脱耳[5]。

【注释】

[1] 恨：遗憾。[2] 韩非之书，是他作为人臣而深察人主之意，以迎合之、谋划之。人主当然恐惧这样的人臣，故不敢信用。[3] 以过法诛之：找出过失依照法律杀掉他。[4] 遗（wèi）：给。[5] 深察人主之意是非常困难的，因为人主之意本来隐秘，且纵恣其意而喜怒无常。

【讲解】

《孙子吴起列传》"太史公曰"："语曰：'能行之者未必能言，能言之者未必能行。'孙子筹策庞涓明矣，然不能早救患于被刑。吴起说武侯以形势不如德，然行之于楚，以刻暴少恩亡其躯。悲夫！"这表明所知与所行难以合一。《白起王翦列传》"太史公曰"："鄙语云'尺有所短，寸有所长'。白起料敌合变，出奇无穷，声震天下，然不能救患于应侯。"皆工于谋人，拙于卫己，是"螳螂捕蝉，黄雀在后"乎？

【原文】十

太史公曰：老子所贵道[1]，虚无，因应变化于无为，故著书辞称微妙难识。庄子散道德[2]，放论[3]，要亦归之自然。申子卑卑[4]，施之于名实。韩子引绳墨，切事情[5]，明是非，其极惨礉少恩[6]。皆原于道德之意，而老子深远矣。

【注释】

[1] 大道"以虚无为本，以因循为用"。[2] 散：不受约束。[3] 放论：言论不受约束，所谓"谬悠之说，荒唐之言，无端崖之辞"（《天

下》）。［4］言论卑浅而容易实行。［5］绳墨：木工用的墨线，喻指法度。切事情：切合事之实情。［6］惨礉（hé）：残酷苛刻。

【讲解】

《老子》第16章："致虚极，守静笃。万物并作，吾以观复。夫物芸芸，各归其根。归根曰静，静曰复命（复归本根）。"纷纷芸芸的万物，最终各自返回其本根。本根是一种虚静的状态。《老子》第4章："道冲（空虚）而用之，久不盈。渊兮似万物之宗。"道冲，即道体是虚的。这个虚状的道体，是万物的根源，其所发挥出来的作用是永不穷竭的。道家"以虚无为本"。虚体的道，也必然呈现"静"的状态。老子重视虚，也重视静。依他看来，万物纷纷芸芸，千态万状，但最后总要返回到自己的本根，而本根之处是呈虚静的状态。宋代理学家程颢《秋日偶成》："闲来无事不从容，睡觉东窗日已红；万物静观皆自得，四时佳兴与人同。道通天地有形外，思入风云变态中；富贵不淫贫贱乐，男儿到此是豪雄。"万物最终回归道，走向虚无，即虚无是人生的本质。德国存在主义哲学家海德格尔说："存在的本质是虚无。"这固然是消极的，但人生在世，消极悲观的思想可以抑制自我野心、占有欲的过度膨胀。我们可以眷恋人生，但也要收拾好行装，随时准备与人生告别，走向本质的虚无。入世再深，也不忘人生的有限，这样一种以悲观垫底的人生才不会走向贪婪。以悲观的心情过乐观的生活，以出世的超越作入世的事业。

笔者在《芳心向春尽，所得是沾衣》一文里说："过去让我留下深深的忆念，将来在筹划中展开多种可能性，但我对将来是很悲观的。也许终有一死的个体命运，让我畏惧和焦灼；也许将来的注定虚空，使我哀惋和自怜。我又忆起晚唐诗人李商隐的《落花》：'高阁客竟去，小园花乱飞。参差连曲陌，迢递送斜晖。肠断未忍扫，眼穿仍欲稀。芳心向春尽，所得是沾衣。'客人离去，没有知音，内心觉得孤独和寂寞。小园的花在暮春夕阳中，依依飘落，更增加怅惘、伤感的情怀。面对春尽日暮，有情的'芳心'所得的惟有零落飘荡、沾人衣裳的命运而已。这正是我们人生命运的写照，我们一生的艰难和辛勤，得到的只是年华凋零而泪落沾衣,因为'无'是人生的本质和归趋。"①

【总论】

老子认为,任何事物都有其对立面,同时因它的对立面而形成,所谓相反相成;且对立的双方相互渗透和转化,则美丑同根,祸福同门。因此,美丑、祸福一齐,处于对立的任何一方,在情感上皆不悲不喜。

大道绝对待而泯区别。老子不仅说知美则别有恶在,知善则别有不善在;且说知美、斯即是恶,知善、斯即是非善,欲泯灭美善之知,大而化之。《老子》第 20 章:"俗人昭昭,我独昏昏;俗人察察,我独闷闷。"知美之为美,善之为善,由分别法而产生拣择之见,复以拣择之见助长分别法,爱憎进而致贪嗔。老子阐明道德之旨,使道裂朴散复归为一。(大道将为天下裂)《吕氏春秋·贵公》:

> 荆人有遗弓者,而不肯索,曰:"荆人遗之,荆人得之,又何索焉?"孔子闻之曰:"去其'荆'而可矣。"老聃闻之曰:"去其'人'而可矣。"

有分别,超越分别;泯人我以齐得丧之意。荆人泯灭荆人中之你、我、他的分别;孔子泯灭人中之你国、我国、他国之人的区别;老子泯灭人物之间的分别。《齐物论》:"天地与我并生,而万物与我为一。既已为一矣,且得有言乎?"

宝玉填一支《寄生草》曰:

> 无我原非你,从他不解伊。肆行无碍凭来去。茫茫着甚悲愁喜,纷纷说甚亲疏密。从前碌碌却因何,到如今回头试想真无趣!(《红楼梦》第二十二回)

没有我就没有你,任凭他人不理解。这是超越你我他的对立。世俗

---

① 刘国民:《董仲舒的经学诠释及天的哲学》,中国社会科学出版社 2007 年,第 404 页。

之人总是拘限在你我他的对立中，而生出许多的烦恼，不能自由。《齐物论》所谓万物一齐，超越对立，不分你我，没有彼此；没有你我、彼此之间的区别，也没有以我或者以你或者以他为中心。没有你我他之分别，没有对立，则可任性自由；人人齐等，没有亲疏远近之分，感情即会平淡，情意自会灭绝，当然没有患得患失、喜怒无常的感情。宝玉深悟，以前忙忙碌碌，在你我他的对立中左右冲突，费心劳力，实在无趣。

《庄子·逍遥游》的主旨，历来众说纷纭。晋人郭象说："夫大小虽殊，而放于自得之场，则物任其性，事称其能，各当其分，逍遥一也，岂容胜负于其间哉！"《逍遥游》中的大鹏与蜩、学鸠，虽有大小不同的差异，但在性分内都能获得自由，即无小无大。万物各有本性，本性是存在的根据，也是存在的条件和限制。突破性分就受到限制，因而不能自由。任其本性即可达到自由的境界。万物任其本性的存在环境即是"自得之场"（得其本性），使其本性得到自由而充分的实现。例如，江湖是鱼的自得之场。

笔者认为：《逍遥游》的主旨是向往和追求逍遥自由的境界，这种境界是隔绝世俗、抛弃世俗的价值观念，而具有超越时空的宇宙胸怀。世俗及其观念是小，超越及其观念是大，小是不知大的；这即是小大之辩。在庄子看来，生活于世俗之有限的时空中，会受到各种限制而得不到自由，只有离开世俗、抛弃世俗观念，才能逍遥自由。我们必须理解世俗世界与超越世界、世俗之人与超越之人的分别。超越之人远离世俗世界，摆脱了世俗之价值观念的限制和束缚，能自由逍遥。就万物而言，小不知大，小的眼界小，不能知大，往往容易困惑；大的眼界大，能够知小。大是值得肯定的。就人而言，人生境界低的人，不能理解人生境界高的人，人生境界高值得肯定。

主旨是否合理，首先是主旨必须贯穿全文，其次是主旨必须在本文之部分与整体的循环中得到确证。

（1）"北冥有鱼，其名为鲲。鲲之大，不知其几千里也。化而为鸟，其名为鹏。鹏之背，不知其几千里也；怒而飞，其翼若垂天之云。是鸟也，海运则将徙于南冥。"大鹏展翅九万里高空，从北海飞向南海，境界辽阔,气象宏大。辽阔的空间正是对世俗世界之有限生存空间的超越。

(2)"小知不及大知,小年不及大年。奚以知其然也?朝菌不知晦朔,蟪蛄不知春秋,此小年也。楚之南有冥灵者,以五百岁为春,五百岁为秋;上古有大椿者,以八千岁为春,八千岁为秋。而彭祖乃今以久特闻,众人匹之,不亦悲乎!"这段文字对大年的描述,使人展开了对悠长生命的向往。悠长的生命是对世俗之人短促人生的突破。

上面两部分从物象方面,分辨小大。其时空的悠远和辽阔,令人十分神往,这是因为世俗之人生存空间的有限与生命的短促。以下从人事方面辨析小大。

(3)"故夫知效一官,行比一乡,德合一君,而征一国者,其自视也亦若此矣。"此几类人沉沦于世俗之中,其处世之道以世俗的价值观念为标准。

(4)宋荣子对于世俗的毁誉并不在意,不因世俗的赞誉而勉励自己,也不因世俗的毁谤而阻止自己。宋荣子已部分突破了世俗的观念。但他对物我、荣辱还分辨得清楚,不能达到物我、荣辱不分(为一)的境界。在世俗世界中,像宋荣子这样的人是少的。

(5)列子乘风而行,是一位远离世俗、隐居江湖的隐士,他大部分地突破了世俗的价值观念,然而他未能完全离开世俗、彻底超越世俗的价值观念,"旬有五日而后反",即是返回世俗。这种人,已经是很少了。

(6)真人超越世俗的有限时间和空间,而遨游于天地宇宙之无限的时间和空间中,彻底突破了世俗的价值观念,而具有无限、整体的胸怀。真人不以自我为中心,因为自我是狭隘自私的;不追求功名,因而也不受功名之世俗观念的束缚。虽然真人神人也许根本不存在,但并不能阻挡我们对他们的追求和神往。

(7)尧让天下于许由。尧虽是明君,在世俗中建立了功名,他让天下于许由,许由不受,因为许由已抛弃了世俗的功名观念,无功无名,因而自由逍遥。"鹪鹩巢于深林,不过一枝;偃鼠饮河,不过满腹。"人的欲望越小,追求就越少,限制就越小,自由就越大。

(8)"藐姑射之山，有神人居焉，肌肤若冰雪，淖约若处子。不食五谷，吸风饮露，乘云气，御飞龙，而游乎四海之外。其神凝，使物不疵疠而年谷熟。吾以是狂而不信也。"藐姑射的神人，是彻底隔绝世俗的人，他得到充分的自由，他是非常神奇的，他的力量非常巨大。世俗之人因为眼界的限制，当然不能理解超越之人，所谓小不知大。

(9)"尧治天下之民，平海内之政，往见四子藐姑射之山，汾水之阳，窅（yǎo）然丧其天下焉。"尧追求世俗的功名，当他往见藐姑射之神人，受其宇宙胸怀的感动，怅然忘记了自己的天下（抛弃治理天下的功名）。

(10)庄子与惠子围绕"用与无用"展开了论述。惠子认为，大瓠大而无用。庄子分辨说，从世俗的眼光看，大瓠无用；但从超越世俗的眼光来看，大瓠大而有用。大瓠可以做成一叶扁舟，乘此扁舟，离开世俗的世界，在江湖中逍遥。这是对世俗观念的突破，即世俗认为无用的，从超越的眼光看，反而有大用。但世俗之人不理解其大用，因为世俗之人不知超越之人，即小不知大。惠子认为，大樗大而无用。但其大而无用的东西，在庄子看来，具有大用。因为大樗不合世俗之用的观念，而没有遭到砍伐，从而能保全自己，不受困苦，"无所可用，安所困苦哉！"大而无用的大樗可以置于"无何有之乡，广漠之野"，超越之人能彷徨、逍遥其下，充分地享受自由逍遥的乐趣。这不是世俗之人所能理解的，"夫子犹有蓬之心也夫"。

第九讲

"放于利而行，多怨"

——《孟子荀卿列传》的解读

【序论】

宋人叶适说："（史公）以孟子、荀卿冠之诸子，虽于大体不差，而有可憾者。知不言利之为是，而未知所以不言之意，且与邹衍分数终为多耳。又言武王仁义，伯夷不食周粟，天下惟一理，武王果仁义，则伯夷何名死之？盖传者忘也。后世谓孔孟绝学，秦汉以后，无人可到，亦非虚耳。"（《习学纪言序目》卷二十《史记》）

义，是否是普遍的原理呢？义，義也，即义和我有关系。自我成为义的根源、所在和推动力。义是某种独为人类拥有的品格，它源于自我，也决定独一无二的尊贵自我，且以某种积极、规范方式引导人的行为。义在其最根本的层面上，是将审美、道德和理性意义引入社会里的个人行为当中。正由此，义作为"意义"（meaning, significance）的意义得以产生。一个人就像一个词，在将本身累积的意义赋予语境和从语境中获取意义的互动中获得意义。"语境中的人"，将意义赋予世界。世界之来往内容不断推陈出新；其间，人将他的义赋予恒动而常新的情境之流。这必将意味着，任何两个人赋予世界的义都不会全然一样；且得义与否由个体与新情境的相互作用而融为一体所必需的灵活性来表征。这种灵活性称为不固，有力地强调了义的创造和创新维度。"语境中的人"，因其具有不固和多义的特性，则义的诠释就不可能纯粹是运用某种外在规范的问题，它更应是个体在回应每一新境遇时自我判断力的创造性训练。

义，一般是根据它的同音字"宜"（appropriate, suitable）来定义的。义尽管表示"宜我"（appropriateness to one's own person），也指涉"宜境"（appropriateness to one's contest），但有区别。一方面，义是我主动、有贡献地与环境融为一体；其中，我创造独特行动并因此以一种创造性的方式诠释自我。另一方面，义表示自我为宜环境或语境而作的意义让步或放弃。义在关注我（语境中的我，person in contest）的同时也关注境；它根本上是自我维护和意义的赋予者，也是自我牺牲和意义的派生者。义不可能是西方哲学意义上的原理。它涉及个体之人，且依赖语境而生成于语境。任何牺牲义的根本经验方面而夸大其规范力量的解读，都会进一步将孔子思想理解为某种具有强制秩序的保守哲学体系。

孔子一方面承认伯夷、叔齐不拥护武王是行其义，但另一方面又给武王很高的赞誉；这一事实说明孔子将义视作个体之义的践行而非某种客观标准的正义显现。孔子自己却是"我则异于是，无可无不可"（《论语·微子》）。显然，孔子并不是按照绝对诫命或普遍原理来思考问题。[1]

【原文】一

太史公曰：余读《孟子》书，至梁惠王问"何以利吾国"[1]，未尝不废书而叹也 [2]。曰：嗟乎，利诚乱之始也！夫子罕言利者，常防其原也 [3]。故曰"放于利而行，多怨" [4]。自天子至于庶人，好利之弊何以异哉！[5]

孟轲，驺人也 [6]。受业子思之门人 [7]。道既通，游事齐宣王，宣王不能用。适梁，梁惠王不果所言 [8]，则见以为迂远而阔于事情 [9]。当是之时，秦用商君，富国强兵；楚、魏用吴起，战胜弱敌；齐威王、宣王用孙子、田忌之徒，而诸侯东面朝齐 [10]。天下方务于合从连衡 [11]，以攻伐为贤，而孟轲乃述唐、虞、三代之德 [12]，是以所如者不合 [13]。退而与万章之徒序《诗》、

---

[1]   郝大维、安乐哲：《通过孔子而思》，北京大学出版社 2005 年，第98—160 页。

《书》，述仲尼之意，作《孟子》七篇。其后有驺子之属。

【注释】

[1] 梁惠王：魏惠王。梁是魏的别称。魏惠王从安邑迁都于大梁（今河南开封），魏也称作梁。[2] 废书：放下书。[3] 防其原：防备乱之本原——利。[4] 欲利于己，必害于人，故多怨。放（fǎng）：依据。见于《论语·里仁》。[5] 自天子至于平民，在追求利上没有什么不同。[6] 孟子（约前372—前289），名轲（kē），驺（zōu）人，今山东邹县。他是孔子学说的继承发展者。[7] 子思之门人：子思的学生。子思是孔子之孙，《礼记·中庸》即子思所作。[8] 不果：不信，不行。[9] 迂远而不切实际，不合事之实情。事情：事之实情。战国时代，诸侯混战，用武力和谋诈争夺土地和人民，而孟子宣扬仁义礼信，所以不合。[10] 东面：面向东而朝见齐国。[11] 合从：合纵，六国联合而抗强秦。连衡：秦与某大国（齐或楚）联合而攻其他五国。[12] 唐、虞、三代之德，是儒家理想化的社会政治之道。[13] 所如者：所去游说的国家。如，到。

【讲解】

《孟子》的首篇《梁惠王上》曰：

> 孟子见梁惠王。王曰："叟！不远千里而来，亦将有以利吾国乎？"孟子对曰："王！何必曰利？亦有仁义而已矣。王曰：'何以利吾国？'大夫曰：'何以利吾家？'士庶人曰：'何以利吾身？'上下交征（求）利而国危矣。万乘之国，弑其君者，必千乘之家；千乘之国，弑其君者，必百乘之家。万取千焉，千取百焉，不为不多矣。苟（如果）为后义而先利，不夺不餍（yàn，满足）。未有仁而遗其亲者也，未有义而后其君者也。王亦曰仁义而已矣，何必曰利？"

司马迁诵读《孟子》首篇首段，不禁放下书而感叹：利确是一切混乱的本原。但他也深知自天子至于平民壹是以逐利为本。《史记·货殖列传》：

> 由此观之，贤人深谋于廊庙，论议于朝廷，守信死节隐居岩穴之士设为名高者安归乎？归于富厚也。是以廉吏久，久更富，廉贾归富。富者，人之情性，所不学而俱欲者也。故壮士在军，攻城先登，陷阵却敌，斩将搴旗，前蒙矢石，不避汤火之难者，为重赏使也。……今夫赵女郑姬，设形容，揳（jiá，弹奏）鸣琴，揄（手挥）长袂，蹑利屣（xǐ，舞鞋），目挑心招，出不远千里，不择老少者，奔富厚也。……吏士舞文弄法，刻章伪书，不避刀锯之诛者，没（沉溺而迷惑）于赂遗也。

所谓"廉吏久，久更富"，廉吏之廉的最终目的，不在于追求"廉正"的价值原则，而是追求富利。吏廉则不至于迅速贪败而能够久居位，久居位则虽廉而也能富贵，所谓"三年清知府，十万雪花银"。"廉贾归富"，贾者，廉其索价，则得利虽薄而货可速售，货速售则薄利多销，故廉而归宿在富。司马迁说："天下熙熙，皆为利来；天下攘攘，皆为利往。"这表明，司马迁一方面深切地认识到世人求利、逐利的本来面目，另一方面又不为高论而敢于明说。儒者标榜仁义而贬斥富利，是一种理想主义的主张，自具有其意义。有许多人表面上唱高调而实际上追逐利益，这是虚伪欺骗。班固在《汉书·司马迁传》里批评司马迁"述货殖则崇富利而羞贫贱"。钱钟书先生说：

> 斯《传》文笔腾骧，固勿待言，而卓识巨胆，洞达世情，敢质言而不为高论，尤非常殊众也。夫知之往往非难，行之亦或不大艰，而如实言之最不易；故每有举世成风、终身为经，而肯拈出道破者少矣。盖义之当然未渠即事之固然或势之必然，人之所作所行常判别于人之应作应行。诲人以所应行者，如设招使射也；示人之所实行者，如悬镜俾（bǐ，使）照也。马迁传货殖，论人事似格物理然，著其固然、必然而已。其云："道之所符，自然之验。"又《平准书》云"事势之流，相激使然"；正同《商

君书·画策》篇所谓"见本然之政，知必然之理"。《游侠列传》引"鄙谚"曰："何知仁义？已享其利者为有德。"《汉书·贡禹传》引俗语说："何以孝悌为？财多而光荣。"马迁传货殖，乃为此"鄙"、"俗"写真尔。道家之教，"绝巧弃利"；儒家之教，"何必曰利"。迁据事而不越世，切近而不骛远，既斥老子之"涂民耳目"，难行于近世；复言"天下熙熙，皆为利来，天下攘攘，皆为利往"。是则"崇势利"者，"天下人"也，迁奋其直笔，著必然之验，载事势之流，初非以崇势利为天下人倡。《韩非子·观形》曰"镜无见疵之罪"，彪、固父子以此《传》为迁诟病，无乃以映见嫫母（mó，古代传说中的丑妇）之媸（chī，相貌丑）容而移怒于明镜也！虽然，初无倡之心，却每有倡之效；传失其正，趋背其宗，变出无妄，事乖本愿，世法多然，文辞尤甚。故作赋以讽，或不免劝；树义为药，乃还成病，此又"自然之验"、"事势之流"也。迁自可以不任其咎矣，彪、固惩沸羹则吹冷齑（齑，jī，细切的冷肉菜。人曾被热汤烫过，以后吃冷菜也要吹一下。比喻戒惧过甚或矫枉过正。成语谓"惩羹吹齑"）亦非尽无稽轻诋焉。[1]

钱先生认为，司马迁所谓"天下熙熙，皆为利来"，是天下人追求利，并不是说他本人崇尚利，也不是他宣扬和标榜求利的价值观念；但是他立言的主观愿望与言论所实际产生的效果本来就有差异，故班固的责备虽然矫枉过正，但也不是毫无根据的。钱先生之论涉及两个论题：一是事实与价值的不同；二是主观的愿望与实际效果的差异。

【原文】二

齐有三驺子。其前驺忌，以鼓琴干威王[1]，因及国政，封为成侯而受相印，先孟子。

其次驺衍，后孟子。驺衍睹有国者益淫侈，不能尚德[2]，

---

① 钱钟书：《管锥编》（第一册），中华书局1986年，第382—383页。

若《大雅》整之于身 [3]，施及黎庶矣。乃深观阴阳消息而作怪迂之变 [4]，《终始》、《大圣》之篇十余万言。其语闳大不经 [5]，必先验小物，推而大之，至于无垠。先序今以上至黄帝，学者所共述，大并世盛衰 [6]，因载其机祥度制，推而远之，至天地未生，窈冥不可考而原也 [7]。先列中国名山大川，通谷禽兽，水土所殖 [8]，物类所珍，因而推之，及海外人之所不能睹。称引天地剖判以来 [9]，五德转移，治各有宜，而符应若兹。以为儒者所谓中国者，于天下乃八十一分居其一分耳。中国名曰赤县神州。赤县神州内自有九州，禹之序九州是也，不得为州数 [10]。中国外如赤县神州者九，乃所谓九州也 [11]。于是有裨海环之 [12]，人民禽兽莫能相通者，如一区中者，乃为一州。如此者九，乃有大瀛海环其外，天地之际焉 [13]。其术皆此类也。然要其归 [14]，必止乎仁义节俭，君臣上下六亲之施，始也滥耳 [15]。王公大人初见其术，惧然顾化 [16]，其后不能行之。

【注释】

[1] 干：有所求而请见。驺忌先以鼓琴取悦齐威王，得到齐威王信任后而议论国政。[2] 尚德：崇尚道德仁义。[3] 像《大雅》所说，以仁义修身且推己及人。[4] 阴阳是天地之间的两种相反相成的气体，阴阳的消长形成了春夏秋冬之四时。天道和人事相应，则根据天之四时而安排人事的各种活动。例如，秋冬阴盛阳衰，万物凋零，人事合于天道，则秋冬刑杀犯法、叛逆之人。消息：消和长。怪迂：怪诞迂远。[5] 闳（hóng）大不经：宏阔远大，不合常理。[6] 重视记录时世的盛衰及随之出现的各种吉凶预兆和所行的制度。机（jī）祥：吉凶的兆验。[7] 窈冥：深远。原：推究本原。[8] 殖：生长繁衍。[9] 剖判：分开。[10] 禹所划分的九州实际上只是一个赤县神州。儒家所说的中国只是文明程度较高的中原地区，不包括四夷，是赤县神州的九分之一。赤县神州包括儒家所谓的中国与四夷。[11] 中国（赤县神州，非儒家所谓"中国"）外，还有八个像赤县神

州一样的州，一共加起来是"九州"，即所谓"大九州"。中国内也有九个小州，所谓"小九州"。[12] 裨（pí）海：小海。裨，副。每个大州之间，小海环绕。[13] 九州之外，大海环绕，一直到天地的交接处。[14] 要其归：概括总结其归宿和目的。[15] 驺衍始以虚浮不实的言论来引起王公大人的兴趣而得到信任，然后推行其仁义节俭的主张。滥：虚浮，闳大不经，同于司马迁论相如之赋"虚辞滥说"，并非是《史记索隐》所谓"滥觞（开始）之滥"。[16] 驺衍之术颇能惊动人心，王公大人听之，莫不思慕念想，欲为之所化而从其术。

【讲解】

驺衍的学说主要有二：一是五德转移说，论述朝代的转移更替；一是大小九州说，推论天下的广大无穷。

五德，即五行：木、火、土、金、水。五行之序有两种。一是五行相生之序：木火土金水，木生火，火生土，土生金，金生水，水生木。二是五行相克相胜之序：土木金火水，木胜土，金胜木，火胜金，水胜火，土胜水。驺衍以五行相胜解释历史朝代的更替，五行发展为"五德"，所谓"五德转移"。《吕氏春秋·应同》部分保留驺衍的这种思想：

> 凡帝王者之将兴也，天必先见祥乎下民。黄帝之时，天先见大螾（yǐn）大蝼。黄帝曰土气胜。土气胜，故其色尚黄，其事则土。及禹之时，天先见草木秋冬不杀。禹曰木气胜。木气胜，故其色尚青，其事则木。及汤之时，天先见金刃生于水。汤曰金气胜。金气胜，故其色尚白，其事则金。及文王之时，天先见火赤乌衔丹书集于周社。文王曰火气胜。火气胜，故其色尚赤，其事则火。

帝王将兴之时，天先出符应，表示某一德将主运，得符应之人将受天命为王，并行某一德之事，即司马迁所谓"五德转移，治各有宜，而符应若兹"。符应即受命之符瑞，"火赤乌衔丹书集于周社"是周受命得天下的符应。

黄帝是土德，有土德之瑞，即"天先见大螾大蝼"，则黄帝行土德之事。木胜土，夏禹之时，草木秋冬不衰，这是异常现象，天正是通过这一符瑞以显示天命。禹则依靠这一符瑞证知天命。符瑞是异常的自然现象，本身无意志和目的，而是受人格神之天支配的，是表现人格神之天意志和目的之手段。夏为木德，胜木者金德，则殷商是金德。火克金，周继殷商之后是火德。

要之，驺衍的五德转移说的内容有二：首先，驺衍以五行相克相胜说明朝代的转移，以天命符瑞证知某行（德）主运；其次，某行（德）主运，受命之王须行某行（德）之事，例如"火气胜，故其色尚赤，其事则火"。驺衍的五德转移说鼓吹了许多年，终于到秦始皇统一天下后被采用。《史记·秦始皇本纪》：

> 始皇推终始五德之传，以为周得火德，秦代周德，从所不胜。方今水德之始，改年始，朝贺皆自十月朔。衣服旄旌节旗皆上黑。数以六为纪，符、法冠皆六寸，而舆六尺，六尺为步，乘六马。更名河曰德水，以为水德之始。刚毅戾深，事皆决于法，刻削毋仁恩和义，然后合五德之数。

秦始皇的水德之运仅有十五年，刘邦便亡秦而取得天下。《史记·历书》："高祖曰'北畤待我而起'，亦自以为获水德之瑞。"刘邦亦以为汉得水德。

【原文】三

是以驺子重于齐 [1]。适梁，惠王郊迎 [2]，执宾主之礼 [3]。适赵，平原君侧行撇席 [4]。如燕，昭王拥彗先驱 [5]，请列弟子之座而受业，筑碣石宫 [6]，身亲往师之。作《主运》。其游诸侯见尊礼如此，岂与仲尼菜色、陈蔡，孟轲困于齐、梁同乎哉！故武王以仁义伐纣而王，伯夷饿不食周粟；卫灵公问陈 [7]，而孔子不答；梁惠王谋欲攻赵，孟轲称太王去邠 [8]。此岂有意阿世俗苟合而已哉！持方枘而内圆凿 [9]，其能入乎？或曰，伊尹负鼎而勉汤以王 [10]，百里奚饭牛车下而穆公用霸 [11]，作先合，然后引之大道。驺衍其言虽不轨，傥亦有牛鼎之意乎？ [12]

【注释】

[1] 重:看重。[2] 郊迎:到郊外欢迎,表示敬重。[3] 执:行。[4] 侧行:旁行。撇(piě)席:以衣袖拂拭坐席而示敬意。[5] 拥彗先驱:拿着扫帚在前面清扫道路。彗,扫帚。[6] 碣(jié)石宫:给驺衍及其弟子居住。[7] 陈:阵,作战的阵势,引申为军事。[8] 太王:古公亶(dǎn)父。去:离开。邠(bīn):豳。[9] 方枘(ruì)圆凿(záo):方的榫(sǔn)头与圆的榫眼不能相合。内:纳。[10] 伊尹为了得到商汤的信任,背负鼎俎,做出滋味很好的饭菜亲近、取悦于商汤,终被商汤信任而成为一代名臣。[11] 百里奚原为虞国大夫,国亡而被晋俘,卖到秦国。他为穆公喂牛,以便穆公发现他的才能。伊尹、百里奚皆是贤臣。他们首先委屈自己,以迎合人君的趣味,而得到重用;然后以大道劝谏人君。[12] 驺衍的言论闳大不经,不合常规,可能是先用虚浮之言惊动和感化人君,以得到人君的信任,然后引之大道,与伊尹的负鼎和百里奚的饭牛之意相同。悦:倘。

【讲解】

牛鼎之意,与孟子的"枉尺而直寻"同,即在小的方面委屈自己,以迎合人君,以便得到人君的信任,然后引之大道,直谏人君。此时,周泽既渥,人君对你亲近不疑,容易听从和实行你的计谋。

驺衍颇受到人君的敬重,这与他迎合人君有关。但孔、孟等并不有意阿世俗而苟合,他们与人君是方枘圆凿。从司马迁的话语里知道,他对驺衍的这种行为,较为好奇,且以"或曰"的不确定之言,部分肯定了驺衍的"牛鼎之意"。但司马迁所欣赏的是孔、孟不有意逢迎人君而苟合世俗。

【原文】四

自驺衍与齐之稷下先生 [1],如淳于髡、慎到、环渊、接子、田骈、驺奭之徒,各著书言治乱之事,以干世主,岂可胜道哉! [2]

淳于髡,齐人也。博闻强记,学无所主 [3]。其谏说,慕晏婴之为人也，然而承意观色为务 [4]。客有见髡于梁惠王 [5]，惠王屏左右 [6]，独坐而再见之，终无言也。惠王怪之，以让客曰："子之称淳于先生，管、晏不及，及见寡人，寡人未有得也。岂寡人不足为言邪？何故哉？"客以谓髡。髡曰："固也。吾前见王，王志在驱逐；后复见王，王志在音声：吾是以默然。"客具以报王，王大骇，曰："嗟乎，淳于先生诚圣人也！前淳于先生之来，人有献善马者，寡人未及视，会先生至 [7]。后先生之来，人有献讴者 [8]，未及试，亦会先生来。寡人虽屏人，然私心在彼，有之。"后淳于髡见，壹语连三日三夜无倦。惠王欲以卿相位待之，髡因谢去。于是送以安车驾驷 [9]，束帛加璧，黄金百镒 [10]。终身不仕。

慎到，赵人。田骈、接子，齐人。环渊，楚人。皆学黄老道德之术，因发明序其指意 [11]。故慎到著十二论，环渊著上下篇，而田骈、接子皆有所论焉。驺奭者 [12]，齐诸驺子，亦颇采驺衍之术以纪文。

于是齐王嘉之，自如淳于髡以下，皆命曰列大夫 [13]，为开第康庄之衢 [14]，高门大屋，尊宠之。览天下诸侯宾客 [15]，言齐能致天下贤士也。

【注释】

[1] 公元前4世纪左右，历史步入了战国时期，田氏齐国耗费了不少资材，在都城临淄的稷门之外筑起高门大屋，广招天下学士来此讲学授徒，著书立说，参议政治，史称稷下学宫。[2] 胜 (shēng)：尽。[3] 学贯百家之术，融通诸家思想。[4] 承意观色：承人君之意和察人君之色而言说。　[5] 见 (xiàn)：引见。　[6] 屏 (bǐng)：退避。[7] 会：适逢。[8] 讴：歌唱。[9] 驾驷：一辆车套四匹马。[10] 镒 (yì)：古代的重量单位，一镒二十或二十四两。　[11] 指意：意旨。[12] 驺奭 (shì)：三驺子之一。[13] 列大夫：没有具体的官职，但他们的政治和经济地位与大夫同列。[14] 开第：修建住宅。衢 (qú)：四通八达的大路。[15] 览：揽，招集。

【讲解】

淳于髡的"承意观色",并非是阿谀人主,而是指他富有洞察力,能察人主之颜色而推知人主的心志。

【原文】五

荀卿,赵人。年五十始来游学于齐。驺衍之术迂大而闳辩;奭也文具难施 [1];淳于髡久与处,时有得善言。故齐人颂曰:"谈天衍,雕龙奭,炙毂过髡。"[2] 田骈之属皆已死。齐襄王时,而荀卿最为老师。齐尚修列大夫之缺 [3],而荀卿三为祭酒焉 [4]。齐人或谗荀卿,荀卿乃适楚,而春申君以为兰陵令。春申君死而荀卿废,因家兰陵。李斯尝为弟子,已而相秦。荀卿嫉浊世之政,亡国乱君相属 [5],不遂大道而营于巫祝 [6],信机祥,鄙儒小拘 [7],如庄周等又滑稽乱俗 [8],于是推儒、墨、道德之行事兴坏,序列著数万言而卒。因葬兰陵。

【注释】

[1] 驺奭是驺衍学派的继承人。他善于雕琢文辞,把驺衍的学说发挥得相当详尽,但闳大不经,难以施行。雕龙:雕镂龙纹,喻修饰文辞。刘勰《文心雕龙》之"雕龙"即来于此。[2] 炙:烘烤。毂(gǔ):指车。过:輠(guǒ):盛车脂油的器皿。烘烤车輠油,但油泽难尽,比喻富有智慧,难以穷尽。[3] 修:整治。缺:空缺。[4] 祭酒:稷下学宫中的主持人,地位很尊贵。 [5] 属(zhǔ):连续。 [6] 营:荧(yíng):惑乱。[7] 小拘:狭小而拘泥。[8] 滑稽:能言善辩,言辞流转自如。

【讲解】

孟子主张人性善。孟子之性是狭义之性,即人之为人的本质,不包括人与禽兽共同拥有的食、色之欲。孟子的人性善具有重要的意义。其一,因为人具有善性,能够成就善的人格,故"天地之性人为贵"。其二,人有善性,人是值得信赖的;人是目的而不是工具,故人有尊严。其三,人有善性,故仁政、德政合于人性的要求;而暴政不符合人的本性，违背和扭曲人性。其四，民众有善性，能当家做主，因而要实行以人民为主体的政治。其五，性善、心善，人是道德的主体。但是，由于孟子对人性的过分乐观，而相信人能主动自觉地成善，从而使法制观念没有落脚之处，儒家的政治哲学难以转出人治的格局。荀子认为，人性是恶的。《荀子·性恶》："凡性者，天之就也……不可学、不可事而在人者谓之性；可学而能、可事而成之在人者谓之伪。是性、伪之分也。今人之性，目可以见，耳可以听。……今人之性，饥而欲饱，寒而欲暖，劳而欲休，此人之情性也。"首先，荀子辨析了性与伪的分别：性是天之生而即有的，不可学，不可事；伪（为）是人之后天的养成，可学，可事。其次，荀子认为人性的内容分为两部分：一是耳目的能力；一是耳目的欲望。耳目的能力无所谓善恶，荀子突出耳目的欲望而言性。"顺是"，即放任欲望，人必然为恶，故耳目之欲是产生恶的根源。荀子否定仁义礼智根于心、根于性，而以耳目之欲为性，所以谓性恶。人性是恶的，与人之为善对立，人之为善不是顺着人性的内在要求，而是"反于性而悖于情"（《性恶》），即孟子"戕贼人以为仁义"（《孟子·告子上》）。因此，人之为善在人性上没有根据。

　　顺着性情的要求，人必为恶，则人如何能向善为善呢？心是人的官能之一，荀子把心与其他官能分开，突出了心的重要作用。孟子之心能思，且有善端，是认知之心和道德之心的统一。荀子之心能思，具有认知的能力，但荀子之心不具有善，故荀子之心是认知之心。《荀子·解蔽》曰："心知道，然后可道；可道然后守道以禁非道。以其可道之心取人，则合于道人，而不合于不道之人矣。以其可道之心与道人论非道，治之要也。何患不知？故治之要在于知道。"心能知道、可道、守道、禁非道，则知道之心支配的行为合于礼义；因此，人之向善为善主要在于心知道。《解蔽》："人何以知道，曰心。心何以知道，曰虚壹而静。"虚壹而静之心是认知之心。认知之心可以接受道，亦可以接受非道。因此，要使心接受道，只有依靠圣王礼义法度的教化和强制。认知之心不具有善，对道没有内在的欲求，外在之道很难在心上生根，这同样依靠师法的教育和强制。认知之心知道，首先是知道的知识内容，然后把道德之知内化于生命中，成为人格修养。这要走相当艰难的一段路程。要之,荀子之心知道,基本依靠后天的人为;此人为主要是外在的强制性的人为,而非主体自觉内省的内在人为。知道之心即所谓"道心",是通向善的保证。不管耳目之欲的多寡,道心皆能保证人的行为合于礼义,即道心对人之行为有决定的作用。但道心不能使人寡欲,则人之内外是非常紧张的。首先,外在的行为之善与内在的情欲相冲突,即外内冲突;其次,内在的情欲与道心的冲突,即内内冲突。故荀子曰:"圣王以人性恶,以为偏险而不正,悖乱而不治,是以为之起礼义,制法度,以矫饰人之情性而正之,以扰化人之情性而导之也。"(《性恶》)人之为善是矫饰、扰乱人之情性,则人是非常痛苦的。孟子之心是道德之心,则行为之善、外在的礼义规范与道德之心是相和合的。虽然耳目之欲可能陷溺本心,但孟子主张"养心莫善于寡欲",即不断地存心、养心以至寡欲,所以心欲之争归向平和。

荀子认为人性是恶,所以重视修身。其修身的方式如何呢?因为人性中没有仁义礼智之善,故自觉内省的方式行不通,自内向外的道德实践也不行,只能是依靠外在礼义的学习和法度规范的强制。但礼义法度因为在人性上没有根据,所以难以接受,因而强制和教化的力度非常大。同时,因为仁义之善违背人性之恶,则人非常痛苦。再者,因为道德之善没有内在人性的根据,则修身成就善人的根基不牢。荀子人性恶产生的弊端主要是:礼义在人性上没有根据;人不可相信,人是坏蛋,人失去了尊严,没有内在的目的价值;为严刑酷罚的暴政提供了人性的根据;为圣王的独裁提供根据。

【总论】

公元前4世纪中叶,历史步入了战国时期。田氏齐国耗费大量资财,在都城临淄的稷门之外筑起高门大屋,广招天下贤才来此讲学授徒,著书立说,参议政治,史称稷下学宫。稷下学宫是战国百家争鸣的学术中心。

稷下学宫既然是适应田齐政权的政治需要而产生并为之服务的,既然是战国时期知识分子阶层进行精神生产和文化创造的重要场所，因而它就必然地具有政治学术的双重性质。这种政治和学术相结合的双重性质，司马迁在《史记·田敬仲完世家》中表述得十分清楚——"不治而议论"，"不任职而论国事"。"不治而议论"，即是不担任具体的行政官职，而专以议政为务。这是稷下学宫同其他诸侯大夫养士之间的重要区别。"列大夫"是位在大夫之列，爵位与大夫并列，这标示他们的政治地位和政治待遇，但毕竟又不同于有具体官职的大夫，所以说"不治"。这表明他们仍保持着自由知识分子的身份。他们的"议论"即"论国事"、"议政事"、"言治乱"，对国家政治发表评论意见，特别是批评性意见。稷下先生们在学宫中享有比较充分的言论自由，可以自由议政，甚至可以批评政府和国君，而这些又得到政府和国君的鼓励和保障。因此，稷下先生们大都敢于直言相谏，对于国家的安危治乱具有一种责任感，不为了迎合君主而发表投机性的言论。古代知识分子的言论自由在稷下学宫中发挥到了它的最大限度，不仅是空前的，甚至几乎可说是绝后的，以后两千多年的中国社会中，再也没有出现过如此宽松的政治空气和如此自由的思想学风。

有了优厚的生活待遇和充分的言论自由的双重保障，稷下学宫的学术思想就通过"不治而议论"的途径蓬勃地发展起来了。稷下先生们在这里一不为生活无着而忧虑奔忙，二不会因地位不高、声名不显而遭人白眼，三没有居官任职的政务烦劳，四不必担心因议论不合而丢掉饭碗。有了如此优越的条件，他们得以安下心来，专心致志地从事著书立说、教学授徒等学术教育活动。他们在学宫中付出了辛勤的劳动，倾注了无数的心血，充分发挥了自己的聪明才智，许多著名思想家便在这里出现了，许多著名的学术著作便在这里问世了，许多对后世产生了深远影响的思想理论便在这里产生了。稷下学宫成了远近闻名的学术文化中心和百家争鸣的主要园地，成了战国中期以来知识分子向往的理想之所。

稷下先生虽然"不治"、"不任职"，有别于正式的官僚，但稷下学宫毕竟不是纯粹的学术机构，而是有着浓厚的政治色彩。因而这个学术文化中心，总是通过种种方式参与和干预政治，在齐国的政治生活中处处都渗透着它的作用和影响。应当指出的是,在中国古代,学术和政治始终是紧密地结合在一起,可谓政治中有学术,学术中有政治。因此,不仅稷下学宫从总体上来看具有学术和政治二重属性,而且稷下学宫的每一项具体活动也都有这样的二重性质,很难将它们截然分开。稷下学宫的政治功能主要表现在三个方面:其一,议政和咨询。这是稷下学宫主要的政治功能之一,也是稷下先生"务于治"的主要渠道。其二,培养人才,推荐官吏。学宫中学识渊博德高望重者称为"先生",其门人弟子则称为"学士"。这些"学士"为数众多,著名稷下先生淳于髡死,"诸弟子三千人"为其服丧。其三,出使他国。稷下先生不仅学识渊博、政治眼光敏锐,且大都有游历列国的经历,他们见多识广,有良好的口才,擅长外交活动。

为了使稷下的学者们最大限度地发挥在思想理论上为自己的政权服务的作用,田齐统治者对稷下学宫除了在政治和经济上采取一系列的优惠政策外,为了鼓励学宫的学术活动,他们还有一条重要的保证,那就是允许学术自由,政府不干预学宫的学术活动。第一,著书立说。第二,讲学授业。第三,期会争鸣。"期会"按约会时间定期举行集会。既为集会,就应有德高望重之人召集主持,"祭酒"即是这样的主持人或学术领袖,"期会"进行的活动不外乎演讲和辩论两种。通过演讲,各家各派都获得向大家公开自己学说和观点的机会,有利于互相了解、互相吸取,促进了学术思想的交流和发展。稷下的学者们大都有非常出色的口才,都有一套辩论的技巧,在辩论当中他们各持己见,互不相让,形成了百家争鸣的热闹场面。田骈、驺衍、驺奭亦因雄辩而得"天口骈"、"谈天衍"、"雕龙奭"的雅号,为人们所称道。①

---

① 白奚:《稷下学研究》,北京三联书店 1998 年。

第十讲

"怅望千秋一洒泪，萧条异代不同时"

——《屈原贾生列传》的解读

【序论】

清人李景星说："通篇多用虚笔，以抑郁难遏之气，写怀才不遇之感，岂独屈、贾二人合传，直作屈、贾、司马三人合传读可也。"（《史记评议》）

每年的五月五日，是中国传统的端午节。我们吃粽子，赛龙舟，以纪念人民的诗人——屈原。端午是一个人民的节日，屈原与端午的结合，便证明了过去屈原是与人民结合着，也保证了未来屈原与人民还要永远结合着。古今没有第二个诗人像屈原那样被人民深爱着，这足以证明屈原是一个真正的人民的诗人。①

本传的主要特征：记叙传主的行事与议论、抒情相结合，且议论、抒情的文字占到了全文二分之一的篇幅，即钱钟书所谓"反论赞之宾，为传记之主"。其主要原因：其一，屈原行事的材料很少；其二，屈原行事的材料不见于先秦的任何传世典籍，但屈原的作品章章俱在，司马迁把品评作品和品评人品结合起来；其三，司马迁与屈原是异代的知音，他有强烈的感情需要借题发挥。《文心雕龙·知音》曰："知音其难哉！音实难知，知实难逢；逢其知音，千载其一乎！"杜甫《咏怀古迹》："怅惘千秋一洒泪，萧条异代不同时。"

司马迁作《屈原列传》，一方面是为屈原的身世遭遇鸣不平，并对

---

① 闻一多：《人民的诗人——屈原》，《神话与诗》，上海人民出版社 2006 年。

屈原人格中最闪光的品质——不平、不屈、高洁、自信和追求,给予由衷的赞颂;另一方面,又寄托了司马迁的身世之痛,"信而见疑,忠而被谤";再一方面,"屈平之作《离骚》,盖自怨生也",激励司马迁在困境中发愤著书,《报任少卿书》"古者富贵而名磨灭,不可胜记,惟倜傥非常之人称焉。……屈原放逐,乃赋《离骚》"。

【原文】一

　　屈原者,名平 [1],楚之同姓也 [2]。为楚怀王左徒 [3]。博闻强志 [4],明于治乱 [5],娴于辞令 [6]。入则与王图议国事,以出号令;出则接遇宾客,应对诸侯。王甚任之。

　　上官大夫与之同列 [7],争宠而心害其能 [8]。怀王使屈原造为宪令 [9],屈平属草稿未定 [10]。上官大夫见而欲夺之,屈平不与,因谗之曰:"王使屈平为令,众莫不知,每一令出,平伐其功 [11],以为'非我莫能为'也。"王怒而疏屈平。

【注释】

　　[1] 屈原(前 339—前 278),《离骚》谓"名余曰正则兮,字余曰灵均"。[2] 屈、景、昭是楚之族。或曰,屈原的爱国主要表现为宗国的感情。[3] 楚怀王在位三十年(前 328—前 299)。[4] 强志:记忆力极强。[5] 精通国之兴亡盛衰之理。治乱:社会政治之安定清明和动荡混乱。[6] 擅长外交辞令。娴(xián):熟习,擅长。[7] 上官大夫:姓上官,史失其名。[8] 害:妒忌。[9] 宪令:法令。[10] 属(zhǔ):撰写。[11] 伐:夸耀。

【讲解】

　　屈原富有政治和外交的才能,但因小人的谗言而被怀王疏远。《离骚》曰:"荃不察余之中情兮,反信谗以齌(jì)怒。余固知謇謇(jiǎn jiǎn)之为患兮,忍而不能舍也。指九天以为正兮,夫唯灵修之故也。"楚王不察我的忠贞之心,反而相信小人的谗言而对我发怒。我本来知道正言直谏容易招致灾祸,但岂因为个人的危险而不劝说。指九天为证,我全是为了君王国家的缘故。

伐功矜能乃是贤士的一大祸患，而人情之所不能免，《老子》第 24 章"自见不明，自是不彰，自伐无功，自矜不长"。

【原文】二

屈平疾王听之不聪也，谗谄之蔽明也 [1]，邪曲之害公也，方正之不容也，故忧愁幽思而作《离骚》。离骚者，犹离忧也 [2]。夫天者，人之始也；父母者，人之本也。人穷则反本，故劳苦倦极，未尝不呼天也；疾痛惨怛 [3]，未尝不呼父母也。屈平正道直行，竭忠尽智以事其君，谗人间之，可谓穷矣。信而见疑，忠而被谤，能无怨乎？屈平之作《离骚》，盖自怨生也 [4]。《国风》好色而不淫 [5]，《小雅》怨诽而不乱 [6]。若《离骚》者，可谓兼之矣。上称帝喾 [7]，下道齐桓，中述汤武，以刺世事。明道德之广崇，治乱之条贯，靡不毕见。其文约，其辞微，其志洁，其行廉 [8]，其称文小而其指极大，举类迩而见义远 [9]。其志洁，故其称物芳 [10]。其行廉，故死而不容 [11]。自疏濯淖污泥之中 [12]，蝉蜕于浊秽 [13]，以浮游尘埃之外，不获世之滋垢，皭然泥而不滓者也 [14]。推此志也，虽与日月争光可也。

【注释】

[1] 谗谄（chán chǎn）：谗，毁谤之言；谄，卑贱地奉承。小人卑贱地奉承君主，并毁谤他人。[2] 离骚：遭遇忧愁。离，罹；骚，忧。王逸《楚辞章句》认为，"离骚"是离别的忧愁。[3] 怛（dá）：内心伤痛。[4] 抒发自己的怨恨。[5] 好色而不淫：好色不过分而合于礼。淫，过分，无节制。[6] 怨诽（fěi）而不乱：怨恨合于中庸之道，意在讽劝而非发泄自己的仇恨。乱，不合于礼。[7] 帝喾（kù）：五帝之一。[8] 廉：公正。[9] 迩（ěr）：近。[10] 以香花异草隐喻君子高洁芬芳的品格。[11] 宁死而不求为世俗容纳。[12] 濯淖（zhuó nào）：虽处浊水污泥之中，而能自我洗濯，保持洁白。濯，洗。淖，浊水。[13] 像蝉一样蜕去浊秽之皮而迁于乔木之上，吸风饮露，超越于尘埃之外。[14] 皭（jiào）然：洁白的样子。泥而不滓（zǐ）：浸于污泥之

中但不被污染。

【讲解】

司马迁突出了屈原的"怨恨"以及《离骚》是屈原的发愤之作,这是司马迁发愤著书思想的反映。首先,司马迁认为,屈原的怨恨是合理的。他正道直行,竭忠尽智以事其君,但小人以谗言离间,而楚王不明,自己是信而见疑、忠而被谤,这难道没有怨恨吗?无疑,屈原《离骚》对楚王的怨恨是相当强烈的,后世忠君的学人多指责屈原"露才扬己"、"怨刺其上"(班固语)。其次,司马迁认为,既然怨恨郁结于心中,那么就通过写诗作文以抒发自己的悲愤,《离骚》正是屈原抒发其忠贞悲愤的诗篇。《报任少卿书》:"《诗》三百篇,大抵圣贤发愤之所为作也。此人皆意有郁结,不得通其道,故述往事,思来者。"

司马迁赞颂了屈原志向和行为的高洁。屈原虽生活在污浊的乱世之中,但像莲花一样出淤泥而不染。他坚持自己的独立人格,坚持自己的美政理想,不随俗浮沉,不与小人同流合污。《离骚》:"制芰荷以为衣兮,集芙蓉以为裳。不吾知其亦已兮,苟余情其信芳。高余冠之岌岌兮,长余佩之陆离。芳与泽其杂糅兮,唯昭质其犹未亏。忽反顾以游目兮,将往观乎四荒。佩缤纷其繁饰兮,芳菲菲其弥章。民生各有所乐兮,余独好修以为常。虽体解吾犹未变兮,岂余心之可惩。"诗人以芰荷、芙蓉为衣裳,带着高高的帽子,系着长长的带子,佩戴香花芳草。他的姿容是那样的美好,他的品德是那样的芬芳。人生各有追求,但诗人追求的是美好的品行。虽然不被人理解而遭受打击是孤独痛苦的,但诗人自信自傲,即使遭遇体解的酷刑,也决不改变自己的品行和节操。

以蝉蜕于浊秽,在高大的乔木上吸风饮露,来隐喻品格的高洁。唐代诗人骆宾王《在狱咏蝉》曰:"西陆蝉声唱,南冠客思深。那堪玄鬓影,来对白头吟。露重飞难进,风多响易沉。无人信高洁,谁为表予心。"晚唐诗人李商隐《蝉》:"本以高难饱,徒劳恨费声。五更疏欲断,一树碧无情。薄宦梗犹泛,故园芜已平。烦君最相警,我亦举家清。"这首诗以蝉栖高饮露、悲鸣欲绝的两个特点,隐喻自己志行高洁而不免穷困潦倒、满腔悲愤而无人同情理解的悲剧命运。

司马迁把屈原的诗篇与其人格(人品与文品)结合起来。"推此志也，虽与日月争光可也"，不仅是指屈原的诗赋与日月争光，李白诗"屈平文章悬日月，楚王台榭空山丘"，而且是指屈原的高洁人格与日月争光。

【原文】三

屈平既绌 [1]，其后秦欲伐齐，齐与楚从亲 [2]，惠王患之，乃令张仪佯去秦，厚币委质事楚 [3]，曰："秦甚憎齐，齐与楚从亲，楚诚能绝齐，秦愿献商、於 [4] 之地六百里。"楚怀王贪而信张仪，遂绝齐，使使如秦受地。张仪诈之曰："仪与王约六里，不闻六百里。"楚使怒去，归告怀王。怀王怒，大兴师伐秦。秦发兵击之，大破楚师于丹、淅，斩首八万，虏楚将屈匄 [5]，遂取楚之汉中地。怀王乃悉发国中兵以深入击秦，战于蓝田。魏闻之，袭楚至邓。楚兵惧，自秦归。而齐竟怒不救楚，楚大困。

明年，秦割汉中地与楚以和。楚王曰："不愿得地，愿得张仪而甘心焉。"张仪闻，乃曰："以一仪而当汉中地 [6]，臣请往如楚。"如楚，又因厚币用事者臣靳尚，而设诡辩于怀王之宠姬郑袖 [7]。怀王竟听郑袖，复释去张仪。是时屈平既疏，不复在位，使于齐，顾反，谏怀王曰："何不杀张仪？"怀王悔，追张仪不及。

其后诸侯共击楚，大破之，杀其将唐眜 [8]。

时秦昭王与楚婚，欲与怀王会。怀王欲行，屈平曰："秦虎狼之国，不可信，不如毋行。"怀王稚子子兰劝王行："奈何绝秦欢！"怀王卒行。入武关，秦伏兵绝其后，因留怀王，以求割地。怀王怒，不听。亡走赵，赵不内 [9]。复之秦，竟死于秦而归葬。

长子顷襄王立，以其弟子兰为令尹 [10]。楚人既咎子兰以劝怀王入秦而不反也。

【注释】

[1] 绌：黜，罢退。 [2] 从（zòng）亲：合纵亲善。 [3] 委质：古时臣子初见君王时献礼以示献身。质，贽，进见的礼物。张仪见怀王，用丰厚的财货作为"贽"。 [4] 於（wū）：地名。 [5] 屈匄（gài）：

楚将。句，丐。[6] 当：抵得上。[7]《张仪列传》："靳尚谓郑袖曰：
'子亦知子之贱于王乎？'郑袖曰：'何也？'靳尚曰：'秦王甚爱张仪而
必欲出之，今将以上庸之地六县赂楚，以美人聘楚，以宫中善歌讴者为
媵（yìng）。楚王重地尊秦，秦女必贵而夫人斥矣。不若为言而出之。'
于是郑袖日夜言怀王曰：'人臣各为其主用。今地未入秦，秦使张仪来，
至重王。王未有礼而杀张仪，秦必大怒攻楚。妾请子母俱迁江南，毋
（wú）为秦所鱼肉也。'怀王后悔，赦张仪，厚礼之如故。"[8] 唐眛
（mò）：楚将。[9] 内：接纳。[10] 令尹：楚国的最高官职。

【讲解】

上文叙事的主旨有二：一是说明怀王的昏庸愚昧；二是嘲讽怀王因
疏远屈原而相信小人谗言给自己带来的灾祸，这是罪有应得。怀王不听
从屈原的劝告，两次被张仪欺骗而丧师失地，又为权臣靳尚、宠姬郑
袖、稚子子兰蒙骗，最终客死于秦，声名狼藉。

【原文】四

屈平既嫉之，虽放流，眷顾楚国，系心怀王 [1]，不忘欲
反，冀幸君之一悟，俗之一改也。其存君兴国而欲反覆之 [2]，
一篇之中三致志焉 [3]。然终无可奈何，故不可以反，卒以此见
怀王之终不悟也。人君无愚智贤不肖，莫不欲求忠以自为，举贤
以自佐，然亡国破家相随属，而圣君治国累世而不见者，其所谓
忠者不忠，而所谓贤者不贤也。怀王以不知忠臣之分 [4]，故内
惑于郑袖，外欺于张仪，疏屈平而信上官大夫、令尹子兰。兵挫
地削，亡其六郡，身客死于秦，为天下笑。此不知人之祸也。易
曰："井泄不食，为我心恻，可以汲。王明，并受其福 [5]。"王
之不明，岂足福哉 [6]！

【注释】

[1] 杜甫《秋兴八首》（其一）曰："丛菊两开他日泪，孤舟一系
（xì）故园心。"[2] 反覆之：从覆之（政治混乱）返回到政治清明，即
拨乱反正。[3] 三致志：多次表达自己忠君爱国的志意。[4] 分：职

分。[5] 井淘干净了，可没有人食用，真叫人伤心。这井水是可提上来吃的。君王贤明，则国家和人民并受其福。泄（xiè）：渫，淘井。汲（jí）：从井里提水。[6] 怀王不明，臣子怎么能获得幸福呢？

【讲解】

本段的主旨有三。一是屈原并不因为怀王的疏远，而退避江湖，不关心时事，也不从此怨恨怀王而决绝。他眷念怀王，忧患楚国的兴亡，多次在诗文中表达对怀王的忠贞。有人认为，屈原的哀怨是弃妇的哀怨，是以忠贞为前提的。但怀王始终未能醒悟，这足以说明怀王的昏庸不明。二是楚怀王不知忠臣之分，昏庸不明。人君不论是贤愚，皆希望得到贤臣的辅助，然而人君之亡国破家代代不绝，这是因为人君的不明，他认为贤的实际上是不贤，他认为不贤的实际上是贤，把小人的谗言当作忠言，把贤臣的忠言当作邪言。三是指出人君不明给国家和臣民带来的深重灾难，嘲讽人君亡国破家的罪有应得。屈原因为怀王的不明而遭疏远打击，又因顷襄王的不明，被放逐到偏远的江南，面容憔悴，身体枯槁，最终自投汨罗江而死，命运相当悲惨。

"王之不明，岂足福哉！"包含了司马迁身世之感，寄托了他对武帝不明的悲怨。《报任少卿书》曰："明主不晓，以为仆沮贰师，而为李陵说游，遂下于理（治狱的官吏）。拳拳之忠，终不能自列，卒从吏讯。家贫，货赂不足以自赎，交游莫救，左右亲近，不为一言。身非木石，深幽图圄之中，谁可告诉者！……悲夫！悲夫！"

【原文】五

令尹子兰闻之大怒，卒使上官大夫短屈原于顷襄王 [1]，顷襄王怒而迁之 [2]。

屈原至于江滨，被发行吟泽畔。颜色憔悴，形容枯槁 [3]。渔父见而问之曰 [4]："子非三闾大夫欤 [5]？何故而至此？"屈原曰："举世混浊而我独清，众人皆醉而我独醒，是以见放。"渔父曰："夫圣人者，不凝滞于物而能与世推移 [6]。举世混浊，何不随其流而扬其波？众人皆醉，何不铺其糟而啜其醨？[7] 何故怀瑾握瑜而自令见放为？"[8] 屈原曰："吾闻之，新沐者必弹冠，新浴者必振衣,人又谁能以身之察察,受物之汶汶者乎![9] 宁赴湘流而葬乎江鱼腹中耳,又安能以皓皓之白而蒙世俗之温蠖乎!"[10]

乃作《怀沙》之赋。其辞曰:……

于是怀石遂自沉汨罗以死[11]。

屈原既死之后,楚有宋玉、唐勒、景差之徒者,皆好辞而以赋见称;然皆祖屈原之从容辞令[12],终莫敢直谏。其后楚日以削,数十年竟为秦所灭[13]。

【注释】

[1] 短:陷害,说别人的坏话。[2] 一般认为:屈原被放逐两次,第一次是在怀王时,贬谪到汉水之北,此次时间不长;第二次是在顷襄王时,被逐到偏远的江南,屈原再也未能归来。[3] 形容:形体容貌。[4] 渔父(fǔ):捕鱼人,此指游于江湖的隐士。[5] 三闾大夫:官名,掌王族三姓(昭、屈、景)。[6] 凝滞:执著。[7] 铺(bǔ):吃。糟:酒渣。歠(chuò):饮。醨(lí):酒。[8] 瑾、瑜:美玉,比喻人的良才美德。[9] 察察:清洁。汶汶(wèn):蒙受尘垢的样子。[10] 温蠖(huò):尘埃,污秽。[11] 顷襄王二十一年(前278),屈原沉江以死。[12] 祖:效法,继承。从容辞令:运用辞令,从容自如。[13] 前223年,楚为秦所亡。

【讲解】

屈原流放到江边,憔悴枯槁。他坚持自己的高洁人格和政治理想,决不随波逐流;他深切忧患楚国的盛衰兴亡;他对谗谄小人的误国非常愤恨;他为楚王的不明而悲叹;他自伤其信而见疑、忠而被谤的不幸命运。《离骚》曰:"曾(层)歔欷(xū xī,哭泣时的抽噎)余郁邑(忧愁烦闷)兮,哀朕时之不当。揽茹蕙以掩涕兮,霑(沾)余襟之浪浪(láng,泪流不止)。"渔父,应是一位隐居江湖的隐士。他劝说屈原不要在浊世中独标自己的高洁,这样会招致整个社会的打击;不要执著于自己的追求,而要善于变化,随波逐流,因为执著而不能解脱,将给自己带来深重的痛苦。《老子》第56章:"挫其锐,解其纷,和其光,同其尘,是谓玄同。"

屈原自沉汨罗而死。他之善辞赋、辞令被宋玉等继承，但他忠言直谏、坚持自己高洁人格的品节并没有为他的后辈所发扬。屈原知道他所培养的香草，将会被野花杂草所芜秽。《离骚》曰："余既滋兰之九畹（wǎn）兮，又树蕙之百亩。畦（qí）留夷与揭车兮，杂杜衡与芳芷。冀枝叶之峻茂兮，愿俟时乎吾将刈。虽萎绝其亦何伤兮，哀众芳之芜秽。"（滋和树：培植。畹：田地面积单位。畦：田垄，分垄栽种。萎绝：枯萎凋落，喻人才凋残。众芳：各种香草。芜秽：长满乱草而荒废。栽培的贤才遭受摧残原不足哀伤，可悲的是他们的变节与堕落）《离骚》："时缤纷其变易兮，又何可以淹留？兰芷变而不芳兮，荃蕙化而为茅。何昔日之芳草兮，今直为此萧艾也？岂其有他故兮，莫好修之害也！"屈原哀叹众芳污秽。

【原文】六

自屈原沉汨罗后百有余年，汉有贾生 [1]，为长沙王太傅，过湘水，投书以吊屈原 [2]。

贾生名谊，洛阳人也。年十八，以能诵诗属书闻于郡中 [3]。吴廷尉为河南守，闻其秀才，召置门下，甚幸爱。孝文皇帝初立，闻河南守吴公治平为天下第一，故与李斯同邑而常学事焉，乃征为廷尉。廷尉乃言贾生年少，颇通诸子百家之书。文帝召以为博士。

是时贾生年二十余，最为少。每诏令议下，诸老先生不能言，贾生尽为之对，人人各如其意所欲出。诸生于是乃以为能，不及也。孝文帝悦之，超迁 [4]，一岁中至太中大夫。

贾生以为汉兴至孝文二十余年，天下和洽，而固当改正朔，易服色，法制度，定官名，兴礼乐，乃悉草具其事仪法，色尚黄，数用五，为官名，悉更秦之法。[5] 孝文帝初即位，谦让未遑也 [6]。诸律令所更定，及列侯悉就国，其说皆自贾生发之。于是天子议以为贾生任公卿之位。绛、灌、东阳侯、冯敬之属尽害之，乃短贾生曰 [7]："洛阳之人，年少初学，专欲擅权，纷乱诸事。"于是天子后亦疏之，不用其议，乃以贾生为长沙王太傅。

【注释】

[1] 贾谊生于前 200 年,卒于前 168 年。[2] 贾谊路过湘水,作《吊屈原赋》以吊屈原,也是自吊自伤。[3] 属(zhǔ)书:作文。[4] 超迁:超常迁官。[5] 汉是易姓为王,各种礼仪制度也要更改,以表示新王朝的建立。据驺衍的五德转移说(五行相胜相克),秦为水德,应行水德的制度,例如色尚黑,数用六,以十月岁首等。汉是土德,行土德的制度,例如色尚黄,数用五,要求重新改正朔,制定各种新的礼法制度等。[6] 孝文初即位,谦让,又没有闲暇制定各种礼法制度。未遑(huáng):没有闲暇。[7] 短:陷害,说坏话。

【讲解】

贾生知识广博,才能卓异,见识深远;但少年得志,自负甚高,个性张扬。这种恃才逞能的个性容易招致重臣的妒忌和愤恨,也势必引起以谦让为风范之文帝的不满。贾谊"颇通诸家之书",他的思想驳杂,包括儒家、道家、法家等。他受到老庄思想的濡染较深,其《鹏鸟赋》即是发挥道家思想;老庄思想重视精神人格的独立自由,这有助于形成他独立自主的个性,而不免与专制皇权产生矛盾冲突。

贾谊主张以礼治国,礼治文饰太多,往往是冠冕堂皇、不切实际。这与文帝实行的黄老无为之治是冲突的。无为之治首先是简易无为,没有过多浮华的修饰;其次是重视刑(形)名,即循名责实,名实相符。儒家繁礼饰貌,文过于实。如果按文行事,则一方面文不合于事,另一方面多事、生事。贾谊提出的一些措施有多事、生事的成分。《史记·礼书》:"孝文即位,有司议欲定仪礼,孝文好道家之学,以为繁礼饰貌,无益于治,躬化谓何耳,故罢去之。"文帝之时,制度疏阔,贾谊适当制定礼治,当然符合文帝的要求。但贾谊过分地文饰,渐渐引起文帝的不满;文帝的大臣多质朴少文,休息于无为,贾谊纷乱诸事导致他们的愤恨。因此,贾谊的被贬,并非仅仅是"信而见疑,忠而被谤",更有他的政治主张与文帝及大臣不同。

【原文】七

贾生既辞往行,闻长沙卑湿,自以寿不得长,又以谪去,意不自得。及渡湘水，为赋以吊屈原。其辞曰：

　　恭承嘉惠兮 [1]，俟罪长沙。侧闻屈原兮，自沉汨罗。造托湘
流兮 [2]，敬吊先生。遭世罔极兮 [3]，乃陨厥身。呜呼哀哉，逢
时不祥 [4]！鸾凤伏窜兮，鸱枭翱翔 [5]。阘茸尊显兮 [6]，谗谀
得志；贤圣逆曳兮 [7]，方正倒植 [8]。世谓伯夷贪兮，谓盗跖
廉；莫邪为钝兮 [9]，铅刀为铦 [10]。吁嗟默默兮，生之无故！
[11] 斡弃周鼎兮宝康瓠 [12]，腾驾疲牛兮骖蹇驴 [13]，骥垂两
耳兮服盐车。章甫荐屦兮 [14]，渐不可久；嗟苦先生兮，独离此
咎！[15]

【注释】

[1] 恭敬地承顺皇帝的诏命。嘉惠：文帝的诏命。[2] 至湘江而托
流水，以敬吊屈原。[3] 时世污浊混乱，没有中正之道。罔：无。极：
中正之道。[4] 忠正之人遭遇乱世，而备受打击。[5] 善鸟到处流窜，
没有安身之地；恶鸟在天空翱翔，飞黄腾达。鸱枭（chī xiāo）：恶鸟。
[6] 阘（tà）茸：下才不肖之人。《报任少卿书》曰："今以亏形为扫除
之隶，在阘茸之中，乃欲仰首伸眉，论列是非，不亦轻朝廷、羞当世之
士耶！"[7] 逆曳：向后面拉扯。[8] 倒植：倒立。[9] 莫邪（mò
yé）：镆铘，古代宝剑名。[10] 铦（xiān）：锋利。铅刀本来是钝刀，
左思《咏史》"铅刀贵一割"。[11] 默默：不得意。生之无故：屈原无
故遭受灾祸。生，屈原。[12] 斡（wò）弃：抛弃。斡，旋转。康瓠：
大瓠，无用之物。《庄子·逍遥游》："惠子谓庄子曰：'魏王贻我大瓠之
种，我树之成而实五石。以盛水浆，其坚不能自举也。剖之以为瓢，则
瓠落无所容。非不呺然大也，我为其无用而掊之。'"[13] 驾病牛驰骋，
以跛驴拉车。蹇（jiǎn）：跛。[14] 章甫：一种礼帽。荐屦（jù）：以章
甫为鞋垫垫鞋。荐，鞋垫。[15] 离：遭遇。

【讲解】

贾谊贬为长沙王太傅，这对他是沉重的打击。公卿的愿望与僻远小
国的太傅几有云泥之隔，怎能不使他悲愤欲绝呢？在渡湘水时，他想到
为楚王流放而自沉汨罗江的屈原。他借吊屈原抒发其"信而见疑，忠而

被谤"的悲愤情怀,激烈抨击了"鸾凤伏窜兮,鸱枭翱翔。阘茸尊显兮,谗谀得志;贤圣逆曳兮,方正倒植"的社会政治。社会政治是"贤圣逆曳兮,方正倒植",则支配社会政治的人君也不是明君。在无治世和明君的社会政治里,所以忠信之人备受压制和打击。贾谊伤悼屈原,也是自我伤悼,他和屈原一片忠诚,却不能为人君和时世所知、所容,真是"逢时不祥"。贾谊对政治权势的怨愤情绪非常浓烈。孔子师徒困于野,孔子、颜回守道不渝,弦歌不绝,子路因埋怨世人不能理解自己而受到孔子的批评。相比之下,贾谊的身上较少表现出儒家的理想人格,他与屈原"露才扬己"、"怨刺其上"的文人性格是一致的。

【原文】八

讯曰:已矣,国其莫我知,独悃郁兮其谁语?[1]凤漂漂其高逝兮,夫固自引而远去[2]。袭九渊之神龙兮,沕深潜以自珍[3]。偭蝒獭以隐处兮,夫岂从虾与蛭蟥?[4]所贵圣人之神德兮,远浊世而自藏。使骐骥可得系羁兮,岂云异夫犬羊[5]!般纷纷其离此尤兮,亦夫子之故也[6]!历九州而相君兮[7],何必怀此都也?凤皇翔于千仞之上兮,览德辉而下之[8];见细德之险征兮,摇增翮逝而去之[9]。彼寻常之污渎兮,岂能容吞舟之鱼!横江湖之鳣鲸兮[10],固将制于蚁蝼。

【注释】

[1]算了吧,国家没有人理解我,独自伤悲而向谁诉说?谁人能听我表白?[2]凤凰飘飘远逝;比喻屈原远离楚国,到其他诸侯国去。[3]神龙深居水下,保持自己的品格;喻隐居江湖,忘却世事。袭:重。《庄子·列御寇》:"夫千金之珠,必在九重之渊而骊龙颔下,子能得珠者,必遭其睡也。"沕(wù or mì):深藏。[4]背离蝒獭而从神龙藏于九重之下,怎么能与虾与蛭蟥并游。偭(miǎn):违背。蝒獭(xiāo tǎ):吃鱼的水下动物。蛭蟥(zhì yǐn):水虫。蟥,蚓。[5]骐骥可得系缚羁绊,则与犬羊无异。这是责备屈原不能像神龙一样远浊世而自藏。[6]夫子因受谗言而遭受打击,是夫子不能像凤凰那样飘飘远

逝，又不能像神龙那样远浊世而自藏的缘故。般（bān）纷纷：形容小人的谗言纷乱。般，驳杂，乱。尤，过失。[7] 相：观看。[8] 凤凰高翔，见有德之君而下来以辅助之，并实现自己的政治理想。[9] 凤凰高翔，见少德之君，并有险恶迹象，则摇动层翮，高飞远去。增翮（hé）：翮，鸟的翅膀；增，层。[10] 横：隔绝。鱣（zhān）、鲸：江湖中的大鱼。

【讲解】

《吊屈原赋》抒发了屈原无人理解的孤愤。《离骚》的末章曰："乱曰：已矣哉！国无人莫我知兮，又何怀乎故都！既莫足与为美政兮，吾将从彭咸之所居！"（乱：全诗的卒章，乐曲的尾声。已矣哉：算了吧。莫我知：没有人理解我。从彭咸之所居：效法彭咸投水而死）岂独屈原，贾谊同样认为，他自己具有忠贞之心和杰出的治世才能，但不为文帝和大臣所了解。岂独屈原和贾谊，司马迁因为李陵辩护，而被下狱、受宫刑，世人骂他没有气节、贪生怕死，他完全陷入了孤独绝望的困境。他在《报任少卿书》里曰："顾自以为身残处秽，动而见尤（指责），欲益反损，是以独郁郁而与谁语。谚曰：'谁为为之！孰令听之！'盖钟子期死，伯牙终身不复鼓琴。何则？士为知己者用，女为悦己者容。"

在贾生看来，屈原有两种选择。一是像凤凰那样游历九州，哪个地方的人君贤明，重用自己，就为他效力，不必怀念故都。一是像神龙那样远离浊世，不再关心世事，深居而潜藏以保持自己的品格。这同样也是贾谊的两种人生选择。

【原文】九

贾生为长沙王太傅三年，有鸮飞入贾生舍 [1]，止于坐隅。楚人命鸮曰"鵩"。贾生既以谪居长沙，长沙卑湿，自以为寿不得长，伤悼之，乃为赋以自广 [2]。其辞曰：

单阏之岁兮 [3]，四月孟夏。庚子日斜兮，鵩集予舍 [4]。止于坐隅，貌甚闲暇。异物来集兮，私怪其故。发书占之兮，谶言其度 [5]。曰"野鸟入处兮，主人将去"。请问于鵩兮："予去何之？

吉乎告我,凶言其灾。淹速之度兮 [6],语予其期。"鵩乃叹息,举首奋翼,口不能言,请对以臆。

【注释】

[1] 鸮(xiāo):俗称猫头鹰。长沙古俗,鵩是不祥之鸟,至人家,主人死。 [2] 广:宽慰。 [3] 单阏(chán è):文帝六年(前174)。[4] 集:止。[5] 预测吉凶的定数。谶(chèn)言:预测吉凶的话。度:数,吉凶的定数。[6] 淹速之度:生的长短限度。淹,迟。

【讲解】

贾谊在长沙悒郁悲愤,借与鵩鸟的问答抒发其怀才不遇的情绪,并以老庄变化无常、齐生死、等祸福的思想来自我排遣。贾谊所关心的,一是人生之穷达吉凶的变化,一是生死的变化。

【原文】 十

万物变化兮,固无休息。斡流而迁兮 [1],或推而还。形气转续兮,变化而嬗。沕穆无穷兮 [2],胡可胜言 [3]!祸兮福所倚,福兮祸所伏 [4];忧喜聚门兮,吉凶同域。彼吴强大兮,夫差以败;越栖会稽兮,句践霸世。斯游遂成兮,卒被五刑;傅说胥靡兮 [5],乃相武丁。夫祸之与福兮,何异纠缠 [6]。命不可说兮,孰知其极?水激则悍兮,矢激则远。万物回薄兮 [7],振荡相转。云蒸雨降兮,纠错相纷。大钧播物兮 [8],块轧无垠 [9]。天不可与虑兮,道不可与谋。迟速有命兮,恶识其时? [10]

【注释】

[1] 斡(wò)流:运转。[2] 沕(wù)穆:精微深远。[3] 万物的变化之理深微无穷,难以尽言。胜:尽。[4] 祸中有福,福中有祸,且祸福可相互转化,故祸福齐等。[5] 胥靡:古代一种刑罚,把罪人系在一起,以服劳役。胥,相。靡,系。[6] 纠缠(mò):三股绳索纠结在一起。[7] 回薄:往返激荡。薄,迫近。[8] 自然界运转以造化万物。均:陶工使用的转轮。[9] 块轧(yǎng yà)无垠:无边无际。块

轧，块圠，弥漫。[10] 恶（wū）：怎么。

【讲解】

穷达的人生变化很难使人释怀。从穷至达，使人大喜过望，乐极生悲。例如范进中举而狂喜成疯。从达至穷，更使人生不如死。贾谊被贬为长沙王太傅，公卿的愿望一旦成空，悲苦涕泣，痛不欲生。最后只能借助老庄的思想来消解穷达变化的悲愤。根据老庄的基本观点，万物迁流变化，没有确定的意义。其变化之理深微幽渺，难以察知。人生的变化莫大于生死之变，故庄子曰"死生亦大矣"；其次是祸福吉凶的变化。祸福的关系是祸中有福，福中有祸，且祸福相互转化。因此，祸福相依，吉凶同域。身处福中，祸隐含其中，不久祸将到来；身处祸中，祸中有福，很快福将降临。总之，祸福变化不定，其变化之理深微难知。因此，面对灾祸，安然处之，不怨天尤人；面对幸福，淡然顺之，不得意忘形。人的生死之变，难以预知，更不能支配，故生死有命，安然顺之。

【原文】十一

且夫天地为炉兮，造化为工 [1]；阴阳为炭兮，万物为铜。合散消息兮，安有常则；千变万化兮，未始有极。忽然为人兮，何足控抟 [2]；化为异物兮，又何足患！小智自私兮，贱彼贵我 [3]；达人大观兮，物无不可 [4]。贪夫徇财兮，烈士徇名 [5]；夸者死权兮 [6]，品庶冯生 [7]。怵迫之徒兮 [8]，或趋西东；大人不曲兮，亿变齐同。拘士系俗兮，窘如囚拘；至人遗物兮，独与道俱。众人惑惑兮，好恶积意 [9]；真人淡漠兮，独与道息。释知遗形兮，超然自丧；寥廓忽荒兮，与道翱翔。乘流则逝兮，得坻则止 [10]；纵躯委命兮，不私与己。其生若浮兮，其死若休；澹乎若深渊之静，泛乎若不系之舟。不以生故自宝兮，养空而浮 [11]；德人无累兮，知命不忧。细故芥蒂兮，何足以疑 [12]！

【注释】

[1] 造化：万物的创造者。 [2] 偶然为人，不足引持自贵。控：

引。抟（tuán）：持。[3] 小智以自我为中心，贵我而贱彼。[4] 达人以道观物，万物一齐。[5] 烈士执著地追求外在的功名，而伤生残性。烈士：有功名心的人。徇（xùn）：以身从物。[6] 好矜夸的人则死于权势。[7] 品庶：众庶，普通人。冯：凭，恃，贪。[8] 怵（xù）迫：被利诱而驱迫。怵，诚，利诱。[9] 好恶积意：众怀好恶，积在心意，即心中充满好恶之情。[10] 乘流而逝，遇水中小洲则停止，即任其变化。坻（zhǐ）：水中小洲。[11] 涵养空虚之性而像不系之舟那样自由浮游。[12] 细故芥蒂：细小事情，即鹏鸟入舍之事。何足以疑：有什么值得疑惑呢？对于一切变化，安之任之，不悲不喜。

【讲解】

人生于天地之间是非常偶然，并非自己所能知道和支配。忽然变为人，也不必惊喜和贪恋；再变为他物，也是事之固然，不必悲怨。一切任其变化，变成一物即安于一物，既不贪恋彼物，又不抱怨此物。《庄子·大宗师》曰：

> 俄而子舆有病，子祀往问之。曰："伟哉夫造物者，将以予为此拘拘也！曲偻其背，颐隐于脐，肩高于顶。"子祀曰："汝恶之乎！"曰："亡，予何恶！造物者化予之左臂以为鸡，予因以求时夜（鸡拂晓报时。时，主管）；化予之右臂以为弹，予因以求鸮炙；化予之尻以为轮、马，予因以乘之而驾哉！且夫得者，时也，失者，顺也；安时而处顺，哀乐不能入也。此古之所谓悬解也。"

世俗之人皆执著于身外之物，贪夫徇财，烈士徇名，夸者死权，众人贪生。人如果有追求执著，内心就不能虚静，往往患得患失，悲欣交集；同时又受到所追求之物的限制，好像幽于囹圄之中，而不能自由逍遥。得道之人对于世事万物，平等看待，没有好恶之心，如同一面镜子，来者不迎，去者不送，心灵涵养空虚之德，而喜怒哀乐不入于心中，内心平淡如深渊之静，精神自由像不系之舟。

【原文】十二

后岁余，贾生征见。孝文帝方受釐 [1]，坐宣室 [2]。上因感鬼神事，而问鬼神之本。贾生因具道所以然之状。至夜半，文帝前席 [3]。既罢，曰："吾久不见贾生，自以为过之，今不及也。"居顷之，拜贾生为梁怀王太傅。梁怀王，文帝之少子，爱，而好书，故令贾生傅之 [4]。

文帝复封淮南厉王子四人皆为列侯。贾生谏，以为患之兴自此起矣。贾生数上疏，言诸侯或连数郡，非古之制，可稍削之。文帝不听。

居数年，怀王骑，堕马而死，无后。贾生自伤为傅无状，哭泣岁余，亦死。贾生之死时年三十三矣。

【注释】

[1] 受釐：在举行祭祀神灵的仪式时，接受神灵的福佑。釐，福。[2] 宣室：未央宫前殿正室。[3] 前席：古人席地而坐，文帝在席上移膝向前，说明君臣二人谈得投机。[4] 梁怀王为文帝爱子，是褒封大国；怀王太傅与长沙王太傅不可同日而语。

【讲解】

李商隐《贾生》："宣室求贤访逐臣，贾生才调更无伦。可怜夜半虚前席，不问苍生问鬼神。"这是讽刺封建帝王表面上敬贤而实际上不能重贤任贤。贾生非常博学，精通人事和鬼神之道。作为帝王，应重视人事，发挥贾生经世济民的才能，但文帝关心的是鬼神之道。诗歌也悲叹贾生的怀才不遇。他空有远大的政治理想，却不遇明君，年华虚度，志意难成。陈子昂《感遇》诗曰："岁华尽摇落，芳意竟何成！"

贾谊的政治眼光是非常敏锐的。在文帝时，高祖所封的诸侯王对中央朝廷并没有构成较大的威胁。贾谊此时已看到将来世态的发展，主张削减诸侯王的土地，这是很正确合理的建议。但文帝不听。后来的发展充分说明了贾谊杰出的政治才能：景帝时吴楚七国反乱，武帝时淮南王刘安兄弟谋反。

贾谊的悲愤是深重的、铭心刻骨的。宣泄忧愤不能消释他的痛苦不平,他企图在老庄思想中求得安宁。"合散消息兮,安有常则",万事万物变动不居,瞬息而变,生死更替,祸福相转,名利和富贵立即化为乌有,因而一切皆无须执著。"纵躯委命","知命不忧",是生是死,是祸是福,是穷是达,一切听从命运的安排而无须深虑。他希望以老庄之道来消解自己过大的欲望和悲愤。但他如何能消解呢?《淮南子·齐俗训》:"常欲在于虚,则有不能为虚矣。若夫不为虚而自虚者,此所慕而能致也。"后来,贾谊为梁怀王太傅。怀王为文帝爱子,是褒封大国,与长沙王太傅不可同日而语,但这不能满足贾谊过高的愿望和理想,他又无法归心于老庄,最终在忧伤和怨愤中不幸逝去,令人吁嗟伤怀。

【原文】十三

太史公曰:余读《离骚》、《天问》、《招魂》、《哀郢》,悲其志[1]。适长沙,观屈原所自沉渊,未尝不垂涕,想见其为人[2]。及见贾生吊之,又怪屈原以彼其材,游诸侯,何国不容,而自令若是[3]。读《鹏鸟赋》,同死生,轻去就,又爽然自失矣[4]。

【注释】和【讲解】

[1] 悲其志:为屈原的志节品行所感动。悲,感动。屈原在《离骚》等篇中,坚持自己的高洁人格和美政理想,不与小人同流合污,虽屡遭打击,但自信自傲,坚贞不屈,忠君爱国,以死殉自己的理想。

[2] 史公来到长沙,观屈原沉渊的地方,不禁缅怀屈原的志节和人格,想象他憔悴枯槁的形象,悲叹他信而见疑、忠而被谤而自沉汨罗的不幸命运。这与司马迁适鲁对孔子的追慕相同:"《诗》有之:'高山仰止,景行行止。'虽不能至,然心向往之。余读孔氏书,想见其为人。"扬雄也说:"又怪屈原文过相如,至不容,作《离骚》,自投江而死,悲其文,读之未尝不垂涕也。以为君子得时则大行,不得时则龙蛇,遇不遇命也,何必沉身哉!"(《汉书·扬雄传》)

[3] 贾生凭吊屈原,为屈原的纯情执著而感动,也为他遭受的痛苦而同情。贾生和司马迁不禁责备屈原,为何那样坚贞不屈、忠君爱国

呢？既然国人莫我知，楚王不明，就离开楚国，像凤凰那样高逝而历九州，凭你杰出的才能而游于诸侯，哪个国家不接纳呢？为何陷入穷困而自沉汨罗？这里，对屈原的责备是建立在同情、敬佩的感情之上。

[4] 一般人悦生恶死，对死者深致同情。读贾生《鹏鸟赋》，生死齐同，从生到死是自然的变化，没有什么悲伤，"其生若浮兮，其死若休"，因而何必悲怨屈原的自沉汨罗呢？一般人把去就看得非常重要，根据老庄的观点，去就相等，任其变化，不悲不喜。因此，在贾谊《鹏鸟赋》中，贾生和司马迁皆看淡了人生的生死荣辱，喜怒哀乐不入于胸次，为何再为屈原的身世和诗文感动悲怆呢？

要之，其论赞的意义丰蕴、含蓄、曲折，深得《春秋》微言大义之旨：读《离骚》等作品而为屈原忠贞爱国之志感动，进而伤痛其不幸的命运，然又责怪他为何不离开楚国，后在庄子的同生死、一祸福中淡化、虚空了人生的得失恩怨。明人凌稚隆《史记评林》引赵恒之言曰："读其词而悲之，见所自沉渊，又悲之；及观贾生吊之之文，又怪以彼其材，游诸侯，何国不容，而自令若是，又悲之；及读《鹏鸟赋》，则其意广也，所以爽然自失其悲也。"

【总论】

屈原的一生是悲剧性的一生，他的生命燃烧在诗歌里。今日，当我们诵读《离骚》、《哀郢》等篇章，不禁感慨流涕，想见其为人。"怅望千秋一洒泪，萧条一代不同时。"司马迁是屈原的异代知音。屈原死了，却永远活在每个中国人的心中。每年的五月初五，我们过"端午节"，赛龙舟，吃粽子，插蒿艾，我们在欢度传统节日的时候，缅怀屈原那高洁的人格和不屈的斗志、爱国的精神以及"信而见疑，忠而被谤"的不幸命运。屈原的行事不见于先秦的传世典籍，如果不是司马迁写了《屈原列传》，也许屈原就很可能湮没无闻。我们一方面不能不感慨留名的艰难。司马迁在《伯夷列传》里说："闾巷之人，欲砥行立名者，非附青云之士，恶能施于后世哉？"另一方面，我们在怀念屈原的同时，不能不深深感谢伟大的史学家、思想家、文学家司马迁。

《陈政事疏》曰："臣窃惟事势，可为痛哭者一，可为流涕者二，可为长太息者六,若其他背理而伤道者,难遍以疏举。进言者皆曰天下已安已治矣,臣独以为未也。"儒家虽有对时代命运的担当精神,但关注现实的社会政治而至于痛哭、流涕、长太息,则充分表现了贾谊对现实政治的强烈忧患意识和积极参与精神。儒家之道远大,富于理想性而不太切合实际,以道自任的儒者也往往迂远而阔于事情。但《陈政事疏》提出了制诸侯、攘匈奴、变风俗、傅太子、崇礼义德教、礼貌大臣等重要决策,除了对付匈奴一项不切实际外,其他各项莫不由后来的史实证明其正确性。这反映了贾谊对现实政治的关切之深、把握之透。

贾谊更多地保持了独立自主的性格,他与政治权势的对立性相当强烈,道与势的结合主要表现为冲突的特征;且他又沉溺于政治权势太深而难以自拔。因此,他所感受的专制政治的压力感最为强烈。徐复观先生认为,"西汉知识分子对由大一统的一人专制政治而来的压力感也特别强烈","所以他(贾谊)在《鵩鸟赋》中,只有想'释智遗形,超然自丧',要在庄子思想中来逃避这一黑白颠倒而又没有'选择之自由'的政治情势,所给予他精神上的压力"。[①] 如果贾谊能疏离政治权势,或居于乡野,或隐于朝廷,他就不会有深重的痛苦。如果他能枉道从势、阿谀人主,而与政治权势保持整合统一,他也不会有巨大的悲愤。然而,这两方面的假设都是虚拟的。贾谊的人生选择并非如徐先生所谓没有"选择之自由",他可以疏离政治权势,亦可与政治权势保持更多的统一,从而逃避政治权势的打击。

班固《汉书·贾谊传赞》曰:

> 刘向称:"贾谊言三代与秦治乱之意,其论甚美,通达国体,虽古之伊、管未能远过也。使时见用,功化必盛。为庸臣所害,甚可悼痛。"追观孝文玄默躬行以移风俗,谊之所陈略施行矣。……谊亦天年早终,虽不至公卿,未为不遇也。

贾生被历代文人看作士之不遇的典型。士之遇和不遇,主要是根据当事

---

① 徐复观:《两汉思想史》(第一卷),华东师范大学出版社 2001 年,第 168 页。

人的才能和要求。如果贾生才能平平、愿望不大，则他虽不至公卿，但也受到文帝的信任，为诸侯王的相，不为不遇。然而，贾生才能卓异，志向高远，不至公卿而干一番惊天动地的事业，即是不遇。

苏轼《贾谊论》曰：

> 非才之难，所以自用者实难。惜乎贾生王者之佐，而不能自用其才也。夫君子之所取者远，则必有所待；所就者大，则必有所忍。……若贾生者，非汉文之不用生，生之不能用汉文也。……观其过湘，为赋以吊屈原，抑郁愤闷，超然有远举之志。其后卒以自伤哭泣，至于夭绝。是亦不善处穷者也。夫谋之一不见用，安知终不复用也？不知默默以待其变，而自残至此。呜呼，贾生志大而量小，才有余而识不足也。

苏轼批评贾生"志大而量小，才有余而识不足"，因而"非才之难，所以自用者实难"。

第十一讲

"大直若诎,道固委蛇"

——《刘敬叔孙通列传》的解读

【序论】

清人李景星《史记评议》:"汉初最大事只是两条:曰定都,曰制礼。刘敬劝都长安,是定都事;叔孙通起朝仪(朝廷中的礼仪),是制礼事。皆与当时有绝大关系,故以之合传。"

明人凌稚隆说:"(秦)二世虽残暴,通已臣事之矣,鼠窃之对,与指鹿何异?太史公首次此,而通之希世取容可概见矣。"(《史记评林》九九卷)《史记·秦始皇本纪》:"赵高欲为乱,恐群臣不听,乃先设验,持鹿献于二世,曰:'马也。'二世笑曰:'丞相误邪?谓鹿为马。'问左右,左右或默,或言马以阿顺赵高。或言鹿,高因阴中诸言鹿者以法。后群臣皆畏高。"赵高拥有威权,他的指鹿为马是摧折大臣的自由意志。叔孙通的指鹿为马,是迫于二世的专横残暴,以保全自己的性命。

海外学者余英时说:"汉初儒学的法家化,其最具特色的表现是乃在于君臣观念的根本改变。汉儒抛弃了孟子的'君轻'论、荀子的'从道不从君'论,而代之以法家的'尊君卑臣'论。"① 汉代第一个在政治上颇为得意的儒生是叔孙通。他为刘邦制定的"朝仪",是"颇采古礼与秦仪杂就之",实是秦廷那一套"尊君卑臣"的礼节。宋朱熹说:"叔孙通为绵蕝之仪(蕝,jué,束茅立于地面,为表明位次的标志;亦作"绵蕞"),其效至于群臣震恐,无敢喧哗失礼者。比之三代燕享群臣

---

① 余英时:《中国思想传统的现代诠释》,江苏人民出版社 2003 年,第 66 页。

气象，便大不同，盖只是秦人尊君卑臣之法。"（《朱子语类》第 135 卷）惠帝即位，他又说"人主无过举"，即皇帝是永远不会犯错误的。

【原文】一

刘敬者 [1]，齐人也。汉五年 [2]，戍陇西，过洛阳，高帝在焉。娄敬脱辁辂 [3]，衣其羊裘 [4]，见齐人虞将军曰："臣愿见上言便事 [5]。"虞将军欲与之鲜衣 [6]，娄敬曰："臣衣帛，衣帛见；衣褐，衣褐见：终不敢易衣。"于是虞将军入言上。上召入见，赐食。

【注释】

[1] 刘敬：本姓"娄"，因言建都关中有功，刘邦褒奖而赐姓"刘"。[2] 前 202 年。[3] 脱：松开，解下。辁：挽，牵引（车）。辂（lù）：车辕上用来挽车的横木。[4] 衣（yì）：穿着。[5] 便（biàn）事：便宜之事，不需请求而灵活处理的事。[6] 鲜衣：华美的衣服。

【讲解】

刘敬路过洛阳，解开牵引车子的横木，穿着随身的衣服，去见刘邦，力言建都关中的好处。此事历来为人称道。

【原文】二

已而问娄敬，娄敬说曰："陛下都洛阳，岂欲与周室比隆哉？"上曰："然。"娄敬曰："陛下取天下与周室异。周之先自后稷，尧封之邰 [1]，积德累善十有余世。公刘避桀居豳 [2]。太王以狄伐故 [3]，去豳，杖马箠居岐 [4]，国人争随之。及文王为西伯 [5]，断虞、芮之讼 [6]，始受命，吕望、伯夷自海滨来归之。武王伐纣，不期而会孟津之上八百诸侯 [7]，皆曰纣可伐矣，遂灭殷。成王即位，周公之属傅相焉 [8]，乃营成周洛邑，以此为天下之中也，诸侯四方纳贡职，道里均矣，有德则易以王，无德则易以亡。凡居此者，欲令周务以德致人，不欲依阻险，令后世骄奢以虐民也。及周之盛时，天下和洽 [9]，四夷向风，慕义怀德，附离而并事天子,不屯一卒[10],不战一士,八夷大国之民莫不宾服,效其贡职[11]。及周之衰也,分而为两[12],天下莫朝,周不能制也。非其德薄也,而形势弱也。今陛下起丰沛,收卒三千人,以之径往而卷蜀汉[13],定三秦,与项羽战荥阳,争成皋之口,大战七十,小战四十,使天下之民肝脑涂地,父子暴骨中野[14],不可胜数,哭泣之声未绝,伤痍者未起[15],而欲比隆于成康之时,臣窃以为不侔也[16]。且夫秦地被山带河,四塞以为固,卒然有急[17],百万之众可具也。因秦之故,资甚美膏腴之地[18],此所谓天府者也。陛下入关而都之,山东虽乱,秦之故地可全而有也。夫与人斗,不搤其亢[19],拊其背[20],未能全其胜也。今陛下入关而都,案秦之故地[21],此亦搤天下之亢而拊其背也。"

高帝问群臣,群臣皆山东人,争言周王数百年,秦二世即亡,不如都周。上疑未能决。及留侯明言入关便,即日车驾西都关中[22]。于是上曰:"本言都秦地者娄敬,'娄'者乃'刘'也。"赐姓刘氏,拜为郎中,号为奉春君。

【注释】

[1] 邰(tái):在今陕西武功西南。[2] 豳(bīn):在今陕西彬县东北。[3] 太王:古公亶(dǎn)父。他因夷狄的侵逼而迁移到岐山下的周原。《诗经·大雅·绵》:"周原膴膴(wǔ wǔ,肥美的样子),堇荼如饴(堇荼一类的苦菜在肥美的周原上生长,也变得甘甜如糖)。"[4] 杖马箠(chuí):赶着马前进。箠,鞭子。岐:在今陕西岐山东北。[5] 西伯:西方的诸侯之长。[6] 虞、芮(ruì)两国发生纠纷,文王予以调解。[7] 不期:没有约定。孟津:古黄河渡口名,在今河南孟津东北。[8] 傅相:作太傅、宰相,以辅助成王。周公:名姬旦,是武王的弟弟,成王的叔叔。[9] 洽:和睦。[10] 屯:聚集。[11] 效:献出。[12] 战国后期,周朝直接统治的地区分裂为西周、东周两个小国。此西周、东周,与历史上把平王东迁之前称为西周、东迁之后称为东周是不同的。[13] 径往:直接前进。[14] 暴(pù)骨:暴露尸骨。中

野：旷野之中。[15] 伤痍 (yí)：创伤。[16] 侔 (móu)：相等。[17] 卒：猝，突然。[18] 资：以之为资，凭借。[19] 搤其亢：扼住其咽喉。搤，扼。亢，吭 (háng)，咽喉。[20] 拊 (fǔ)：拍打。[21] 案：按，据有。[22] 书"即日"，则表示高祖从谏如流。

【讲解】

《诗经·大雅》中的《生民》、《公刘》、《绵》、《皇矣》、《大明》诸篇，赞颂了周的祖先后稷、公刘、太王、王季、文王、武王的业绩，反映了西周开国的历史。周民族是最古老的农业民族之一，始祖后稷懂得耕作，栽培五谷，在农业生产上取得了很大的发展。公刘带领周人躲开戎狄的侵扰，选择了豳这块适宜于农业生产的土地。古公亶父率领周人由豳迁至土地肥美的周原，建立城邦，创业立国。《毛诗序》："《绵》，文王之兴，本由太王也。"

建都关中，刘敬先发其议，山东大臣争之，赖子房的疏导，而成为定局。《史记·留侯世家》曰：

　　刘敬说高帝曰："都关中。"上疑之。左右大臣皆山东人，多劝上都洛阳："洛阳东有成皋，西有殽渑，背河，向伊洛，其固亦足恃。"留侯曰："洛阳虽有此固，其中小，不过数百里，田地薄，四面受敌，此非用武之国也。夫关中左殽函，右陇蜀，沃野千里，南有巴蜀之饶，北有胡苑之利，阻（凭借）三面而守，独以一面东制诸侯。诸侯安定，河渭漕輓天下，西给京师；诸侯有变，顺流而下，足以委输（运输）。此所谓金城千里，天府之国也，刘敬说是也。"

刘敬认为，周建都洛阳，不是凭借地理形势，而是凭借其德，因为周的得天下是积德累善十余世，而不是运用短时的暴力；同时，周实行宗法制即通过血缘关系以加强政治的凝聚力和统治力，也使诸侯叛乱的可能性减小。但是，汉之得天下完全是通过武力征伐，天下人肝脑涂地，怨声载道；且汉是无土而王，没有任何凭借，因而天下人时时觊觎汉朝的天下，随时都可以反叛，故刘邦的建都必须凭借地理形势的优越，以防范天下的动乱。

【原文】三

　　汉七年,韩王信反[1],高帝自往击之。至晋阳[2],闻信与匈奴欲共击汉,上大怒,使人使匈奴。匈奴匿其壮士肥牛马,但见老弱及羸畜。使者十辈来,皆言匈奴可击。上使刘敬复往使匈奴,还报曰:"两国相击,此宜夸矜见所长[3]。今臣往,徒见羸瘠老弱[4],此必欲见短,伏奇兵以争利。愚以为匈奴不可击也。"是时汉兵已逾句注[5],二十余万兵已业行[6]。上怒,骂刘敬曰:"齐虏!以口舌得官,今乃妄言沮吾军[7]。"械系敬广武。遂往,至平城,匈奴果出奇兵围高帝白登,七日然后得解。高帝至广武,赦敬,曰:"吾不用公言,以困平城[8]。吾皆已斩前使十辈言可击者矣。"乃封敬二千户,为关内侯[9],号为建信侯。

【注释】

　　[1]韩王信:不是淮阴侯韩信。韩王信的事迹见于《韩信卢绾列传》。[2]晋阳:在今山西太原西南。[3]见:现。[4]羸(léi)瘠:瘦弱。[5]逾:越过。句(gōu)注:山名。[6]业已:已经。[7]沮(jǔ):阻止;败坏。[8]平城:在今山西大同东北。[9]关内侯:爵位之名,汉二十等爵的第十九级,地位仅次于列侯(彻侯)。

【原文】四

　　高帝罢平城归,韩王信亡入胡。当是时,冒顿为单于[1],兵强,控弦三十万[2],数苦北边。上患之,问刘敬。刘敬曰:"天下初定,士卒罢于兵[3],未可以武服也。冒顿杀父代立,妻群母[4],以力为威,未可以仁义说也。独可以计久远子孙为臣耳[5],然恐陛下不能为。"上曰:"诚可,何为不能!顾为奈何?"刘敬对曰:"陛下诚能以嫡长公主妻之,厚奉遗之[6],彼知汉嫡女送厚,蛮夷必慕以为阏氏[7],生子必为太子,代单于。何者?贪汉重币。陛下以岁时汉所余彼所鲜数问遗[8],因使辩士风谕以礼

节 [9]。冒顿在，固为子婿；死，则外孙为单于。岂尝闻外孙敢与
大父抗礼者哉？兵可无战以渐臣也 [10]。若陛下不能遣长公主，
而令宗室及后宫诈称公主，彼亦知，不肯贵近，无益也。"高帝曰：
"善。"欲遣长公主。吕后日夜泣，曰："妾唯太子、一女，奈何弃
之匈奴！"上竟不能遣长公主 [11]，而取家人子名为长公主，妻单
于。使刘敬往结和亲约。……

【注释】

[1] 冒顿（mò dú）：西汉初期的匈奴首领，是匈奴史上最有作为
的人物之一。事见《匈奴列传》。单于（chán yú）：匈奴首领的称号。
[2] 控弦：张弓，指射手。[3] 罢：疲。[4] 妻（qì）：以群母为妻，
用作动词。[5] 只能想办法让他后代的子孙向汉称臣。独：只。[6] 赠
送给单于丰厚的礼物。[7] 阏氏（yān zhī）：匈奴皇后的称号。[8] 陛
下每年按时把汉朝多余的而匈奴缺少的东西馈赠给他们。数（shuò）：
屡次。鲜（xiǎn）：少。问遗：慰问和赠送。[9] 风谕：用委婉的语言
劝告。[10] 渐臣：渐渐使他臣服。[11] 竟：终于。

【讲解】

刘敬的和亲之议，部分缓和了汉与匈奴的关系，具有积极的社会政
治作用。"和亲"也成为一个历史政治概念，指汉族王朝与少数民族首
领之间具有一定政治目的的通婚。

【原文】五

叔孙通者，薛人也 [1]。秦时以文学征 [2]，待诏博士 [3]。
数岁，陈胜起山东，使者以闻，二世召博士诸儒生问曰："楚戍卒
攻蕲入陈 [4]，于公如何？"博士诸生三十余人前曰："人臣无
将 [5]，将即反，罪死无赦。愿陛下急发兵击之。"二世怒，作
色 [6]。叔孙通前曰："诸生言皆非也。夫天下合为一家，毁郡县
城，铄其兵 [7]，示天下不复用。且明主在其上，法令具于下，使
人人奉职，四方辐辏 [8]，安敢有反者！此特群盗鼠窃狗盗耳，何
足置之齿牙间。郡守尉今捕论 [9]，何足忧。"二世喜曰："善。"

尽问诸生,诸生或言反,或言盗。于是二世令御史案诸生言反者下吏 [10],非所宜言。诸言盗者皆罢之。乃赐叔孙通帛二十匹,衣一袭 [11],拜为博士 [12]。叔孙通已出宫,反舍,诸生曰:"先生何言之谀也?"通曰:"公不知也,我几不脱于虎口!"乃亡去,之薛,薛已降楚矣。及项梁之薛,叔孙通从之。败于定陶,从怀王。怀王为义帝,徙长沙,叔孙通留事项王。汉二年,汉王从五诸侯入彭城,叔孙通降汉王。汉王败而西,因竟从汉 [13]。

【注释】

[1] 薛:原属鲁国,汉置菑川国,割入齐。西汉两大儒皆是薛人,叔孙通希世度务,公孙弘曲学阿世。[2] 文学:学术;儒学。[3] 待诏:等待任用。待诏博士,非正式博士。[4] 蕲(qí):秦县名,在今安徽宿州东南。[5] 将:谋叛的念头。[6] 作色:变脸色。[7] 铄(shuò)其兵:熔化兵器。[8] 辐辏(còu):车辐凑集到毂(gǔ)上,比喻四方归向朝廷。[9] 捕论:捕获定罪。论,审讯判决。[10] 案:审问,审查。[11] 一袭:一套。[12] 由待诏博士转为正式博士。[13] 竟:最终。

【讲解】

叔孙通的鼠窃之对,虽是承二世之意,但也是出于不得已。诸生所言反,二世愤怒、作色;二世专横残暴,使之怒、作色就有生命之忧。在这种君不君的情况下,叔孙通不能尽人臣的直谏责任是可以原谅的,孔子所谓"君不君,则臣不臣"。《秦始皇本纪》记录赵高攻杀二世时,只有一个宦者侍不敢去,二世问之曰:"公何不早告我?乃至于此!"宦者曰:"臣不敢言,故得全。使臣早言,皆已诛,安得至今。"

叔孙通善于变化,能够根据时局的发展而衡量得失,或进或退。他知道鼠窃之对很快就会露馅,立即亡去。项梁之薛,他从项梁。项梁战死,他又从怀王。他知道怀王不过是个傀儡,没有实权,怀王徙长沙,他从项王。汉王率五诸侯入彭城,声势浩大,他又降汉王,并终于从汉。叔孙通先后从五主,一方面与他的善变有关,另一方面也与当时混乱多变的政治时局相联系。这深化了叔孙通与时俱变的性格,有助于其阿谀个性的进一步发展。

"人臣无将，将即反，罪死无赦"，本于《公羊传》庄公三十二年谓"君亲无将，将而诛焉"。人臣动了弑君亲的念头，即使没有付之行动，也必须予以诛绝。这即是深究内心动机和目的的"诛心"之论。"诛心"之论，对于个人立身行己在动机的隐微之地，下一番澄汰的工夫当然是好的，《大学》所谓"正心诚意"；但在政治上追及动机的隐微之地，并以此作为判罪的原则，则可死者必者，冤死者也必众，因为这一方面很难获得实证，另一方面也过分苛刻，从而为酷吏的深文巧诋开了方便之门。《史记·平准书》记载：大农颜异与客人语，客言政令有不便者，"异不应，微反唇"；事下张汤治异，汤与异有隙，"汤奏当异九卿见令不便，不入言而腹诽，论死。自是之后，有腹诽之法比，而公卿大夫多谄谀取容矣"。

【原文】六

叔孙通儒服，汉王憎之；乃变其服，服短衣，楚制 [1]，汉王喜。

叔孙通之降汉，从儒生弟子百余人，然通无所言进 [2]，专言诸故群盗壮士进之。弟子皆窃骂曰："事先生数岁，幸得从降汉，今不能进臣等，专言大猾 [3]，何也？"叔孙通闻之，乃谓曰："汉王方蒙矢石争天下 [4]，诸生宁能斗乎？故先言斩将搴旗之士 [5]。诸生且待我，我不忘矣。"汉王拜叔孙通为博士，号稷嗣君 [6]。

【注释】

[1] 楚制：楚地的式样。[2] 进：推荐。[3] 大猾：奸贼狡猾之人。[4] 蒙：冒着。[5] 搴（qiān）：拔。[6] 稷嗣君：希望叔孙通的德业能继承齐稷下学士的风流。公元前 4 世纪中叶，历史步入了战国时期，田氏齐国耗费大量资财，在都城临淄的稷门之外筑起高门大屋，广招天下贤才来此讲学授徒，著书立说，参议政治，史称稷下学宫。稷下学宫是战国百家争鸣的学术中心。

【讲解】

《史记·郦生陆贾列传》:"沛公不好儒,诸客冠儒冠来者,沛公辄解其冠,溲溺(sōu niào,解小便)其中。与人言,常大骂。未可以儒生说也。"刘邦不喜欢儒者,且好侮之。叔孙通为了迎合刘邦,变儒服为楚制短衣。叔孙通深知,在多事之秋,儒者"难与进取,可与守成",所以他先推荐斩将搴旗之士,而得到刘邦的信任,"拜叔孙通为博士,号稷嗣君"。这表现了叔孙通之知时变、善逢迎的品行。

【原文】七

汉五年,已并天下,诸侯共尊汉王为皇帝于定陶,叔孙通就其仪号[1]。高帝悉去秦苛仪法,为简易。群臣饮酒争功,醉或妄呼,拔剑击柱,高帝患之。叔孙通知上益厌之也[2],说上曰:"夫儒者难与进取,可与守成。臣愿征鲁诸生,与臣弟子共起朝仪[3]。"高帝曰:"得无难乎[4]?"叔孙通曰:"五帝异乐,三王不同礼。礼者,因时世人情为之节文者也[5]。故夏、殷、周之礼所因损益可知者[6],谓不相复也。臣愿颇采古礼与秦仪杂就之。"上曰:"可试为之,令易知,度吾所能行为之。"

于是叔孙通使,征鲁诸生三十余人。鲁有两生不肯行,曰:"公所事者且十主[7],皆面谀以得亲贵。今天下初定,死者未葬,伤者未起,又欲起礼乐。礼乐所由起,积德百年而后可兴也。吾不忍为公所为。公所为不合古,吾不行。公往矣,无污我!"叔孙通笑曰:"若真鄙儒也,不知时变[8]。"

遂与所征三十人西,及上左右为学者与其弟子百余人为绵蕞野外[9]。习之月余,叔孙通曰:"上可试观。"上既观,使行礼,曰:"吾能为此。"乃令群臣习肄[10],会十月[11]。

【注释】

[1] 就其仪号:制定礼仪和名号。[2] 益:逐渐。[3] 朝仪:朝廷中的礼仪制度。[4] 得无:该不会。[5] 节文:对人的言行加以节制和修饰。[6] 因损益:因,因袭,继承;损,减少;益,增加。《论语·

为政》云："子曰：'殷因于夏礼，所损益，可知也；周因于殷礼，所损益，可知也。其或继周者，虽百世，可知也。'"[7] 且：将近。[8] 不知时变：不知与时变化，即与时俱进。[9] 绵蕞（zuì）：在野外僻静处，拉绳索以圈地界（绵），束茅草以像人形（蕞），演习朝仪。亦作"绵莜"。[10] 习肄（yì）：练习。[11] 会：举行朝会。十月：汉初沿用秦历，以十月为岁首。武帝太初元年改历之后，以正月为岁首。

【讲解】

刘邦性情阔达简易，尽废除秦的繁苛仪法，群臣没有规矩，不讲礼节。刘邦也渐渐厌恶之。叔孙通趁机为刘邦制定朝仪。叔孙通征鲁之儒生以共起朝仪，两儒生不肯去，一是他们认为叔孙通阿谀人主，不能坚持儒者的独立人格；二是他们认为，国家积德百年后才可以兴礼乐，这是儒家的常义，但叔孙通曲学逢迎。叔孙通嘲笑说："若真鄙儒也，不知时变。"儒学当然可以与时俱变，但首先要坚持儒学的常道，常为主；其次是顺应时代的发展，而有所变化，变为辅。这样，儒学是常主变辅的对立和统一。儒者的人格当然也可以变化，他首先是坚持自己的独立人格，此为主；然后再适当地有所改变，以适应人君的要求。叔孙通太善于变化了，把变化作为主，贬损了常道；两儒生墨守成规，不能顺应时局的发展。此两者皆不可取。

两儒生所说"公往矣，无污我"，即保持自己的独立人格与所任之道。《史记·老子韩非列传》记载："楚威王闻庄周贤，使使厚币迎之，许以为相。庄周笑谓楚使者曰：'千金，重利；卿相，尊位也。子独不见郊祭之牺牛乎？养食之数岁，衣以文绣，以入太庙。当是之时，虽欲为孤豚，岂可得乎？子亟去，无污我。我宁游戏污渎之中自快，无为有国者所羁，终身不仕，以快吾志焉。'"庄生所谓"子亟去，无污我"，亦是坚持自己的独立人格，追求自己的精神自由。

【原文】八

汉七年，长乐宫成 [1]，诸侯群臣皆朝十月。仪：先平明，谒者治礼 [2]，引以次入殿门，廷中陈车骑步卒卫官，设兵张旗帜。传言"趋"。殿下郎中夹陛 [3]，陛数百人。功臣列侯诸将军军吏以次陈西方,东向;文官丞相以下陈东方,西向。大行设九宾,胪传 [4]。于是皇帝辇出房,百官执职传警 [5],引诸侯王以下至吏六百石以次奉贺。自诸侯王以下莫不震恐肃敬。至礼毕,复置法酒 [6]。诸侍坐殿上皆伏抑首 [7],以尊卑次起上寿 [8]。觞九行,谒者言"罢酒"。御史执法举不如仪者辄引去。竟朝置酒,无敢喧哗失礼者。于是高帝曰:"吾乃今日知为皇帝之贵也。"乃拜叔孙通为太常 [9],赐金五百斤。

叔孙通因进曰:"诸弟子儒生随臣久矣,与臣共为仪,愿陛下官之。"高帝悉以为郎。叔孙通出,皆以五百斤金赐诸生。诸生乃皆喜曰:"叔孙生诚圣人也,知当世之要务。"

【注释】

[1] 长乐宫:西汉主要宫殿之一。汉初皇帝在此举行朝会。惠帝后,朝会移到未央宫举行,长乐宫改为太后住处。[2] 谒者:主持朝仪的官员。[3] 皇帝的侍卫人员侍立在台阶的两侧。[4] 大行:大行人,掌宾客之礼。九宾:九傧(bīn),主传令之人。胪(lú)传:从上至下传令为胪,从下至上传语为传。[5] 传警:传报圣驾将到,而引起警惧。[6] 法酒:朝廷的正式宴会。[7] 抑:屈,俯。[8] 上寿:敬酒祝福。[9] 太常:掌宗庙礼仪,九卿之一。

【讲解】

叔孙通颇采古礼与秦仪杂就汉之朝仪,使"自诸侯王以下莫不振恐肃敬",使刘邦感叹到"吾乃今日知为皇帝之贵也"。这种朝仪更多的是秦之尊君卑臣的一套礼仪,与儒家之"尊尊、亲亲、贤贤"的礼仪不同。朱熹曰:"比之三代燕享,君臣气象,便大不同。盖只是秦人尊君卑臣之法。"(《朱子语类》第 135 卷)

大一统的专制皇帝,是受天命为王,具有至高无上的地位和权威。这种尊君的思想必须通过臣民的信念而体现出来。皇帝及其大臣,经常以庄严肃穆的形式举行各种各样的礼仪活动,以巩固这种信念。无数次的磕头与山呼万岁,加强了皇帝神圣不可侵犯的意义。

【原文】九

　　汉九年，高帝徙叔孙通为太子太傅。汉十二年，高祖欲以赵王如意易太子，叔孙通谏上曰："昔者晋献公以骊姬之故废太子 [1]，立奚齐，晋国乱者数十年，为天下笑。秦以不早定扶苏，令赵高得以诈立胡亥，自使灭祀 [2]，此陛下所亲见。今太子仁孝，天下皆闻之；吕后与陛下攻苦食啖 [3]，其可背哉！陛下必欲废嫡而立少，臣愿先伏诛，以颈血污地。"高帝曰："公罢矣，吾直戏耳 [4]。"叔孙通曰："太子天下本，本一摇天下振动，奈何以天下为戏！"高帝曰："吾听公言。"及上置酒，见留侯所招客从太子入见 [5]，上乃遂无易太子志矣。

【注释】

　　[1] 献公宠幸骊（lí）姬，而废太子申生。[2] 灭祀：灭绝后代。祀，祭祀。[3] 攻苦食啖：操苦业而食淡味。攻，治。啖，淡，粗茶淡饭。[4] 直：但，只。[5] 留侯所招客，即商山四皓。见于《留侯世家》。

【讲解】

　　高祖欲易太子，叔孙通不惜以生命相拼，似与他的谀主品行不合。后人或以为，叔孙通的品行较为复杂，他虽希世取容，但谏易太子数语，凛然有正气。或以为，叔孙通死谏刘邦易太子之事，别有隐情：一是他深知刘邦之明，不会因此事而杀他；二是他也知道吕后之强大，易太子是不可能的，也许他已预测吕后不久将专权，因而预先阿谀吕后；三是他知道像留侯这样的重臣也不同意易太子。因此，叔孙通死谏易太子之事，正是他"希世度务"之性格的委曲表现。所谓"希世"，即观望、察知世事；"度务"，即知当世之要务。知当世之要务，即所谓"世事洞明"，本是难能可贵的。但有人在世事洞明的情况下，是为了谋取自己的私利；有人则是出于公利而行事。有人迎合当世的要务，而失去了自己的独立人格；有人坚持自己的独立人格，而与当世的要务保持一段距离。叔孙通之所以为后代学人所诟，其主要原因是他多出于个人的安危和利益行事,多迎合世主而失去了作为儒生的独立人格和所任之道。叔孙通死谏易太子,表面上(阳)是义正词严;但暗地里(阴)多是出于他自己的私利:他是太子太傅,太子即位,对他有许多的好处;且他也深知高祖已是风烛残年而吕后强盛,他不能不为自己早作打算。因此,在现实社会中,我们对于别人的言词与谋划要慎重考虑,不仅注意到阳的一面,还要深入分析、细心考量他之言词背后所谓阴的一面,此阴的一面往往才是事情的实质。世上聪明智慧的人正是时常关注阴的一面。此在为人处世中,不可以不慎。

【原文】十

高帝崩,孝惠即位,乃谓叔孙生曰:"先帝园陵寝庙[1],群臣莫习。"徙为太常,定宗庙仪法。及稍定汉诸仪法,皆叔孙生为太常所论著也。

孝惠帝为东朝长乐宫,及间往[2],数跸烦人[3],乃作复道[4],方筑武库南。叔孙生奏事,因请间曰:"陛下何自筑复道高寝,衣冠月出游高庙[5]?高庙,汉太祖,奈何令后世子孙乘宗庙道上行哉?"孝惠帝大惧,曰:"急坏之。"叔孙生曰:"人主无过举。今已作,百姓皆知之,今坏此,则示有过举。愿陛下原庙渭北[6],衣冠月出游之,益广多宗庙,大孝之本也。"上乃诏有司立原庙。原庙起,以复道故。

孝惠帝曾春出游离宫,叔孙生曰:"古者有春尝果,方今樱桃熟,可献,愿陛下出,因取樱桃献宗庙。"上乃许之。诸果献由此兴。

【注释】

[1] 园陵:陵园,埋葬帝王的墓地。寝:模仿帝王生前日常起居的地方,内置帝王生前的衣冠、物品。庙:举行祭祀帝王的场所。高祖去世,葬于长陵;与长陵相配的高祖寝和高祖庙并非建在一处。[2] 间(jiàn)往:在正式朝拜以外谒见太后。[3] 跸(bì):帝王出行之时,

开路清道，禁止通行。[4] 复道：空中阁道。[5] 按当时的礼制，置于高祖寝中衣冠，在每月祭祀时，必须从高祖寝依既定的路线游行一番，最后送入高祖庙。惠帝所筑的复道刚好架在从高寝至高庙的道上。叔孙通以为这是对高祖的大不敬。[6] 原庙渭北：在渭水之北再建立一座原庙；以前的高祖庙仍然不废弃，但不是原庙。这样，从高寝至原庙就不经过复道之下的路了。

【讲解】

叔孙通定宗庙仪法，帝王去世，有陵、寝、庙，且不建在一处，每月衣冠从寝到庙出游一次。后来因为惠帝筑复道的缘故，而建原庙，当初的高庙不废，并进而主张在各地广建宗庙。这实在太繁费了，以至西汉后期，帝王之庙到处都是，泛滥成灾，给社会民生带来很大的不便。宗庙仪法的繁缛之祸，一至于此！叔孙通是始作俑者。叔孙通又制定献果之礼。

叔孙通认为惠帝不应建立那条复道，惠帝倒肯接受批评，立即就要毁掉它。但叔孙通不赞成，而说"人主无过举"，即皇帝永远是不会犯错误的，即使真的错了，也不应该公开地纠正，使人民知道皇帝有错，皇帝要采取曲折的方式以掩饰自己的过失。这一方面表明皇帝的尊严是至高无上的；作为一位大儒，叔孙通本应主张对等性的君臣关系，但他极度地标举尊君卑臣的观念，与孟子的君臣观有别。另一方面，这无疑是欺骗，是掩饰自己的过失，且更进一步，把原来的过失经过曲折的改变而变成正确的行为。惠帝修复道，是不合孝道，为了掩饰自己行为的过失，又重新建了原庙，起初的庙当然不能废弃，则又出了一条仪法，即可以在长安各地多建高庙。可见，叔孙通精通世务，圆滑善变，真是儒者大滑也。

【原文】十一

太史公曰：语曰"千金之裘 [1]，非一狐之腋也 [2]；台榭之榱 [3]，非一木之枝也；三代之际，非一士之智也"。信哉！夫高祖起微细，定海内，谋计用兵，可谓尽之矣 [4]。然而刘敬脱辂辁一说，建万世之安，智岂可专邪！叔孙通希世度务制礼 [5]，进退与时变化，卒为汉家儒宗。"大直若诎，道固委蛇"［6］，盖谓是乎？

【注释】

［1］"千金"六句，见于《慎子》。此说明一个人要成就功业，必须博采众人之智，既不要自以为是，又不能专信其他一人之智。［2］狐之腋：狐腋下的毛，少而珍贵，不采众狐之腋毛，则不能成一裘。［3］榱（cuī）：屋顶的椽子。［4］尽之：尽众人之智。刘邦得天下的一个重要原因，是他能集众人之智。他虽时时辱骂别人，开始不能理解他人的建议，但他悟性高，灵活善变，最终还是能听从他人的善议。刘邦在得天下后对群臣说："夫运筹策帷帐之中，决胜于千里之外，吾不如子房。镇国家，抚百姓，给馈饷，不绝粮道，吾不如萧何。连百万之军，战必胜，攻必取，吾不如韩信。此三者，皆人杰也，吾能用之，此吾所以取天下也。项羽有一范增而不能用，此其所以为我擒也。"（《高祖本纪》）［5］希世度（duó）务：观望时世，知当世要务，且能顺承之。希，观望，有迎合之意。［6］诎：曲。委蛇（wēi yí）：曲折不断的样子。

【讲解】

首先，司马迁指出叔孙通为"汉家儒宗"。"汉家儒宗"应是汉家对叔孙通的定论，而不是司马迁本人的赞语。原因之一，汉家的朝仪、宗庙仪法等皆是叔孙通所制定的，并不断地传承下来。原因之二，作为儒者，叔孙通仕途显达，并始终与汉家保持和谐的关系，虽不善始但能善终。

其次，叔孙通的品行是阿谀人主，善于变化，既不能坚持自己独立的人格，又不能守死善道。这与真正大儒的人格相违背。这又如何解释呢？难道是与道家所说的"大直若曲，道固委蛇"相合吗？从表面上看，此人是曲，但其本质是直，即从表面上看是随俗浮沉，但实际上是坚持所任之道，不过世俗之人只看到表面而不能深察其本质罢了。也许有人认为，这是表里不一，是伪诈之道。但在道家看来，以本质之直为根据的表面之曲，是相互统一，而不是分成两橛，表面的曲不但不是曲，而是别有一番新意，是曲的直，与那些仅仅是表面之曲不可同日而语。道固委蛇，即道本来是曲折不断的。一般认为，道是直的，但殊不知，道的本质是直，而道的表现是曲曲折折的，本质的直与表现的曲是统一的。表现的曲以直为根据，是直的曲折表现。这种境界应是非常高妙的。由于这是人生境界，要求反求诸己，深造自得，主观性较强，所以是"如鱼饮水，冷暖自知"。一般人很难真正的察知。这也为少数人找到了标榜自己的借口。他们本没有得到此种境界，他们的行为之曲，即是以本质之曲为根据的，但他们竟标榜自己是直的曲，从而掩盖自己本质的曲，以招摇撞骗。这即所谓"就地打滚"、"未信先横"。①

司马迁以犹疑的语气说，叔孙通表面的曲也许是以本质的直为根据，即"大直若曲，道固委蛇"。这有两种理解，一是为叔孙通开脱，肯定他行为的曲以直为根据；二是反语，即叔孙通表面的曲非以本质的直为根据，是地地道道的曲学阿世之人。

【总论】

叔孙通为汉家制定了各种礼仪，成为"汉家儒宗"；但他善于权变，曲学阿世，与孔孟的守死善道不同。他似乎只在形式上合于儒家，而实质上与儒家相隔甚远。叔孙通及其所任之道与人君支配的政治权势的结合，更多地表现了道与势之统一的关系，这种统一是以叔孙通枉道从势为基础的；但也表现了道与势的对立关系，叔孙通及其所任之道也保持了一定的自主性。叔孙通枉道从势，有其不能坚持儒家之道的主观原因，更有其来自专制政治的客观原因。道与势更多的统一，使叔孙通的仕途较为通畅，也部分地消解了因道与势的对立而给予叔孙通的压力感。清人李景星说：

> 叔孙通是儒家大猾，起朝仪一事，在当时为功，在古来为罪。然当礼节坠坏之后，体统荡然，得此而规模略定，其维持之力，亦不为小，故太史公以全力写之，口吻气象，千载如生。至其前后，

---

① 黄仁宁：《万历十五年》，中华书局2006年，第192页。

俱用活笔，以谐语成趣，以细事点染。即谏易太子数语，似乎正当矣，而在通之心，亦是宦成以后，借巧立名。且其口中句句为太子，而眼光中却有一狰狞可畏之吕后也。故曰："吕后与陛下攻苦食啖，其可背哉！"赞语一曰"希世度务"，再曰"与时变化"，则史公不为其愚（愚弄）可知。（《史记评议》）

第十二讲

"非死者难也，处死者难"

——《季布栾布列传》的解读

【序论】

清人丁晏说："案合传义勇侠烈，千载如生。前传以丁公作一反照，为季布生色，此画家背染法。……史公论激昂悲愤，读之呜咽欲涕，言受辱而不羞，又言贤者诚重其死，皆为自家吐气。"《史记余论》)①

司马迁为季布、栾布合传，其主要原因是他二人皆面临生死抉择的困境，一是选择忍辱求生，一是选择从容就死；他们的生死抉择皆具有重要的意义，皆值得肯定。这表明，当面对死亡的困境时，要理性思考、慎重抉择，既不要轻易去死，又不能苟且偷生，司马迁所谓"非死者难也，处死者难"（《廉颇蔺相如列传》）。

【原文】 一

季布者，楚人也。为气任侠 [1]，有名于楚。项籍使将兵，数窘汉王 [2]。及项羽灭，高祖购求布千金，敢有舍匿 [3]，罪及三族。

季布匿濮阳周氏。周氏曰："汉购将军急，迹且至臣家 [4]，将军能听臣，臣敢献计；即不能，愿先自刭 [5]。"季布许之。乃髡钳季布 [6]，衣褐衣，置广柳车中 [7]，并与其家僮数十人，之鲁朱家所卖之 [8]。朱家心知是季布，乃买而置之田。诫其子曰：

---

① 杨燕起等编：《历代名家评史记》，北京师范大学出版社 1986 年，第 654 页。

"田事听此奴,必与同食。"朱家乃乘轺车之洛阳 [9],见汝阴侯滕
公 [10]。滕公留朱家饮数日。因谓滕公曰:"季布何大罪,而上求
之急也?"滕公曰:"布数为项羽窘上,上怨之,故必欲得之。"朱
家曰:"君视季布何如人也?"曰:"贤者也。"朱家曰:"臣各为其
主用,季布为项籍用,职耳 [11]。项氏臣可尽诛邪?今上始得天
下,独以己之私怨求一人,何示天下之不广也 [12]!且以季布之
贤而汉求之急如此,此不北走胡即南走越耳。夫忌壮士以资敌国,
此伍子胥所以鞭荆平王之墓也 [13]。君何不从容为上言邪 [14]?"
汝阴侯滕公心知朱家大侠,意季布匿其所,乃许曰:"诺。"待间,
果言如朱家指 [15]。上乃赦季布。当是时,诸公皆多季布能摧刚
为柔,朱家亦以此名闻当世。季布召见,谢 [16],上拜为郎中。

【注释】

[1] 为气任侠:好逞勇力而为人打抱不平。[2] 数(shuò):屡
次。[3] 舍(shè)匿:收留隐藏,即窝藏。舍,止息。[4] 迹:寻
其踪迹。[5] 刭(jǐng):用刀割脖子。[6] 髡钳(kūn qián):剃去头
发,以铁链束颈。[7] 广柳车:装棺木的丧车。[8] 鲁朱家是大侠,
常救人于厄困之中。见于《游侠列传》。[9] 轺(yáo)车:一种轻便
马车。[10] 滕公:夏侯婴,曾为滕令,故号称滕公。他为刘邦赶车,
深得刘邦信任。事见《樊郦滕灌列传》。[11] 职耳:职分之内的事。
《淮阴侯列传》记录,刘邦要烹杀劝韩信谋叛的蒯通,蒯通说:"蹠之
狗吠尧,尧非不仁,狗因吠非其主。当是时,臣唯独知韩信,非知陛
下也。"人臣各为其主,士为知己者用。[12] 不广:气量不大,心胸
狭窄。《高祖本纪》谓刘邦"常有大度"。[13] 楚平王杀了伍子胥的
父兄,子胥逃到吴国,帮助吴富国强兵,带领吴军入郢。平王已死,
子胥发平王之尸,鞭之三百,以报仇雪恨。[14] 从容:自然,好像
无意。[15] 待间(jiàn):等待空隙的时间。间,空隙。[16] 谢:
谢罪。

【讲解】

朱家是布衣之侠,突出地体现了侠者的风范:"然其言必信,其行

必果，已诺必诚，不爱其躯，赴士之厄困，既已存亡死生矣，而不矜其能，羞伐其德。"（《游侠列传》）季布赖朱家的救助，不仅保住了性命，也消解了刘邦的怨恨，且得到重用。

季布本是一位壮士，勇猛善战；但在困境之中能够忍辱求生，不耻受髡钳之刑，甘于在丧车中逃生，且被人掠卖为奴，人格何其卑下，似乎丧失了壮士的气节和勇敢。这即是所谓"催刚折柔"，司马迁于此特别致意，为"太史公曰"的议论作伏笔。

【原文】二

孝惠时，为中郎将。单于尝为书嫚吕后 [1]，不逊，吕后大怒，召诸将议之。上将军樊哙曰 [2]："臣愿得十万众，横行匈奴中。"诸将皆阿吕后意 [3]，曰"然"。季布曰："樊哙可斩也！夫高帝将兵四十余万众，困于平城 [4]，今哙奈何以十万众横行匈奴中，面欺！且秦以事胡 [5]，陈胜等起。于今创痍未瘳 [6]，哙又面谀，欲摇动天下。"是时殿上皆恐，太后罢朝，遂不复议击匈奴事。

季布为河东守。孝文时，人有言其贤者，孝文召欲以为御史大夫。复有言其勇，使酒难近 [7]。至，留邸一月 [8]，见罢 [9]。季布因进曰："臣无功窃宠，待罪河东。陛下无故召臣，此人必有以臣欺陛下者 [10]；今臣至，无所受事，罢去，此人必有以毁臣者。夫陛下以一人之誉而召臣，一人之毁而去臣，臣恐天下有识者闻之，有以窥陛下也 [11]。"上默然惭，良久曰："河东吾股肱郡，故特召君耳。"布辞之官 [12]。

【注释】

[1] 嫚（màn）：侮辱。[2] 樊哙：刘邦的一员猛将，是吕后的妹夫。事见《樊郦滕灌列传》。[3] 阿（ē）：迎合。[4] 汉七年（前200），高帝带兵击匈奴，在平城被匈奴单于围困七日，用陈平计脱围。事见《陈丞相世家》。[5] 秦因为对匈奴用兵。[6] 创痍（chuāng yí）未瘳：创伤未痊愈。瘳（chóu），病愈。[7] 使酒：因酒纵性，即酗酒。

难近：难以成为近臣（附近天子的大臣）。[8] 邸（dǐ）：诸郡设在京师的客馆。[9] 见罢：引见而罢，令还河东守。[10] 妄言臣贤，是为欺。[11] 窥（kuī）：察见陛下的用人之浅。 [12] 辞别文帝，回到原任。之：到。

【讲解】

季布不阿谀吕后，也不畏惧权臣樊哙的威猛，敢于正言直谏，其勇气可嘉。

季布能把握事情的实质，且敢于直言。文帝因人臣之毁誉用人，而不能自己深察臣子的得失，确是人君不明的主要原因。季布指出文帝的不明，但文帝以虚词掩饰自己的过失。

【原文】三

楚人曹丘生，辩士，数招权顾金钱 [1]。事贵人赵同等，与窦长君善。季布闻之，寄书谏窦长君曰："吾闻曹丘生非长者，勿与通 [2]。"及曹丘生归，欲得书请季布 [3]。窦长君曰："季将军不悦足下，足下无往。"固请书，遂行。使人先发书 [4]，季布果大怒，待曹丘。曹丘至，即揖季布曰："楚人谚曰'得黄金百，不如得季布一诺'，足下何以得此声于梁楚间哉？且仆楚人，足下亦楚人也。仆游扬足下之名于天下，顾不重邪 [5]？何足下拒仆之深也！"季布乃大悦，引入，留数月，为上客，厚送之。季布名所以益闻者，曹丘扬之也。

季布弟季心，气盖关中，遇人恭谨，为任侠，方数千里，士皆争为之死。尝杀人，亡之吴，从袁丝匿 [6]。长事袁丝 [7]，弟畜灌夫、籍福之属 [8]。尝为中司马，中尉郅都不敢不加礼 [9]。少年多时时窃籍其名以行 [10]。当是时，季心以勇，布以诺，著闻关中。

季布母弟丁公，为楚将。丁公为项羽逐窘高祖彭城西，短兵接，高祖急，顾丁公曰 [11]："两贤岂相厄哉 [12]！"于是丁公引兵而还，汉王遂解去。及项王灭，丁公谒见高祖。高祖以丁公徇军中 [13]，曰："丁公为项王臣不忠，使项王失天下者，乃丁公也。"

遂斩丁公，曰："使后世为人臣者无效丁公！"

【注释】

[1] 屡次假借贵人的威权，因以请托，而博取他人的金钱。顾：雇，酬。[2] 勿与通：不要与他交往。[3] 曹丘生想得到窦长君（文帝之舅）给季布的一封信，为自己介绍请见。[4] 窦长君使人先致书于季布，说明他不得已为曹丘生写了推荐信。[5] 顾：念。重：有力。[6] 袁丝：袁盎。丝是袁盎的字。他与晁错怨恨很深，及吴楚七国反，他力劝景帝斩错。[7] 以长辈礼侍奉袁丝。[8] 把灌夫、籍福当作弟弟来养育。畜：养育。[9] 郅（zhì）都：景帝时的酷吏，行法不避贵戚，列侯宗室见都，皆侧目而视，号曰"苍鹰"。事见《史记·酷吏列传》。[10] 籍：藉，假借。[11] 顾：回头看。[12] 厄：迫害，困辱。[13] 徇（xùn）：在军营游行而宣示。

【讲解】

谚曰"得黄金百，不如得季布一诺"，可见天下人非常看重与季布的交接，且要得到季布的同意交接是很艰难的。这说明，季布有气节，为世人所敬慕；同时表明季布立身自尊自重，不随便交接世人。曹丘生为了交接季布，特地请当时最为尊贵的窦长君写推荐信，季布不满，大怒以待曹丘生。此事进一步证明"得黄金百，不如得季布一诺"的谚语，从而更张扬了季布之非常的气节风范。

季布与季心正面映衬，"季心以勇，布以诺，著闻关中"。季布与丁公形成了鲜明的反面对照。丁公事项羽不忠，放走刘邦，结果为刘邦所诛杀。季布对项羽很忠诚，不肯向刘邦屈服，最终为刘邦赦免，并得到重用。

【原文】四

栾布者，梁人也。始梁王彭越为家人时 [1]，尝与布游。穷困，赁佣于齐 [2]，为酒人保 [3]。数岁，彭越去之巨野中为盗，而布为人所略卖 [4]，为奴于燕。为其家主报仇，燕将臧荼举以为都尉 [5]。臧荼后为燕王，以布为将。及臧荼反，汉击燕，虏布。

梁王彭越闻之,乃言上,请赎布以为梁大夫。

【注释】

[1] 彭越:汉五年,被刘邦封为梁王;汉十一年,以谋反罪被刘邦诛杀。家人:居家之人,即无官职之民。[2] 赁佣(lìn yōng):被人雇佣。[3] 为酒人保:为酒家雇佣作仆役。保,仆役,佣工。[4] 略卖:劫掠出卖。[5] 臧荼:原为燕将,跟随项羽入关,封为燕王;后从刘邦,燕王如故;汉五年,臧荼谋反,被刘邦捕杀;刘邦封卢绾为燕王。

【讲解】

彭越和栾布可谓是患难之交。栾布的命运相当坎坷:他本是梁人,被人雇佣到齐国作苦役之事;又为人掠卖到燕国,成为奴隶;后来为燕王臧荼将兵,兵败被俘。梁王顾念当年贫贱时的交情,救了栾布,且任他为梁大夫。因此,彭越对栾布有救命、知遇之恩。"士为知己者用",彭越以国士遇栾布,故栾布以国士报之。

【原文】五

使于齐,未还。汉召彭越,责以谋反,夷三族。已而枭彭越头于洛阳下,诏曰:"有敢收视者 [1],辄捕之。"布从齐还,奏事彭越头下 [2],祠而哭之 [3]。吏捕布以闻 [4]。上召布,骂曰:"若与彭越反邪?吾禁人勿收,若独祠而哭之,与越反明矣。趣烹之 [5]。"方提趣汤 [6],布顾曰:"愿一言而死。"上曰:"何言?"布曰:"方上之困于彭城,败荥阳、成皋间,项王所以不能遂西,徒以彭王居梁地,与汉合从苦楚也 [7]。当是之时,彭王一顾 [8],与楚则汉破,与汉而楚破。且垓下之会,微彭王 [9],项氏不亡。天下已定,彭王剖符受封,亦欲传之万世。今陛下一征兵于梁,彭王病不行,而陛下疑以为反,反形未见,以苛细诛之 [10]。臣恐功臣人人自危也。今彭王已死,臣生不如死,请就烹。"于是上乃释布罪,拜为都尉。

孝文时,为燕相,至将军。布乃称曰:"穷困不能辱身下志,非人也;富贵不能快意,非贤也。"于是尝有德者厚报之,有怨者必以法灭之。吴楚反时 [11]，以军功封俞侯 [12]，复为燕相。燕齐之间皆为栾布立社 [13]，号曰栾公社。

　　景帝中五年薨 [14]。子贲嗣，为太常，牺牲不如令 [15]，国除 [16]。

【注释】

[1] 收视：收，收尸，收殓（liàn）；视，哀悼祭祀。[2] 栾布受彭越之命出使齐国，从齐返回，在彭越头下汇报事情。[3] 祠：祭祀。[4] 闻：使动用法，"使（上）闻"，即向皇帝汇报。[5] 趣：促，急。[6] 方提趣汤：正举起（布）而欲投之于汤（滚水）。提，举。趣，趋向。[7] 合从：合纵，联合。[8] 一顾：偏重一方。[9] 微：假使没有。[10] 苟细：微不足道的小事。彭越谋反被诛之事，见于《魏豹彭越列传》。[11] 景帝三年（前 154），吴楚等七国发动武装叛乱。[12] 俞：鄃（shū），在今山东平原西南。[13] 立社：建立祠庙。[14] 景帝中五年：前 145 年。薨（hōng）：天子死曰崩，诸侯死曰薨。[15] 牺牲：古代用来祭祀的牲畜。[16] 国除：封国被废除。

【讲解】

　　栾布出使齐时，汉王以谋反的罪名诛杀彭越，并把他的头挂在洛阳城下，枭首示众，诏曰："有敢收视者，辄捕之。"布从齐还，无所畏惧，"奏事彭越头下，祠而哭之"。吏捕布，上召布，布曰："愿一言而死。"栾布慨然陈辞：称颂彭越为汉立下的丰功，指出彭越忠诚于汉朝，无谋反之心，斥责刘邦猜忌诛杀功臣的错误行为。"今彭王已死，臣生不如死，请就烹"。"士为知己者死"非虚言也！季布对彭越忠诚耿耿，死何所惧，彭越已死，自己岂能独生？

　　刘邦在统一天下的过程中，出于当时形式的需要，不得不分封韩信、彭越、黥布等异姓诸侯王。但在天下一统之后，刘邦就开始翦灭这批异姓诸侯王，代之以分封同姓诸侯王。刘邦往往以"谋反"的罪名诬陷和诛杀他们。《彭越列传》：

　　十年秋，陈豨反代地，高帝自往击，至邯郸，征兵梁王。梁王称病，使将将兵诣邯郸。高帝怒，使人让梁王。梁王恐，欲自往谢。其将扈辄曰："王始不往，见让而往，往则为擒矣。不如遂发兵反。"梁王不听，称病。梁王怒其太仆，欲斩之。太仆亡走汉，告梁王与扈辄谋反。于是上使使掩（偷袭）梁王，梁王不觉，捕梁王，囚之洛阳。有司治，反形已具（反的模样已具备，但没有反的行动），请论（判处）如法。上赦以为庶人，传处蜀青衣。西至郑，逢吕后从长安来，欲之洛阳，道见彭王。彭王为吕后泣涕，自言无罪，愿处故昌邑（彭越的故乡）。吕后许诺，与俱东至洛阳。吕后白上曰："彭王壮士，今徙之蜀，此自遗患，不如遂诛之。妾谨与俱来。"于是吕后乃令其舍人告彭越复谋反。廷尉王恬开奏请族之。上乃可，遂夷越宗族，国除。

从司马迁的叙述中，彭越并不想谋反，而与彭越有隙的太仆诬告他；吕后又令其舍人告彭越谋反；秉承吕后意指的廷尉奏彭越谋反，而请族灭之。这些异姓诸侯王对于汉家的一统，构成了巨大的威胁。功臣在天下一统之后也失去了他们的重要作用。淮阴侯韩信在陈被刘邦逮捕时叹道："果若人言：'狡兔死，良狗烹；高鸟尽，良弓藏；敌国破，谋臣亡。'天下已定，我固当烹！"刘邦曰："人告公反。"这是刘邦诛杀功臣的主要方式。"人告公反"，什么人不能告呢？尤其是仇人，汉家也可以叫人去告，如果实在没有人告也可以莫须有地说"有人告你谋反"。《淮阴侯列传》曰：

> 其舍人得罪于信，信囚，欲杀之。舍人弟上变，告信欲反状于吕后。吕后欲召，恐其党不就，乃与萧相国谋，诈令人从上所来，言豨已得死，列侯群臣皆贺。相国绐信曰："虽疾，强入贺。"信入，吕后使武士缚信，斩之长乐钟室。信方斩，曰："吾悔不用蒯通之计，乃为儿女子所诈，岂非天哉！"遂夷信三族。

韩信的谋反被杀，是他的舍人告他有反状，反状，即反的模样，所谓"反形"，并没有反的行为。这与刘邦诛杀彭越的手段正同。《黥布列传》：

> 十一年，高后诛淮阴侯，布因心恐。夏，汉诛梁王彭越，醢（hǎi，剁成肉酱）之，盛其醢遍赐诸侯。至淮南，淮南王方猎，见醢，因大恐，阴令人部聚兵，候伺旁郡警急。布所幸姬疾，请就医，医家与中大夫贲赫对门，姬数如医家，贲赫自以为侍中，乃厚馈遗，从姬饮医家。姬侍王，从容语次，誉赫长者也。王怒曰："汝安从知之？"具说状。王疑其与乱。赫恐，称病。王愈怒，欲捕赫。赫言变事，乘传（zhuàn，驿站的车马）诣长安。布使人追，不及。赫至，上变，言布谋反有端，可先未发诛也。上读其书，语萧相国。相国曰："布不宜有此，恐仇怨妄诬之。请系赫，使人微验淮南王。"淮南王布见赫以罪亡，上变，固已疑其言国阴事；汉使又来，颇有所验，遂族赫家，发兵反。反书闻，上乃赦贲赫，以为将军。

黥布的谋反实际上是出于汉廷的猜忌、逼迫。首先是韩信、彭越皆已被诛杀，他成为惊弓之鸟；其次是他的仇人贲赫告他谋反；再次是汉廷派使者来暗地侦查他。

【原文】六

太史公曰：以项羽之气，而季布以勇显于楚，身屡军搴旗者数矣 [1]，可谓壮士。然至被刑戮，为人奴而不死，何其下也！彼必自负其材，故受辱而不羞，欲有所用其未足也 [2]，故终为汉名将。贤者诚重其死 [3]。夫婢妾贱人感慨而自杀者，非能勇也，其计画无复之耳 [4]。栾布哭彭越，趣汤如归者 [5]，彼诚知所处，不自重其死 [6]。虽往古烈士 [7]，何以加哉！[8]

【注释】

[1] 屡军搴旗：战胜敌军而拔取敌旗。屡（jù），蹈，践踏。搴（qiān），拔。[2] 自恃有杰出的才能，而忍辱求生，以发挥自己没有充

分使用的才能。　[3]重其死:看重死亡,不轻易舍弃自己的生命。[4]婢妾守小节,愤一时之气而自杀,不是勇敢的表现,而是陷于困境中毫无办法。[5]趣:趋。归:视死如归。[6]不看重死亡,即不怕死。这与季布的行为刚好相反。[7]烈士:勇烈之士。[8]加:超过。

【讲解】

季布和栾布都陷于抉择生死的困境当中。他们的抉择截然相反:季布忍辱求生,诚重其死;栾布视死如国,不自重其死。司马迁肯定了季布的忍辱求生:季布没有为项羽死,以身殉小节小义,是因为他自以为有突出的才能,而没有得到充分的使用,所以忍辱求生而建功立名。司马迁称赞栾布,不仅指栾布勇敢无畏地走向死亡,而且指在走向死亡的过程中,慷慨陈辞,称扬彭越为汉立下的丰功,指出彭越忠于汉朝而绝无谋反之心,斥责刘邦的枉杀功臣,从而为知己洗刷了不白之冤,真正地报答了知己的知遇之恩。

【总论】

司马迁说:"知死必勇,非死者难也,处死者难。"(《廉颇蔺相如列传》)这句话是模仿韩非子《说难》所谓"非知之难也,处知则难也",具有丰富的内涵。真正的勇者在陷于生死的困境时,要理性思考和慎重抉择生死:首先要抉择的,是求生还是趋死,其抉择标准是两者中哪一个意义更大;其次是假如抉择了死,那么以何种方式死,何种方式的死更具有价值;再次是假如选择了生,则以何种方式生,何种方式的生更有意义。司马迁在《史记》里特别重视根据传主的人生遭际而阐述这种生死抉择的思想。

在《廉颇蔺相如列传》里,司马迁叙述了蔺相如在死亡困境中的三次选择。

第一次,相如持和氏璧来到秦国,他的使命是"城入赵而璧留秦;城不入,则请完璧归赵"。在秦廷上,秦王骄横无礼,欲留璧而无意偿赵王城邑。相如选择了死,立下"臣头今与璧俱碎于柱矣"的决心,"怒发上冲冠",义正词严地指责秦王的无礼,揭露秦王欲抢夺和氏璧而不偿赵城的背信弃义,并忤逆秦王之意,运用智谋要回和氏璧而从小道归璧于赵。相如明白,凭秦王的专横和残暴,他不免一死,但他的死维护了赵国的利益和尊严，自己也是不辱使命。这种死亡有更大的价值，重于泰山。如果他在秦廷上畏惧秦王的残暴，而任凭秦王的戏弄、欺骗、抢夺和氏璧，则自己虽生，但生得耻辱。如果相如在秦廷上不畏惧死，但没有计谋，不敢斥责秦王的残暴无礼，而硬是与秦王拼命，则虽死得有些价值，但不是价值的最大化，不能保护赵国的利益，自己也是有辱使命。因此，面对死亡的困境，相如勇敢地选择了死亡；且进一步选择了如何死，他毫不畏惧，指责秦王的无理和失信，完璧归赵。

第二次，秦、赵会于渑池，秦王使赵王鼓瑟，秦史官记曰："某年月日，秦王与赵王会饮，令赵王鼓瑟。"这是秦王凭借大国的威势而侮辱赵国和赵王。作为赵王的重臣，相如不能容忍这样的辱君行为，他勇气壮烈且富有智谋，上前曰："赵王窃闻秦王善为秦声，请奏盆缶秦王，以相娱乐。"秦王怒，不许。于是相如前进缶，因跪请秦王。秦王不肯击缶。相如曰："五步之内，相如请得以颈血溅大王矣！"左右欲以刀杀相如，相如张目叱之，左右皆靡。于是秦王不怿，为一击缶。相如使赵史官记曰："某年月日，秦王为赵王击缶。"相如不畏惧死，他的内心充溢着浩然之气，其气至大至刚、配义与道：不畏强暴，赵国的尊严和利益至高无上。

第三次，相如回到赵国，封为上卿，位在廉颇之上。廉颇自以为有攻城野战之功，而鄙视相如不过以口舌取得上卿之位，扬言说："我见相如，必辱之。"面对廉颇的羞辱，相如回避廉颇，不与他争斗。他说："夫以秦王之威，而相如廷叱之，辱其群臣，相如虽驽，独畏廉将军哉？顾吾念之，强秦之所以不敢加兵于赵者，徒以吾两人在也。今两虎共斗，其势不俱生。吾所以为此者，以先国家之急而后私仇也。"相如甘心忍受廉颇的欺辱，而不与廉颇争斗；这是不计较个人的私仇，而以国家的利益为重、为急。相如的宽宏大度使廉颇深为感动，廉颇"负荆请罪"，共演一出"将相和"的千古名剧。

综上所述，前两次，相如在面对生死抉择的困境时，他首先选择了死；其次在怎样死的抉择中，他选择了智勇双全的方式，无所畏惧，气势壮烈，且充分运用自己的智慧和勇气维护赵国的利益和尊严，自己不辱使命。第三次，相如在面对困境时，不是为了个人的尊严而愤一时之气，与廉颇争斗，而是选择了忍辱求生，因为求生是以国家利益为重，具有更大的价值。司马迁在"太史公曰"里说：

> 方蔺相如引璧睨柱，乃叱秦王左右，势不过诛，然士或怯懦而不敢发。相如一奋其气，威伸敌国，退而让颇，名重泰山，其处智勇，可谓兼之矣。

司马迁特别推重相如在死亡的困境时能智勇结合：理性思考、慎重抉择死亡，即是智；视死如归，无所畏惧，即是勇。但有智的人往往缺少一种胆气、勇气，勇敢之人也常常缺少理性的思考，因而智勇双全最为可贵。

在《赵世家》里，晋景公的权臣屠岸贾在下宫攻灭了赵朔一族。赵朔的宾客程婴、公孙杵臼没有为主人而死。赵朔之妻是景公的姑姑，有遗腹子，她逃入景公的宫中藏匿。公孙杵臼问程婴曰："何不死？"程婴曰："朔之妇有遗腹，若幸而男，吾奉之；即女也，吾徐死耳。"不久，赵朔妇在宫中生下一子。屠岸贾闻之，索于宫中。公孙杵臼曰："立孤与死孰难？"程婴曰："死易，立孤难耳。"公孙杵臼曰："赵氏先君遇子厚，子强为其难者，吾为其易者，请先死。"他二人谋取他人婴儿负之，衣以文葆，藏匿山中。程婴出，谬谓诸将军曰："婴不肖，不能立赵孤。谁能与我千金，吾告赵氏孤处。"诸将皆喜，许之，发师随程婴攻公孙杵臼。杵臼谬曰："小人哉程婴！昔下宫之难不能死，与我谋匿赵氏孤儿，今又卖我。纵不能立，而忍卖之乎！"诸将遂杀公孙杵臼与孤儿。然赵氏真孤乃在，程婴卒与俱匿山中。十五年后，景公与韩厥谋立赵氏孤儿赵武，程婴、赵武与诸将攻杀赵氏的仇人屠岸贾，景公立赵氏孤儿。程婴于是辞别诸大夫，谓赵武曰："昔下宫之难，皆能死。我非不能死，我思立赵氏之后。今赵武既立，为成人，复故位，我将下报赵宣孟（赵盾）与公孙杵臼。"程婴于是自杀。

面对生死抉择的紧急关头，程婴、公孙杵臼没有愤一时之气而跟从主人死，以全小节小义。他们进行了理性的思考和慎重的抉择：公孙杵臼选择了死；而程婴忍辱求生。公孙杵臼明白地说，死是容易的，而忍辱求生非常艰难，因为忍辱求生者要承担保护、抚养、谋立赵孤的重任。当赵氏之仇已报，孤儿也长大成人，且被立，程婴的任务已完成，他毫不犹豫地选择了死，以报答主人的知遇之恩和公孙杵臼的死义。程婴为知己者生，为知己者死。

在《伍子胥列传》里，伍子胥（员）与其兄伍尚对生死有不同的抉择。楚平王囚伍奢而欲杀之，且诱召他的二子："来，吾生汝父；不来，今杀奢也。"伍子胥与伍尚面临着生死抉择的困境：听从父命，明明是送死，但全了死孝之名；不听从父命而逃生，则落下不孝之名，但有可能为父报仇。兄弟二人经过慎重思考作出了结论：伍尚选择了死，伍子胥选择了生。伍尚说："我知往终不能全父命，怨恨父召我以求生而不往，后不能雪耻，终为天下笑耳。"他对子胥说："可去矣！汝能报杀父之仇，我将归死。"伍尚自知才能平庸，日后不能报父之仇，被天下人耻笑；子胥能成大事，能够复仇。因此，伍尚选择了死，全了忠孝之名；而伍子胥忍辱求生，以报仇雪恨。

他们对生死的选择是痛苦而艰难的。选择了死，固然可以成就孝名，但抛弃了自己的生命。人生在世，有许多东西值得依恋，有太多的义务和责任需要承担，所谓"千古艰难唯一死"。选择了生虽然可以保全生命，但忍受耻辱是相当痛苦的。首先，忍辱求生在开始要背负不忠不孝的罪名，活得没有尊严，为正直之人所不齿。其次，忍辱求生不是苟且偷生，不是好死不如赖活着，而是忍辱发愤，通过复仇来为亲人雪恨，通过立功、立名来洗刷自己的耻辱。在这过程中当中，求生者往往历经艰险和磨难，忍受常人难以忍受的痛苦。

季布和栾布是汉初两个并不突出的人物。司马迁为他们合传的主要目的是通过他们对生死的不同抉择，以表达他死亡之思的"一家之言"。季布和栾布皆面临生死抉择的困境，但他们的抉择截然不同：季布求生，诚重其死；栾布趋死，不自重其死。

季布为项羽将兵，"数窘汉王"；项羽被灭之后，刘邦欲诛季布。季布为求活命，四处躲藏。他先藏于周家，后又忍受髡钳之刑，置于丧车之中，被周家卖给大侠朱家。朱家去洛阳为季布打通关节，"上乃赦布"。季布没有为项羽死，以身殉小节小义；他忍辱求生，发愤立功，终成为汉之名将。楚人谚曰:"得黄金百斤,不如得季布一诺。"司马迁充分肯定了季布的忍辱求生:"以项羽之气,而季布以勇显于楚,身屡军搴旗者数矣,可谓壮士。然至被刑戮,为人奴而不死,何其下也!彼必自负其材,故受辱而不羞,欲有所用其未足也,故终为汉名将。贤者诚重其死。"季布是一位壮士,并不惧怕死亡,但他之所以忍辱不死,是因为他自以为有突出的才能,而没有得到充分的使用,所以忍辱求生而建功立名。在这里,司马迁提出了抉择生死的标准:生存价值和死亡价值孰大?季布趋死,其死亡价值不过是获得小节小义之名;而忍辱求生则能建功立业,成就大名。生存价值大于死亡价值。但是,忍辱求生一定要自负其能,并最终完成未竟事业,立功扬名。如果自己没有才能,不能报仇雪恨或建功立业,那就是苟且偷生。

彭越是栾布的知己,他对栾布有知遇之恩和救命之恩。他们在贫贱时相交,后来栾布为人略卖到燕。臧荼为燕王时,以栾布为将;臧荼谋反被汉击败,栾布被俘虏。梁王彭越赎布为梁大夫。栾布去齐国时,刘邦以谋反的罪名诛彭越,并把他的头挂在洛阳城下;诏曰:"有敢收视者,辄捕之。"布从齐还,"奏事彭越头下,祠而哭之"。面对死亡,他无所畏惧,"趋汤如归者"。吏捕布,上召布。布曰:"愿一言而死。"栾布愤然陈辞,以不可辩驳的事实证明彭越绝无谋反之心,并指责刘邦猜忌功臣,"今彭王已死,臣生不如死,请就烹"。栾布对彭越忠诚耿耿,死亡何所惧,彭越已死,自己岂能独生?"士为知己者死",非虚言也!司马迁称赞说:"栾布哭彭越,趋汤如归者,彼诚知所处,不自重其死。虽往古烈士,何以加哉!"栾布不仅勇敢无畏地走向死亡,而且在走向死亡的过程中,慷慨陈辞,称扬彭越为汉立下的丰功,指出彭越忠于汉朝而绝无谋反之心,斥责刘邦枉杀功臣,从而为知己洗刷了不白之冤,真正地报答了知己的知遇之恩。这是对怎样死的抉择。

在《刺客列传》里,荆轲为了报答燕太子丹的知遇之恩而刺杀秦王,不管成功与否,他都是必死无疑的。荆轲首先是选择了死;其次是选择如何死,即在走向死亡之途中,他是如何表现的呢?

其一,"易水送别"。太子及宾客知其事者,皆白衣冠以送之。送别即是举丧。至易水之上,既祖(祭祀路神),取道,高渐离击筑,荆轲和而歌，为变徵之声，士皆垂泪涕泣。又前而为歌曰："风萧萧兮易水寒，壮士一去兮不复还！"复为羽声慷慨，士皆瞋目，发尽上指冠。于是荆轲就车而去，终已不顾。

其二，"秦廷喋血"。在肃杀、酷烈的秦廷上，勇士秦舞阳也不免色变震恐，但荆轲胆气壮烈，言笑自如。荆轲取图献之，秦王发图，图穷而匕首见。荆轲因左手把秦王之袖，而右手持匕首刺之。未至身，秦王惊，自引而起，袖绝。秦王拔剑，时惶急，剑坚（剑与鞘套得很紧），故不可立拔。荆轲追逐秦王，秦王环柱而奔走，狼狈不堪。群臣惊慌失措，尽失其度；他们无以击轲，而以手共搏之。是时，侍医夏无且以其所奉药囊掷击荆轲。秦王方环柱走，很惶急，不知所为。左右乃曰："王负剑！"秦王把剑推到背后，遂拔以击荆轲，断其左股。荆轲废，乃引其匕首以掷秦王，不中，中桐柱。秦王复击轲，轲被八创。轲自知事不就，倚柱而笑，箕踞（伸出两腿而坐，倨傲不敬）以骂曰："事所以不成者，以欲生劫之，必得约契以报太子也。"左右上前杀轲。

"易水送别"、"秦廷喋血"，不仅高扬了"士为知己者死"的大义，而且表现了荆轲在反秦反暴斗争中视死如归、临死不屈的高尚气节。生虽平淡，但死得壮烈，其死亡的崇高价值使荆轲名扬千古，"其人虽已殁，千载有余情"（陶渊明《咏荆轲》）。在怎样死的抉择中，秦舞阳怯懦也不免一死，死得轻如鸿毛。荆轲在秦廷上以匕首追刺秦王，秦王环柱仓惶奔走，尽失威严；大臣们失去常态，慌乱得不知所措。这有力地嘲讽了秦王以及大臣的色厉内荏，热烈地高扬了荆轲的勇敢壮烈，宁死不屈。

在《张耳陈余列传》中，赵相贯高等人准备谋杀刘邦，但事没有行。后来，此事被人告发。刘邦逮捕赵王张敖、贯高等人。十余人皆争自刭。贯高独怒骂说："谁令公为之？今王实无谋，而并逮捕王；公等皆死，谁白王不反者！"贯高等人与赵王一同被押送到长安。贯高一再为赵王辩白："独吾属为之，王实不知。"狱吏笞打贯高数千，身上被刀刺击得体无完肤，但贯高始终不屈。刘邦又派贯高的故人泄公，来诱使他供认赵王参与谋杀。贯高说："人情宁不各爱其父母妻子乎？今吾三族皆以论死，岂以王易吾亲哉！顾为王实不反，独吾等为之。"最终，刘邦乃赦赵王。刘邦贤贯高为人能立然诺,因赦贯高。贯高曰:"所以不死一身无余者,白张王不反也。今王已出,吾责已塞,死不恨矣。且人臣有篡杀之名,何面目复事上哉!纵上不杀我,我不愧于心乎?"乃仰绝肮(háng,吭,喉咙),遂死。当此之时,名闻天下。

司马迁叙述此事非常具体生动。他意在说明,贯高选择了死,但在走向死亡的过程中不是轻易地死。他在死之前,要辩白赵王不反。因此,他怒骂其他数十宾客自刭的行为。来到长安后,他反复为赵王辩白,身上被刀刺得没有一块好地方,他仍然不死。后来,当他得知赵王被赦之后,自杀而死。

要之,面临生死抉择的困境时,如果选择了死,那么应理性地思考如何死。不怕死而从容就死,是可贵的;但更可贵的是,在走向死亡的过程当中能忍受各种痛苦,最终为知己者洗清不白之冤。

第十三讲

"以《春秋》白衣为天子三公"

——《平津侯主父列传》的解读

【序论】

公孙弘是一位以《春秋》白衣为天子三公的儒者。《儒林列传》："公孙弘以《春秋》白衣为天子三公，封以平津侯。天下之学士靡然向风矣（mǐ，像草一样迎风一吹，而一边倒下）。"公孙弘是西汉第一位拜相封侯的儒者，"凡为丞相御史六岁，年八十，终丞相位"（《汉书》本传），可谓"身与名俱全"。但后世学人对他的品行多持批评态度，一是认为他内法外儒，以儒家的仁义之道缘饰专制政治的刑法之治；二是认为他曲学阿世，他的人格及其所任之道失去了独立性；三是认为他外宽内深，表面上忠厚，实际上内心刻毒，这是阳善阴恶的诈伪性格。

司马迁对主父偃的品行并不赞同，但对他的遭遇相当同情。从主父的遭遇中，可以看到世态的冷暖炎凉以及世人的浅薄愚妄，由此寄托了司马迁的人生感慨。

【原文】一

丞相公孙弘者，齐菑川国薛县人也[1]，字季。少时为薛狱吏，有罪，免。家贫，牧豕海上[2]。年四十余，乃学《春秋》杂说。养后母孝谨。

建元元年[3]，天子初即位，招贤良文学之士。是时弘年六十，征以贤良为博士。使匈奴，还报，不合上意，上怒，以为不能，弘乃病免归[4]。

元光五年[5]，有诏征文学，菑川国复推上公孙弘。弘让谢国人曰[6]："臣已尝西应命，以不能罢归，愿更推选。"[7]国人固推弘，弘至太常[8]。太常令所征儒士各对策[9]，百余人，弘第居下[10]。策奏，天子擢弘对为第一[11]。召入见，状貌甚丽，拜为博士。是时通西南夷道，置郡，巴蜀民苦之，诏使弘视之。还奏事，盛毁西南夷无所用，上不听。

【注释】

[1] 菑（zī）川国：封国名。公孙弘、叔孙通皆是薛县人，皆曲学阿世。[2] 豕：猪。海上：海边。[3] 建元元年：前140年。这是武帝的第一个年号。皇帝建年号，自武帝始。[4] 借口有病，辞官回家。[5] 元光五年：此有误，应是元光元年（前134）。[6] 让谢：辞让谢绝。[7] 更：改变。[8] 太常：九卿之一。掌宗庙礼仪，兼管选试博士。[9] 对策：应考者按策上的问题陈述自己的见解。皇帝为选拔人才而进行考试，事先把问题书写在竹简上，叫作策。[10] 第：名次。[11] 擢（zhuó）：提升名次。

【讲解】

从公孙弘的出身和学问传承来看，他是一个相当复杂的人。他少时为狱吏，并没有受到良好的教育。后来，因罪免狱吏，断了谋生之路，"家贫，牧豕海上"。四十余岁时，他开始学习《春秋》杂说。《史记·儒林列传》曰："齐之言《春秋》者多受胡毋生，公孙弘亦颇受焉。""颇"意谓"稍微"，即他稍微传承《春秋》公羊学，也掺杂着黄老、纵横、法家的思想。因此，公孙弘虽是西汉第一位封侯拜相的大儒，但他不是一位醇儒：既没有纯粹儒家的人格修养，又不能执守儒家之道。

公孙弘以文学征召，究竟是元光元年还是元光五年，学术界存有争论。《史记》、《汉书》本传皆系于元光五年。《儒林列传》曰："及窦太后崩，武安侯田蚡为丞相，黜黄老、刑名百家之言，延文学儒者数百人，而公孙弘以《春秋》白衣为天子三公，封以平津侯。"建元六年（前135），窦太后崩，田蚡（fén）为丞相，重新发动尊儒运动。元光元年，武帝征召文学贤良之士。这表明公孙弘对策在元光元年。《封禅书》

曰："后六年（建元六年），窦太后崩。其明年（元光元年），征文学之士公孙弘。"这也说明公孙弘对策在元光元年。因此，笔者认为，公孙弘以文学征召在元光元年，《史记》、《汉书》本传的元光五年，是在流传中所产生的讹误。

【原文】二

弘为人恢奇多闻 [1]，常称以为人主病不广大，人臣病不俭节。弘为布被，食不重肉 [2]。后母死，服丧三年。每朝会议，开陈其端，令人主自择，不肯面折廷争 [3]。于是天子察其行敦厚 [4]，辩论有余，习文法吏事，而又缘饰以儒术 [5]，上大悦之。二岁中，至左内史。弘奏事，有不可，不廷辩之。尝与主爵都尉汲黯请间 [6]，汲黯先发之，弘推其后 [7]，天子常悦，所言皆听，以此日益亲贵。尝与公卿约议，至上前，皆倍其约以顺上旨 [8]。汲黯廷诘弘曰："齐人多诈而无情实，始与臣等建此议，今皆倍之，不忠。"上问弘。弘谢曰："夫知臣者以臣为忠，不知臣者以臣为不忠。"上然弘言 [9]。左右幸臣每毁弘 [10]，上益厚遇之。

【注释】

[1] 恢：眼界开阔。公孙弘人生阅历丰富，世事洞明，人情练达，与纯粹读书修身的儒者不同。[2] 食不重（chóng）肉：每餐，无两个有肉的菜。[3] 面折廷争：当面反驳，当廷争辩。[4] 敦厚：忠厚。[5] 以儒术来修饰法令，一方面说明法令的合理性，另一方面掩盖法令的严酷性。[6] 请间：请求武帝允许一段时间，而单独召见他们，以议论时事。[7] 黯先提出某建议，接着弘说明此建议的合理性。[8] 倍：违背。[9] 然：认为对。[10] 左右幸臣：武帝身边的宠臣。

【讲解】

上面一段突出了公孙弘的几个性格特点：一是眼界开阔；二是节俭；三是忠厚；四是退守；五是顺从上旨。汲黯指责公孙弘伪诈、不忠，因为弘不能坚持己见，即不忠于自己，不忠于自己而顺从上旨，即是欺骗皇上，对皇上不忠。朱熹解释孔子"忠恕"之"忠"："尽己之谓忠"。"忠"是强调自我的独立性，自我前后如一、内外如一的一致性。公孙弘认为，不忠于自己不为不忠，忠于人君才是忠。"忠"之意义的变化表明历史进入秦汉后，大一统皇权专制政治趋于成熟，人君的地位和权力至高无上，而人臣渐渐地丧失了自己的思想、自己的意志、自己的人格。

《汲郑列传》："好直谏，数犯主之颜色。……天子方招文学儒者，上曰吾欲云云，黯对曰：'陛下内多欲而外施仁义，奈何欲效唐虞之治乎！'上默然，怒，变色而罢朝。"汲黯犯颜直谏，一针见血地指出武帝内法外儒的政治：内以法家政治为本质，外以儒家的仁义之道为缘饰。公孙弘习文法吏事，又缘饰以儒术。君臣二人原是一丘之貉。

【原文】三

元朔三年 [1]，张欧免，以弘为御史大夫 [2]。是时通西南夷，东置沧海，北筑朔方之郡。弘数谏 [3]，以为疲敝中国以奉无用之地 [4]，愿罢之 [5]。于是天子乃使朱买臣等难弘置朔方之便 [6]。发十策，弘不得一。弘乃谢曰："山东鄙人，不知其便若是，愿罢西南夷、沧海而专奉朔方。"上乃许之。

汲黯曰："弘位在三公，奉禄甚多。然为布被，此诈也。"上问弘。弘谢曰："有之。夫九卿与臣善者无过黯，然今日廷诘弘，诚中弘之病。夫以三公为布被，诚饰诈欲以钓名。且臣闻管仲相齐，有三归 [7]，侈拟于君 [8]，桓公以霸，亦上僭于君 [9]。晏婴相景公，食不重肉，妾不衣丝，齐国亦治，此下比于民。今臣弘位为御史大夫，而为布被，自九卿以下至于小吏，无差，诚如汲黯言。且无汲黯忠，陛下安得闻此言。"天子以为谦让，愈益厚之。卒以弘为丞相，封平津侯 [10]。

【注释】

[1] 元朔三年：公元前 126 年。[2] 御史大夫：三公之一，位仅次于丞相，掌监察、执法之事。[3] 数（shuò）谏：屡次劝谏。[4] 奉：侍奉，此有"经营"之意。[5] 罢：停止。[6] 天子派爪牙朱买臣等，

以置朔方郡的十条好处责难公孙弘。难：责问。便：有利。[7] 三归：三处住房。[8] 拟：比拟，类似。[9] 僭（jiàn）：越礼。[10] 元朔五年，弘为丞相，封平津侯。汉兴，大臣皆以列侯为丞相；而公孙弘以丞相封为列侯。丞相封侯，自弘始。

【讲解】

武帝向外疯狂扩张，疲敝中国，公孙弘屡次谏之不要盲目开边；但武帝不能容忍弘违逆他的意志，他使近臣朱买臣等责难公孙弘，以催抑其志意。"发十策，弘不得一"，公孙弘并非不能对，而是他深知继续抗拒的后果。在武帝及其近臣的反复威逼和诘难下，公孙弘不得不屈己从君，这无疑伸张了武帝的志意。他违心谢罪说，自己是鄙人，不能知道置朔方郡的便利；但他在谢罪中部分地坚持了自己的观点，"罢西南夷、沧海而专奉朔方"。

学人或认为，弘"为布被"、"食一肉脱粟之饭"，不可谓不廉，但他曲学阿世，何其无耻，所谓"廉易而耻难"；廉乃立身之一节，而耻实心之大德，故廉尚可矫，耻不容伪。汲黯曰："弘位在三公，俸禄甚多，然为布被，此诈也。"《太史公自序》："大臣宗室以侈靡相高，唯弘用节衣食为百吏先。"范晔论曰："利仁者或借仁以从利，体义者不期（不期然而然，自然而然）体以合义。季文子妾不衣帛，鲁人以为美谈；公孙弘身服布被，汲黯讥其多诈。事实未殊而毁誉别议，何也？将体之与利之异乎？"（《后汉书·宣张二王杜郭吴承郑赵列传》）利仁者以仁为获得功利的手段，且在行仁时利已进入动机的层面。体义者，以义为目的，且在行义时并没有考虑获得功利的目的。董仲舒的经典名言："正其义不谋其利，明其道不计其功。"

【原文】四

弘为人意忌 [1]，外宽内深。诸尝与弘有隙者，虽佯与善，阴报其祸。杀主父偃，徙董仲舒于胶西，皆弘之力也。食一肉脱粟之饭 [2]。故人、所善宾客，仰衣食，弘奉禄皆以给之，家无所余。士亦以此贤之。

【注释】

[1] 意忌：内心忌恨。[2] 脱粟：仅脱去谷皮的糙（cāo）米。

【讲解】

公孙弘阳善阴恶，外宽内深。表面上胸怀宽广，与人为善；实质上内心刻毒、忌恨，阴报其祸。换言之，公孙弘之内在本质如同狱吏那样深文罗织、残暴刻毒，而表面上以儒家的忠厚恢弘自我修饰。司马迁特重视在《史记》中发掘公孙弘的这种性格。

汲黯曾经数次当廷指责公孙弘不忠、伪诈。公孙弘表面上退让，卑己谢罪。《汲黯列传》曰："上愈益贵弘、汤，弘、汤深心疾黯，唯天子亦不悦也，欲诛之以事。弘为丞相，乃言上曰：'右内史界部中多贵人宗室，难治，非素重臣不能任，请徙黯为右内史。'"这是借贵人宗室之手以杀掉汲黯。董仲舒与公孙弘同是儒者，董仲舒认为公孙弘阿谀。"弘疾之，乃言上曰：'独董仲舒可使相胶西王。'"（《儒林列传》）胶西王贼戾残暴，杀伤二千石甚众，公孙弘表面上擢升董仲舒为诸侯相，实际上欲借胶西王之手杀害董仲舒。公孙弘因主父偃与他争论朔方郡的废立而怨恨主父，主父犯罪后，公孙弘极力怂恿武帝诛主父，以冠冕堂皇的言辞报其私仇。《游侠列传》曰："吏奏（郭）解无罪。御史大夫公孙弘议曰：'解布衣为任侠行权，以睚眦杀人，解虽弗知，此罪甚于解杀之。当大逆无道。'遂族郭解翁伯。""解虽弗知，此罪甚于解杀之"，真是岂有此理！这与酷吏的深文巧诋、陷人死罪的手段正同。

《平准书》曰："自公孙弘以《春秋》之义绳臣下取汉相，张汤用峻文决理为廷尉，于是见知之法生，而废格沮诽穷治之狱用矣。其明年，淮南、衡山、江都王谋反迹见，而公卿寻端治之，竟其党与，而坐死者数万人，长吏益惨急而法令明察。"《春秋》之义高远，绝非一般人所能遵从，以此绳尺臣下，则死罪者必多。公孙弘以《春秋》之义杀人，正是他外儒内法的典型例证。元人马端临说："盖汉人专务以《春秋》决狱，陋儒酷吏遂得因缘假饰。往往见二传（《公羊传》、《穀梁传》）中所谓'责备'之说、'诛心'之论、'无将'之说，与其所谓巧诋深文者相类耳。圣贤之意岂有是哉！"（《春秋决事比》）"责备"，即《春秋》所谓"责贤者备"，贤者恶薄而责之厚。（参见《春秋繁露·竹林》）"诛心"，断狱时，追及人之行为的心志（动机和目的）。"无将"，即《公羊传》庄公三十二年"君亲无将，将而诛焉"，即臣子动了弑君亲的念头，即使没有付之行动，也必须予以诛绝。见知法：官吏知其他官吏犯罪而不检举，与之同罪。废格沮事：废天子命而不行与败坏朝廷之事的官吏，给予严惩。因此，对于武帝任用酷吏而实行残暴政治，公孙弘是为虎作伥。

【原文】五

淮南、衡山谋反 [1]，治党与方急。弘病甚，自以为无功而封，位至丞相，宜佐明主填抚国家 [2]，使人由臣子之道。今诸侯有叛逆之计，此皆宰相奉职不称 [3]，恐窃病死，无以塞责 [4]。乃上书曰："臣闻天下之通道五，所以行之者三。曰君臣，父子，兄弟，夫妇，长幼之序，此五者天下之通道也 [5]。智，仁，勇，此三者天下之通德 [6]，所以行之者也。故曰'力行近乎仁，好问近乎智，知耻近乎勇' [7]。知此三者，则知所以自治；知所以自治，然后知所以治人 [8]。天下未有不能自治而能治人者也，此百世不易之道也。今陛下躬行大孝，鉴三王，建周道，兼文武 [9]，厉贤予禄 [10]，量能授官。今臣弘疲驽之质，无汗马之劳，陛下过意擢臣弘卒伍之中 [11]，封为列侯，致位三公。臣弘行能不足以称 [12]，素有负薪之病 [13]，恐先狗马填沟壑 [14]，终无以报德塞责。愿归侯印，乞骸骨 [15]，避贤者路 [16]。"天子报曰："古者赏有功，褒有德，守成尚文，遭遇右武 [17]，未有易此者也。朕宿昔庶几获承尊位 [18]，惧不能宁，惟所与共为治者，君宜知之。盖君子善善恶恶，君若谨行，常在朕躬。君不幸罹霜露之病，何恙不已 [19]，乃上书归侯，乞骸骨，是章朕之不德也 [20]。今事少闲，君其省思虑，一精神，辅以医药。"因赐告牛酒杂帛 [21]。居数月，病有瘳 [22]，视事 [23]。元狩二年 [24]，弘病，竟以丞相终。

【注释】

[1] 元狩元年（前122），刘安及其弟刘赐谋反。 [2] 填（zhèn）抚：安抚。填，镇，安定。 [3] 奉职不称（chèn）：不称职。 [4] 塞（sè）责：承担自己应负的责任。[5] 通道：达道。天下古今所共由之路，孟子谓"父子有亲，君臣有义，夫妇有别，长幼有序，朋友有信"（《滕文公上》）。[6] 通德：达德。天下古今所同得之理。[7] 此语出自《礼记·中庸》。[8] 这是阐发儒家"内圣外王"之说，内圣（自治），是外王（治人）的前提和根据。[9] 文武：王霸之道。文即文王，行仁义之道；武即武王，以武力征伐。[10] 厉：励，勉励。[11] 过意：格外降恩。[12] 称：相称。[13] 负薪之病：自称有病的婉转说法。意思是背柴劳累而得病，说明自己地位卑贱。[14] 自称朝不保夕、随时死去的委婉说法。像狗马一样死去而填沟壑，说明死得毫无意义和价值。[15] 乞骸骨：自请退休的婉辞。骸骨，尸骨。[16] 避：让开。[17] 遭遇右武：遭遇乱时而重视武功。右，尚。[18] 庶几：侥幸，勉强。[19] 恙：忧虑。[20] 章：彰，显明。[21] 赐告：古代官吏休假称为"告"；假期已满而赐予续假称为"赐告"。[22] 病瘳（chōu）：病愈。[23] 视事：办公。[24] 元狩二年：公元前121年，公孙弘80岁。

【讲解】

公孙弘的上书内容有三。其一，阐发儒家"通道五"、"通德三"的思想，即《中庸》所谓"五达道"、"三达德"；突出"君臣有义"、"知耻近乎勇"之一道、一德。其二，称赞武帝是圣君明主，行古之大道。其三，自谦自责自己才能平庸，没有立下什么大功，而受到武帝的格外提拔和重用，是才德与位不符合；加之自己患病，不能行使职责，且阻碍了贤者的上进之路，故请求归侯印，并辞官归家。在国家的多事之秋，武帝对大臣往往是巧为利用而终以杀戮，公孙弘之退让正是《诗经·大雅》所谓"既明且哲，以保其身"。

《中庸》："天下之达道五，所以行之者三。曰：君臣也，父子也，夫妇也，昆弟也，朋友之交也，五者天下之达道也。知，仁，勇，三者天下之达德也，所以行之者一也。或生而知之，或学而知之，或困而知之，及其知之，一也。或安而行之，或利而行之，或勉强而行之，及其成功，一也。子曰：好学近乎知，力行近乎仁，知耻近乎勇。知斯三者，则知所以修身；知所以修身，则知所以治人；知所以治人，则知所以治天下国家矣。"

这段文义颇难理解。天下有五达道：父子有亲，君臣有义，夫妇有别，长幼有序，朋友有信。以"智、仁、勇"三达德行之。德，得也，得于内而行于外，即人所具有的品德。如何实行五达道呢？首先是知"五达道"，这是对道的认知；但知未必能行，还要进一步在社会、政治和人生实践中行"五达道"，这是知行的合一。对于不同的人来说，知和行也并不相同。有的人，是生而知之，安而行之（自然而然地行五达道）；有的人，是学而知之，利而行之（自觉地实行）；有的人，困而知之，勉强而行。这三种人虽然最终皆知和行"五达道"，但他们之知和行的方式不同，其禀赋也各有差等。第一种人，天赋最高；第二种人，次之；第三种人，又次之。

第一种人"好学近乎智"，生而知之，自然而然地行之，近乎圣智之人，百年而不能一遇。《论语·雍也》曰："子贡曰：'如有博施于民而能济众，何如？可谓仁乎？'子曰：'何事于仁，必也圣乎！'"《论语·述而》曰："子曰：'圣人吾不得而见之矣；得见君子者，斯可矣。'"《中庸》："唯天下至诚，为能经纶天下之大经，立天下之大本，知天地之化育。夫焉有所倚？肫肫（zhūn）其仁！渊渊其渊！浩浩其天！苟不固聪明圣知达天德者，其孰能知之？"

第二种人"力行近乎仁"，学而知之，自觉行之，近乎仁人。《论语·季氏》："生而知之者，上也；学而知之者，次也；困而学之，又其次也；困而不学，民斯为下矣。"孔子曰："我非生而知之者，好古，敏以求之者也。"（《论语·述而》）孔子曰："唯上知与下愚不移。"（《论语·阳货》）

第三种人"知耻近乎勇"，困而知之，勉强行之，近乎勇敢之人，这是大多数人。朱子曰："盖人性虽无不善，而气禀有不同者，故闻道有早暮，行道有难易，然能自强不息，则其至一也。吕氏曰：'所入之途虽异，而所至之域则同，此所以为中庸。若乃企生知、安行之资为不可几及，轻困知、勉行，谓不能有成，此道之所以不明不行也。'"（《四

书集注·中庸》)

【原文】六

主父偃者，齐临菑人也。学长短纵横之术［1］，晚乃学《易》、《春秋》、百家言。游齐诸生间，莫能厚遇也。齐诸儒生相与排摈［2］，不容于齐。家贫，假贷无所得，乃北游燕、赵、中山，皆莫能厚遇，为客甚困。孝武元光元年中［3］，以为诸侯莫足游者，乃西入关见卫将军［4］。卫将军数言上，上不召。资用乏［5］，留久，诸公宾客多厌之，乃上书阙下［6］。朝奏，暮召入见。所言九事，其八事为律令，一事谏伐匈奴。其辞曰：……

【注释】

［1］长短纵横之术：合纵连横之术。［2］排摈（bìn）：排斥，抛弃。［3］元光元年：公元前134年。［4］卫将军：卫青。［5］资用：金钱衣物。［6］阙（què）下：宫门之下。

【讲解】

主父的遭遇令人同情。他博学多智，在齐当然不能容于专一家之学的儒生。他的家庭贫困，没有人借钱给他。北游燕、赵、中山，不遇人主，且为客甚困，可能是因为他的品行更多地表现出策士的自信、自夸、善辩。元光年间，他来到长安，长时间不为武帝召见，资用乏绝，诸公宾客又讨厌他。他一再陷入了人生的困境当中。主父的为人品行，并不能为司马迁所激赏；但他的博学多智以及在困境中忍辱发愤，与司马迁心有戚戚焉。

【原文】七

书奏天子，天子召见三人，谓曰："公等皆安在？何相见之晚也！"于是上乃拜主父偃、徐乐、严安为郎中。偃数见，上疏言事，诏拜偃为谒者，迁为中大夫。一岁中四迁偃［1］。

偃说上曰："古者诸侯不过百里，强弱之形易制。今诸侯或连城数十，地方千里，缓则骄奢易为淫乱［2］，急则阻其强而合从以逆京师［3］。今以法割削之，则逆节萌起［4］，前日晁错是也。今诸侯子弟或十数，而嫡嗣代立［5］，余虽骨肉，无尺寸地封，则仁孝之道不宣。愿陛下令诸侯得推恩分子弟［6］，以地侯之。彼人人喜得所愿，上以德施，实分其国，不削而稍弱矣［7］。"于是上从其计。又说上曰："茂陵初立［8］，天下豪桀并兼之家，乱众之民，皆可徙茂陵，内实京师，外销奸猾，此所谓不诛而害除。"上又从其计。

【注释】

［1］迁：从下至上，即孟子"吾闻出于幽谷迁于乔木者，未闻下乔木而入幽谷者"（《孟子·滕文公上》）［2］缓：平常时期。［3］急：非常时期。阻：依仗。［4］逆节：叛乱。萌起：开始发生。［5］代立：世代继立。［6］得：可以。［7］稍：逐渐。［8］茂陵：陵名。武帝建元二年，在槐里茂乡筑茂陵，并设县。武帝死后葬此。

【讲解】

主父的"推恩令"，一方面推广皇帝之恩德予诸侯子弟，另一方面削弱诸侯的力量而实现强干弱枝的目的，可谓是一条妙计。贾谊先提出"众建诸侯而少其力"，但并未全面地实行。晁错主张以法制强行削减诸侯王的土地，结果身败名裂。主父之所以能提出这条妙计，在于他多年游说诸侯的经历，这种经历使他对诸侯国的情况非常熟悉。主父的徙天下豪杰大族于茂陵的计策，对加强中央集权也具有重要的作用。主父的两条计策无疑招致了诸侯王以及豪家大族的怨恨。

【原文】 八

尊立卫皇后，及发燕王定国阴事［1］，盖偃有功焉。大臣皆畏其口，赂遗累千金。人或说偃曰："太横矣。"主父曰："臣结发游学四十余年，身不得遂［2］，亲不以为子，昆弟不收，宾客弃我，我厄日久矣。且丈夫生不五鼎食［3］，死即五鼎烹耳。吾日暮途远，故倒行暴施之。"［4］

偃盛言朔方地肥饶，外阻河，蒙恬城之以逐匈奴，内省转输戍漕[5]，广中国，灭胡之本也。上览其说，下公卿议，皆言不便。公孙弘曰："秦时常发三十万众筑北河，终不可就，已而弃之。"主父偃盛言其便，上竟用主父计[6]，立朔方郡。

【注释】

[1]燕王阴事见于《荆燕世家》，曰："至孙定国，与父康王姬奸，生子男一人。夺弟妻为姬。与子女三人奸。……诏下公卿，皆议曰：'定国禽兽行，乱人伦，逆天，当诛。'上许之。定国自杀，国除为郡。"阴事：不可告人之事。[2]遂：成功。[3]五鼎食：陈列五鼎而食，生活富贵奢华。鼎，古代煮食物用的器具，三足两耳。五鼎烹：身体被斩成五块，以五鼎烹煮，这是非常残酷的刑罚。《史记》记烹煮之刑的有郦食其等。主父之意是，我要倒行暴施，而迅速获得富贵权势（五鼎食）；即使因手段恶劣而最终遭受五鼎烹的酷刑，也心甘情愿。孔子谓"朝闻道，夕死可矣"。虽然主父偃、孔子薰莸（yóu，恶草）有别，但理固 ·也。[4]我日暮途远，故倒行急施才可达到目的。倒行：不循常理。暴：猝，急。[5]漕：漕运。水道运输粮草。[6]竟：最终。

【讲解】

主父建议实行"推恩令"，这有利于国家，也便于自己。诸侯王子弟甚多，他们为了分得一份土地，而贿赂主父千金。主父多年来游学、游仕皆不遇，受到亲友的冷落和排挤，产生了愤世嫉俗的强烈的复仇情绪。他觉得日暮途远，依靠正常的顺行很难达到目的，所以他采取非正常的方法，倒行而逆施：大量接受诸侯子弟以及大臣的贿金，对自己的仇人则发其阴事以诛之。据《伍子胥列传》记载，伍子胥为了报父兄之仇，也是倒行逆施。"始伍员与申包胥为交，员之亡也，谓包胥曰：'我必覆楚。'包胥曰：'我必存之。'及吴兵入郢，伍子胥求昭王。既不得，乃掘楚平王墓，出其尸，鞭之三百，然后已。申包胥亡于山中，使人谓子胥曰：'子之报仇，其以甚乎！吾闻之，人众者胜天，天定亦能破人。今子故平王之臣，亲北面而事之，今至于戮死人，此岂其无天道之极乎！'伍子胥曰：'为我谢申包胥曰，吾日莫途远，吾故倒行而逆施之。'"主父是为了复自己之仇，伍子胥是为了报父兄之仇，他们二人的内心充满了愤恨，他们的行事也相类，即倒行而逆施。可见，人的内心满是愤恨，则什么非正常的事都能做出来；司马迁感慨地说："怨毒之于人甚矣哉！"

【原文】九

元朔二年 [1]，主父言齐王内淫佚行僻 [2]，上拜主父为齐相。至齐，遍召昆弟宾客，散五百金予之，数之曰 [3]："始吾贫时，昆弟不我衣食 [4]，宾客不我内门 [5]；今吾相齐，诸君迎我或千里。吾与诸君绝矣 [6]，毋复入偃之门！"乃使人以王与姊奸事动王 [7]，王以为终不得脱罪，恐效燕王论死 [8]，乃自杀。有司以闻。

主父始为布衣时，尝游燕、赵，及其贵，发燕事。赵王恐其为国患 [9]，欲上书言其阴事，为偃居中 [10]，不敢发。及为齐相，出关，即使人上书，告言主父偃受诸侯金，以故诸侯子弟多以得封者。及齐王自杀，上闻大怒，以为主父劫其王令自杀，乃征下吏治。主父服受诸侯金 [11]，实不劫王令自杀。上欲勿诛，是时公孙弘为御史大夫，乃言曰："齐王自杀无后，国除为郡，入汉，主父偃本首恶，陛下不诛主父偃，无以谢天下。"乃遂族主父偃。

主父方贵幸时，宾客以千数，及其族死，无一人收者 [12]，唯独洨孔车收葬之 [13]。天子后闻之，以为孔车长者也。

【注释】

[1] 元朔二年：公元前127年。[2] 僻：邪僻。[3] 数（shǔ）：列举（罪状），责备。[4] 不我衣食（sì）：不给我吃穿。否定句中宾语"我"置于动词"衣食"之前。[5] 内：纳，接纳。[6] 绝：绝交。[7] 动：惊动。齐王阴事，即齐厉王与其姊奸。《齐悼惠王世家》："齐厉王，其母曰纪太后。太后取其弟纪氏女为厉王后。王不爱纪氏女。太后欲其家重宠，令其长女纪翁主入王宫，正其后宫，毋令得近王，欲令爱纪氏女。王因与其姊翁主奸。"[8] 论：定罪。[9] 赵王：刘彭祖，汉景帝子。《五宗世家》："彭祖为人巧佞卑谄，足恭而心刻深。好法律，持诡辩以

中人（中伤人）。彭祖多内宠姬及子孙。相、二千石欲奉汉法以治，则害于王家。"[10] 居中：侍中。在宫中侍奉武帝而议政。[11] 服：承认，服罪。[12] 收葬尸骨。[13] 浇（xiáo）：县名。

【讲解】

《诗经·采葛》"一日不见，如三月兮"；《毛传》"一日不见于君，忧惧于谗矣"。不离君侧，人自难于进谗间己，而己易于进谗间人。古来权臣得君者，钟鸣漏尽，马竭器盈，而恋位不去，亦以深虑去位而身与君疏，身疏而容刀、戈，所谓"一朝不朝，其间容刀"、"容刀生于身疏，积爱生于近习"。《毛传》未必即合于诗旨，似将情侣之思慕曲解为朝士之疑惧，但于世道人心，犂然有当，亦如"郢书燕说"。《韩非子·外储说》："郢人有遗燕相国书者，夜书，火不明，因谓持烛者曰：'举烛。'而误书'举烛'。举烛，非书意也。燕相受书而说之，曰：'举烛者，尚明也；尚明也者，举贤而任之。'燕相白王，王大悦，国以治。治则治矣，非书意也。今世举学者多似此类。"[①]

在【原文】三，司马迁记录主父偃之言曰"臣结发游学四十余年，身不得遂，亲不以为子，昆弟不收，宾客弃我"。此段再录主父之语谓"始吾贫时，昆弟不我衣食，宾客不我内门；今吾相齐，诸君迎我或千里"。这突出表现了主父对亲友的愤愤不平。他要复仇，其复仇的方式也不同寻常，他首先散五百金给昆弟宾客，然后指责他们而与之绝交。散五百金给昆弟宾客，一是嘲讽他们的眼中只有金钱，根本不讲亲情；二是夸耀自己的富贵以伸张自己的志气，并杜绝他们进一步的妄想。这与苏秦的遭遇和行事相类。苏秦游说不成时，回到家里，妻不下纴，嫂不为炊，父母不与言。当他游说成功而成为六国合纵长时，路过家乡，苏秦之昆弟妻嫂侧目不敢仰视，俯伏侍取食。苏秦笑谓其嫂曰："何前倨而后恭也？"嫂委蛇匍匐，以面掩地而谢曰："见季子位高金多也。"苏秦喟然叹曰："此一人之身，富贵则亲戚畏惧之，贫贱则轻易之，况众人乎！"于是散千金以赐宗族朋友。

---

① 钱钟书：《管锥编》（第一册），中华书局 1986 年，第 102—103 页。

【原文】十

太史公曰：公孙弘行义虽修 [1]，然亦遇时。汉兴八十余年矣，上方向文学 [2]，招俊乂 [3]，以广儒墨 [4]，弘为举首 [5]。主父偃当路，诸公皆誉之，及名败身诛，士争言其恶。悲夫 [6]！

【注释】

[1] 修：善，美好。[2] 文学：儒学。[3] 俊乂（yì）：才能出众的优秀人才。[4] 广：推广，宣扬。儒墨：偏义复词，主要指"儒"。[5] 举首：为儒者之首，弘是西汉第一位封侯拜相的儒者；或指弘对策第一。[6]"悲夫"有两层含义：一是感慨主父偃的人生遭遇；二是慨叹世人的誉毁无常。

【讲解】

司马迁认为，公孙弘封侯拜相，身与名俱全，不仅在于他行义修善，而且因为他生逢其时，所谓"遇合"，即获得偶然性的机遇、机会。司马迁在《范雎蔡泽列传》里谓"然士亦有遇合"。《佞幸列传》开篇说："谚曰'力田不如逢年，善仕不如遇合'，固无虚言。非独女以色媚，而士宦亦有之。"

【总论】

公孙弘曲学阿世、从谀人君，基本上失去了以道自任的自主性格，而屈服于人君的意志之下。建元元年，武帝征贤良文学之士，公孙弘在被召之列。大儒辕固生教训公孙弘曰："公孙子，务正学以言，无曲学以阿世！"他入仕之后，不能以道自任。公羊大师董仲舒以为他从谀。《儒林列传》："公孙弘治《春秋》不如董仲舒，而弘希世用事，位至公卿。董仲舒以弘为从谀。"公孙弘具有外宽内深的诈伪性格。所谓"外宽内深"，即表面和善，装着一副儒家的仁义面孔，暗里刻毒，藏着一副法家的刑罚心肠；阳善阴恶，儒表法里，即诈伪。

《平津侯主父列传》曰："（公孙弘）习文法吏事，而又缘饰以儒术，上大悦之。"《汉书·循吏传》谓之"通于世务，明习文法，以经术润饰吏事"。公孙弘以儒家的仁义之道缘饰专制政治的刑法之治，即以儒家之道为表、以法家政治为里的内法外儒，这与武帝实行内法外儒的政治是一致的。武帝实行的政治是内法外儒，公孙弘所任之道亦是内法外儒，二者在结合中更多地表现为统一。公孙弘的从谀人君、曲学阿世的人格，消解了他与专制政治的矛盾冲突，他所感受到专制政治的压力为小。

元光元年，武帝召文学贤良之士。公孙弘对策曰："臣闻之，仁者爱也，义者宜也，礼者所履也，智者术之原也。致利除害，兼爱无私，谓之仁；明是非，立可否，谓之义；进退有度，尊卑有分，谓之礼；擅杀生之柄，通壅塞之途，权轻重之数，论得失之道，使远近情伪必见于上，谓之术：凡此四者，治之本，道之用也。"（《汉书》本传）公孙弘论儒家的仁义礼，言简意浅，而把儒家之智释为法家的人君御臣之术。公孙弘之策受到武帝的赏识，"天子擢弘策为第一"，拜为博士。他说："愚心晓然见治道之可以然也。夫虎豹马牛，禽兽之不可制者也，及其教驯服习之，至可牵持驾服，唯人之从。臣闻揉曲木者不累日，销金石者不累月，夫人之于利害好恶，岂比禽兽木石之类哉？期年而变，臣弘尚窃迟之。"（《汉书》本传）公孙弘认为人性是好利恶害的，这是法家对人性的认定。他晓然所见治道，乃是像制禽兽而使之唯人是从那样，来驯服万民。这与法家"见万民碌碌，犹群羊聚猪，皆可以竿而驱之"的论调（《太平御览》卷八六引桓谭语）相同，几无儒家道德教化的思想。

元朔五年，公孙弘承武帝之意，著《功令》。他具体地制定了切实可行的选拔和考绩博士弟子的制度。这表明他精通文法吏事，与陈义高远而疏阔于事的儒生不同。置博士弟子为儒者打开了仕途的通路，一方面使专制政治受到儒家仁义之道的影响，而增加了官僚机构中的文化因素，即《史记·儒林列传》"公卿大夫士吏彬彬多文学之士矣"；另一方面，把"五经"与儒者更严密地置于政治权势之下，以达到控制和歪曲"五经"而使之成为专制政治的缘饰品之目的。置博士弟子之后，"五经"流为章句之学，华而不实；传授"五经"的儒者成为利禄之徒，失去了以道自任的独立人格。因此，公孙弘著《功令》之事表现了他以儒术缘饰专制政治的性格。

公孙弘外宽内深、曲学阿世的性格是如何形成的呢?

首先,至高无上的皇权不能容忍公孙弘保持以道自任的独立人格,武帝内法外儒的政治发展和深化了他外宽内深的性格。建元元年,公孙弘六十岁,应贤良文学之召而为博士,入仕之途可谓漫长而艰辛。他出使匈奴,还报而不合上意,上怒,弘以病免归。他认识到人君权力的至高无上和宦途的艰险。元光五年,武帝发巴蜀之民开凿西南夷之道。《西南夷列传》曰:"戍转相饷。数岁,道不通,士疲饿离湿,死者甚众;西南夷又数反,发兵兴击,耗费无功。"司马相如出使西南夷,迎合上意,谓通之便。武帝又派公孙弘使西南夷,"还奏事,盛毁西南夷无所用"。公孙弘没有阿谀武帝之意,"上不听"。元朔三年,弘为御史大夫,他数谏武帝不要盲目开边。但自视甚高、欲望和野心甚大的武帝决不能允许公孙弘违逆己意。武帝派近臣朱买臣责难弘,他不得不屈从上意,但仍有所保留(罢西南夷和沧海)。这里,我们能深切地感受到儒者在天子之廷的浮沉艰辛。如果儒者远离朝廷,尚能以道自任,保持自主的人格。如果儒者走上仕途而要以道自任,就要么被冷落,要么被罢官,要么被诛杀。因此,公孙弘枉道从势人格的形成,反映了大一统专制政治对儒者的压制和打击。

其次,公孙弘仕宦之前的人生经历也是他性格形成的一个原因。就公孙弘的出身和学问传承而言,他是一个相当复杂的人。他少时为狱吏,熟悉法律吏事,早年并未受到儒家思想的熏陶。后因罪免狱吏,断了谋生之路,在海边放猪。这种生活经历使他精通世事,世事的沉浮冷暖有助于形成其圆滑、诈伪的性格。四十岁,他始学《春秋》杂说,他的《春秋》之学驳杂。建元元年,弘六十岁,已是耳顺之年,其逢迎阿世、外宽内深的性格已基本形成,故辕固生警告他"务正学以言,无曲学以阿世"。要之,弘仕宦前的这种生活经历,使他在学问上不可能精于儒家之道,在人格上也很难以道自任而死守善道;艰难困苦的谋生生活,培养了他善于权变、阳善阴恶的性格。

司马迁在主父偃的遭遇中,控诉了人情世态的冷暖炎凉,寄托了他自己的人生感慨。

其一，世人不以才能而以富贵显达论人。其二，世人只以成败论人。其三，世人趋奉富贵显达之人，而鄙视穷困之人。其四，世人的眼光短浅，只看到此时的富贵贫穷，而看不到彼时的贫穷富贵。其五，世人冷酷无情，不能对穷困之人予以一定的同情和帮助。其六，世人善于变化，当主人由富贵变为穷困，他们则避之唯恐不及，根本不念当日情意以及所得到的好处；当主人由穷困变为富贵时，他们则寡廉鲜耻，又聚拢到主人的身边以谋取利益。其七，世人的交往是所谓"世道交"，即市场上贸易交换的道理，随利害而聚散。其八，当你显达时，众人阿谀赞誉；当你失势时，众人落井下石。

主父游学、游宦数十年而不成功，亲友嘲弄，宾客排摈，借贷无方，生活穷困。没有人同情帮助他，更没有人认识到他所具有的杰出才能。主父显达时，原来的亲友、宾客寡廉鲜耻，一窝蜂地聚拢来。当主父族死时，那些受过主父恩惠的宾客消失得无影无踪，除了孔车之外，没有一人为他收尸。当主父当路时，世人皆赞誉之；当他失败时，皆诋毁之。这是以成败论人，根本不能实事求是地评论人。

司马迁为李陵辩护而下狱；他沉痛地说："家贫，赂略不足以自赎，交游莫救，左右亲近，不为一言。身非草木，独与法吏为伍，深幽图圄之中，谁可告诉者！"他深切地感受到世态的冷暖炎凉，这突出地表现在亲友之间、主客之间的"市道交"，即人的交往符合市场上贸易交换的道理，随利害而聚散。《汲郑列传》："太史公曰：夫以汲、郑之贤，有势则宾客十倍，无势则否，况众人乎！下邽（guī）翟公有言，始翟公为廷尉，宾客阗（tián，充满）门；及废，门外可设雀罗。翟公复为廷尉，宾客欲往，翟公乃大署其门曰：'一死一生，乃知交情。一贫一富，乃知交态。一贵一贱，交情乃见。'汲、郑亦云，悲夫！"司马迁悲慨主客之间的这种交往：主人有势，有利可图，则宾客十倍；主人失势，无利可图，则宾客不念旧情，而尽皆离去。这的确是世道常情，所谓"事之固然"。但事之固然，并非即是情理之当然，故不能不令人悲慨。但如果察知事之固然，至少可以部分地消解心中的悲怨。《廉颇蔺相如列传》曰："廉颇之免长平归也，失势之时，故客尽去。及复用为将，客又复至。廉颇曰：'客退矣！'客曰：'吁！君何见之晚也？夫天下以市道交，君有势，我则从君，君无势则去，此固其理也，有何怨乎？'"

司马迁在《史记》里重视表现人与人之间的"市道交"，此是为"鄙"、"俗"写真。《孟尝君列传》曰：

> 自齐王毁废孟尝君，诸客皆去。后召而复之，冯谖（xuān）迎之。未到，孟尝君太息叹曰："文常好客，遇客无所敢失，食客三千有余人，先生所知也。客见文一日废，皆背文而去，莫顾文者。今赖先生得复其位，客亦有何面目复见文乎？如复见文者，必唾其面而大辱之。"冯谖结辔下拜。孟尝君下车接之，曰："先生为客谢乎（为那些客说情）？"冯谖曰："非为客谢也，为君之言失。夫物有必至，事有固然，君知之乎？"孟尝君曰："愚不知所谓也。"曰："生者必有死，物之必至也；富贵多士，贫贱寡友，事之固然也。君独不见夫趋市朝（赶集，上市场，目的在图利）者乎？明旦，侧肩争门而入；日暮之后，过市朝者掉臂而不顾。非好朝而恶暮，所期物忘其中（所想要买的物不在其中，忘，无）。今君失位，宾客皆去，不足以怨士而徒绝宾客之路。愿君遇客如故。"孟尝君再拜曰："敬从命矣。闻先生之言，敢不奉教焉。"

以上所述，皆是主客之交，主人与客人的地位不平等。客人在主人得势时获得了许多利益，在主人失势后不念旧情，而一走了之。《张耳陈余列传》记载，张耳与陈余曾是患难之交，他们是"平交"，他们最终也因为利益之争，而反目成仇。司马迁感慨地说："然张耳、陈余始居约（贫贱）时，相然信以死，岂顾问哉。及据国争权，卒相灭亡，何向者相慕用之诚，后相倍之戾也！岂非以势利交哉？"他们以势利交，而交不终。因此，世人如果以利为目的，则世道人心不复良善。孔子曰："放于利而行，多怨。"（《论语·里仁》）孟子曰："何必曰利？亦有仁义而已矣。"（《孟子·梁惠王上》）司马迁说："自天子至于庶人，好利之弊何以异哉！"（《孟子荀卿列传》）

《陈涉世家》记录了陈涉与同耕者的交往，"苟富贵，莫相忘"，希望对方富贵，更希望对方在富贵后不要弃置贫贱之交。富贵而忘记贫贱之交，这本是人情世道之常。然微时的旧交，也复难处，因为彼此环境发生了改变，旧情再也难以复合，这也是人情世道之常。《陈涉世家》曰：

> 陈胜王凡六月。已为王，王陈。其故人尝与庸耕者闻之，之陈，扣宫门曰："吾欲见涉。"宫门令欲缚之。自辩数（自辩说，数与涉有故旧事验也），乃置，不肯为通。陈王出，遮道而呼涉。陈王闻之，乃召见，载与俱归。入宫，见殿屋帷帐，客曰："夥（huǒ）颐！涉之为王沈沈（宫室深邃的样子）者！"楚人谓多为夥，故天下传之，夥涉为王，由陈涉始。客出入愈益发舒，言陈王故情。或说陈王曰："客愚无知，专妄言，轻威。"陈王斩之。诸陈王故人皆自引去，由是无亲陈王者。

钱钟书颇同情陈涉说："然夥涉为王，初未失故。同耕者遮道而呼，涉即载与偕归；客自'妄言轻威'，致干最谴，乃累涉亦被恶名。"① 一般人皆指责陈涉富贵而忘记了故人，岂不知故人不能顺应环境的变化，而妄言贫贱时的事情，削弱了陈涉的威权，因而陈涉杀掉了同耕者。陈涉也蒙上了杀故人的恶名，这也是他此后众人不附而失败的原因之一。《史记索引》注引《孔丛子》云："陈涉为王，妻之父兄往焉。胜以众宾待之。妻父怒云：'怙强而傲长者，不能久焉。'不辞而去。"《西京杂记》卷二记载，公孙弘为丞相，故人高贺从之。弘食之脱粟，覆以布被。贺怒曰："何用故人，富贵为脱粟布被，我自有之。"贺告人："公孙内服貂蝉，外衣麻枲（xǐ，不结子的大麻），内厨五鼎，外膳一肴。"于是，朝廷以为公孙弘矫焉。弘闻叹曰："宁逢恶宾，不逢故人。"这也说明，微时旧交，也复难处。

---

① 钱钟书：《管锥编》（第一册），中华书局1986年，第294页。

第十四讲

"凤兮凤兮归故乡,遨游四海求其凰"

——《司马相如列传》的解读

【序论】

清人李景星说:"《史记》列传,于诸家之文,多不滥登。屈、贾文辞之士,只载其骚辞数篇,即贾生《治安》一疏,关系治乱得失,为千古推重之作,犹从割爱,他可知已。独于司马相如之文,采之最多,连篇累牍,不厌其繁,可谓倾服之至;而所载之文,又复各呈其妙,不拘一体。《上林》两赋,以侈丽胜;《告蜀》一檄一书,以层叠胜;《谏猎疏》以格法胜;《哀二世赋》以风韵胜;《大人赋》以瑰奇胜;《封禅书》以古奥胜;一篇一样,不复不板。而又以'好读书'三字,作通篇之根,以前后三为郎作眼目,以下而见知女子上而见知天子作照应。驱相如之文以为己文,而不露其痕迹;借相如之事为己写照,并为天下后世怀才不遇者写照,而不胜其悲叹。洋洋万余言,一气团结,在《史记》中为一篇最长文字,亦为一篇最奇文字。赞语,极本《易》、《春秋》、《大小雅》以立言,极有根据,亦正为相如之文抬高身分,然其要归引之节俭云云,评相如之文,亦得要领。"(《史记评议》)

此传叙述了相如一生的主要遭遇,相如与文君的私奔结合之事,尤为后人津津乐道。司马迁采录了相如的多篇文章:《子虚赋》、《上林赋》、《告蜀檄》、《告蜀书》、《谏猎疏》、《哀二世赋》、《大人赋》、《封禅书》。笔者只选讲《告蜀书》一篇,其他皆从略。

【原文】一

司马相如者,蜀郡成都人也,字长卿。少时好读书,学击剑,故其亲名之曰犬子[1]。相如既学[2],慕蔺相如之为人,更名相如。以赀为郎[3],事孝景帝,为武骑常侍,非其好也。会景帝不好辞赋,是时梁孝王来朝,从游说之士齐人邹阳、淮阴枚乘、吴庄忌夫子之徒,相如见而悦之,因病免,客游梁。梁孝王令与诸生同舍,相如得与诸生游士居数岁,乃著《子虚》之赋。

会梁孝王卒,相如归,而家贫,无以自业。素与临邛令王吉相善[4],吉曰:"长卿久宦游不遂[5],而来过我。"[6]于是相如往,舍都亭。临邛令缪为恭敬[7],日往朝相如。相如初尚见之,后称病,使从者谢吉,吉愈益谨肃。临邛中多富人,而卓王孙家僮八百人[8],程郑亦数百人,二人乃相谓曰:"令有贵客,为具召之。"[9]并召令。令既至,卓氏客以百数。至日中,谒司马长卿,长卿谢病不能往[10],临邛令不敢尝食,自往迎相如。相如为不得已而强往[11],一坐尽倾[12]。酒酣,临邛令前奏琴曰[13]:"窃闻长卿好之,愿以自娱。"相如辞谢,为鼓一再行[14]。是时卓王孙有女文君新寡,好音,故相如缪与令相重,而以琴心挑之[15]。相如之临邛,从车骑,雍容闲雅甚都[16]。及饮卓氏,弄琴,文君窃从户窥之,心悦而好之,恐不得当也[17]。既罢,相如乃使人重赐文君侍者通殷勤[18]。文君夜亡奔相如[19],相如乃与驰归成都。

【注释】

[1]亲:父母。犬子:对己子的谦称。[2]既学:学业完成。[3]以赀(zī)为郎:以家财多而拜为郎(皇帝的侍从官)。赀(zī),资,钱财。[4]临邛(qióng):县名。[5]遂:通,达。[6]过:访。[7]都亭:郡县治所则置都亭。亭,行人停留宿食的住所。缪:谬,假装。[8]僮:奴仆。[9]为具:备办酒食之物。召:请。[10]谢病:托言有病。[11]为:伪,假装。[12]一坐尽倾:满座的人皆倾慕相如的清

高雅致。[13] 奏：进。[14] 鼓琴一两曲。行：曲，乐府诗歌之《长歌行》、《短歌行》以"行"为歌曲。一再：一两（曲）。[15] 相如在琴声中表达了对美人的追慕之情，以挑动文君的春心。[16] 都：美好。[17] 文君看到相如风流倜傥，文采斐然，颇担心自己配不上他。当：适合，得当。相如本来一文不名，无官无职，以为自己配不上文君，因为文君家里有钱而嫁妆丰厚，且艳丽多姿，富有文才；通过他的一番作为，反而文君自以为配不上相如。[18] 通殷勤：传达恳切深厚的情意。[19] 婚配不合礼谓之"亡"。

【讲解】

《史记》、《汉书》皆没有描写卓文君的美色。《西京杂记》卷二记载："文君姣好，眉色如望远山，脸际常若芙蓉，肌肤柔滑如脂。十七而寡，为人放诞风流，故悦长卿之才而越礼焉。长卿素有消渴疾，及还成都，悦文君之色，遂以发痼（gù）疾。乃作《美人赋》，欲以自刺，而终不能改，卒以此疾致死，文君为诔，传于世。"关于文君和相如的遇合之事，后人多津津乐道，可能是因为他们的私奔在潜意识里满足了人们之尚奇尚异的偷情心理。妻不如妾，妾不如偷，偷着的不如偷不着的。

有人认为，相如是通过欺骗的方式得到了文君，且后来又得到了文君之丰厚的嫁妆，是既劫色又骗钱。《史记索隐》曰："相如纵诞，窃赀卓氏。其学无方，其才足倚。"扬雄《解嘲》曰："司马长卿窃赀于卓氏，东方朔割炙于细君（朔之妻），仆诚不能与此数公者并，故默然独守吾《太玄》。"颜之推《颜氏家训·文章》在批评"自古文人，多陷轻薄"时说："司马长卿，窃赀无操。"

笔者认为，相如的行为确有骗色骗钱的成分：他到临邛与县令王吉相谋，谬为抬高自己的身份地位，以引起富商卓王孙和文君的重视；但相如和文君也是知音，相如举止优雅，风流倜傥，这是假装不出的，且他善于弹琴，在琴音中寄托了自己的相思追慕，而文君颇能领悟，这是"心有灵犀一点通"。《史记索隐》记录相如弹琴所唱的歌："凤兮凤兮归故乡，遨游四海求其凰，有一艳女在此堂，室迩人遐断我肠，何由交接为鸳鸯。"这首"凤求凰"歌所表达的情感过于露骨，当是后之好事者所为。

【原文】二

家徒四壁立 [1]。卓王孙大怒曰:"女至不材,我不忍杀,不分一钱也。"人或谓王孙 [2],王孙终不听。文君久之不乐,曰:"长卿第俱如临邛 [3],从昆弟假贷犹足为生,何至自苦如此!"相如与俱之临邛,尽卖其车骑,买一酒舍酤酒 [4],而令文君当垆 [5]。相如身自著犊鼻裈 [6],与保庸杂作 [7],涤器于市中。卓王孙闻而耻之,为杜门不出。昆弟诸公更谓王孙曰 [8]:"有一男两女,所不足者非财也。今文君已失身于司马长卿,长卿故倦游 [9],虽贫,其人材足依也,且又令客,独奈何相辱如此!"卓王孙不得已,分予文君僮百人,钱百万,及其嫁时衣被财物。文君乃与相如归成都,买田宅,为富人。

【注释】

[1]家徒四壁立:只有四壁,而没有资财。徒,空。[2]有人劝说王孙分钱给文君。[3]第:暂且。如:往。[4]酤(gū)酒:卖酒。[5]垆(lú):酒店里安放酒瓮的土台子。[6]著:穿。犊(dú)鼻裈(kūn):短裤,或谓围裙。衣服之形像牛犊鼻子。裈,衣服。[7]保庸:奴仆。保,奴仆。庸,佣。[8]更:交替。[9]故:固,本来。倦游:倦于游宦。

【讲解】

文君和相如驰到成都,文君忍受不住贫穷的生活,提出暂回临邛。他们在临邛买一酒店卖酒,其意可能有二:一是度日谋生;二是使其父卓王孙感到羞耻,以分家财给他们。文君当垆,美人卖酒。韦庄《菩萨蛮》:"人人尽说江南好,游人只合江南老。春水碧于天,画船听雨眠。垆边人似月,皓腕凝霜雪。未老莫还乡,还乡须断肠。""垆边人似月"正是暗用文君当垆之典。

【原文】三

居久之，蜀人杨得意为狗监 [1]，侍上。上读《子虚赋》而善之，曰："朕独不得与此人同时哉！" [2] 得意曰："臣邑人司马相如自言为此赋。"上惊，乃召问相如。相如曰："有是。然此乃诸侯之事，未足观也。请为天子游猎赋，赋成奏之。"上许，令尚书给笔札。相如以"子虚"，虚言也，为楚称 [3]；"乌有先生"者，乌有此事也，为齐难 [4]；"无是公"者，无是人也，明天子之义。故空藉此三人为辞，以推天子诸侯之苑囿 [5]。其卒章归之于节俭，因以风谏 [6]。奏之天子，天子大悦。其辞曰：……

无是公听然而笑曰 [7]："楚则失矣，齐亦未为得也。……且二君之论，不务明君臣之义而正诸侯之礼，徒事争游猎之乐，苑囿之大，欲以奢侈相胜，荒淫相越，此不可以扬名发誉，而适足以贬君自损也。且夫齐楚之事又焉足道邪！君未睹夫巨丽也，独不闻天子之上林乎？"……于是二子愀然改容 [8]，超若自失，逡巡避席曰 [9]："鄙人固陋，不知忌讳，乃今日见教，谨闻命矣。"

赋奏，天子以为郎。无是公言天子上林广大，山谷水泉万物，及子虚言楚云梦所有甚众，侈靡过其实，且非义理所尚，故删取其要，归正道而论之 [10]。

【注释】

[1] 狗监：主管天子田猎之狗的官吏。[2] 独不：偏偏不。[3] 称说楚之美。[4] 代表齐诘难楚事。[5] 苑囿：养禽兽、植树木的地方。[6] 风谏：讽谏，用含蓄的话规劝。[7] 听（yín）然：笑的样子。[8] 愀（qiǎo）然：变色的样子。[9] 逡（qūn）巡：欲进又止、迟疑不决的样子。避席：离座起立，表示敬意。[10] 读者在诵读时，不尚其夸奢靡丽之论，但取终篇归于节俭之正道。

【讲解】

《子虚》、《上林》，是具有典范意义的汉大赋。两篇赋的内容是在一个虚构框架中以问答体的形式展开的。

楚国使者子虚出使齐国,向齐国之臣乌有先生夸耀楚国的云梦泽和楚王在此游猎的盛况。乌有先生不服,夸称齐国山海宏大以压倒之。代表天子的亡是公又铺陈天子上林苑的巨丽和天子游猎的盛举,表明诸侯不能与天子相提并论。然后"曲终奏雅",说出一番提倡节俭的道德教训:

> 不务明君臣之义、正诸侯之礼,徒事争于游戏之乐、苑囿之大,欲以奢侈相胜,荒淫相越,此不可以扬名发誉,而适足以贬君自损也。

《子虚》、《上林》最突出的特点,是极度的铺张扬厉。这反映了大汉时代的精神。汉武帝时代,物质财富高度增长,帝国的版图大幅度扩展,统治者的雄心和对世界的占有欲是极度膨胀。司马相如用夸张的文笔、华丽的辞藻,描绘了一个无限延展的巨大空间,对其中万千的生民、宏伟的山川、繁华的都市、巍峨的宫殿、宽广的林苑、丰饶的物产、昌隆的文教、千乘万骑的出猎、隆重排场的典礼、盛大庄严的仪仗、场面壮观的歌舞、侈靡奢豪的宴饮,逐一铺陈排比,从而向人们展示了一个数量众多、体积宏伟、场面广阔、力量巨人、威势无比的巨丽之美。这两篇赋渲染了统治者的奢侈生活,并把他们的物质享受再造为精神享受。[①]

司马相如以"苞括宇宙,总览人物"的巨大时空意识所作的呆板堆砌而又浑厚雄伟的铺陈描写,展示了中华民族进入一个新的历史时代那种征服世界、占有世界的自豪和骄傲,展示了那个时代繁荣富强、蓬勃向上的生气。这里弥漫着令后人不断回首惊叹的大汉气象。

【原文】四

　　相如为郎数岁,会唐蒙使略通夜郎、僰中 [1],发巴、蜀吏卒千人,郡又多为发转漕万余人 [2],用军兴法诛其渠帅 [3],巴、

---

① 何新文:《辞赋散论》,东方出版社 2000 年,第 54—55 页。

蜀民大惊恐。上闻之，乃使相如责唐蒙，因谕告巴、蜀民以非上意 [4]。檄曰 [5]……

相如还报。唐蒙已略通夜郎，因通西南夷道，发巴、蜀、广汉卒，作者数万人 [6]。治道二岁，道不成，士卒多物故 [7]，费以巨万计。蜀民及汉用事者多言其不便。是时邛、筰之君长闻南夷与汉通 [8]，得赏赐多，多欲愿为内臣妾 [9]，请吏，比南夷 [10]。天子问相如，相如曰："邛、筰、冉、駹者近蜀 [11]，道亦易通，秦时尝通为郡县，至汉兴而罢。今诚复通，为置郡县，愈于南夷。"[12] 天子以为然，乃拜相如为中郎将，建节往使 [13]。副使王然于、壶充国、吕越人驰四乘之传 [14]，因巴、蜀吏币物以略西夷。至蜀，蜀太守以下郊迎，县令负弩矢先驱 [15]，蜀人以为宠 [16]。于是卓王孙、临邛诸公皆因门下献牛酒以交欢 [17]。卓王孙喟然而叹，自以得使女尚司马长卿晚 [18]，而厚分与其女财，与男等同。司马长卿便略定西夷，邛、筰、冉、駹、斯榆之君皆请为内臣。除边关，关益斥 [19]，西至沫、若水，南至牂牁为徼 [20]，通零关道，桥孙水以通邛都 [21]。还报天子，天子大悦。

【注释】

[1] 略：巡行取之。僰（bó）：居住在西南地区的某少数民族。[2] 发：征发。转漕：陆水道运输粮草。车运曰转，水运曰漕。[3] 军兴法：战时的法令制度。渠：大。[4] 告诉巴蜀之民唐蒙所为不合天子之意。[5] 檄（xí）：檄文，即谕告的文书。[6] 作者：作工的人。[7] 物故：死亡。[8] 邛（qióng）、筰（zé）：西南少数民族地区。[9] 内臣妾：臣服于大汉。[10] 请求汉置吏，与南夷相当。[11] 冉、駹（máng）：西南少数民族地区。[12] 胜于南夷。[13] 节：使者的符节。[14] 传（zhuàn）：传车。古代驿站的专用车辆。[15] 县令背负弓箭在前引路。[16] 宠：荣。[17] 门下：司马相如的门下。交欢：结好。[18] 尚：嫁。[19] 斥：开拓广大。[20] 沫（mèi）、牂牁（zāng kē）：地名。徼（jiào）：边界。[21] 桥孙水：架桥于孙水上。

【讲解】

对于文君私奔相如的行为,卓王孙前后有三次举动。开始时,卓王孙大怒,曰"女至不材,我不忍杀,不分一钱也"。接着,文君和相如来到临邛买一家酒店,文君当垆,相如打杂。卓王孙感到耻辱,不得已分给文君僮百人、钱百万及其嫁时的衣被财物。后来,相如为天子出使成都,经过临邛。卓王孙喟然感叹,自以为嫁女给司马相如太晚,而厚分其财给文君,与儿子一样。这前后三次的变化,说明了世态人情的势利冷暖。相如后来回到临邛,一方面是夸耀自己的富贵,另一方面是表现他的复仇情绪,即以他今日的尊贵地位来发泄其当年受王孙之辱的怨恨。

【原文】五

相如使时,蜀长老多言通西南夷不为用,唯大臣亦以为然。相如欲谏,业已建之 [1],不敢,乃著书,藉以蜀父老为辞,而己诘难之,以风天子 [2],且因宣其使指 [3],令百姓知天子之意。其辞曰:

汉兴七十有八载 [4],德茂存乎六世,威武纷纭,湛恩汪濊 [5],群生澍濡 [6],洋溢乎方外。于是乃命使西征,随流而攘 [7],风之所被 [8],罔不披靡 [9]。因朝冉从駹,定筰存邛,略斯榆,举苞满,结轨还辕 [10],东向将报 [11],至于蜀都。

耆老大夫缙绅先生之徒二十有七人 [12],俨然造焉 [13]。辞毕,因进曰:"盖闻天子之于夷狄也,其义羁縻勿绝而已 [14]。今罢三郡之士 [15],通夜郎之途,三年于兹,而功不竟 [16],士卒劳倦,万民不赡 [17]。今又接以西夷,百姓力屈 [18],恐不能卒业,此亦使者之累也 [19],窃为左右患之 [20]。且夫邛、筰、西僰之与中国并也,历年兹多,不可记已。仁者不以德来,强者不以力并,意者其殆不可乎! [21]今割齐民以附夷狄,弊所恃以事无用,鄙人固陋,不识所谓。"

【注释】

[1] 业已建之：本由相如立此事，所以他不敢谏。业，本。[2] 风：讽，以含蓄的话语劝告。[3] 使指：出使的意图。指，旨。[4] 元光六年（前129年）。有：又。[5] 湛（zhàn）：深。汪濊（wèi）：深广的样子。[6] 澍（shù）润泽。[7] 攘（rǎng）：退却。[8] 被：覆盖。[9] 罔（wǎng）不披靡：草木无不随风偃倒。[10] 结：屈。[11] 报于天子。[12] 耆（qí）老：年高之人。[13] 造：至。[14] 羁縻勿绝：牵制夷狄而不与之断绝，既不攻灭之，又不接纳而化之。縻（mí），系住。[15] 罢：疲。[16] 竟：最终完成。[17] 不赡：力不足。[18] 屈：尽。[19] 累：麻烦。[20] 左右：不直接称相如而称其左右之人，表示敬意。[21] 古代的帝王虽有仁德，但不能招来他们；虽有强力，不能吞并他们。这是因为道路险阻以及夷狄之风与中国不同。

【原文】六

　　使者曰："乌谓此邪 [1]？必若所云，则是蜀不变服而巴不化俗也 [2]。余尚恶闻若说 [3]。然斯事体大，固非观者之所覯也 [4]。余之行急，其详不可得闻已，请为大夫粗陈其略。

　　"盖世必有非常之人，然后有非常之事；有非常之事，然后有非常之功。非常者，固常人之所异也。故曰非常之原，黎民惧焉 [5]；及臻厥成 [6]，天下晏如也 [7]。

　　"昔者鸿水浡出 [8]，泛滥衍溢，民人登降移徙，崎岖而不安。夏后氏戚之 [9]，乃堙鸿原 [10]，决江疏河，洒沉澹灾 [11]，东归之于海，而天下永宁。当斯之勤，岂唯民哉。心烦于虑而身亲其劳，躬胝无胈 [12]，肤不生毛。故休烈显乎无穷，声称浃乎于兹 [13]。

【注释】

[1] 为何这样说呢？乌：为何。[2] 巴、蜀原也是夷狄，后来移风易俗而同于中国。[3] 我尚且厌恶听到此说，更何况有识之人。[4] 覯（gòu）：见。[5] 非常之事，其本原难为黎民所知，故他们恐

惧。原：本原。[6] 臻：至。[7] 晏如：安然的样子。[8] 浡（bó）：
兴起。[9] 戚：忧虑。[10] 堙（yīn）：堵塞。原：水之本源。[11] 洒沉
澹灾：分散深水,消除灾害而使之安定。洒,分；澹,安。[12] 躬：
身体。胝：胼胝（pián zhī）,手上磨起茧子。胈（bá）：腿上的毛。
[13] 休：美。烈：功业。浃（jiā）：沾润。

【原文】七

"且夫贤君之践位也。岂特委琐局促,拘文牵俗 [1],循诵习
传,当世取悦云尔哉 [2]! 必将崇论闳议 [3],创业垂统 [4],为
万世规 [5]。故驰骛乎兼容并包,而勤思乎参天贰地 [6]。且
《诗》不云乎：'普天之下,莫非王土；率土之滨,莫非王臣。' 是
以六合之内,八方之外,浸淫衍溢,怀生之物有不浸润于泽者,贤
君耻之。今封疆之内,冠带之伦 [7],咸获嘉祉 [8],靡有阙遗
矣。而夷狄殊俗之国,辽绝异党之地,舟舆不通,人迹罕至,政教
未加,流风犹微 [9]。内之则犯义侵礼于边境 [10],外之则邪行
横作 [11],放弑其上。君臣易位,尊卑失序,父兄不辜 [12],幼
孤为奴,系累号泣 [13],内向而怨,曰'盖闻中国有至仁焉,德
洋而恩普,物靡不得其所,今独何为遗己'。举踵思慕,若枯旱之
望雨。戾夫为之垂涕,况乎上圣,又恶能已? 故北出师以讨强胡,
南驰使以诮劲越 [14]。四面风德 [15],二方之君鳞集仰流 [16],
愿得受号者以亿计 [17]。故乃关沫、若,徼牂牁,镂零山 [18],
梁孙原。创道德之途,垂仁义之统。将博恩广施,远抚长驾 [19],
使疏逖不闭 [20],阻深暗昧得耀乎光明,以偃甲兵于此,而息诛
伐于彼。遐迩一体,中外褆福 [21],不亦康乎? 夫拯民于沉溺,
奉至尊之休德,反衰世之陵迟 [22],继周氏之绝业,斯乃天子之
急务也。百姓虽劳,又恶可以已哉?

【注释】

[1] 贤君登位,不拘细碎之文,不牵流俗之议；贤君胸怀广阔,志
向高远,且不墨守成规,而开拓创新。[2] 因循所诵,习所传闻,取悦

于当世。[3] 闳（hóng）：深。[4] 创立基业而传于后代。[5] 规：法度，准则。[6] 参（sān）天贰地：统治的地区伸展到天地的尽头，建立的功业像天地一样高远和广大。[7] 中国的礼仪之邦。[8] 祉（zhǐ）：幸福。[9] 微：风俗浇薄而不淳厚。[10] 内之：接纳之。[11] 外之：弃而绝之。[12] 父兄无罪而被杀。[13] 为人所获而系缧之，故号泣。累：缧，系人的绳索。[14] 诮（qiào）：责备。[15] 四方化德。[16] 西夷和南夷的君主，希望得到中国的德化，就像鱼聚集而仰望流水。二方：西夷和南夷。[17] 得受号：得到天子的封爵之号。[18] 镂（lòu）：凿通。[19] 远抚长驾：远安长行。驾，行。[20] 使疏远者不被隔绝。逖（tì）：远。[21] 禔（tí）：福。[22] 拨乱反正。

【原文】八

　　"且夫王事固未有不始于忧勤，而终于佚乐者也 [1]。然则受命之符 [2]，合在于此矣。方将增泰山之封，加梁父之事 [3]，鸣和鸾，扬乐颂，上咸五，下登三 [4]。观者未睹指，听者未闻音，犹鹪明已翔乎寥廓，而罗者犹视乎薮泽 [5]。悲夫！"

　　于是诸大夫芒然丧其所怀来，失厥所以进 [6]，喟然并称曰："允哉汉德 [7]，此鄙人之所愿闻也。百姓虽怠，请以身先之。"敞罔靡徙 [8]，因迁延而辞避。

【注释】

　　[1] 佚（yì）：逸，安乐。[2] 受命之符：受天命为王的符瑞。[3] 武帝在元封元年（前110）封禅。[4] 五帝之德，汉比为减；三王之德，汉出其上。咸：减。[5] 鹪（jiāo）明：传说中的神鸟。罗者：张网捕鸟的人。薮（sǒu）泽：水浅草茂的泽地。[6] 初有所怀而来，欲进而陈之，现在皆丧失其来意。[7] 允：信。[8] 敞罔：怅惘，失志的样子。靡（mǐ）徙：自抑而退。

【讲解】

　　受命之符肯定了天命的神圣和神秘作用，但天命的作用根据于王者的德业。董仲舒《天人三策》曰："臣闻天之所大奉使之王者，必有非人力所能致而自至者,此受命之符也。天下之人同心归之,若归父母,故天瑞应诚而至。……皆积善累德之效也。"

众人没有远见,只看到目前的辛劳,而不知其具有深远的意义。犹如鹢明之鸟早已飞向辽阔的天空,而捕雀者的目光浅短,还停留在地面的薮泽之上。谢朓诗曰:"寄言罻(wèi,张设罗网的人)罗者,寥廓已高翔。"(《赠西府同僚》)

【原文】九

其后人有上书言相如使时受金,失官。居岁余,复召为郎。

相如口吃而善著书。常有消渴疾 [1]。与卓氏婚,饶于财。其进仕宦,未尝肯与公卿国家之事 [2],称病闲居,不慕官爵。常从上至长杨猎,是时天子方好自击熊彘 [3],驰逐野兽,相如上疏谏之。其辞曰:

……盖明者远见于未萌而智者避危于无形,祸固多藏于隐微而发于人之所忽者也。故鄙谚曰"家累千金,坐不垂堂" [4]。此言虽小,可以喻大。臣愿陛下之留意幸察。

上善之。还过宜春宫 [5],相如奏赋以哀二世行失也。其辞曰……

【注释】

[1] 消渴疾:糖尿病。[2] 与:参与。[3] 彘(zhì):猪。[4] 富人家有千金,坐不临近堂屋檐下,以免为檐瓦落下而伤。这说明富人自爱很深。讽喻天子应自重自爱,不要随意打猎,以免被禽兽伤害。[5] 宜春宫:秦二世葬于宜春苑,宜春宫即在宜春苑近旁。

【讲解】

"相如口吃而善著书";《儒林列传》"(倪宽)善著书,书奏敏于文,口不能发明也";《汉书·扬雄传》"口不能剧谈,默而好深沉之思"。口吃之人,不善于讲话,可以作深沉之思,因而文章写得好。但世上也有口吃之人,既不善于讲话,又不善于著书。可见,世事并非一定。山中之木以不材得以保存,而主人之雁以不才而被杀。《庄子·山木》)

【原文】十

相如拜为孝文园令。天子既美子虚之事，相如见上好仙道，因曰："上林之事未足美也，尚有靡者[1]。臣尝为《大人赋》，未就，请具而奏之。"相如以为列仙之传居山泽间[2]，形容甚癯[3]，此非帝王之仙意也，乃遂就《大人赋》。其辞曰：

世有大人兮[4]，在于中州。宅弥万里兮，曾不足以少留[5]。悲世俗之迫隘兮，朅轻举而远游[6]。……下峥嵘而无地兮[7]，上寥廓而无天。视眩眠而无见兮[8]，听惝恍而无闻[9]。乘虚无而上假兮[10]，超无友而独存。

相如既奏《大人之颂》，天子大悦，飘飘有凌云之气，似游天地之间意。

相如既病免，家居茂陵。天子曰："司马相如病甚，可往从悉取其书；若不然，后失之矣[11]。"使所忠往，而相如已死，家无书。问其妻，对曰："长卿固未尝有书也。时时著书，人又取去，即空居。长卿未死时，为一卷书，曰有使者来求书，奏之。无他书。"其遗札书言封禅事，奏所忠。忠奏其书，天子异之[12]。……司马相如既卒五岁[13]，天子始祭后土。八年而遂先礼中岳，封于太山，至梁父禅肃然[14]。

【注释】

[1] 靡：丽。[2] 传：传说。[3] 癯（qú）：瘦。[4] 大人：喻天子。[5] 曾（zēng）：竟然不足以稍微停留。[6] 朅（qiè）：离去。[7] 峥嵘：深远的样子。[8] 眩眠：眼睛昏花。[9] 惝恍（chǎng huǎng）：迷迷糊糊。[10] 假：遐，远。[11] 如果不这样，相如的书以后将遗失。[12] 以之为卓异。[13] 相如卒于元狩五年（前118）。[14] 肃然：太山下面的小山。

【讲解】

武帝好神仙，渴慕长生不死。相如认为，传闻神仙居山泽之间，形容甚癯，生活的境界狭小枯寂、清贫寡淡，不符合帝王的好仙之意。因此，他作《大人赋》，极力铺写大人"轻举而远游"所见到的瑰丽气象和心旷神怡之乐；但末章写道："必长生若此而不死矣，虽济万世不足以喜"，"乘虚无而上假兮，超无友而独存"，把长生与孤独、虚无结合在一起，委婉地讽劝武帝不要沉溺于求仙之中。但由于此赋的大部分内容在驰骋描写大人远游的飘飘浮游之乐，所以卒章的委婉讽谏没有多大意义。武帝读《大人赋》，飘飘有凌云之气。

武帝好敬鬼神，求神仙。这在《封禅书》中有详细的记载。武帝信方术之士的蛊惑，所谓"黄帝且战且成仙"。方术之士公孙卿说："黄帝采首山铜，铸鼎于荆山下。鼎既成，有龙垂胡须下迎黄帝。黄帝上骑，群臣后宫从上者七十余人，龙乃上去。余小臣不得上，乃悉持龙须，龙须拔，堕，堕黄帝之弓。百姓仰望黄帝既上天，乃抱其弓与胡须号，故后世因名其处曰鼎湖，其弓曰乌号。"武帝特推崇羡慕黄帝，以为汉家之德可以比于黄帝，则自己也像黄帝那样成仙。于是天子曰："嗟乎！吾诚得如黄帝，吾视去妻子如脱躧（xǐ，鞋）耳。"

【原文】十一

太史公曰，《春秋》推见至隐 [1]，《易》本隐之以显 [2]，《大雅》言王公大人而德逮黎庶 [3]，《小雅》讥小己之得失，其流及上 [4]。所以言虽外殊，其合德一也 [5]。相如虽多虚辞滥说，然其要归引之节俭，此与《诗》之风谏何异 [6]。扬雄以为靡丽之赋，劝百风一，犹驰骋郑卫之声，曲终而奏雅，不已亏乎？[7] 余采其语可论者著于篇。

《汉书·司马相如传》曰：

赞曰：司马迁称"《春秋》推见至隐，《易》本隐之以显，《大雅》言王公大人，而德逮黎庶，《小雅》讥小己之得失，其流及上。所言虽殊，其合德一也。相如虽多虚辞滥说，然要其归引之于节俭，此与《诗》之风谏何异？"扬雄以为靡丽之赋，劝百而风一，犹驰骋郑卫之声，曲终而奏雅，不已戏乎？

【注释】

[1]《春秋》记事简明，但多有隐讳，且意义深微，故《春秋》表面上是见（现），实际上是隐，这是从显推究隐。例如，《春秋》僖公二十八年"天王狩于河阳"。记事简明，但实际上，此事的真实情况不是周天子自狩河阳，而是晋文公召周天子到河阳参加文公称霸的诸侯盟会。《史记·孔子世家》曰："践土之会，实召周天子，而《春秋》讳之曰'天王狩于河阳'。"《春秋》讳此事的深层意义是尊周天子而退诸侯。例如，《春秋》桓公元年"郑伯以璧假许田"。表面意义清楚明白，即郑伯以璧借鲁之许田，但实际上是郑伯以璧易（交换）许田，《春秋》不用"易"而用"假"（借），蕴含了"诸侯不得专地"的尊王之义。[2]《易》谈论天道和占卜之术，本来是隐微而神秘。《史记·田敬仲完世家》"太史公曰"："盖孔子晚而喜《易》。《易》之为术，幽明远矣，非通人达才孰能注意焉！"但是，《易》之目的是从天道和占卜之术通向人事的吉凶，人事的吉凶是显明的，这是从隐至显。[3]《大雅》颂扬王公大人之德及其德化于民，民亦有德，这是从上及下。[4]《小雅》先讥讽自己的过失，然后责备王公大人的失道，这是从下至上。[5]虽然它们的言词方式不同（从显至隐，从隐至显，从上到下，从下到上），但它们的目的皆是归于仁德，即仁义礼乐之道。《易传》所谓"天下一致而百虑，同归而殊途"。[6]相如的言词浮夸艳丽，极力骋说天地之大、山川之丽、万物之多、宫苑之美、田猎之乐等等，但归于节俭。这与《诗》的讽谏在实质上是相同的。[7]扬雄以为，汉大赋是靡丽之赋，铺陈排比，夸张修饰，极力夸赞奢侈大丽之美，在结尾处方有一段内容不多的劝勉节俭的文字，所谓曲终奏雅。这不能起到劝谏的作用，反而更助长了对奢华侈丽的追求。这等于就是游戏之文，并不是庄重严肃的劝谏之作。"不已亏乎"，难道不是亏损讽谏之意吗？"不已戏乎"，难道不是游戏之文吗？

【讲解】

扬雄也是蜀郡成都人，年轻时对同乡前辈司马相如的大赋非常倾慕，模拟《子虚》、《上林》，创作了《甘泉》、《河东》、《长杨》、《羽猎》四赋。扬雄的赋驰骋想象，铺排夸饰，表现出汉赋的基本特征；同时他因是一位学者（《太玄》、《法言》），故其赋内容典雅深沉，语言含蓄蕴藉。晚年的扬雄认为汉大赋是"靡丽之赋"（铺排夸饰），劝百讽一，犹驰骋郑卫之声（郑卫的音乐是靡靡之音），曲终而奏雅（在靡靡之音的结尾，加上一段典雅教化的音乐），扬雄《法言·吾子》曰：

> 或问：吾子少而好赋？曰：然，童子雕虫篆刻（作赋不过是小孩子雕虫篆刻的小技）。俄而曰：壮夫不为也。或曰：赋可以讽乎？曰：讽乎！讽则已，不已，吾恐不免于劝也。
>
> 或问："景差、唐勒、宋玉、枚乘之赋也，益乎？"曰："必也淫。""淫则奈何？"曰："诗人之赋丽以则，辞人之赋丽以淫。如孔氏之门用赋也，则贾谊升堂，相如入室矣。如其不用何？"

汉大赋极力夸张铺陈的，是那些令人非常神往的豪华奢侈的生活，描写的内容甚多，且具有非常强烈的美感。文章的结尾，作者提出节俭的道德训诫，以对上面所极力铺排的豪华奢侈生活的讽谏。一是文章提出节俭的道德训诫，不仅内容枯燥无味，而且文字极少，故讽谏的意味不强；二是文章对奢侈豪华的生活只是给予部分的否定，否定并不彻底；三是文章对豪华奢侈生活的铺陈，唤醒了人们追求生活嗜欲的强烈愿望，从而不顾道德的训诫。因此，汉大赋所产生的实际效果主要是勉励人们追求奢侈享乐的生活（劝百），而提倡节俭的讽谏意义较为淡薄（讽一）。这表明，汉大赋的审美主题与道德主题是矛盾的，因为追求审美主题，而道德主题受到了削弱。

【补论】

文君与相如的私奔，不太符合礼（绝不是大逆不道），而受到世人的诟病；但世人又津津乐道，觉得他们的私情自有一种隐秘的美感。这是所谓的"弱德（在道德上弱化）之美"。笔者借用叶嘉莹先生的这个概念，但含义有所不同：有一种男女私情，不太符合伦理道德的规范，但非常真挚动人；因为这种感情为世人所不容，所以在表达时幽约隐微、低回婉转，自有一种难以言说的、隐曲的神秘美感。笔者认为，李商隐"无题"爱情诗所歌咏的也是一种在夫妻之外的男女私情，故幽约隐微、低回婉转，有一种"偷不着"的神秘风情，所谓"弱德之美"。

清代著名词人朱彝尊的《静志居琴趣》，即表现了这种"弱德之美"。[1]

朱彝尊（1629—1709），字竹垞（chá），浙江秀水人，浙西词派的创始人。《静志居琴趣》共收词八十三首，皆为爱情词。这些情词为世称颂，独具风韵。他所写的乃是现实中所有而不为现实伦理所容的一段男女私恋之情。

朱氏家贫，十七岁时入赘于冯氏；是时，其妻冯孺人（名福贞）才十五岁，而其妻妹冯女（名寿常，字静志）不过是年仅十岁的一个女童。朱氏既已入赘，则形同家人，朱氏与冯女经常相见。他与冯女的情感经历了一段由无而有、由幼而长的发展历程。

朱氏入赘冯氏后，靠授徒为生，几乎难以自给。1656 年，朱氏赴岭南谋生，两年后始返回。适遇冯女嫁后归宁于家，她的婚姻不太如意。这年冬天，朱氏携全家移居梅里，他们相互定情，此时距朱氏入赘而与冯女初识已有十三四年。此后七年，朱氏游学于山西大同，与冯女离多会少，相见无由，朱氏《琴趣》词正写于此段时期，所以写得如此深挚真情、悱恻缠绵。

关于朱氏与冯女的恋情，如果只就现实的爱情事件而言，则并不能为重视伦理道德的社会所容；然而朱氏与冯女之间特殊的爱情关系，其"难言之处"、"弱德之美"确实成就了朱词的特殊美感：词之深微幽隐而富于言外的意蕴。

《清平乐》：

> 齐心耦意，下九同嬉戏。两翅蝉云梳未起，一十二三年纪。
> 春愁不上眉山，日长慵倚雕栏。走近蔷薇架底，生擒蝴蝶花间。

---

① 参见叶嘉莹：《从艳词发展之历史看朱彝尊爱情词之美学特质》，《清词论稿》，北京大学出版社 2008 年。

下九，即每月的十九日，是女子结伴嬉戏之日。此词是朱氏追忆他入赘后与冯女相见不久时的早期情事之作。当日的冯女不过是一个十岁左右的女童，当年的朱氏也应该没有明显的爱情欲求。但朱氏写此词时，却已是他与冯女定情又经远别的期间了，于是当年的一些童憨之事，遂都在作者定情后的相思怀恋之中，染上了一层朦胧的情爱光影。

《四和香》：

> 小小春情先漏泄，爱绾同心结。唤作莫愁愁不绝，须未是、愁时节。
>
> 才学避人帘半揭，也解秋波瞥。篆缕难烧心字灭，且拜了、初三月。

《菩萨蛮》：

> 低鬟十八云初约，春衫剪就轻容薄。弹作墨痕飞，折枝花满衣。
>
> 罗裙百子褶，翠似新荷叶。小立敛风才，移时吹又开。

这两首词与《清平乐》相比，我们就会清楚见到前一首词中所写的童真纯洁的少女，是如何经历了情窦初开而逐渐表现出风情绰约的一个成长过程。

多年后，冯女已嫁，在归宁中与朱氏重见时感情有了进一步的发展。

《桂殿秋》：

> 一箱书卷，一盘茶磨，移住早梅花下。全家刚上五湖舟，恰添了、个人如画。
>
> 月弦新直，霜花乍紧，兰桨中流徐打。寒威不到小篷窗，渐坐近，越罗裙衩。

这首词当是朱氏从岭南归来、全家移居梅里所作。"一箱书卷，一盘茶磨"，行李非常简单；弦月之不圆满，霜花之不温暖，打桨之不稳定，都不是美满的象喻。但因为冯女同船相伴，朱氏甚是快乐，觉得"寒威不到小篷窗"。可是，他的妻儿也在船上，他与冯女无法亲近，只能自觉不自觉地"渐坐近，越罗裙衩"。

《眼儿媚》：

　　　　那年私语小窗边，明月未曾圆。含羞几度，已抛人远，忽近人前。

　　　　无情最是寒江水，催送渡头船。一声归去，临行又坐，乍起翻眠。

《桂殿秋》：

　　　　思往事，渡江干，青娥低映越山看。共眠一舸听秋雨，小簟轻衾各自寒。

学人或说，这首《桂殿秋》是清词的压卷之作。朱氏全家可能有数次与冯女同船相伴。"青娥"指冯女虽在船上，也不能认认真真地看朱氏，只能在假装看越地山水中偷看。在江南绵绵不断的秋雨声中，同船的妻儿睡着了，只有他们两人不能成眠，虽然同船，但不能相近，各自的簟衾和身心皆是清寒的。

冯女与朱氏之情不为世俗的礼教所允许，他们也是自勉自励，自我节制，与那些情感放荡之人绝不相同。冯女，字静志，表示的正是这种含义。不过，他们终于突破了礼防。那是直到多年之后，当冯女婚姻不如意而归宁时，他们才在历经极大的痛苦后而相互定情。但他们的感情并不能正常地发展，他们只能在冯女归宁时偷偷地相聚片刻。由于朱氏前半生生活穷困，常常远去他方谋生，他们很难相见。

《洞仙歌》：

隔年芳信,要同奈元夕。比及归时小寒食。怅鸭头船返,桃叶江空,端可惜、误了兰期初七。

易求无价宝,惟有佳人,绝世倾城难再得。薄命果生成,小字亲题,认点点、泪痕犹浥。怪十样、蛮笺旧曾贻,只一纸私书,更无消息。

这首词是写冯女来信相约朱氏在正月十五相会(冯女春节回家拜年),但朱氏因事耽搁了。当他回来之后,冯女已经离去,他站在渡口旁,看着冯女去年的约信,而不知冯女今日的消息,不胜悲伤怅惘。冯女对朱氏一往情深,在孤寂和等待中,也在世人的讥讽斥责中悲伤地离开了人世,年仅三十三岁。要之,冯女十九岁出嫁,二十四岁与朱氏定情,三十三岁去世。

朱氏一直过着贫困落拓的生活,心情是非常的寂寞和痛苦。冯女能独赏其才华,甚至不惜以身相许,则冯女的灵心慧质与挚爱深情,足以令朱氏感激倾心而终生不忘,所以朱氏甘愿承受一切的难言之苦,甘愿承受后人的嘲讽,也不听从友人之劝而删除他为冯女所写的爱诗恋词。"弱德之美"乃全出于对冯女的顾念和尊重。

第十五讲

"序游侠, 则退处士而进奸雄"

——《游侠列传》的解读

【序论】

《太史公自序》:"救人于厄,赈人不赡,仁者有乎;不既(已,消失)信,不背言,义者有取焉。作《游侠列传》第六十四。"司马迁认为游侠的行为有仁义存焉。

《汉书·司马迁传》:"又其是非颇谬于圣人:论大道,则先黄老而后六经;序游侠,则退处士而进奸雄;述货殖,则崇势利而羞贱贫,此其所蔽也。"班固认为司马迁的是非观念不太符合圣人,其一是称赞游侠而贬斥季次、原宪之类的儒者。

《前汉纪·孝武皇帝》:"世有三游,德之贼也。一曰游侠,二曰游说,三曰游行。立气势,作威福,结私交,以立强于世者,谓之游侠。"荀悦斥责游侠为"德之贼也",即游侠破坏了社会的道德规范。

明人董份说:"史迁遭李陵之难,交游莫救,身受法困,故感游侠之义。其词多激,故班固讥其'进奸雄',此太史之过也。然咨嗟慷慨,感叹婉转,其文曲至,百代之绝矣。"①

清人吴见思说:"吾读班氏《汉书》,有曰史公'进奸雄',而不觉为之三叹也。夫太史公传游侠,虽借儒形侠,而首即特书曰'学士多称于世'云,则其立言之旨,为何如哉!即有抑扬激昂之论,亦自抒吾感愤不平之气而已。奈何操戈论出,遂令后世不善读书者,守之而不化

---

① 杨燕起等主编:《历代名家评史记》,北京师范大学出版社 1986 年,第 713 页。

乎？……篇中先以儒侠相提而论，层层回环，步步转折，曲尽其妙。"
（《史记论文》）

诸家议论的要点有四：其一，司马迁序游侠，是否是退处士（季次之类的儒生）而进奸雄（郭解之类的布衣之侠）；其二，司马迁借序游侠以抒发自己的人生感慨；其三，《游侠列传》的文思曲折婉转；其四，《游侠列传》的思想内容丰富复杂。

【原文】一

韩子曰："儒以文乱法，而侠以武犯禁。"[1] 二者皆讥，而学士多称于世云 [2]。至如以术取宰相卿大夫，辅翼其世主，功名俱著于春秋，固无可言者。及若季次、原宪 [3]，闾巷人也，读书怀独行君子之德 [4]，义不苟合当世，当世亦笑之。故季次、原宪终身空室蓬户，褐衣疏食不厌。死而已四百余年，而弟子志之不倦 [5]。今游侠，其行虽不轨于正义 [6]，然其言必信 [7]，其行必果 [8]，已诺必诚 [9]，不爱其躯，赴士之厄困，既已存亡死生矣 [10]，而不矜其能，羞伐其德，[11] 盖亦有足多者焉 [12]。

【注释】

[1] 这两句见于《韩非子·五蠹》。儒者以仁义扰乱法度，侠者以武勇违反禁令；法度和禁令是法家倡导的。[2] 学士：儒者。[3] 季次、原宪：孔子弟子。《仲尼弟子列传》："孔子卒，原宪遂亡在草泽中。子贡相卫，而结驷连骑，排藜藿入穷阎，过谢原宪。宪摄敝衣冠见子贡。子贡耻之，曰：'夫子岂病乎？'原宪曰：'吾闻之，无财者谓之贫，学道而不能行者谓之病。若宪，贫也，非病也。'子贡惭，不怿而去，终身耻其言之过也。"[4] 独行：独善其身。[5] 倦：停止。[6] 轨：依循，符合。[7] 言必信：说话一定算数。[8] 行必果：办事一定办成。[9] 已诺必诚：承诺的一定兑现。诚，真实无妄。[10] 存亡死生：使亡者存，使生者死。[11] 矜、伐：夸耀。[12] 有足多者：有值得称赞的。多，称赞。

【讲解】

儒、侠原本皆为韩子所讥；但在后世，儒者多为人称颂，而侠者遭到贬斥。至于以儒术取宰相卿大夫的大儒，其功名为世称颂而著于史册，本就理所当然，无话可说。《史记·儒林列传》："公孙弘以《春秋》白衣为天子三公，封以平津侯。天下学士靡然向风矣。"公孙弘原是一介平民，出身微贱，但因《春秋》而受到天子的重用，贵为丞相，尊为列侯，天下的儒林学子非常倾慕和尊崇。然而像季次、原宪之类的儒者，他们一生只是读书，独守个人的节操，不苟合当世而出仕为官。他们终身生活穷困，似乎并没有为世人带来什么好处，他们死后四百余年，其声名仍流播于世。游侠的行为虽不合于正义，但"言必信，行必果，已诺必诚"，不惜牺牲自己的生命而救士人于困厄当中，且事成之后也不夸耀自己的功德，以求得报偿。因此，游侠也有许多值得称颂的品行，虽不能与大儒相提并论，但亦能与季次等儒者相当，然而为何游侠不为世人称颂而湮灭不闻呢？

只从表面上来看，游侠的品行的确值得称赞。但从实质上来看，游侠主要是拯救少数的困厄之人，而这些困厄之人大多违法乱纪；且游侠所采取的手段也不合法令，他们自己行使对他者的生杀之权，班固《汉书·游侠传》谓"以匹夫之细，窃生杀之权"。一般而言，生杀之权应由国家法律机关来行使。真理有两种：一是形式真理，最具有普遍性和确定性；一是内容真理，具有相对性和不确定性，但内容真理也有一定的普遍性。例如，如果诚信作为形式真理，则个体对任何他者皆要诚信，不论他者是什么人，也不论是在何种境遇中。但实际上，诚信只是内容真理，并非对所有的他者，对待敌人可以不讲，在特殊的战争境遇中也可以不讲。这表明，诚信作为一种价值，具有相对性、特殊性的。

孟子曰："大人者，言不必信，行不必果，惟义所在。"（《孟子·离娄下》）

【原文】二

　　且缓急 [1]，人之所时有也。昔者虞舜窘于井廪 [2]，伊尹负于鼎俎 [3]，傅说匿于傅险 [4]，吕尚困于棘津，夷吾桎梏 [5]，百里饭牛,仲尼畏匡,菜色陈、蔡。此皆学士所谓有道仁人也,犹然遭此灾,况以中材而涉乱世之末流乎?[6]其遇害何可胜道哉!

鄙人有言曰:"何知仁义,已享其利者为有德。"[7]故伯夷丑周,饿死首阳山,而文武不以其故贬王;跖、跻暴戾[8],其徒诵义无穷。由此观之,"窃钩者诛,窃国者侯,侯之门仁义存"[9],非虚言也。

【注释】

[1]缓急:急,偏义复词。[2]廪(lǐn):仓库。[3]鼎:烹煮食物的器具。俎(zǔ):切肉用的砧板。[4]傅说(yuè):殷武丁时的贤臣,在发达之前,隐藏在傅险这个地方,充当版筑工人。[5]夷吾:管仲,曾经被齐桓公囚禁。桎梏(zhì gù):脚镣和手铐的刑具。[6]乱世之末流:乱之至也。涉:经历。[7]什么是仁义?我享受谁的好处,就说谁是仁义之人。[8]跖(zhí)、跻(qiāo):古代的两个大盗。[9]此数句见于《庄子·胠箧》。

【讲解】

人在世上,时时会陷于急困之中。像虞舜、仲尼等得道仁人也有遭遇灾祸的时候,更何况那些生于乱世的中才之人,他们陷入困境难道不是常有的事吗?陷于困境,当然希望别人来救助,而游侠不惜牺牲自己的生命,救士于危难之中,存亡死生。这是多么必要,且多么可贵。司马迁突出了游侠赴士之困厄,隐含了他的身世感慨。在下狱、受宫刑时,他非常渴望得到他人的救助,但"交游莫救,左右亲近不为一言。身非木石,独与法吏为伍,深幽囹圄之中,谁可告诉者"(《报任少卿书》)。

在世俗之人看来,什么是仁义?只要得到某人的好处,即认为某人有德。这样,仁义就具有相对性、特殊性、有限性。仁义之价值本应具有绝对性、普遍性、无限性;但在历史和现实当中,仁义之价值往往是相对的、特殊的、有限的。

圣人提出和标榜仁义,是站在社会全体的立场上(超越任何部分以及自己)。判断某一行为是否是仁义的,应由特殊的一部分人来承担,这一部分人应具有超越的立场，既不与某一部分人的私利结合，又不站在自己的立场上。这一部分人拥有仁义的话语权，他们代表公正、公平。但实际上，仁义往往为具有强势权力的统治者所窃取和掌握，即他们拥有仁义的话语权，他们判定某行为是否是仁义。这样，统治者往往把仁义与自己的私利结合起来，在仁义之名下行不仁不义之实。而大多数人只知阳的一面，不知阴的一面，从而为统治者标榜的仁义所欺骗。因此，世人各自站在自己立场上所标榜的仁义实是相对的、特殊的，皆具有工具性和虚伪性。尤其是统治者所宣扬的仁义更是具有欺骗性、虚伪性、荒诞性，因为权力使人腐败，最大权力使人最大腐败。

盗跖非常残暴，诛杀无辜，从超越普遍的价值原则来说，他是不仁之人。但是，盗跖之徒受盗跖的好处，便认为他是有德之人，所以"其徒诵义无穷"，这是相对的、特殊的。伯夷积仁洁行而饿死，是善人。文、武以暴易暴，最终夺取了政权，仁义的价值原则也为其所有，而与其私利结合起来，仁义的价值原则失去了超越性、普遍性和绝对性。因此，文、武并不因伯夷的饿死，而受到贬斥。

在庄子看来，圣人提出了超越的仁义价值原则，但最终为统治者所盗去，与其私利结合起来，而失去了普遍性，成为统治者满足私欲的工具。窃钩者本是小罪，但因触犯了统治者的私利，故加以诛杀；窃国者，把仁义也窃去，仁义为统治者所有，则他们窃国也是仁义的。因此，超越的、普遍的、绝对的价值原则一旦为少数人所窃取、支配，则价值原则就会堕落为虚伪、荒诞。既然仁义的价值原则为统治者所窃取，不具有普遍性、超越性，那么统治者以仁义原则来衡量、打击游侠也不具有公正性。既然仁义具有相对性、片面性，那么对困厄之人而言，游侠救他们于危难之中，游侠即是仁义之人，他们也应传名于后世。

【原文】三

今拘学或抱咫尺之义 [1]，久孤于世，岂若卑论侪俗 [2]，与世沉浮而取荣名哉！而布衣之徒，设取予然诺 [3]，千里诵义 [4]，为死不顾世 [5]，此亦有所长，非苟而已也 [6]。故士穷

窘而得委命 [7],此岂非人之所谓贤豪者邪?诚使乡曲之侠,予季次、原宪比权量力,效功于当世 [8],不同日而论矣 [9]。要以功见言信,侠客之义又何可少哉![10]

【注释】

[1] 拘于一偏之见而抱咫尺小义的儒者,即指季次、原宪等。[2] 卑论侪(chái)俗:降低论调、随俗浮沉而获取富贵荣名的大儒,即指公孙弘等。侪,同,齐。[3] 设:重视。[4] 为了伸张义而千里奔走。[5] 为义死而不顾念生。[6] 苟:随便,不严肃。[7] 委命:托身(于游侠)。[8] 立功于当世。[9] 原宪等儒者,安于穷困,独善其身,对他人没有什么帮助和益处;比不上游侠行使权力,救人于困厄之中。[10] 要之,从功利效果与言而有信来看,则侠客之义不可轻视。

【讲解】

儒学之士中,季次、原宪独善其身,不求仕进,一生孤独贫困。而公孙弘等大儒曲学阿世,枉道从势,他们受到政治权势的重用,获取卿相富贵。在世俗看来,季次、原宪比不上公孙弘等大儒。但原宪独善其身,也彪炳史册。就行使权力、在当世建立的功劳而言,侠客远甚于季次等人的碌碌无为。要之,从功利效果与言而有信来看,则侠客之义不可轻视,为何游侠就不能受到同情关注而青史留名呢?

【原文】四

古布衣之侠,靡得而闻已 [1]。近世延陵、孟尝、春申、平原、信陵之徒,皆因王者亲属,借于有土卿相之富厚 [2],招天下贤者,显名诸侯,不可谓不贤者矣。比如顺风而呼,声非加疾,其势激也。至如闾巷之侠,修行砥名 [3],声施于天下 [4],莫不称贤,是为难耳。然儒、墨皆排摈不载 [5]。自秦以前,匹夫之侠,湮灭不见,余甚恨之。以余所闻,汉兴有朱家、田仲、王公、剧孟、郭解之徒,虽时扞当世之文网 [6],然其私义廉洁退让,有足称者。名不虚立,士不虚附。至如朋党宗强比周,设财役贫 [7],豪暴侵凌孤弱,恣欲自快,游侠亦丑之。余悲世俗不察其意,而猥以朱家、郭解等令与暴豪之徒同类而共笑之也［8］。

【注释】

［1］靡得：不得，不能。［2］有土：封地。［3］砥（dǐ）名：磨炼声名。［4］施（yì）：传播。［5］排摈：排斥，抛弃。［6］扦（hàn）：冒犯。文网：法网。［7］设财役贫：依仗自己的财富，而奴役贫穷之人。［8］猥（wěi）：曲，苟且。

【讲解】

侠者有三类：一是富贵卿相之侠，一是豪暴之侠，一是布衣之侠。富贵卿相之侠，凭借其富贵权势，容易显名诸侯，而布衣之侠想要砥行留名则相当艰难。豪暴之侠，往往设财役贫，侵凌孤弱，恣欲自快。他们的行为也为布衣之侠所不齿。布衣之侠言必信，行必果，已诺必诚，不爱其躯，救士于危难之中。他们具有良好的品格。但世人多把豪暴之侠与布衣之侠混为一谈而予以贬绝。

【原文】五

鲁朱家者，与高祖同时。鲁人皆以儒教，而朱家用侠闻。所藏活豪士以百数，其余庸人不可胜言。然终不伐其能歆其德［1］，诸所尝施，唯恐见之。赈人不赡［2］，先从贫贱始。家无余财，衣不完采［3］，食不重味［4］，乘不过轺牛［5］。专趋人之急，甚己之私。既阴脱季布将军之厄，及布尊贵，终身不见也。自关以东，莫不延颈愿交焉。

……

郭解，轵人也［6］，字翁伯，善相人者许负外孙也。解父以任侠，孝文时诛死。解为人短小精悍，不饮酒。少时阴贼［7］，慨不快意［8］，身所杀甚众。以躯借交报仇，藏命作奸［9］，剽攻不休［10］，及铸钱掘冢，固不可胜数。适有天幸，窘急常得脱，若遇赦。及解年长，更折节为俭［11］，以德报怨，厚施而薄望［12］。然其自喜为侠益甚。既已振人之命，不矜其功。其阴贼著于心［13］，卒发于睚眦如故云［14］。而少年慕其行，亦辄为报仇，不使知也。解姊子负解之势[15],与人饮,使之釂[16]。非其任,强必灌之。人怒,拔刀刺杀解姊子,亡去。解姊怒曰:"以翁伯之义,人杀吾子,贼不得。"弃其尸于道,弗葬,欲以辱解。解使人微知贼处[17]。贼窘自归,具以实告解。解曰:"公杀之固当,吾儿不直。"[18]遂去其贼[19],罪其姊子,乃收而葬之。诸公闻之,皆多解之义,益附焉。

【注释】

[1]不自夸其能,不自喜其德。訢(xīn):欣喜。[2]赈:救济。不赡:不足。[3]衣不完采:衣服破旧,没有完整的颜色。[4]食不重味:不同时吃两样以上的菜。[5]出乘小牛拉的车子。牥(qú)牛:小牛。[6]轵(zhǐ):河内轵县,在今河南济源南。[7]阴贼:内心狠毒残忍。[8]慨不快意:激于气愤而心中不快。慨,愤激不平。[9]藏命:窝藏亡命之徒。[10]剽(piāo)攻:劫夺。[11]更折节为俭:改变他的品节而成为一个谨慎、收敛的人。更,改变。俭,收敛。[12]施给他人的多,期望他人的少。[13]内心狠毒扎根于心中。[14]突然发于小仇而杀他人。卒:猝。睚眦(yá zì):发怒瞪眼。睚眦之罪是小罪。[15]负:倚仗。[16]釂(jiào):喝尽酒。[17]微:暗中探知。[18]不直:理曲。[19]去其贼:让贼离去。

【讲解】

郭解少时,与豪暴之狭没有什么不同。他年长后,折节为俭,以德报怨,救人之急,不矜其功,彰显侠义,表现出布衣之侠的气象。

中国人最讲亲族伦常,凡事涉亲戚,是非往往扭曲变形。在凶手因饮酒之事而杀掉他的亲外甥时,郭解是非常的冷静,暗中派人侦查凶手的住处。凶手自首辩白。郭解说:"公杀之固当,吾儿不直。"这表明,"阴贼著于心"的郭解在此事上只问是非曲直,不计亲疏。这对于侠者来说,是非常难得的品行。

【原文】六

解出入,人皆避之[1]。有一人独箕踞视之[2],解遣人问其名姓。客欲杀之。解曰："居邑屋至不见敬 [3]，是吾德不修也，彼何罪！"乃阴属尉史曰 [4]："是人，吾所急也 [5]，至践更时脱之。"[6] 每至践更，数过，吏弗求。怪之，问其故，乃解使脱之。箕踞者乃肉袒谢罪。少年闻之，愈益慕解之行。

洛阳人有相仇者，邑中贤豪居间者以十数 [7]，终不听。客乃见郭解。解夜见仇家，仇家曲听解 [8]。解乃谓仇家曰："吾闻洛阳诸公在此间，多不听者。今子幸而听解，解奈何乃从他县夺人邑中贤大夫权乎！"乃夜去，不使人知，曰："且无用，待我去，令洛阳豪居其间，乃听之。"[9]

【注释】

[1] 避之：为解让路，以示敬重。[2] 箕踞（jī jù）：随意伸开两腿而坐，像个簸箕，是一种傲慢不敬的坐态。[3] 居邑屋：同住在一个里巷。[4] 属：嘱。[5] 急：关切之人。[6] 践更：服徭役。汉法规定人为国家服徭役，一月更换，叫卒更，贫人可代替他人卒更，由当更者出钱雇用，即"践更"。脱：免。[7] 居间：居中间调停。[8] 曲听解：委屈心意而勉强听从郭解的调停。[9] 你们暂且别听我的话，等我走后，让洛阳诸公又来调停，那时你们再答应。

【讲解】

上面两件事，一是郭解以德报怨；二是郭解行阴德而不矜其功。

【原文】七

及徙豪富茂陵也 [1]，解家贫，不中资 [2]，吏恐，不敢不徙。卫将军为言："郭解家贫不中徙。"上曰："布衣权至使将军为言，此其家不贫。"解家遂徙。诸公送者出千余万。轵人杨季主子为县掾 [3]，举徙解 [4]。解兄子断杨掾头。由此杨氏与郭氏为仇。

解入关，关中贤豪知与不知，闻其声，争交欢解。解为人短小，不饮酒，出未尝有骑。已又杀杨季主。杨季主家上书，人又杀之阙下 [5]。上闻，乃下吏捕解。解亡，置其母家室夏阳，身至临晋。临晋籍少公素不知解,解冒[6],因求出关。籍少公已出解,解转入太原,所过辄告主人家[7]。吏逐之,迹至籍少公[8]。少公自杀,口绝。久之,乃得解。穷治所犯[9],为解所杀,皆在赦前。轵有儒生侍使者坐[10],客誉郭解,生曰:"郭解专以奸犯公法,何谓贤!"解客闻,杀此生,断其舌。吏以此责解,解实不知杀者。杀者亦竟绝[11],莫知为谁。吏奏解无罪。御史大夫公孙弘议曰:"解布衣为任侠行权,以睚眦杀人,解虽弗知,此罪甚于解杀之。当大逆无道。"[12]遂族郭解翁伯。

【注释】

[1] 元朔二年(前127),迁郡国富豪于茂陵(武帝的陵墓)。[2] 不中资:家财不够迁移所规定的数目。[3] 县掾(yuàn):县令的属官。[4] 举:检举揭发。[5] 阙(què)下:宫门前。[6] 解冒:郭解冒昧相投。[7] 凡经过留宿之家,一定要把他下一站将往何地、留宿何家告诉主人,以备官府追捕者责问主人,主人据实回答而避免灾祸。这表明,郭解在窜逃之时仍为他人着想,深恐连累他人。[8] 迹:追踪。籍少公自杀,则追捕之路断了。[9] 穷治:深究尽追。[10] 使者:朝廷派到轵县专办郭解之罪的官员。[11] 竟绝:完全绝迹。[12] 当:判罪。

【讲解】

客敬慕郭解其人,杀掉了郭解的仇人,也为他种下了祸根。吏追捕郭解,他一路上得到不少人的救助,辗转得以出关。但郭解最终陷于法网,而被灭族。这里有两个儒生起了重要的作用。一是轵县的一位儒生,他责骂郭解作奸犯法。郭解之客闻之,杀掉儒生,狱吏因此责解供出其人。这位儒生只是一般的儒者。二是大儒公孙弘,当时他是御史大夫,他认为郭解大逆不道。郭解少时违犯法令,以睚眦之罪杀人,说明他奸心由来已久,现在他虽未杀人,但有杀人之心,理应诛绝,这即是所谓"诛心"。同时,郭解的任权行侠,严重败坏了社会的风气,导致世人其他人一方面对他倾心敬慕,另一方面也追随他违犯法令,任意杀人。因此,追究其本原,郭解当负主要责任。

要之，侠者的生存空间是非常的狭小和险恶。他们虽在社会上得到很多人的敬重，但不能为朝廷所容。他们不仅为官府所忌恨，也被儒生排摈。儒生原本与侠者一样，为朝廷当权者所打击。但现在（尤是武帝时代），儒生的政治地位大大提高。不要说像公孙弘之类以儒术取宰相卿大夫的大儒，他们掌握政治权力，可以给侠者以沉重的打击。即使像一般儒者也具有维护道义的话语权。儒者的地位已今非昔比，而侠者越来越陷入困境当中，没有人真正地理解和关切他们的命运，称颂他们的节义。

【原文】八

太史公曰：吾视郭解，状貌不及中人，言语不足采者。然天下无贤与不肖，知与不知，皆慕其声，言侠者皆引以为名 [1]。谚曰："人貌荣名，岂有既乎 [2]！"呜呼，惜哉 [3]！

【注释】

[1] 引以为名：标榜郭解以提高自己的声名。[2] 人的容貌与其品行、声名并没有确定的联系。这是称赞郭解相貌平平，言语无采，但其品行令人称道，声名远播于世。既：确定。《留侯世家》论赞亦曰："余以为其人计魁梧奇伟，至见其图，状貌如妇人好女。盖孔子曰：'以貌取人，失之子羽。'留侯亦云。"留侯形貌并不魁梧奇伟，而如妇人好女一样的柔弱，似与其雄才大略不相符合。《仲尼弟子列传》曰："澹（tán）台灭明，武城人，字子羽。少孔子三十九岁。状貌甚恶。欲事孔子，孔子以为材薄。既已受业，退而修行，行不由径，非公事不见卿大夫。南游至江，从弟子三百人，设取予去就，名施（yì）乎诸侯。孔子闻之，曰：'吾以言取人，失之宰予；以貌取人，失之子羽。'"[3] 连声感叹，寄予无限的感慨和不平。

【讲解】

"然天下无贤与不肖，知与不知，皆慕其声，言侠者皆引以为名"数句，与《李将军列传》论赞"及死之日，天下知与不知，皆为尽哀"相似，表现了司马迁对郭解悲剧结局的同情和悲叹。

【总论】

有人认为,游侠作为一种社会力量,是对于现实政治权威的反抗。或认为,《游侠列传》表现了司马迁思想的人民性。或认为,游侠富有传奇的人生遭遇,符合司马迁之尚奇的审美观。鲁迅《汉文学史纲要》曰:"传畸人于千秋。"清人李景星说:"游侠之道,可以济王法之穷,可以去人心之憾。天地间既有此一种奇人,太史公即不能不创此一奇传也。"(《史记评议》)司马迁性格中浪漫自由、慷慨豪放的特性,使他对那些奇人异事有一种天然的关注和喜爱。扬雄《法言·君子》:"仲尼多爱,爱义也;子长多爱,爱奇也。"苏辙在《上枢密韩太尉》中说:"太史公行天下,周览四海名山大川,与燕赵间豪俊交游,故其文疏荡,颇有奇气。"正是这种尚奇的性格,使得他对充满神奇色彩的豪侠之士产生了情感上的认同,关注他们的命运,称赞他们的品行,为他们立传留名。

司马迁遭遇李陵之祸时,由于家贫,不能自赎,而惨遭宫刑的奇耻大辱。过去的同僚知友避之唯恐不及,没有一人站出来为他仗义执言,更没有人援之以手,"交游莫救,左右亲近不为一言"。司马迁深切地感受到世态的炎凉。出于这种悲愤难已的感情,司马迁对游侠奋不顾身、救人于危难之中的精神给予赞扬,就不难理解了。

司马迁为游侠立传具有重要意义。其一,司马迁为游侠立传留名;布衣之侠有值得称赞的品行,"言必信,其行必果,已诺必诚,不爱其躯,赴士之厄困",但儒墨排摈不载,他们的名声湮灭不闻。其二,司马迁为游侠正名;现实的政治权势一方面认为游侠犯法乱禁,另一方面把他们与豪暴之徒混而不分而予以贬斥和打击。其三,司马迁为游侠立传,隐含了他的人生感慨。其四,《游侠列传》表现了司马迁对弱势群体的同情和关注,展现了司马迁的理性批判精神以及卓识巨胆。其五,司马迁为游侠立传,也表现了他好奇的审美取向。

第十六讲

"盛衰之理,虽曰天命,岂非人事哉"

——《十二诸侯年表序》等篇的解读

【总序论】

《史记》有"十表"。《史记索隐》曰:"应劭云:'表者,录其事而见之。'案:《礼》有《表记》,而郑玄云'表,明也'。谓事微而不著,须表明也。故言表也。"表,即按年月、国别纵横记录历史事件和人物。表的功用有四。一是对时间的整理。政治的时间虽可由本纪加以统一,但事实上诸侯各有纪年,故同时而世次各不相同,所谓"并时异世",这容易引起"年差不明"的混乱。例如周共和元年,在鲁为真公十五年,在齐为武公十年等。今列为表即可以立刻了解。二是由表以得到人、事与时代的会通,在会通中容易把握历史的关联性。三是在表中撮要举纲,对历史易作提纲挈领的掌握。四是权衡轻重,既省略了叙述之繁琐,又保存了历史的概略面目。① 清人赵翼说:"《史记》作十表,仿于周之谱牒,与纪传相为出入。凡列侯将相、三公九卿,功名著者既为立传;此外大臣无功无过者,传之不胜传,而又不容尽没,则于表载之。作史体裁,莫大于是。"(《廿二史札记》)

《三代世表》是"十表"的"首篇",叙述了五帝、三代的世系,不载年月。

---

① 徐复观:《论史记》,《两汉思想史》(第三卷),华东师范大学出版社 2001 年,第 211—216 页。

太史公曰:五帝、三代之记,尚(上,古)矣。自殷以前诸侯不可得而谱(列其事),周以来乃颇可著。孔子因史文次《春秋》,纪元年,正时日月,盖其详哉。至于序《尚书》则略,无年月;或颇(稍微)有,然多阙,不可录。故疑则传疑,盖其慎也。

余读牒记(世上流传的记录世系和谥号的书,即《五帝德》、《帝系姓》等,儒者多不传),黄帝以来皆有年数。稽(考察)其历谱牒终始五德之传(帝王更替,以五行或五德相胜相克依次相承,即土、木、金、火、水),古文咸不同,乖异。夫子之弗论次其年月,岂虚哉!于是以《五帝系牒》、《尚书》集世纪黄帝以来讫共和为《世表》。

此表以黄帝为主,于颛顼、帝喾、尧、舜,于夏、商、周,皆曰黄帝生。以世表,而不著年月,盖远者年月缺失。

一 《十二诸侯年表序》

【序论】

《十二诸侯年表》始于周共和元年(前841),厉王失政,大臣共和行政;终于前477年,周敬王崩。此表共有十四格,周处于最上格,是承认周天子的共主地位。鲁次之。鲁是周初的褒封大国,但在春秋时代已渐渐衰微。孔子作《春秋》,以鲁为主,即主鲁之义,故鲁不算在诸侯之列。下面分列十二诸侯。吴在最下格而贬为夷狄。相对于秦、楚,吴受到中原文化的影响较小,时间也较迟。

太史公作此表的主要材料是《春秋》、《左传》、《国语》。

徐复观先生认为,在史公心目中,周厉王以前,生民的命运托于政治;自厉王以后,五霸七雄,强争力战,生民在政治上无所托命,孔子不得已而作《春秋》,制义法,使生民托命于孔子的教化;换言之,共和以后,天下没有政统而只有孔子的教统或道统。[1]

---

① 徐复观:《两汉思想史》(第三卷),华东师范大学出版社2001年,第213页。

【原文】一

太史公读《春秋》历谱牒 [1]，至周厉王，未尝不废书而叹也。曰：呜呼，师挚见之矣！[2] 纣为象箸而箕子唏 [3]。周道缺，诗人本之衽席 [4]，《关雎》作 [5]。仁义陵迟 [6]，《鹿鸣》刺焉 [7]。及至厉王，以恶闻其过 [8]，公卿惧诛而祸作，厉王遂奔于彘，乱自京师始，而共和行政焉 [9]。是后或力政，强乘弱 [10]，兴师不请天子。然挟王室之义，以讨伐为会盟主，政由五伯 [11]，诸侯恣行，淫侈不轨，贼臣篡子滋起矣。齐、晋、秦、楚其在成周微甚，封或百里或五十里。晋阻三河 [12]，齐负东海，楚介江淮，秦因雍州之固，四海迭兴，更为伯主，文武所褒大封 [13]，皆威而服焉。

【注释】

[1] 古代治《春秋》的学者，有年历和谱牒之说。[2] 师挚：鲁国的太师名挚。太师，周代的乐官名。周道衰微，郑、卫之音作，正乐废，太师挚见微知著，忧之而兴《关雎》，首理其乱也。孔子曰："恶紫之夺朱也，恶郑声之乱雅乐也，恶利口之覆邦家者。"（《论语·阳货》）[3] 象箸：以象牙制成的筷子。箕子见之而叹息说"为象牙者必为玉杯"；这是商纣奢侈的开端，逐渐变本加厉，最终穷奢极欲而走向灭亡。箕子：纣的叔父，因直谏而被纣王囚禁。唏（xī）：叹息。 [4] 衽（rèn）席：床席，卧席。[5]《关雎》：《诗经》的首篇。《毛诗序》说其主旨是歌咏"后妃之德"。《鲁诗》认为，它是大臣刺周康王好色晏起的作品，即康王缠绵于床席。司马迁本之于《鲁诗》。[6] 陵迟：衰落。[7]《鹿鸣》：《小雅》的首篇。《毛诗序》认为，它是天子和诸侯宴飨群臣、宾客的乐歌。《鲁诗》说它是讽刺之诗。史公采《鲁诗》的说法。刺：委婉的批评。[8]《国语·周语》："厉王虐，国人谤王。召公告曰：'民不堪命矣！'王怒，得卫巫，使监谤者，以告，则杀之。国人莫敢言，道路以目，王喜，告召公曰：'吾能弭（阻止）谤矣，乃不敢言。'"[9] 公元前841年，大臣共和行政。[10] 乘：欺凌。[11] 五伯：五

霸,即诸侯的盟主,名义上是辅助周天子而号令诸侯,实际上是僭天子之权。春秋五霸是齐桓公、晋文公、秦穆公、宋襄公、楚庄王。[12] 阻:依恃。[13] 例如鲁国衰弱甚微。

【讲解】

史公读《春秋》历谱牒,不禁放下书而感叹:一叹任何后来的灾难,皆起于当初的微渺之间,然而世人很少能够见微知著;二叹春秋乱世崇尚武力征伐,而仁义之道衰微,世人徒知权谋征伐的一时功效,而忘记了仁义乃是常道,是人类的最终立足点。史公深入到历史当中,鉴往知来,寄托着对人类的将来命运的忧患意识,承担着总结、揭示历史运行之常道的责任感。贾谊《陈政事疏》曰:"臣窃惟事势,可为痛哭者一,可为流涕者二,可为长太息者六,若其他背理而伤道者,难遍以疏举。进言者皆曰天下已安已治矣,臣独以为未也。曰安且治者,非愚则谀,皆非事实知治乱之体者也。"

《小雅·鹿鸣》曰:"呦呦鹿鸣,食野之苹。我有嘉宾,鼓瑟吹笙。吹笙鼓簧,承筐是将(捧着盛币帛的竹筐送给宾客)。人之好我,示我周行(大道,即治国的道理)。"《毛诗》认为,《鹿鸣》是君王宴饮群臣宾客的诗。君王礼遇群臣,享以酒食,又赐之币帛,然后群臣修德爱民,尽忠于王室。《鲁诗》则认为,《鹿鸣》是讽刺之诗。

春秋时代,礼坏乐崩,诸侯混战,周天子名存实亡。孔子曰:"天下有道,则礼乐征伐自天子出;天下无道,则礼乐征伐自诸侯出。"(《论语·季氏》)

【原文】 二

是以孔子明王道,干七十余君[1],莫能用,故西观周室,论史记旧闻,兴于鲁而次《春秋》[2],上记隐,下至哀之获麟[3],约其辞文,去其烦重,以制义法[4],王道备,人事浃[5]。七十子之徒口受其传指[6],为有所刺讥褒讳挹(抑)损之文辞不可以书见也[7]。鲁君子左丘明惧弟子人人异端,各安其意[8],失其真,故因孔子史记具论其语,成《左氏春秋》[9]。铎椒为楚威王傅[10],为王不能尽观《春秋》,采取成败,卒四十章,为《铎氏

微》。赵孝成王时，其相虞卿上采《春秋》，下观近势，亦著八篇，
为《虞氏春秋》。吕不韦者，秦庄襄王相，亦上观尚古，删拾《春
秋》[11]，集六国时事，以为八览、六论、十二纪，为《吕氏春
秋》。及如荀卿、孟子、公孙固、韩非之徒，各往往捃摭《春秋》
之文以著书 [12]，不可胜纪。汉相张苍历谱五德 [13]，上大夫董
仲舒推《春秋》义，颇著文焉 [14]。

【注释】

[1] 孔子周游列国，游说人君，以宣扬和推行仁义之道。[2] 以鲁
为主，编次、制作《春秋》。[3]《春秋》记事，始于鲁隐公元年（前
722），终于鲁哀公十四年（前 481），哀公十四年，西狩获麟。[4] 义
法：义理法则。[5] 浃（jiā）：通透。[6] 孔子在《春秋》的记事中寓
含其义，其义是隐微的，所谓"微言大义"；孔子把其义口授给弟子。
[7] 孔子为何不在《春秋》里明确地说出其义呢？这是因为孔子对君父
有所刺讥褒贬；如果明说，一方面会冒犯君父而招致杀身之祸，另一方
面，也是对君父的不尊不敬，故"为尊者讳，为亲者讳，为贤者讳"。
但"讳"、"微言"并非掩盖君父的过失，而是"讳而不隐"，隐微指出
君父的过失。这不易于为一般人所理解。[8] 孔子死后，弟子根据从孔
子那里接受的其义，再加上己意，以阐释《春秋》的微言大义，例如
《公羊传》、《穀梁传》。《汉书·艺文志》曰："昔仲尼没而微言绝，七十
子丧而大义乖。故《春秋》分为五，《诗》分为四，《易》有数家之传。"
[9]《春秋》记事简略，左丘明以史传经，成《左传》，详细而完整地记
录历史事件，作为其义和褒贬的事实根据。《左传》的记事始于前 722
年，终于鲁哀公二十七年（前 468）[10] 铎椒（duó jiāo）：人名。
[11] 删拾：删除和摭取。[12] 捃摭（jùn zhí）：摘取，拾取。[13] 张
苍著《终始五德传》。[14] 董仲舒推阐《春秋》之义的文章保存于《春
秋繁露》。

【讲解】

孔子作《春秋》，制义法。春秋时，礼乐流于形式而变得虚伪、矫
饰。孔子赋予礼乐内在的精神实质——仁义。子曰："我欲载之空言，

不如见之于行事之深切著明也。"《孟子·滕文公下》曰:"世衰道微,
邪说暴行有作,臣弑其君者有之,子弑其父者有之。孔子惧,作《春
秋》。《春秋》,天子之事也。"《孟子·离娄下》:"晋之《乘》,楚之《梼
杌(tāo wù)》,鲁之《春秋》,一也。其事则齐桓、晋文,其文则史。
孔子曰:'其义则丘窃取之矣。'"《春秋》,与晋之《乘》、楚之《梼杌》
皆记录历史事实("其事"),但《春秋》还寄寓了"其义"。故《春秋》
是"其事"与"其义"的结合,"其义"尤具有重要的意义。要之,《春
秋》不仅是一部史书("其事"),而且是一部蕴含着王道大义的经书
("其义"、"天子之事也")。

　　孔子所阐发的微言大义只是口传给弟子。《公羊传》、《榖梁传》以
义传经,主要阐发孔子的微言大义。例如《春秋》桓公元年"郑伯以璧
假许田"。《公羊传》曰:"其言以璧假之何?易之也。易之则其言假之
何?为恭也。何为为恭,有天子之存,则诸侯不得专地也。"郑伯实际
上以璧易(交换)许田,但《春秋》不用"易"而用"假"(借)。"假"
蕴含了"诸侯不得专地"的尊王之义。

　　《春秋》庄公四年"纪侯大去其国"。《公羊传》曰:"大去者何?灭
也。孰灭之?齐灭之。何为不言齐灭之?为襄公讳也。《春秋》为贤者
讳。何贤乎襄公?复仇也。何仇尔?远祖也。……远祖者,几世乎?九
世矣。九世犹可以复仇乎?虽百世可也。"《公羊传》认为"大去"是微
言,是讳襄公灭纪国,而隐微表达襄公复仇的合理性。董仲舒认为,
《春秋》书"大去"是为纪侯讳,齐将复仇,纪侯自知力不加而志拒之,
率领一国之众,保卫国家,"上下同心而俱死之"。董仲舒美之曰:"《春
秋》贤死义,且得众心也,故为讳灭……国灭君死之,正也,何贤乎纪
侯。"(《春秋繁露·玉英》)

　　《春秋》衣被之广。

【原文】三

　　太史公曰:儒者断其义 [1],驰说者骋其辞 [2],不务综其终
始 [3];历人取其年月,数家隆于神运 [4],谱牒独记世谥,其辞
略,欲一观诸要难。于是谱十二诸侯,自共和讫孔子 [5],表见

《春秋》、《国语》学者所讥盛衰大指著于篇 [6]，为成学治古文者
要删焉 [7]。

【注释】

[1] 儒者重视阐发大义，往往是空言，不以历史事实为根据，不能
像孔子那样"我欲载之空言，不如见之于行事之深切著明也"。[2] 驰
说者驰骋己意，任意解释。[3] 他们皆不以系统而完整地记录历史事件
为要务。[4] 数家：阴阳术数之家。隆：重视。神运：成败兴亡的天
命。[5] 十二年表始于前 841 年，终于前 477 年。[6] 讥：考察，稽
考。大指：大旨。[7] 为成就学问的人观览其要，而删为此篇。要删：
删取大旨。

【讲解】

史公站在史的立场上认为，儒者、驰说者以阐发大义为主，不以事
实为根据；历人、谱牒虽是记事之作，但各记一方面，不能会通年月和
事件；因此，他们皆未能把握历史的完整性、系统性、客观性。

二 《六国年表序》

【序论】

《六国年表》始于前 476 年，终于前 207 年。此表共有八格。最上
格为周，此时周天子的政治权力已名存实亡。秦次之。秦越来越强大，
实处于主位，不包括在诸侯之列。以下六格分列六国诸侯。《六国年
表》，把战国时代二百多年间的重大事件谱列在一表里，但记事较为疏
略，这主要是因为太史公所依据的材料相当有限。太史公主要根据《秦
记》，《秦记》记事简略，又不载日月。其他诸侯的史记皆为始皇所焚
灭，这实在是令人痛心疾首的事情。

《六国年表序》，历来受人称道。清人吴见思说："表序无一篇不佳，
而此篇更妙。字字如堆花簇锦，绝无一懈笔，读之万过，口颊犹香。"
（《史记论文》）

【原文】一

太史公读《秦记》[1]，至犬戎败幽王，周东徙洛邑 [2]，秦襄公始封为诸侯 [3]，作西畤用事上帝 [4]，僭端见矣 [5]。礼曰："天子祭天地，诸侯祭其域内名山大川。"今秦杂戎狄之俗，先暴戾，后仁义 [6]，位在藩臣而胪于郊祀 [7]，君子惧焉 [8]。及文公逾陇，攘夷狄，尊陈宝，营岐雍之间 [9]。而穆公修政，东境至河，则与齐桓、晋文中国侯伯侔矣 [10]。是后陪臣执政 [11]，大夫世禄，六卿擅晋权 [12]，征伐会盟，威重于诸侯。及田常杀简公而相齐国，诸侯晏然弗讨 [13]，海内争于战功矣 [14]。三国终之卒分晋 [15]，田和亦灭齐而有之 [16]，六国之盛自此始。务在强兵并敌，谋诈用而从横短长之说起 [17]。矫称蜂出 [18]，誓盟不信，虽置质剖符犹不能约束也 [19]。秦始小国僻远，诸夏摈之 [20]，比于戎狄，至献公之后常雄诸侯。论秦之德义不如鲁卫之暴戾者 [21]，量秦之兵不如三晋之强也，然卒并天下，非必险固便、形势利也，盖若天所助焉。

【注释】

[1]《秦记》：秦国的史记。[2] 前 771 年，幽王被杀，西周灭亡；平王迁都洛邑，史称东周。[3] 秦襄公是秦开国君主，因为护送平王东迁有功，被封为诸侯。 [4] 西畤（zhì）：祭祀天地的祭坛。[5] 僭（jiàn）端：越位犯上的迹象。见：现。[6] 崇尚暴力，贬斥仁义。[7] 陈列祭品而祭祀天地神灵。胪（lú）：陈列。郊祀：祭祀天地。[8] 君子见微知著而恐惧秦将变本加厉地越位犯上。[9] 文公越陇东进，驱除了夷狄，经营于岐雍之间。陈宝：神名。在文公出兵驱逐西戎的第三年，他得到了一个像石头一样的宝贝，便在陈仓北坂供了起来。一夜，飞来了雄鸡，对着那宝贝啼叫不止，便认为雄鸡是宝贝的灵魂，而以一头牺牲祭祀，并把这件宝贝尊为陈宝。陕西宝鸡之名的由来即与此有关。[10] 秦穆公修明政治，国富兵强，东境已经扩展到了黄河，成为诸侯的盟主，与春秋霸主齐桓公、晋文公齐等。侔，相等。[11] 陪臣：诸

侯大夫对天子称陪臣。[12] 晋之六卿分别是韩、赵、魏、范、智、中行氏六家贵族，他们专权，而威重于晋侯。[13] 田常是大夫，弑杀了齐简公，其他诸侯安然不加讨伐。这更助长了贼臣逆子的犯上作乱。[14] 海内务于武力征伐，礼崩乐坏。[15] 公元前 376 年，韩、赵、魏瓜分晋国。[16] 前 386 年，周天子承认田和为齐侯。[17] 从横：合纵和连横。[18] 矫称：假托王命。[19] 质：人质。符：凭信之物，一分为二，双方各执其一，合而验证。[20] 摈：摒弃，排斥。诸夏自认为是礼义之邦，但秦先暴戾而后仁义，故不把秦看成同类。[21] 秦之德义之君还不如鲁卫的暴戾之君更有德义，故如果按照儒家的积善累德可以得天下，则秦没有得天下的理由。

【讲解】

秦当初是小国僻远，为诸夏排斥，后来经过数世，终于一统天下，其原因是相当的隐微和复杂。司马迁在《秦本纪》、《秦始皇本纪》里，详细地叙述了秦的兴亡遭遇及其在人事上的各种原因。人事可分为两种：一是内在的人事，即秦的所作所为；二是外在的人事，即其他诸侯的行为。秦之所为是不行仁义，而主要用权谋和力征不断地蚕食诸侯。秦的这种行为并没有遭到其他诸侯的强烈反对，这是因为他们也以武力征伐为务。在此表序中，史公概要地叙述了当时社会政治秩序的混乱，秦之残暴不仁甚于诸夏，而又适应了当时的社会政治背景，故夺取天下。史公还认为，人事的各种原因不能成为秦得天下的充足理由，还有天命之因的作用。如果仁义可以王天下，那么秦的德义连鲁卫的暴戾都赶不上；如果武力可以得天下，则秦兵不如三晋之强大。险固便、形势利，也只是秦得天下的一个原因。因此，"盖若天所助焉"，大概还有天的帮助。概之，司马迁认为，天命之因与人事之因，一同构成了秦得天下的充足理由。人事之因可以用理性加以解释，而天命之因是神秘难知的，故用犹豫怀疑之词"盖若"。

【原文】二

或曰"东方物所始生，西方物之成熟"[1]。夫作事者必于东南，收功实者常于西北。故禹兴于西羌，汤起于亳，周之王也以丰

镐伐殷 [2],秦之帝用雍州兴 [3],汉之兴自蜀汉。

秦既得意,烧天下《诗》、《书》,诸侯史记尤甚,为其有所刺讥也 [4]。《诗》、《书》所以复见者,多藏人家,而史记独藏周室,以故灭。惜哉,惜哉!独有秦记,又不载日月,其文略不具 [5]。然战国之权变亦有可颇采者,何必上古。秦取天下多暴,然世异变,成功大 [6]。传曰"法后王",何也?以其近己而俗变相类 [7],议卑而易行也。学者牵于所闻,见秦在帝位日浅,不察其终始,因举而笑之,不敢道,此与以耳食无异 [8]。悲夫!

余于是因秦记,踵《春秋》之后,起周元王 [9],表六国时事,讫二世,凡二百七十年,著诸所闻兴坏之端。后有君子,以览观焉。

【注释】

[1] 东方配春,万物生长;西方配秋,万物成熟收获。[2] 西羌(qiāng)、亳(bó)、丰镐(hào):地名。[3] 用:因。[4] 秦得到天下,焚书坑儒。诸侯的史记在记载历史事件时多贬斥秦为夷狄,残暴无礼。[5] 不具:不全。[6] 人君制法,当随时代之异而变化其政,则成功大。[7] 效法后王,因为后王接近自己的朝代,社会风俗与现在相似,因而其政令也合于当世。虽然法后王不如法先王那样议论高远,但卑浅而易实行。[8] 耳食:以耳食,不知其味。[9] 此表起于周元王元年(前 476 年)。

【讲解】

司马迁以阴阳家的神秘思想(天人之间具有某种必然的联系)解释王业兴起于西方的原因。史公的思维里也包含着神秘思维的因素。法国社会学家列维·布留尔,在其名著《原始思维》里说:"即使在我们这样的民族中间,受互渗律支配的表象和表象的关联也远没有消失。它们或多或少独立地存在着,但并没有被根除,而是与那些服从于逻辑定律的表象并行不悖的。真正的智力倾向于逻辑统一,它宣告这种统一的必然性;然而实际上,我们的智力活动既是理性的又是非理性的。在它里面，原逻辑的和神秘的因素与逻辑的因素共存。"①

司马迁的论秦具有三层意义。首先，司马迁对秦烧天下《诗》、《书》与诸侯史记，表示非常可惜。其次，他对战国权变给予一定的赞同，肯定了秦在战国时代，顺应时势，运用武力谋诈而统一天下的功绩。再次，批评当时学者不承认秦朝的存在而把秦朝看作"闰余"的肤浅看法，这表现了司马迁理性的批判精神。

三　《秦楚之际月表序》

【序论】

时天下未定，变化急剧，事件繁多，不可以年记，故以月表记事。记事始于前 209 年 7 月，陈涉首先发难反秦；终于前 202 年 9 月。

清人李晚芳说："文特隽发，跌宕可喜。此篇论汉得天下之速由于秦法为之驱除，此大圣受命，所以异于三代圣王也，是汉家开国一篇大文字。太史公归重圣德，极力颂扬，最得史臣大体。……开首以陈、项夹出汉家，曰'卒践'，是撇去陈、项，而独重汉家矣。又引虞、夏、商、周、秦得天下之难，夹出汉家得天下之易，归功于秦法驱除，虽曰人事，岂非天命哉！此篇章法颇易晓，太史公最郑重谨慎之文。"（《读史管见》）李晚芳认为，史公此表序极力颂扬汉之圣德，汉得天下虽曰人事，也归功于秦法驱除（所谓天命，因为这不是自己所能支配的，是客观的外在形势）。

【原文】一

太史公读秦楚之际，曰：初作难，发于陈涉；虐戾灭秦，自项氏；拨乱诛暴，平定海内，卒践帝祚 [1]，成于汉家。五年之间，号令三嬗 [2]。自生民以来，未始有受命若斯之亟也 [3]。

昔虞、夏之兴，积善累功数十年，德洽百姓 [4]，摄行政事 [5]，考之于天 [6]，然后在位。汤、武之王，乃由契、后稷修

---

① ［法］列维·布留尔：《原始思维》，商务印书馆 1981 年，第 452 页。

仁行义十余世 [7]，不期而会孟津八百诸侯 [8]，犹以为未可，其后乃放弑 [9]。秦起襄公，章于文、穆，献、孝之后 [10]，稍以蚕食六国，百有余载，至始皇乃能并冠带之伦 [11]。以德若彼，用力如此，盖一统若斯之难也。

【注释】

[1] 帝祚（zuò）：帝位。 [2] 嬗（shàn）：演变，更替。 [3] 受命：受天命为王。亟（jí）：急剧。 [4] 洽：润泽。 [5] 代理天子之职。 [6] 考察践帝位是否合于天意。 [7] 契（xiè）：商的始祖。后稷：周的始祖。 [8] 八百诸侯没有约定而会于孟津，以讨伐商纣。这说明纣是极端骄奢残暴而不得人心。 [9] 汤放逐夏桀，武王弑杀商纣。 [10] 国力强盛彰显。章：彰。 [11] 冠带之伦：文明程度较高的关东六国。

【讲解】

得天下是非常艰难的。以历史为鉴。尧禅位于舜，舜禅位于禹。舜、禹皆积善累功数十年，然后大臣推荐，先代理天子之职，任职数年，考察行事是否合于诸侯和民众之心，是否得到天的佑助；最后践天子之位。《伯夷列传》："《诗》、《书》虽缺，然虞夏之文可知也。尧将逊位，让于虞舜，舜、禹之间，岳牧咸荐，乃试之于位，典职数十年，功用既兴，然后授政。示天下重器，王者大统，传天下若斯之难也。"商汤、周武虽以暴力取得帝位，但他们在夺取政权之前，先祖行仁由义十余世，最后既是出于诸侯之意，也是因为不得已而放弑桀纣。以上说明，以德取得天下是非常艰难的。秦自始至终就使用武力征伐而获得天下，秦之先君世代蚕食诸侯，经过数百年，到始皇时才最终统一天下。这表明，以力经营天下也是相当艰难的，那么汉统一天下为何只在几年之间呢？

【原文】二

秦既称帝，患兵革不休，以有诸侯也 [1]，于是无尺土之封，隳坏名城 [2]，销锋镝 [3]，锄豪桀，维万世之安 [4]。然王迹之兴，起于闾巷 [5]，合从讨伐，轶于三代 [6]，向秦之禁，适足以

资贤者为驱除难耳 [7]。故愤发其所为天下雄，安在无土不王 [8]。
此乃传之所谓大圣乎？岂非天哉，岂非天哉！非大圣孰能当此受命
而帝者乎？

【注释】

[1] 以：因为。 [2] 隳（huī）：毁坏。城高池深易于形成割据。
[3] 销锋镝（dí）：销毁锋利的兵器。镝，箭头。[4] 维：维系。秦始
皇说："朕为始皇帝。后世以计数，二世三世至于万世，传之无穷。"
（《秦始皇本纪》）[5] 王业之兴，起于民间。[6] 轶（yì）：超过。[7] 秦
前时销毁兵器、毁坏城池、不封诸侯，恰好有利于贤者来驱除患难。
[8] 无土不王：没有土地和人民，就不能成为王，因为没有什么凭借。

【讲解】

以史为鉴，无土不王。但刘邦起自民间，无土而王，这是对历史理
性的颠覆。追寻其原因：一是秦所采取的基本政策在客观上有利于刘邦
的一统天下；二是刘邦发愤图强而成为天下雄；三是刘邦在陈涉、项
羽、韩信等所建功业的基础上成就了帝王之业，班固所谓"镌金石者难
为功，摧枯朽者易为力"（《汉书·异姓诸侯王表序》）；四是刘邦的得天
下还得到天命的佑助。

有人认为，这是司马迁对刘邦的赞颂，称刘邦为"大圣"，是受天
命为帝，则刘邦得天下具有合理性、神圣性、权威性。有人认为，文中
两言"大圣"、一言受天命为帝，皆用犹疑之辞，这是怀疑刘邦为大圣
或受天命为帝；当时，汉家臣子齐声高扬刘邦是"大圣"、"受天命为
王"，而司马迁不太赞同，但又不便明说，故采用"微言"方式，以免
招致祸患。近人刘咸炘（xīn）说："封建时皆有土而王，变为郡县乃莫
之为而为，故以为天。既云天则非以圣矣。其两言圣，皆止作疑词，本
非圣而不得不言圣，以杜效尤。后世郡县之，天下立言多异于古，即以
此故，史公于此尽吐抑扬之妙，后人鲜能识之。"（《太史公书知意》）①

"微言"，即隐微之言，与彰明之言相反。史家在记录当代史时，对

① 杨燕起等编：《历代名家评史记》，北京师范大学出版社 1986 年，第 392—393 页。

权势者不便明言其恶,以免招致灾祸,但又不能不言其恶,而掩盖历史的真实,所以在此二难中采用微言(即讳)的方法,从表面上看是褒扬,但深层的意义是讽刺、贬斥。《匈奴列传》曰:"孔氏著《春秋》,隐、桓之间则彰,定、哀之际则微。为其切当世之文,而罔褒(无实而褒之),忌讳之辞也。"

大圣,即超过圣人之圣,是不能以人的理性予以理解的;刘邦得天下是受天命,天命是神圣的,也是神秘的,是不可以人的理性来解释的。不能以人的理性予以理解,即是非理性的、偶然的,这表明刘邦得天下有许多非理性、偶然的因素,他没有得天下的充足理由和必然性。司马迁认为,虞、夏的兴起,积德累功达数十年;契、后稷修仁行义十余世,才有天下;秦经过一百多年的武力征伐,方能一统天下;而汉没有以上任何一种因素,且无尺寸之封,却在很短的时间内统一天下,故汉得天下很难完全符合人的理性,还有神秘不可知的天命。这是对刘邦得天下合理性的质疑。司马迁在《高祖本纪》等传记中,从人事上分析了刘邦得天下的众多理由,例如善于用人等等。但司马迁认为这些人事原因不足以构成刘邦得天下的充足理由,还有神秘天命的力量。

【补论】

欧阳修在《五代史伶官传序》里曰:"盛衰之理,虽曰天命,岂非人事哉!"天命是神秘的、不可测度的外在力量(不能用人的理性予以解释),对人之祸福成败起着决定的作用(人不能抗拒)。天命,由天所发出,与国之兴亡、君之成败相关联。一般人不敢妄称天命,只说是命(神秘的外在力量)。今人认为,天命不是由天所发出,而是一种人的理性和力量所不能认知和控御的外在力量。例如客观形势、历史趋势等,人难以把握;再例如他人的行为,当事人自己不能知道,更不能支配。

孔子曰:"不知命,无以为君子。"所谓命,即人之存在所受到的限制,包括主观和客观方面。知道人之存在的限度,则对自己遭受的穷困可以安心接受,也可部分地推卸自己的责任。在人力不能达到的一种极限、界限之外,即是在人力所不能及之处,确有一种对人发生重大影响的外在力量,这便是命。因此,凡是人力所及的不是命,人力所不能及,但同时与人的生活并不相干的,也不是命。一个人的能力所能达到的界限，是随着人的智慧与努力的程度而不同，所以必须承认，各人所说的命，有各种不同的层次，其内容并不是一样的。人之存在的限度，主要取决于人的智慧及其努力的程度。尽己，则当事人所感到的命的限度就小一点；不尽己，则当事人所感到的命的限度就大。但无能如何，人都是有限的存在而不可能挣脱命的束缚。我们在承认命的情况下，力求尽己，以扩大自己所能达到的范围。

一般人往往把成功归为自己的努力，而把失败归为天命、命。实际上，自己的成功也有外在力量的作用，并不皆是自己努力的结果。因此，人在成功时要谦虚谨慎，而知道自己的限度，不要忘乎所以，自以为无所不能。面对失败，首先要反省自己行为的过失，承担人事的原因，其次考虑外在力量（命）对自己的限制，以宽慰自己。凡是一味强调人事，即要求当事人完全承担失败的责任，都是不合理的。把失败的原因完全归为天命、命，从而逃避自己的责任，也是不合理性的。

肯定天命、命的作用，实际上是部分削弱人的主体性。这是相当必要的。一方面人的存在确实存在一定限度，超出限度之外的即是命；另一方面，对个人之主体性的部分削弱也一定程度消解了人之为所欲为的野心和狂妄。否则，人会狂妄自大，天不怕、地不怕。秦始皇不信天命，胆大妄为，无所不为，很快就灭亡了。但命的过分强调又贬损了人的主体性，所谓听天由命，易于推卸自己的责任。因此，人的成功失败有天命、命的因素，也有人事的因素。笔者认为，人之得失成败受到这两个因素的影响有轻有重；其轻重与否，取决于治世和乱世的不同：在混乱的非理性时代，人受到命的影响更大；在清明的理性时代，命对人的作用较小，因而人的成败主要取决于自己的努力。

《孔子世家》曰："孔子困于陈、蔡之间，不得行，绝粮。从者病，莫能兴。孔子讲诵弦歌不衰。子路愠见曰：'君子亦有穷乎？'孔子曰：'君子固穷，小人穷则滥矣。'"孔子认为，君子本有穷时，这是不可避免的命，因而能安于穷困，且在困穷时执守仁义之道。但小人自以为不应受穷，故在穷时一方面怨天尤人，另一方面滥作非为。

汉儒一般认为，帝王受天命为王，其皇权具有合理性、权威性、神圣性。《史记·儒林列传》曰：

清河王太傅辕固生者,齐人也。以治《诗》,孝景时为博士。与黄生争论景帝前。黄生曰:"汤武非受命,乃弒也。"辕固生曰:"不然。夫桀纣虐乱,天下之心皆归汤武,汤武与天下之心而诛桀纣,桀纣之民不为之使而归汤武,汤武不得已而立,非受命为何?"黄生曰:"冠虽敝,必加于首;履虽新,必关于足。何者,上下之分也。今桀纣虽失道,然君上也;汤武虽圣,臣下也。夫主有失行,臣下不能正言匡过以尊天子,反因过而诛之,代立践南面,非弒而何也?"辕固生曰:"必若所云,是高帝代秦即天子之位,非邪?"于是景帝曰:"食肉不食马肝,不为不知味;言学者无言汤武受命,不为愚。"遂罢。是后学者莫敢明受命放杀者。

代表黄老道家的黄生认为,汤武不是受天命为王,而是弒杀帝王的逆臣贼子。这是对皇权的绝对肯定,皇权不可转移。代表儒家的辕固生认为,天命是可以转移的,如果帝王残暴无道,则臣子可以弒杀放逐,汤武诛杀无道的桀纣,是受天命为王。齐宣王曾向孟子提出汤放桀、武王伐纣之事,问:"以臣弒君,可乎?"孟子回答:"贼仁者谓之'贼',贼义者谓之'残'。残贼之人,谓之'一夫'。闻诛一夫纣矣,未闻弒君也。"(《梁惠王下》)黄生与辕固生的争论使景帝陷入二难的困境。如果赞成黄生的主张,则刘邦得天下也是犯上作乱,以臣弒君,汉不是受天命为王,其合理性、神圣性受到质疑。如果赞成辕固生的话,则实际上是肯定天命可以转移,皇权可以转移,臣子可以弒杀君亲,这就动摇了此后汉家政权的稳定性和权威性。因此,景帝说,学者不要谈论汤武受命放杀的问题。

刘邦在取得天下之后,编造了许多天命之事。这意在向天下人确证,他之得天下是受命于天,具有合法性、神圣性、权威性,当然也有一定的神秘性,令臣民诚惶诚恐。《高祖本纪》曰:

高祖,沛丰邑中阳里人,姓刘氏,字季。父曰太公,母曰刘媪。其先刘媪尝息大泽之陂(bēi,水边),梦与神遇。是时雷电晦冥，太公往视，则见蛟龙于其上。已而有身，遂产高祖。

　　……

　　高祖以亭长为县送徒郦山，徒多道亡。自度比至皆亡之，到丰西泽中，止饮，夜乃解纵所送徒。曰："公等皆去，吾亦从此逝矣！"徒中壮士愿从者十余人。高祖被酒（bèi，酒酣），夜径泽中，令一人行前。行前者还报曰："前有大蛇当径，愿还。"高祖醉，曰："壮士行，何畏！"乃前，拔剑击斩蛇。蛇遂分为两，径开。行数里，醉，因卧。后人来至蛇所，有一老妪夜哭。人问何哭，妪曰："人杀吾子，故哭之。"人曰："妪子何为见杀？"妪曰："吾子，白帝子也，化为蛇，当道，今为赤帝子斩之，故哭。"人乃以妪为不诚，欲告之，妪因忽不见。后人至，高祖觉。后人告高祖，高祖乃心独喜，自负。诸从者日益畏之。

第十七讲

论司马迁的死亡之思

司马迁的死亡之思是他"成一家之言"的重要组成部分。他死亡之思的突出内容之一：人在陷入生死抉择的困境时，要理性地思考、慎重地抉择。他死亡之思的突出内容之二：如果选择了死亡，则要在走向死亡的过程中使自己燃烧得更为灿烂，以获得更大的死亡价值。他死亡之思的突出内容之三：宣扬忍辱求生的死亡观，忍辱求生者要在困厄和耻辱中发愤崛起，或者报仇雪恨，或者建立功业，或者通过立言追求不朽。司马迁在下狱、受宫刑的奇耻大辱中表现出清明的理性精神，面对生死抉择的困境，他选择了忍辱求生以完成《史记》，这体现了他生命选择的自由意志。

死亡对于个体生命是一个非经验的、非实在的、超越了此在时空的世界；这是死亡的超验性质。但是，个体在人生历程中又时时关注死亡、目睹死亡，并对死亡和生命、死亡价值和生存价值进行理性的思考；这是死亡的经验性质。陆机在《叹逝赋》里说："人何世而弗新，世何人之能故？"死是人生的宿命，死亡问题是人类之具有终极意义的永恒主题。

公元前99年，正当司马迁草创《史记》未就之时，他因李陵之祸而下狱、受宫刑。面对人生的奇耻大辱，面对生死抉择的困境，司马迁进行了理性的思考和慎重的抉择。这一方面使他以顽强的毅力和坚忍的意志活了下来，并发愤著书，完成了与日月争光的不朽杰作《史记》；

另一方面，他把死亡之思熔铸到《史记》的篇章当中，使之具有更丰厚的思想内蕴，包含着更深刻的人生哲理，流动着更浓烈的悲剧情绪。因此，司马迁的死亡之思是他"成一家之言"的重要组成部分。

<h2 style="text-align:center">一</h2>

　　司马迁死亡之思的突出内容之一：人在陷入生死抉择的困境时，要理性地思考、慎重地抉择。

　　在历史的长河之中，有些圣人君子，如孔子、张良、曹参等等，他们或以立德、立言而不朽，或以立功而青史留名。幸运的是，在他们的一生中，仁义与生命并未发生强烈的冲突，他们既不要为仁义而死以成就"杀身成仁"、"舍生取义"之名，又不以丧失生命尊严和损害道德人格为代价而忍辱求生。他们的身与名俱全。但是，历史不惟生动而伟大，它更有苦难深重的一面。更多的人，如伍子胥、屈原、司马迁等等，在他们痛苦而又艰难的人生中不得不陷入到生死抉择的困境。面对死亡，该如何抉择呢？是勇敢地走向死亡，还是被动地自杀？是在耻辱中苟且偷生，还是在困境中发愤立名？司马迁以他深刻而睿智的理性精神思考了生死抉择的问题。

　　司马迁说："知死必勇，非死者难也，处死者难。"（《廉颇蔺相如列传》）这句话是模仿韩非子《说难》所谓"非知之难也，处知则难也"，具有丰富的内涵。真正的勇者在陷于生死的困境时，要理性思考和慎重抉择生死：首先要抉择的，是求生还是趋死，其抉择标准是两者中哪一个意义更大；其次是假如抉择了死，那么以何种方式死，何种方式的死更具有价值；再次是假如选择了生，则以何种方式生，何种方式的生更有意义。司马迁在《史记》里特别重视根据传主的人生遭际而阐述这种生死抉择的思想。

　　在《廉颇蔺相如列传》里，司马迁叙述了蔺相如在死亡困境中的三次选择。

　　第一次，相如持和氏璧来到秦国，他的使命是"城入赵而璧留秦；城不入，则请完璧归赵"。在秦廷上，秦王骄横无礼，欲留璧而无意偿赵王城邑。相如选择了死，立下"臣头今与璧俱碎于柱矣"的决心，"怒发上冲冠"，义正词严地指责秦王的无礼，揭露秦王欲抢夺和氏璧而不偿赵城的背信弃义，并忤逆秦王之意，运用智谋要回和氏璧而从小道归璧于赵。相如明白，凭秦王的专横和残暴，他不免一死，但他的死维护了赵国的利益和尊严，自己也是不辱使命。这种死亡有更大的价值，重于泰山。如果他在秦廷上畏惧秦王的残暴，而任凭秦王的戏弄、欺骗、抢夺和氏璧，则自己虽生，但生得耻辱。如果相如在秦廷上不畏惧死，但没有计谋，不敢斥责秦王的残暴无礼，而硬是与秦王拼命，则虽死得有些价值，但不是价值的最大化，不能保护赵国的利益，自己也是有辱使命。因此，面对死亡的困境，相如勇敢地选择了死亡；且进一步选择了如何死，他毫不畏惧，指责秦王的无理和失信，完璧归赵。

第二次，秦、赵会于渑池，秦王使赵王鼓瑟，秦史官记曰："某年月日，秦王与赵王会饮，令赵王鼓瑟。"这是秦王凭借大国的威势而侮辱赵国和赵王。作为赵王的重臣，相如不能容忍这样的辱君耻国行为，他勇气壮烈且富有智谋，上前曰："赵王窃闻秦王善为秦声，请奏盆缶秦王，以相娱乐。"秦王怒，不许。于是相如前进缶，因跪请秦王。秦王不肯击缶。相如曰："五步之内，相如请得以颈血溅大王矣！"左右欲以刀杀相如，相如张目叱之，左右皆靡。于是秦王不怿，为一击缶。相如使赵史官记曰："某年月日，秦王为赵王击缶。"相如不畏惧死，他的内心充溢着浩然之气，其气至大至刚、配义与道：不畏强暴，赵国的尊严和利益至高无上。

第三次，相如回到赵国，封为上卿，位在廉颇之上。廉颇自以为有攻城野战之功，而鄙视相如不过以口舌取得上卿之位，扬言说："我见相如，必辱之。"面对廉颇的羞辱，相如回避廉颇，不与他争斗。他说："夫以秦王之威，而相如廷叱之，辱其群臣，相如虽驽，独畏廉将军哉？顾吾念之，强秦之所以不敢加兵于赵者，徒以吾两人在也。今两虎共斗，其势不俱生。吾所以为此者，以先国家之急而后私仇也。"相如甘心忍受廉颇的欺辱，而不与廉颇争斗；这是不计较个人的私仇，而以国家的利益为重、为急。相如的宽宏大度使廉颇深为感动，廉颇"负荆请罪"，共演一出"将相和"的千古名剧。

综上所述，前两次，相如在面对生死抉择的困境时，他首先选择了死；其次在怎样死的抉择中，他选择了智勇双全的方式，无所畏惧，气势壮烈，且充分运用自己的智慧和勇气维护赵国的利益和尊严，自己不辱使命。第三次，相如在面对困境时，不是为了个人的尊严而愤一时之气，与廉颇争斗，而是选择了忍辱求生，因为求生是以国家利益为重，具有更大的价值。司马迁在"太史公曰"里说：

> 方蔺相如引璧睨柱，乃叱秦王左右，势不过诛，然士或怯懦而不敢发。相如一奋其气，威伸敌国，退而让颇，名重泰山，其处智勇，可谓兼之矣。

司马迁特别推重相如在死亡的困境时能智勇结合：理性思考、慎重抉择死亡，即是智；视死如归，无所畏惧，即是勇。但有智的人往往缺少一种胆气、勇气，勇敢之人也常常缺少理性的思考，因而智勇很难双全。

在《赵世家》里，晋景公的权臣屠岸贾在下宫攻灭了赵朔一族。赵朔的宾客程婴、公孙杵臼没有为主人而死。赵朔之妻是景公的姑姑，有遗腹子，她逃入景公的宫中藏匿。公孙杵臼问程婴曰："何不死？"程婴曰："朔之妇有遗腹，若幸而男，吾奉之；即女也，吾徐死耳。"不久，赵朔妇在宫中生下一子。屠岸贾闻之，索于宫中。公孙杵臼曰："立孤与死孰难？"程婴曰："死易，立孤难耳。"公孙杵臼曰："赵氏先君遇子厚，子强为其难者，吾为其易者，请先死。"他二人谋取他人婴儿负之，衣以文葆，藏匿山中。程婴出，谬谓诸将军曰："婴不肖，不能立赵孤。谁能与我千金，吾告赵氏孤处。"诸将皆喜，许之，发师随程婴攻公孙杵臼。杵臼谬曰："小人哉程婴！昔下宫之难不能死，与我谋匿赵氏孤儿，今又卖我。纵不能立，而忍卖之乎！"诸将遂杀公孙杵臼与孤儿。然赵氏真孤乃在，程婴卒与俱匿山中。十五年后，景公与韩厥谋立赵氏孤儿赵武，程婴、赵武与诸将攻杀赵氏的仇人屠岸贾，景公立赵氏孤儿。程婴于是辞别诸大夫，谓赵武曰："昔下宫之难，皆能死。我非不能死，我思立赵氏之后。今赵武既立，为成人，复故位，我将下报赵宣孟（赵盾）与公孙杵臼。"程婴于是自杀。

面对生死抉择的紧急关头，程婴、公孙杵臼没有愤一时之气而跟从主人死，以全小节小义。他们进行了理性的思考和慎重的抉择：公孙杵臼选择了死；而程婴忍辱求生。公孙杵臼明白地说，死是容易的，而忍辱求生非常艰难，因为忍辱求生者要承担保护、抚养、谋立赵孤的重任。当赵氏之仇已报，孤儿也长大成人，且被立，程婴的任务已完成，他毫不犹豫地选择了死，以报答主人的知遇之恩和公孙杵臼的死义。程婴为知己者生，为知己者死。

二

司马迁死亡之思的突出内容之二：如果选择了死亡，则要在走向死亡的过程中使自己燃烧得更为灿烂，以获得更大的死亡价值。

季布和栾布是汉初两个并不突出的人物。司马迁为他们合传的主要目的是通过他们对生死的不同抉择，以表达他死亡之思的"一家之言"。季布和栾布皆面临生死抉择的困境，但他们的抉择截然不同：季布求生，诚重其死；栾布趋死，不自重其死。

季布为项羽将兵，"数窘汉王"；项羽被灭之后，刘邦欲诛季布。季布为求活命，四处躲藏。他先藏于周家，后又忍受髡钳之刑，置于丧车之中，被周家卖给大侠朱家。朱家去洛阳为季布打通关节，"上乃赦布"。季布没有为项羽死，以身殉小节小义；他忍辱求生，发愤立功，终成为汉之名将。楚人谚曰："得黄金百斤，不如得季布一诺。"司马迁充分肯定了季布的忍辱求生：

> 以项羽之气，而季布以勇显于楚，身屦军搴旗者数矣，可谓壮士。然至被刑戮，为人奴而不死，何其下也！彼必自负其材，故受辱而不羞，欲有所用其未足也，故终为汉名将。贤者诚重其死。

季布是一位壮士，并不惧怕死亡，但他之所以忍辱不死，是因为他自以为有突出的才能，而没有得到充分的使用，故忍辱求生而建功立名。在这里，司马迁提出了抉择生死的标准：生存价值和死亡价值孰大？季布趋死，其死亡价值不过是获得小节小义之名；而忍辱求生则能建功立业，成就大名。生存价值大于死亡价值。但是，忍辱求生一定要自负其能，并最终完成未竟事业，立功扬名。如果自己没有才能，不能报仇雪恨或建功立业，那就是苟且偷生。

彭越是栾布的知己，他对栾布有知遇之恩和救命之恩。他们在贫贱时相交，后来栾布为人略卖到燕。臧荼为燕王时，以栾布为将；臧荼谋反被汉击败，栾布被俘虏。梁王彭越赎布为梁大夫。栾布去齐国时，刘邦以谋反的罪名诛彭越，并把他的头挂在洛阳城下；诏曰："有敢收视者，辄捕之。"布从齐还，"奏事彭越头下，祠而哭之"。面对死亡，他无所畏惧，"趋汤如归者"。吏捕布，上召布。布曰："愿一言而死。"栾布愤然陈辞，以不可辩驳的事实证明彭越绝无谋反之心，并指责刘邦猜忌功臣，"今彭王已死，臣生不如死，请就烹"。栾布对彭越忠诚耿耿，死亡何所惧，彭越已死，自己岂能独生？"士为知己者死"，非虚言也！司马迁称赞说：

　　　　栾布哭彭越，趋汤如归者，彼诚知所处，不自重其死。虽往古烈士，何以加哉！

栾布不仅勇敢无畏地走向死亡，而且在走向死亡的过程中，慷慨陈辞，称扬彭越为汉立下的丰功，指出彭越忠于汉朝而绝无谋反之心，斥责刘邦枉杀功臣，从而为知己洗刷了不白之冤，真正地报答了知己的知遇之恩。这是对怎样死的抉择。

在《刺客列传》里，荆轲为了报答燕太子丹的知遇之恩而刺杀秦王，不管成功与否，他都是必死无疑的。荆轲首先是选择了死；其次是选择如何死，即在走向死亡之途中，他是如何表现的呢？

其一，"易水送别"。太子及宾客知其事者，皆白衣冠以送之。至易水之上，既祖（祭祀路神），取道，高渐离击筑，荆轲和而歌，为变徵之声，士皆垂泪涕泣。又前而为歌曰："风萧萧兮易水寒，壮士一去兮不复还！"复为羽声慷慨，士皆瞋目，发尽上指冠。于是荆轲就车而去，终已不顾。

其二，"秦廷喋血"。在肃杀、酷烈的秦廷上，勇士秦舞阳也不免色变震恐，但荆轲胆气壮烈，言笑自如。荆轲取图献之，秦王发图，图穷而匕首见。荆轲因左手把秦王之袖，而右手持匕首刺之。未至身，秦王惊，自引而起，袖绝。秦王拔剑，时惶急，剑坚（剑与鞘套得很紧），故不可立拔。荆轲追逐秦王，秦王环柱而奔走，狼狈不堪。群臣惊慌失措，尽失其度；他们无以击轲，而以手共搏之。是时，侍医夏无且以其所奉药囊掷击荆轲。秦王方环柱走，很惶急，不知所为。左右乃曰："王负剑！"秦王负剑，遂拔以击荆轲，断其左股。荆轲废，乃引其匕首以掷秦王，不中，中桐柱。秦王复击轲，轲被八创。轲自知事不就，倚柱而笑，箕踞（伸出两腿而坐，倨傲不敬）以骂曰："事所以不成者，以欲生劫之，必得约契以报太子也。"左右上前杀轲。

"易水送别"、"秦廷喋血"，不仅高扬了"士为知己者死"的大义，而且表现了荆轲在反秦反暴斗争中视死如归、临死不屈的高尚气节。生虽平淡，但死得壮烈，其死亡的崇高价值使荆轲名扬千古，"其人虽已殁，千载有余情"（陶渊明《咏荆轲》）。在怎样死的抉择中，秦舞阳怯懦也不免一死，死得轻如鸿毛。荆轲在秦廷上以匕首追刺秦王，秦王环柱仓惶奔走，尽失威严；大臣们失去常态，慌乱得不知所措。这有力地嘲讽了秦王以及大臣的色厉内荏，热烈地高扬了荆轲的勇敢壮烈，宁死不屈。

在《张耳陈余列传》中，赵相贯高等人准备谋杀刘邦，但事没有行。后来，此事被人告发。刘邦逮捕赵王张敖、贯高等人。十余人皆争自刭。贯高独怒骂说："谁令公为之？今王实无谋，而并逮捕王；公等皆死，谁白王不反者！"贯高等人与赵王一同被押送到长安。贯高一再为赵王辩白："独吾属为之，王实不知。"狱吏笞打贯高数千，身上被刀刺击得体无完肤，但贯高始终不屈。刘邦又派贯高的故人泄公，来诱使他供认赵王参与谋杀。贯高说："人情宁不各爱其父母妻子乎？今吾三族皆以论死，岂以王易吾亲哉！顾为王实不反，独吾等为之。"最终，刘邦乃赦赵王。刘邦贤贯高为人能立然诺，因赦贯高。贯高曰："所以不死一身无余者，白张王不反也。今王已出，吾责已塞，死不恨矣。且人臣有篡杀之名，何面目复事上哉！纵上不杀我，我不愧于心乎？"乃仰绝肮，遂死。当此之时，名闻天下。

司马迁叙述此事非常具体生动。他意在说明，贯高选择了死，但在走向死亡的过程中不是轻易地死。他在死之前，要辩白赵王不反。因此，他怒骂其他数十宾客自刭的行为。来到长安后，他反复为赵王辩白，身上被刀刺得没有一块好地方，他仍然不死。后来，当他得知赵王被赦之后，自杀而死。

要之，面临生死抉择的困境时，如果选择了死，那么应理性地思考如何死。不怕死而从容就死，是可贵的；但更可贵的是，在走向死亡的过程当中能忍受各种痛苦，最终为知己者洗清不白之冤。

三

司马迁死亡之思的突出内容之三：宣扬忍辱求生的死亡观。

儒家提倡"士可杀而不可辱"，董仲舒《春秋繁露·竹林》谓"故君子生以辱，不如死以荣"，汉代士大夫崇尚"死节"，皆强调了生命尊严的不可侵犯、人格的不可侮辱。但司马迁极力宣扬忍辱求生的死亡观：在人格受到侮辱、生命尊严受到损害时，"非常之人"应忍辱求生、发愤抗争以成就功名，雪耻振誉。这是司马迁死亡之思中最精彩的乐章。忍辱求生是人生旅途中最为艰难、最为痛苦的行程。自杀虽需要勇气，但对于饱受肉体痛苦和精神折磨的人来说，自杀倒并不难。一死可以解脱生前所有的恩恩怨怨，灵魂将飞向没有痛苦、没有屈辱的"无何有之乡"（《庄子·逍遥游》）。司马迁说："且勇者不必死节，怯夫慕义，何处不勉焉！"（《报任少卿书》）勇烈之人，不必死于名节，也可忍辱求生；怯懦之人慕义而立名，为小节小义轻易地丧失自己的生命。忍辱求生不仅要忍辱负重，而且还要在艰难困顿、生不如死的残生里，为自己未竟的事业发愤图强、奋斗不息。忍辱求生所表现的是对不幸命运的抗争精神，是对生命真谛不息追求的坚强意志。

忍辱求生首先要知耻、知辱。《礼记·中庸》"知耻近乎勇"；《报任少卿书》"耻辱者，勇之决也"。知耻、知辱是儒家理想人格的重要部分，孟子谓"无羞恶之心，非人也"。

其一，司马迁认为，忍辱求生者要知道自己所受的耻辱是否正当。汉代士大夫崇尚"死节"，即在下狱受辱前就自杀，不能正视和思考所受耻辱的正当性和不当性；这是非理性的行为。司马迁为李陵辩护而下狱、受宫刑，他理性地思考：自己所受的耻辱是否正当？自己是否确实犯下罪不容诛的死罪？他认为，自己所受的耻辱是不当的，自己罪非其罪，他的内心充满了悲愤和不平。司马迁在叙写那些忍辱求生而成就功名或复仇的历史人物时，非常注意揭示他们所受耻辱的不当性。孙膑受到了"断其两足而黥之"（《孙子吴起列传》）的肉体迫害和人格侮辱，而没有死。他认为，自己所受的耻辱是不当的，是庞涓妒嫉自己的才能而陷害的。范雎以"莫须有"的罪名被魏齐毒打，打得"折胁摺齿"，又丢进了厕所，"宾客饮者醉，更溺雎"（《范雎蔡泽列传》）。范雎忍受了非人的折磨，他的受辱是冤屈的、不当的，他辱非其罪。季布是项羽的将领，项羽失败了，他遭到刘邦的追杀，可季布甘受髡钳之刑，沦为囚徒，忍辱不死。司马迁对他受辱的不当性作了解释："臣各为其主用，季布为项籍用，职耳。"（《季布栾布列传》）所受耻辱的不当性，就会激发受辱主体强烈的愤恨和复仇情绪，他要伸冤报屈，他要报仇雪恨。

其二，司马迁认为，忍辱求生者要知自己所受耻辱的小与大；不要愤一时之气，为小耻小辱而丧生。《张耳陈余列传》记载了张耳、陈余为布衣时的一件事。陈余被小吏侮辱，他立即要和小吏拼命。张耳责备他曰："始吾与公言何如？今见小辱而欲死一吏乎？"被小吏打一顿，不过受了小辱，不值得以生命作赌注的。司马迁在《淮阴侯列传》里称赞韩信能忍受胯下之辱。他在《留侯世家》里赞扬张良能含辱为圯上老人进履，而得到了《太公兵法》。曹沫为鲁将，与齐国打仗，三战三败，丢失土地五百余里。曹沫未因辱师丧地而刎颈自杀。后在齐桓公大会天下诸侯时，他挟匕首胁迫齐桓公归还了三战所亡的土地。司马迁在《鲁仲连邹阳列传》里借仲连之口评论曹沫："非不能成小廉而行小节也，以为杀身亡躯，绝世灭后，功名不立，非智也。"不能最终收回丧失土地的耻辱比三战三败所受的耻辱更深重，因而称赞曹沫能忍小耻而雪大辱。

忍辱求生者要在困厄和耻辱中发奋崛起，或者报仇雪恨，或者建立功业，或者通过立言追求不朽。

在《伍子胥列传》里，伍子胥（员）与其兄伍尚对生死有不同的抉择。楚平王囚伍奢而欲杀之，且诱召他的二子："来，吾生汝父；不来，今杀奢也。"伍子胥与伍尚面临着生死抉择的困境：听从父命，明明是送死，但全了死孝之名；不听从父命而逃生，则落下不孝之名，但有可能为父报仇。兄弟二人经过慎重思考作出了结论：伍尚选择了死，伍子胥选择了生。伍尚说："我知往终不能全父命，怨恨父召我以求生而不往，后不能雪耻，终为天下笑耳。"他对子胥说："可去矣！汝能报杀父之仇，我将归死。"伍尚自知才能平庸，日后不能报父之仇，被天下人耻笑；子胥能成大事，能够复仇。因此，伍尚选择了死，全了忠孝之名；而伍子胥忍辱求生，以报仇雪恨。

他们对生死的选择是痛苦而艰难的。选择了死，固然可以成就孝名，但抛弃了自己的生命。人生在世，有许多东西值得依恋，有太多的义务和责任需要承担，所谓"千古艰难唯一死"。选择了生虽然可以保全生命，但忍受耻辱是相当痛苦的。首先，忍辱求生在开始要背负不忠不孝的罪名，活得没有尊严，为正直之人所不齿。其次，忍辱求生不是苟且偷生，不是好死不如赖活着，而是忍辱发愤，通过复仇来为亲人雪恨，通过立功、立名来洗刷自己的耻辱。在这过程当中，求生者往往历经艰险和磨难，忍受常人难以忍受的痛苦。

伍子胥为了复仇，而忍辱负重，发愤图强。他先与太子建逃奔到郑国。郑定公诛杀太子建，伍子胥恐惧，"乃与胜（太子建之子）俱奔吴。到昭关，昭关欲执之。伍胥遂与胜独身步走，几不得脱。追者在后。至江，江上有一渔父乘船，知伍胥之急，乃渡伍胥。……伍胥未至吴而疾，止中道，乞食"。子胥一路历经艰辛来到吴国。他在吴国开始不得意，没有得到吴王僚的重用。他知道公子光有篡国的异志，而推荐刺客专诸给公子光。后来，公子光杀掉了吴王僚，而即位，是为吴王阖庐。伍子胥受到重用，一再鼓动吴王攻打楚国。他率领吴兵入郢，搜求楚昭王不得，"乃掘楚平王墓，出其尸，鞭之三百，然后已"。子胥终于报了父兄之仇。司马迁热情赞颂了伍子胥能忍辱求生而报仇雪恨：

　　怨毒之于人甚矣哉！王者尚不能行之于臣下（作君主的尚不能
　跟臣下结怨，何况是同等地位的人），况同列乎！向令伍子胥从奢
　俱死，何异蝼蚁。弃小义（为父而死的孝），雪大耻，名垂于后世，
　悲夫！方子胥窘于江上，道乞食，志岂尝须臾忘郢邪？故隐忍就功
　名，非烈丈夫孰能致此哉！

首先，子胥抽打楚平王的死尸，可谓是"怨毒之于人甚矣哉"！子胥为
了报仇，他的心理和行为也变得悖逆常理。楚臣申包胥使人谓子胥曰：
"子之报仇，其以甚乎！……今子故平王之臣，亲北面而事之，今至于
戮死人，此岂其无天道之极乎！"伍子胥曰："为我谢申包胥曰，吾日暮
途远，吾故倒行而逆施之。"其次，司马迁充分肯定了伍子胥的复仇行
为，并把复仇看作是很悲壮、很崇高的举动；又赞颂他忍辱负重以成就
功名的精神，并认为只有真正的大丈夫才具有这种精神。
　　《史记》记载了许多历史人物，他们正是在人生困境中崛起而成就
了一番功业的。苏秦是战国纵横家的代表，也是朝秦暮楚、"竞进无厌"
的典型人物；在战国当时及汉初，是声名狼藉的。但司马迁称赞苏秦在
乱世中"立终身之名，定累世之功"。苏秦出游数年，"大困而归"。兄
弟妻嫂嘲笑说："今子释本而事口舌，困不亦宜乎？"苏秦闻之而自惭自
伤，乃闭门不出，遍观群书。一年之后，揣摩已成。他西入秦，说惠
王，不被重用；又东去赵国，不被重用；再北去燕国，岁余而得见燕文
侯，终被重用。苏秦凭三寸不烂之舌，穿梭六国之间，各以其利害得失
游说六国君主。"于是六国从合而并力焉。苏秦为约从长，并相六国。"
苏秦回到赵国，被封为武安君，乃投从约书于秦，"秦兵不敢窥函谷十
五年"。苏秦在乱世中建立了累世的功名，并享受到人生的荣华富贵。
他感慨地说："此一人之身，富贵则亲戚畏惧之，贫贱则轻易之，况众
人手？且使我有洛阳负郭二顷田，吾岂能佩六国相印乎？"这里所体悟
的乃是忍辱奋斗、穷而后工的人生哲理。在《苏秦列传》论赞中，司马
迁说："夫苏秦起闾阎，连六国从亲，此其智有过人者。吾故列其行事，
次其时序，毋令独蒙恶身焉。"
　　齐桓公和公子纠都是齐襄公的弟弟，齐襄公无道，两人都怕牵累。

桓公由鲍叔牙侍奉逃往莒国，公子纠由管仲和召忽辅助奔到鲁国。襄公被杀之后，桓公先入齐国，立为君，便兴兵伐鲁，逼迫鲁国杀死了公子纠。召忽自杀以殉其主，而管仲忍辱下狱，不但没有为主子去死，而且后来还做了桓公的相。在《鲁仲连邹阳列传》里，司马迁借仲连之口表达了他对管仲的看法："故管子不耻身在缧绁之中而耻天下之不治，不耻不死公子纠而耻威之不信于诸侯，故兼三行之过而为五霸首，名高天下而光烛邻国。"司马迁认为，管仲的选择是非常正确的，他忍辱求生并最终成就功名的生存价值远比为公子纠殉身而博得"死君"、"死节"的死亡价值大。他热情称赞管仲"去感忿之怨，立终身之名；弃忿悁（juān，忿怒）之节，定累世之功"。

司马迁最为倾心的，是忍辱求生者在困境中发愤著书，从而留名于后世。他在《报任少卿书》里说：

> 古者富贵而名磨灭，不可胜记，唯倜傥非常之人称焉。盖文王拘而演《周易》；仲尼厄而作《春秋》；屈原放逐，乃赋《离骚》；左丘失明，厥有《国语》；孙子膑脚，兵法修列；不韦迁蜀，世传《吕览》；韩非囚秦，《说难》、《孤愤》；《诗三百》，大抵圣贤发愤之为作也。

文王、仲尼、屈原、左丘等，处于"拘"、"厄"、"放逐"、"失明"的困境；困境可以启迪他们对社会历史人生的深沉思考和深切关怀，可以增强他们与黑暗邪恶势力进行抗争的毅力和决心，可以展现他们伟大而不朽的人格。因而他们的作品才能产生出激动人心、催人奋进的力量。司马迁与文王、仲尼、屈原、左丘的一瓣心香是息息相通的。

四

公元前 99 年，司马迁为李陵辩护而披上"沮贰师"、"诬上"的罪名，被下狱。他处于生死抉择的紧要关头：是自杀死节以保持生命的尊严和人格的独立完整，还是忍辱求生？他选择了忍辱求生。由于家贫而无钱财自赎，加之左右亲近不为他讲一句好话、公道话，他只能自请宫刑以免一死。宫刑是奇耻大辱，遭受宫刑的人不仅是形体上的残缺，违背儒家"身体发肤受之于父母而不可损伤"的孝道，而且是精神上的残缺，人格受到莫大的侮辱，生命的尊严基本丧失。他在《报任少卿书》里沉痛地说："诟莫大于宫刑"，"今已亏形为扫除之吏，在阘茸之中"，"身直为闺阁之臣"，"最下腐刑，极矣"。司马迁本是一位慷慨之士，自尊自重自信，具有非常强烈的耻辱感。但下狱，受宫刑之后，他的内心充满了耻辱感和自卑感，"自以为身残处秽"，"若仆大质已亏缺矣"，"如今朝廷虽乏人，奈何令刀锯之余，荐天下豪俊哉"，"身直为闺阁之臣，宁得自引深藏于岩穴邪？故且从俗浮沉，与时俯仰，以通其狂惑"；他是"太上辱先，其次辱身"，为乡党之人耻笑，为士大夫讥讽，为武帝戏弄。他生活于污秽之地，痛苦而耻辱，"是以肠一日而九回，居则忽忽若有所亡，出则不知其所往。每念斯耻，汗未尝不发背沾衣也"。

那么司马迁为何要选择忍辱求生呢？"知死比勇，非死者难也，处死者难。"

其一，他没有选择死亡。他当时有两种死法，一是在下狱时主动地自裁；二是在下狱后被动地伏法受诛。自裁虽能保持生命的尊严，但不分青红皂白地轻易舍弃了自己的生命。伏法受诛，世人不许他死节，而是认为他智穷、罪大恶极，不能免除一死，只能走向死亡，故死得就像蝼蚁一样，毫无意义。

司马迁认为，他所遭受的罪名是不当的，他罪非其罪。他在《报任少卿书》里叙说自己为李陵辩护的理由。一是李陵有国士之风。二是李陵兵败投降固是不当，但在兵败之前，建功甚伟，他率领五千步兵，横挑强胡，与亿万之匈奴军队接战数十日，杀伤敌人很多；最后在"转斗千里，矢尽道穷，救兵不至，士卒死伤如积"的情况下被迫投降。李陵的功过应该相当。三是李陵暂时投降，忍辱求生，欲在匈奴建立一份功劳，以报答汉朝。

其二，司马迁曲折地说明了他忍辱不死的原因。他不是顾念父母和妻子。他也不是怯懦而不敢死，婢妾臧获这样的卑贱之人皆敢死，他为何不能死？他不是不知道"舍生取义"、"士可杀而不可辱"的士人气节。他不是不知道下狱、受宫刑带给自己的深重耻辱。他之所以隐忍苟活，是因为《史记》没有完成，担心死了之后他的文章不能流传于后世。《报任少卿书》曰：

> 夫人情莫不贪生恶死，念亲戚，顾妻子，至激于义理者不然，乃有不得已也。今仆不幸，早失父母，无兄弟之亲，独身孤立，少卿视仆于妻子何如哉？且勇者不必死节，怯夫慕义，何处不勉焉！仆虽怯懦欲苟活，亦颇识去就之分矣，何至自沉溺缧绁之辱哉！且夫臧获婢妾犹能引决，况仆之不得已乎！所以隐忍苟活，幽于粪土之中而不辞者，恨私心有所不尽，鄙没世而文采不表于后也。

司马迁在耻辱和痛苦中表现出理性的精神，面对生死抉择的困境，他选择了忍辱求生以完成《史记》，这体现了他生命选择的自由意志。出狱之后，他忍受痛苦和耻辱，在卑贱污秽之地发愤著书，不屈不挠，最终实现了自己的誓言。他虽然在道德人格上相当自卑，但在立言上有相当的自信。他自信《史记》具有价值，能流传后世，自己也因文采的风流而留名千古，将来的人会见出自己的心志。

面对抉择生死的困境，司马迁没有自杀死节。西汉士大夫崇尚死节，大臣有罪，在下狱前即自杀，以保持生命的尊严和道德人格的独立和完整。司马迁自请宫刑以减死一等，选择了忍辱求生。这严重违背了儒家所谓"士可杀而不可辱"以及汉代士大夫"死节"的人格追求。当代作家陈村说：

> 在我眼里，一个生命的尊严远远高于一橱最珍贵的书籍。书毕竟只是书。我要完整的司马迁，宁可没有《史记》。①

但是，司马迁有忍辱求生的坚强理由，因为他要完成《史记》。生需要理由，死也需要理由。忍辱求生体现了司马迁的理性反思精神，他

---

① 陈村：《死给文革》，载于《上海文学》1986 年第 9 期。

不是一味盲从"死节"的社会规范。他接受了宫刑，保住了生命，接下来一个严重的问题摆在他面前：将如何生呢？司马迁从天汉三年到征和二年的八年中，忍辱发愤，对大量的历史资料进行阅读和思考，"厥协'六经'异传，整齐百家杂语"，他付出的巨大心血和辛勤劳动决非常人所能想象，所能忍受，他真的是"倜傥非常之人"。博极群书的班固盛赞他"斯以勤矣"！在如何生的过程中，深刻地表现了司马迁坚强不屈的生命意志和发愤图强的创造精神。司马迁著作《史记》，从他个人上来说，是让自己的文采流传于后世，是继承家族的事业和光荣；但更重要的是，他要以《史记》总结历史的经验教训，"稽其成败兴坏之纪"，为将来的人指明前进的方向，"述往事，思来者"；这表现了他著史的历史责任感和社会使命感，决不仅仅是为了他自己沧海一粟的浮名。司马迁正是因为有了《史记》的伟大著作，才能永垂不朽！评论家黄子平说：

> 然而在这里依然很难得出答案：难道司马迁生命的尊严不正高扬在他的《史记》里么？难道作家不正是以自毁的方式肯定了生命意志的自由么？难道没有《史记》的司马迁还会是完整的么？①

司马迁最终完成了《史记》的著述，他是否觉得可以洗刷自己所遭受的耻辱呢？我们通常认为，忍辱不死的人，如果最终建功立业，以证明当初不死是因为自负才能而要展现于天下，像季布那样，那么就可以洗刷自己的耻辱，也得到世人的原谅和好评。或者，像伍子胥那样忍辱负重，最终带领吴军入郢，求平王不得，乃掘其墓，出其尸，鞭之三百，报父兄之仇，以洗刷忍辱不死之耻。实际上，对当事人而言，最终的建功立业或报仇雪恨，虽然能给自己带来一定的安慰，但终究不能消解自己内心的悲愤和痛苦，可能只是稍稍减轻。司马迁在完成《史记》后，他并没有从耻辱、痛苦、自卑、悲愤中走出来。完成《史记》只能了却他当初忍辱不死的心愿，他下狱、受宫刑的奇耻大辱并没有得到过

---

① 黄子平：《千古艰难唯一死》，载于《读书》1989 年第 4 期。

多的消解。

五

人生价值是由生存价值和死亡价值构成的。

生存价值是生命主体在人生过程中所表现的意义和价值。生存价值具有两方面的内容。其一，生命的价值。人的生命很短暂，又只有一次，"死者不可复生，离者不可复返，故圣人重之"（《太史公自序》）。孔孟的"杀身成仁"、"舍生取义"皆是建立在生命弥足珍贵的基础上。对生命的热爱是人类共同的情感，"活着就是美丽的"。其二，生存价值具有更深刻的内容。人活着并不只是保全生命，碌碌无为地度过一生；而是在短暂的一生中干出轰轰烈烈的事业，立德，立功，立言。这样的人生才具有更大的社会价值，"指穷于为薪，薪尽，火传也"（《庄子·养生主》）。生理生命消失了，但精神生命将永垂不朽。死亡价值是生命主体在走向死亡的短暂过程中所表现的意义和价值。死亡是人生的终点，也是最能表现人生价值的最后端点。生死关头往往是最严峻、最本真的考验。死亡价值是对人生价值和生命意义的最后展示；如同一天将尽，映在西天的绚丽彩霞那样，辉煌炫目。

有些人的人生价值主要表现在死亡价值方面。《刺客列传》的荆轲在前大半生一直默默无闻，他的人生价值主要表现在他无所畏惧地走向死亡的过程中。"易水送别"和"秦廷喋血"，不仅高扬了荆轲为知己而死的大义，而且也表现了他在反秦反暴斗争中视死如归和宁死不屈的高贵品质。生虽平淡，但死得壮烈。死亡的崇高价值使荆轲名扬千古，"其人虽已殁，千载有余情"（陶渊明《咏荆轲》）。但有许多人，他们是正常死亡的。他们的人生价值主要表现在他们生前的"立德、立功、立言"上，表现在生存价值之中。他们生得光荣，生得伟大，所以死也备极荣哀。因此，人生价值既可以表现在生存价值中，又可以表现在死亡价值中。

《报任少卿书》曰："人固有一死，或重于泰山，或轻于鸿毛，用之所趋异也。""人固有一死"；"死"或指尽天年而死，或指在特殊情况下自杀身死、被诛杀等非正常的死亡。"要之死日，然后是非乃定"；只有死后，才能盖棺定论，对一个人的生存价值和死亡价值作全面的评价。有的人，其人生价值重于泰山；有的人，其人生价值轻于鸿毛。这是因为他们对生死的不同选择，所谓"用之所趋异也"。因此，正确地抉择生死具有非常重要的意义。

司马迁忍辱求生死亡观的理论根据是生存价值大于死亡价值。他把立功、立言、复仇看成是人生的最重要的事业，他更重视生存价值。另一方面，他怀疑和批判统治者所提倡"死仁"、"死义"、"死节"的价值观；《游侠列传》曰："鄙人有言曰：'何知仁义，已享其利者为有德。'……由此观之，'窃钩者诛，窃国者侯，侯之门仁义存'，非虚言也。"司马迁揭露了仁义的虚伪性和欺骗性。因此，盲目地为仁义而死是没有价值的。

《范雎蔡泽列传》里，范雎和蔡泽有一大段对话谈论商鞅、吴起和大夫种的事。范雎肯定了他们三人为君而死、杀身成名的死亡价值。但是，蔡泽则轻视他们的死亡价值。蔡泽认为，国君圣明，大臣才应该尽忠；可三子之君非明君，那么，他们为君而死就是愚忠。进而强调，人生价值和生命意义应表现在生存价值之中，微子、孔子、管仲他们不仅建立了辉煌的功业而博得流芳百世的美名，而且保全了生命。蔡泽的话表现了司马迁的死亡观："名与身俱全者，上也。名可法而身死者，其次也。名在辱而身全者，下也。"

当过分强调生存价值时，死亡价值就会被忽视；同样，当死亡价值被过分夸大时，生存价值也会受到不应有的轻视。汉代士大夫崇尚"士可杀而不可辱"的死亡观，就是过分地强调"死节"的死亡价值而轻视生命的生存价值。司马迁坚持生存价值高于死亡价值。他在《史记》中记述了死仁、死节的历史人物很少，且不为司马迁十分赞赏。从总的倾向来看，司马迁轻视死亡价值而强调忍辱求生的生存价值。

彭越在楚汉相争中为刘邦的最后胜利立下了汗马功劳，后因谋反而被流放蜀地。在流放途中，他遇到了吕后，"为吕后泣涕，自言无罪，愿处故昌邑"。但是，他最终不但没有获救，反而还死在吕后之手，既被夷灭了宗族，又蒙上了谋反的恶名。他贪生怕死的道德人格毫无称道之处。但是，司马迁认为：彭越"不死而虏囚，身被刑戮"是因为他自恃"智略过人"，日后要干出一番"云蒸龙变"的大事业。显然，由于司马迁坚持生存价值高于死亡价值的死亡观；所以他肯定了彭越以丧失生命尊严为代价而换取生命，以求日后干出一番事业，实现其生存价值。可彭越并没有司马迁所说的干一番事业的大志。如果彭越有大志，那么，他应该去蜀国，在那个偏远的地区不动声色地发展自己的势力，日后再图谋大业。可彭越恰恰不愿去蜀国，充分表明了他胸无大志，这正是他的取死之道。司马迁在这里表现出偏激的情绪，由于重视生存价值，就在一定程度上轻视了死亡价值。诚然，那些因为事业未竟、功名未立而忍辱求生并最终建功立名的人，其生存价值是重于泰山的；但是，那些为了保持生命的尊严和道德人格的完美不屈而死的人，其死亡价值未必就是轻如鸿毛。

论司马迁对法家人物悲剧
命运的表现和评价

司马迁在评价法家人物时，表现出历史评价与道德评价二元对立的特征：一方面肯定法家人物在历史上的地位和作用，即历史评价是肯定的；另一方面指责法家人物道德人格的缺陷和不足，即道德评价是否定的。在此二元对立中，司马迁又坚持道德评价优先的原则，即着重突出法家人物道德人格的残忍、伪诈、贪恋富贵权势，因而道德评价压倒了历史评价。这是法家人物悲剧命运色彩不浓的主要原因。

一

司马迁是如何表现和评价法家人物的悲剧命运？郭双成先生说，司马迁在评价法家人物时，不是首先着眼于他们所采取的政治措施是阻挡了还是推动了历史的发展，而是首先着眼于他们道德品质的缺陷与不足，从而使司马迁的评价陷入了片面性；商鞅是一个起过重大历史作用的人物，司马迁指责他"天资刻薄"、"卒受恶名于秦，有以也夫"，这是对商鞅道德品格加以批评，没有充分认识到商鞅的历史地位和作用，也没有正确揭示造成其悲剧命运的原因。① 郭先生认为，司马迁对法家人物的评价着重于他们道德品格的缺陷和不足（道德评价），而没有充

---

① 郭双成：《史记人物传记论稿》，中州古籍出版社 1985 年，第 216—219 页。

分认识到他们的历史地位和作用（历史评价）。韩兆琦先生说："商鞅的局限是明显的，但司马迁在作品中所流露的对于法家人物的偏见也是明显的。……尤其荒悖的是司马迁在论赞中说：'商君，其天资刻薄人也。……卒受恶名于秦，有以也夫！'试比较一下他在《孙子吴起列传》中说吴起的'以刻暴少恩亡其躯'；在《袁盎晁错列传》中说晁错的'变古乱常，不死则亡'，真难想象这种话竟出自一个伟大的历史家之口。《史记》评述历史人物、历史事件之失平，没有再比这几条更严重的了。"① 韩先生严厉批评司马迁评价的不公正和不公平：一是法家人物主张以法治国，不能说是"刻暴少恩"；二是法家人物力求变法改革，是顺应历史的发展，不能嘲讽他们"变古乱常，不死则亡"。一般的《史记》研究者也认为，司马迁出于个人"深幽囹圄之中"的惨痛经历，对法家人物的评价是不够公正的，但他并未因感情的憎恶而抹杀法家人物的历史功绩。这说明了司马迁对法家人物的评价存在着感情和理性的矛盾。要之，学人对司马迁评价法家人物的主要意见是，司马迁过分突出了法家人物道德人格的残忍、伪诈、贪恋富贵权势，而相对地忽视了对他们历史进步作用的充分肯定，从而表现出相当的片面性。这可能受到了马克思历史唯物主义的影响。历史唯物主义在考察和评价历史事件和人物时，坚持历史评价优先的原则；因此，他们首先认为法家人物是历史前进的推动者，是历史的进步力量，具有重大的历史作用，而他们道德人格的缺陷和不足是次要的。

历史评价是对历史人物行为之成败效果的分析，是对历史人物在历史上的地位和作用进行评价。道德评价是对历史人物行为之善恶的判断，是对历史人物的道德人格加以评价。历史评价与道德评价有两种基本关系。一是历史评价与道德评价相统一，即从历史的尺度加以肯定或否定的对象，也是从道德的尺度加以肯定或否定的对象。由于评价的同一取向，所以此类历史人物呈现出明朗单一的特征，从中看不到历史感与道德感的内在剥离，也看不到史家在评价历史人物时的迷惘和矛盾心态。二是历史评价与道德评价的二元对立，即二者的价值取向不是同向

---

① 韩兆琦：《史记通论》，广西师范大学出版社 1996 年，第 430 页。

的，而是反向的，即历史评价的肯定而道德评价的否定，或者历史评价的否定而道德评价的肯定。① 具体言之，某一历史人物在历史上起着进步作用，在历史评价上是肯定的；但他的人格卑劣，在道德评价上是否定的。或者某一历史人物不是历史的推动者，甚至是历史的阻碍者，但他有良好的道德人格。例如在楚汉相争中，刘邦是胜利者，项羽是失败者。司马迁对项羽的历史评价是否定的，但项羽的豪侠之气、对虞姬的一片深情、愧对江东父老而不苟活的人格以及不善权术的纯真，都在司马迁包含同情的彩笔下表现得生动感人。当司马迁理性地认识到项羽败亡的必然命运及其各种原因，而在道德感情上又不禁为之一掬同情的泪水时，挽歌便产生了，《史记·项羽本纪》是司马迁献给楚霸王一曲深沉的挽歌。这类传记表现出矛盾复杂的特征，从中可以看到，史家在表现和评价历史人物命运时的内心矛盾和苦恼。

二

　　司马迁在评价法家人物时，表现出历史评价与道德评价二元对立的特征。一方面，司马迁肯定了法家人物的历史功绩，即历史评价是肯定的；另一方面，他又指责法家人物道德人格的缺陷和不足，即道德评价是否定的。

　　在西汉"名为治平无事，而其实有不测之忧"② 的文景时代，晁错勇敢地提出了削减诸侯权力的进步主张。西汉建立初期，刘邦开始一一剪灭异姓诸侯王，代之而起的是分封同姓诸侯王。到了文景时代，刘邦所封的同姓诸侯王逐渐强大起来，他们对中央政权构成了相当大的威胁，所以贾谊和晁错先后提出了"强干弱枝"的政策。此政策有利于大一统中央集权政治的建立，在当时的历史条件下具有进步的作用。司马迁通过晁错与其父、邓公与景帝的对话，肯定了晁错"不顾其身，为国家树长画"（《太史公自序》）的历史功绩。晁错"更令三十章，诸侯皆

---

① 陶东风：《历史尺度与道德尺度的二元对立》，载于《文艺评论》1987 年第 3 期。
② 苏轼：《晁错论》，《苏轼文集》（第一册），中华书局 1986 年。

喧哗疾晁错"时，他的老父亲从家乡赶来责备说："上初即位，公为政用事，侵削诸侯，别疏人骨肉，人口议多怨公者，何也?"晁错曰："固也。不如此，天子不尊，宗庙不安。"他的父亲说："刘氏安矣，而晁氏危矣，吾去公归矣。"这说明了晁错公而忘私、国而忘家的献身精神。晁错"衣朝衣斩东市"后，诸侯并未停止叛乱；这表明诸侯的叛乱是以诛晁错为名，其实是蓄谋已久的，从而显示了晁错之死的不当性。邓公是击吴楚的将领，他回到京师后，景帝问他说："道军所来，闻晁错死，吴楚罢否?"邓公回答说："吴王为反数十年矣，发怒削地，以诛错为名，其意非在错也。且臣恐天下之士噤口，不敢复言也!"景帝又曰："何哉?"邓公曰："夫晁错患诸侯强大不可制，故请削地以尊京师，万世之利也。计画始行，卒受大戮，内杜忠臣之口，外为诸侯报仇，臣窃为陛下不取也。"景帝默然良久说："公言善，吾亦恨之。"这是肯定了晁错"削地以尊京师，万世之利也"的历史作用。

但是，司马迁对晁错的残忍、贪功、擅权、好利、多改政令等深表不满。首先司马迁一再论断说："错为人峭直深刻"，"晁错以刻深颇用术辅其资"。所谓"峭直深刻"，即是性格隐忍、苛刻。其次，传记运用排比的手法，连用"数"和"多"字："数上书孝文帝，言削诸侯事，及法令可更定者"，"言数十上"，"错常数请间言事"；"袁盎诸大臣多不好错"，"法令多所变更"，"错更令三十章，诸侯皆喧哗疾晁错"（法令更改甚多，怨恨之人更多），"晁错为家令时，数言事不用；后擅权，多所变更"。此皆是对晁错的贪功好名、无事生非、众人不附之性格的刻画。最后，他"太史公曰"说：

> 晁错为家令时，数言事不用；后擅权，多所变更。诸侯发难，不急匡救，欲报私仇，反以亡躯。语曰："变古乱常，不死则亡。"岂错等谓邪!

《史记》的人物传记，首先"实录"历史人物一生的重要事迹；其次在论赞"太史公曰"里给予其价值评价，论赞直接而明确地表现了司马迁的价值评价，虽文字不多，但具有十分重要的意义。司马迁首先指责晁错擅权、多更改法令而纷乱诸事；接着批评他"诸侯发难，不急匡救，欲报私仇"的狭隘自私的行为；[①] 最后以"变古乱常，不死则亡"的幸灾乐祸的态度，对晁错的变法行为及其悲惨命运加以辛辣的讽刺。

概之，司马迁在评价晁错时，明显地表现出道德评价与历史评价二元对立的特征。

三

历史评价与道德评价的二元对立有两种情况：一是历史评价优先而成为强势评价，即着重突出历史人物的历史功绩，而相对忽视其道德品质的缺陷和不足；二是道德评价优先，历史评价成为弱势评价。笔者认为，司马迁在评价法家人物时坚持以道德评价优先的原则，突出了法家人物之残忍、狡诈、贪恋富贵权势的卑劣人格，而历史评价退于其次，成为弱势评价；在此二元对立的强弱对比中，强势道德评价的否定压倒了弱势历史评价的肯定，因而法家人物成为一群道德败坏的小人。

在《史记·商君列传》里，司马迁叙述了商鞅变法的经过，明确地指出其变法的具体内容。一是连坐之法，互相告奸；二是轻罪重罚；三是崇尚军功和耕织。商鞅的变法取得了显著的功效："行之十年，秦民大悦，道不拾遗，山无盗贼，家给人足。民勇于公战，怯于私斗，乡邑大治"，"居五年，秦人富强，天子致胙于孝公，诸侯毕贺"。传文肯定了商鞅的政治才干及其变法使秦国强盛的历史作用。但是，司马迁着重刻画了商鞅严酷少恩、贪恋功名富贵、狡诈多变的性格。

首先，传文记述了商鞅破败魏军之事，这应是商鞅的历史功绩之一，但司马迁重在揭示商鞅伪诈的性格。

（孝公）使卫鞅将而伐魏。魏使公子卬将而击之。军既相拒，

---

① 袁盎素来不好晁错，吴楚叛乱，晁错谓丞史曰："夫袁盎多受吴王金钱，专为藏匿，言不反。今果反，欲请治盎宜知计谋。"袁盎与大将军窦婴对景帝说，"独急斩错以谢吴，吴兵乃可罢"。此事见于《史记·袁盎晁错列传》。

卫鞅遗魏将公子卬书曰："吾始与公子欢，今俱为两国将，不忍相攻，可与公子面相见，盟，乐饮而罢兵，以安秦魏。"魏公子卬以为然。会盟已，饮，而卫鞅伏甲士而袭虏魏公子卬，因攻其军，尽破之以归秦。……卫鞅既破魏还，秦封之于、商十五邑，号为商君。

商鞅欺骗公子卬而破败魏军，最终得到了报应。商鞅后来被诬谋反而逃到魏国，魏人不但不接纳他，还不让他逃向别的国家，把他送给秦国，直接导致了商鞅的被杀。司马迁通过商鞅之"自食其果"的叙写，表现了对商鞅伪诈行径的愤恨。

其次，司马迁在传记中设置了赵良这个带有儒家色彩的人物，让赵良出面严厉批评商鞅的诸多缺点：出处卑污，靠宦官引荐而受到秦王的重用；实行严刑峻罚，不仁不爱人民，民众怨恨，"伤残民以峻刑，是积怨蓄祸也"；贪恋富贵权势，"君尚将贪商、于之富，宠秦国之教"等等。赵良之言竟占了整个传记三分之一的篇幅，可见司马迁的别有用心了。

再次，通过关下逃难的细节描写，指出商鞅变法的严重弊端。

后五月而秦孝公卒，太子立。公子虔之徒告商君欲反，发吏捕商君。商君亡至关下，欲舍客舍。客人不知其是商君也，曰："商君之法，舍人无验者坐之。"商君喟然叹曰："嗟乎，为法之敝一至此哉！"去之魏。魏人怨其欺公子卬而破魏师，弗受。商君欲之他国。魏人曰："商君，秦之贼。秦强而贼入魏，弗归，不可。"遂纳秦。商君既复入秦，走商邑，与其徒属发邑兵北出击郑。秦发兵攻商君，杀之于郑渑池。秦惠王车裂商君以徇，曰："莫如商鞅反者！"遂灭商君之家。

商君走投无路，逃到了关下，欲住客舍，遭到了拒绝。因为根据商君之法，不知留宿客人的身份，如果客是罪人，店主连带判罪。商君的遭遇正好应了"以其人之道还治其人之身"的俗语，"遂灭商君之家"读来痛快淋漓，表现了司马迁对商君悲惨命运的嘲讽。

最后，司马迁在"太史公曰"里说：

> 商君，其天资刻薄人也。迹其欲干孝公以帝王术，挟持浮说，
> 非其质矣。且所因由嬖臣，及得用，刑公子虔，欺魏将卬，不师赵
> 良之言，亦足发明商君之少恩矣。余尝读商君《开塞》、《耕战》
> 书，与其人行事相类。卒受恶名于秦，有以也夫！

司马迁首先指责商君性格的刻薄少恩，接着以具体的行事证明他人格的
卑劣，进而说他著书的内容和他的行事相类，最后嘲讽他受恶名、灭族
亡身是罪有应得。

《史记·李斯列传》更是表现出道德评价压倒历史评价。司马迁对
李斯的历史功绩并未给予充分的重视。传文对李斯辅助秦始皇统一六国
的历史功绩以及秦统一后他为秦国制定的一系列政策措施，叙述得较简
略；而大量的篇幅都是记叙李斯热中富贵、斤斤计较个人得失而最终亡
秦的历史事实。明人茅坤说："《李斯传》传斯本末，特佐始皇定天下、
变法诸事仅十之一二，传高所以乱天下而亡秦特十之七八。太史公恁地
看得亡秦者高，所以酿高之乱者并由斯为之。"（《史记抄》卷五五）司
马迁对李斯热中富贵、狡诈自私的性格描绘得入木三分。李斯辞师的一
段议论，千回百转，语语皆从富贵中流出，"故垢莫大于卑贱，而悲莫
甚于穷困"。他为秦之统一天下出谋划策，阴险狡诈，手段相当卑劣，
"阴遣谋士赍金以游说诸侯。诸侯名士可下以财者，厚遗结之；不肯者，
利剑刺之。离其君臣之计，秦王乃使其良将随其后"。李斯在身为相、
子为守而富贵至极时，感叹物盛则衰，富贵不能永存。他贪恋富贵之心
早为赵高所看透，赵高以富贵动之，又以富贵劫之，"于是斯乃听高"，
仰天一叹而秦灭亡。至于他上《督责书》，更是为虎作伥，"李斯恐惧，
重爵禄，乃阿二世意，欲求容，以书对曰"。《督责书》云："彼唯明主
能深督轻罪，夫罪轻且督深，而况有重罪乎？"此暴露出李斯残暴不仁
的本性。为了迎合二世，他又极力怂恿二世专权，"然后能灭仁义之途，
掩驰说之口，困烈士之行"。后来，李斯揭发赵高之短，二人互相攻伐；

李斯在狱中上书，假认罪以表功。① 此皆表现出李斯贪生、狡诈的性格。李斯最终被腰斩于咸阳："二世二年七月，具斯五刑，论腰斩咸阳市。斯出狱，与其中子俱执，顾谓其中子曰：'吾欲与若复牵黄犬俱出上蔡东门逐狡兔，岂可得乎！' 遂父子相哭，而夷三族。"罪有应得，死而死矣，乃父子相哭，死得相当卑微。明人钟惺说："李斯古今第一热中富贵人也，其学问功业佐秦兼天下者，皆其取富贵之资；而其种种罪过，能使秦亡天下者，即其守富贵之道。"②

司马迁在"太史公曰"里说：

> 李斯以闾阎历诸侯，入事秦，因以瑕衅，以辅始皇，卒成帝业，斯为三公，可谓尊用矣。斯知六艺之归，不务明政以补主上之缺，持爵禄之重，阿顺苟合，严威酷刑，听高邪说，废嫡立庶。诸侯已叛，斯乃欲谏争，不亦末乎！人皆以斯极忠而被五刑死，察其本，乃与俗议之异。

李斯知道仁义是"六艺"之归，但他热中富贵爵禄，阿谀迎合二世，严刑峻罚统治人民；且听从赵高邪说，阴谋杀害公子扶苏和大将蒙恬。司马迁力排时俗对李斯极忠的肯定，而揭露其贪恋富贵权势、狡诈自私的内在本质。至此，道德评价压倒了历史评价，李斯的历史作用微乎其微，而他道德的败坏和行为的恶劣最终导致其灭族亡身，也导致秦朝的迅速灭亡。

四

法家人物的结局都很悲惨，或被杀，或自杀。在今人看来，他们是新生力量的代表，是在与强大的保守势力作斗争中牺牲的；按理说，他们应是具有强烈悲剧性的悲剧人物。但是在《史记》法家人物的传记

---

① 李斯所谓七罪，乃自侈其极忠，反言以激二世也。此所谓"反言也"。
② 杨燕起等主编：《历代名家评史记》，北京师范大学出版社 1986 年，第 627 页。

中，他们的悲惨命运并未构成悲剧性的矛盾冲突，其悲剧色彩很淡。笔者认为，司马迁坚持道德评价优先，道德评价的否定压倒了历史评价的肯定，这是法家人物悲剧命运色彩不浓的主要原因。

悲剧人物必须具备两个方面的条件：首先，他们或者具有崇高的道德人格，或者在历史的发展中起着进步的作用；其次，他们的悲惨命运主要是受到外部邪恶势力的打击而不是自身的缺陷和不足造成的。这样，他们就遭遇了不应遭遇的厄运，使人们产生怜悯和同情。他们的道德人格越伟大，他们对社会的贡献越大，他们受到外部不正当力量的打击越猛烈，他们遭遇的命运越悲惨，那么他们命运的悲剧色彩也就越浓厚。

法家人物在道德人格上，不能构成悲剧性的矛盾冲突。他们多刻薄寡恩、狡诈自私、贪恋功名富贵。这部分内容在传记中被反复强调并浓笔渲染，居于优先的地位；而他们的历史作用并未作为主要内容受到司马迁的重视。这样，一方面，削弱了法家人物的历史功绩；另一方面，道德评价淹没了历史评价，法家人物成了一群道德败坏的恶人。恶人得到恶报，并不具有悲剧性，早已为人们所共识。

在《史记·孙子吴起列传》里，司马迁肯定了吴起的军事政治才能以及他所取得的历史成就。吴起，善于用兵。齐人攻打鲁国，他为鲁将，大破齐军。他为魏文侯将，与士卒同衣食，共劳苦，颇得士卒之心。他守西河，以拒秦、韩。吴起为楚悼王相，明法审令，富国强兵，"于是南平百越；北并陈蔡，却三晋；西伐秦。诸侯患楚之强"。但是，此历史评价与司马迁对吴起的道德评价相比，是处于弱势的。这主要表现在以下几个方面。

其一，吴起侍奉鲁君，齐人攻鲁，鲁欲以吴起为将，但因他娶齐女为妻而疑之。吴起为了成就功名，竟残忍地杀死了自己的妻子。本传通过他人之言指责吴起"起之为人，猜忍人也"，并详尽地叙述了他年少时破败家财、残杀谤己者三十余人以及母死不归等事，刻画了吴起残忍狠毒的本性。

其二，吴起为魏文侯的将领，有士卒病疽（jū），吴起为之吮吸。司马迁通过士卒之母的哭诉，道出了吴起此种不合常情行为的真实目的：使士卒死心塌地为他而死，以成就他的功名欲念。宋人吕祖谦揭示说："（吴起）前之食是贪财，后之与士卒同甘苦乃是贪功名之心使之，其贪如一。今渔人以饵致鱼，非是肯舍饵也，意在得鱼也。"（《增补史记纲鉴补》）

其三，吴起在魏国与田文争权，也暴露其贪权贪名及心胸狭窄的性格。

其四，吴起最终的遭遇非常悲惨，"及悼王死，宗室大臣作乱而攻吴起，吴起走之王尸而伏之。击起之徒因射刺吴起，并中悼王"。他在楚国宗族大臣的作乱中，演完了其生命的最后一幕。

其五，司马迁在"太史公曰"里说："吴起说武侯以形势不如德，然行之于楚，以刻暴少恩亡其躯。悲夫！"司马迁首先指出吴起权诈的性格：说魏武侯"在德不在险"，并不是其本质；他为楚相，以严刑酷罚治理国家，正是其残忍本性的表现；接着认为，吴起的刻暴少恩正是其遭杀的主要原因。

要之，在司马迁对吴起的评价中，道德评价居于十分优先的地位，而成为强势评价；历史评价处于弱势。由于对吴起的道德评价是否定的而历史评价是肯定的，故在道德评价的强势作用下，其历史评价的肯定受到了相当的削弱，因而吴起给人的突出形象是道德人格的卑劣：残忍，权诈，贪恋功名。他的悲惨下场是罪有应得，命运的悲剧性极淡。亚里士多德在其《诗学》中说，悲剧人物在道德品质上并不是好到极点，但是，他的遭殃决不是由于自己的罪恶。[1]

五

一般而言，道德评价与历史评价的二元对立，是对历史上客观存在的二律背反现象的正确揭示。人类的历史不断向前发展，但历史的进步并不是伴随着道德的进步。物质财富的增长，文明智慧的发展，常常伴随着道德的衰败而出现。恩格斯指出："正是人的恶劣的情欲——贪欲

---

[1]　朱光潜：《悲剧心理学》，人民文学出版社1983年，第93—94页。

和权势欲成了历史发展的杠杆。"① 这种客观的历史现象造成了历史评价和道德评价的二元对立。法家人物是一群相当矛盾复杂的人。作为一位理性的历史学家，司马迁评价法家人物所表现出二元对立的特征，正是对法家人物实际具有"二律背反"命运的反映。

首先，法家人物一般具有杰出的政治军事才能。他们不安于现状，力求通过变法以改革保守落后的政治制度，推动历史向前发展，即《周易·系辞》"《易》穷则变，变则通，通则久"。例如商鞅的变法，沉重地打击了腐朽的贵族统治，使秦国很快走向富国强兵之路；他实行"相牧司连坐"、轻罪重罚之法，取得了显著的成效，国家安定，道不拾遗。但是，连坐告奸、严刑重罚违背了儒家仁义的道德准则。儒家思想是建立在人性善上，故人与人的关系以仁爱诚信为基础。法家思想建立在性恶上，人与人之间互相猜忌、欺凌，而以严刑重罚加以统治，故法家人物相当残暴，刻薄寡恩。司马迁在《史记·韩非老子列传》中评价韩非说："韩子引绳墨，切事情，明是非，其极惨礉少恩。"

其次，法家人物往往具有冷酷的理性，他们对社会现实的弊病看得非常透彻，所采取的政策非常实用且有显著效果。但他们一方面急于求成，变法的力度相当大，造成了贪功兴利和纷乱诸事的弊端；另一方面，他们更重视有效的结果，往往不择手段，体现了工具理性的特征。例如晁错实行"强干弱枝"政策，侵削诸侯的力度太强，手段更为直接而残忍。诸侯王忍无可忍，最终导致了七国叛乱。与之相比，武帝时主父偃推行的"推恩令"更为仁爱而平稳。我们比较贾谊《论积贮疏》与晁错《论贵粟疏》就可以知道，作为汉初儒家的代表人物，贾谊在此疏中反复强调积贮的重要意义和作用，而没有提出切实可行的方法。但是晁错提出了如何积贮的方法："爵者，上之所擅，出于口而亡穷；粟者，民之所种，生于地而不乏。夫得高爵与免罪，人之所甚欲也。使天下人入粟于边，以受爵免罪，不过三岁，塞下之粟必多矣。"晁错的方法立即取得显著的效果，但此种方法具有强烈的工具性，不合义的道德准则，如此下去，有钱人可以买爵赎罪，社会道德必然衰败沦丧。

---

① 马克思、恩格斯：《马克思恩格斯选集》（第四卷），人民出版社 1995 年，第 237 页。

再次，在君臣关系上，儒家和法家都要求得君行道。但儒家以道自守，坚持自己的独立人格，不枉道从势，阿谀人君，合则留，不合则去。而法家人物为了得到人君重用，往往改变其道，阿谀人主。商鞅游说秦王时，先以帝道，秦王不悦；接着以王道，秦王不用；最后以霸道，秦王甚欢。商鞅反复改变其道，不能与儒家守死善道的独立人格相比。韩非特写《说难》，谈论如何游说人主，其大意是"凡说之所务，在知饰所说之所矜，而灭其所耻"，即国君所喜爱的事，就赞美它；国君自感耻辱的事，就掩盖它。这种迎合人君以贪恋富贵权势的人格为正直的士人所不齿；但另一方面，正是因为他们枉尺直寻，才受到人君的重用，作出了一番事业。

最后，法家人物正如韩非《孤愤》所说，是非常孤单悲愤的。他们或者有才能得不到重用，或者得到重用，又时时遭到贵族大臣的忌恨和诛杀。他们性格冷酷深刻，不相信人与人之间的仁爱诚信，猜忌他人，阴谋狡诈，故法家人物多不为人喜欢。韩非因为自恃才能，最终被自己的同学李斯毒杀。楚之贵族大臣皆欲害吴起，竟然不顾悼王之尸，乱箭将吴起射死。"袁盎诸大功臣多不好错"。

综上所述，道德评价与历史评价的二元对立，是对法家人物矛盾复杂人生的揭示；在其二元对立中，司马迁坚持道德评价优先的原则，又深深打上了其主观思想感情的烙印。

其一，司马迁下狱的惨痛经历，使他对法家人物充满了厌恶之情。天汉二年，他因李陵之祸而下狱，并遭受了极其残酷的宫刑。"身非草木，独与法吏为伍，深幽囹圄之中"，"交手足，受木索，暴肌肤，受榜棰"，"见狱吏则头枪地，视徒隶则正惕息"（以上引文出自《报任少卿书》）。司马迁饱受了狱中的痛苦折磨和狱吏的羞辱。他以自身的切肤之痛和深切的感受，深刻地认识到监狱的黑暗和严刑峻罚背后的残暴和冷酷。在周勃"吾尝将百万军，然安知狱吏之贵也"（《史记·绛侯周勃世家》）的叹息声中，寄寓着司马迁的身世感慨。在《史记·韩安国列传》里，司马迁借韩安国对狱吏的复仇表现出他自己的愤慨和复仇情绪。

其二，司马迁深受儒家的"德治"、"礼治"思想的影响。孔子"为政以德"、孟子"仁政"、荀子"以礼治国"、董仲舒"任德不任刑"，皆表明德治、礼治是理想的政治。秦命短祚，二世而亡。汉初的政治家和思想家皆深刻地反思了秦朝迅速灭亡的原因。贾谊《过秦论》曰："仁义不施，攻守之势异也。"董仲舒《天人三策》曰："至秦则不然。师申商之法，行韩非之说，憎帝王之道，以贪狼为俗，非有文德以教训于下也。"董仲舒以天道"任阳不任阴"论证人道"任德不任刑"，主张对民实行教化，"渐民以仁，摩民以义，节民以礼"。《史记·酷吏列传》一开始就引孔子的话："导之以政，齐之以刑，民免而无耻；导之以德，齐之以礼，有耻且格。"司马迁反对统治阶级以"政"、"刑"压制人民，而主张以"德"、"礼"使人民自觉接受礼义规范并格正自己的行为。因此，司马迁在法家人物的传记中，严厉指责他们的刑罚政治，揭示他们残忍的本性。

其三，司马迁对武帝"外儒内法"的政治相当不满。《史记·汲郑列传》曰："天子方招文学儒者，上曰吾欲云云，黯对曰：'陛下内多欲而外施仁义，奈何欲效唐虞之治乎！'上默然，怒，变色而罢朝。"这一针见血地揭示了汉武帝内法外儒的政治，即内以法家政治为本质，外以儒家的仁义之道为缘饰。武帝外攘四夷、内修功业、以严刑酷罚统治人民，造成了社会政治的无穷混乱。这种政治的实质与儒家仁义教化之道是相背离的。《史记·酷吏列传》记载武帝时的大酷吏数十人，武帝皆以为能。他们执法严酷，滥杀无辜。王温舒大肆捕杀，"至流血十余里"，他犹不足，"会春，温舒顿足叹曰：'嗟乎，令冬月益展一月，足吾事矣！'"这充分暴露了刽子手的残酷本性。周阳由的执法是"所爱者，挠法活之；所憎者，曲法诛灭之"。张汤是一位大酷吏，"专深文巧诋陷人于罪"，然而武帝数称其能。但是，司马迁也肯定了酷吏禁奸止邪而给社会带来安定的积极作用："虽惨烈，斯称其位矣"、"禁奸止邪，一切亦彬彬质有其文武焉"。司马迁在评价酷吏时表现出复杂性和矛盾性。

其四，司马迁在对法家人物的评价中，表现出道德评价优先的特征，这主要是受到儒家思想重视道德人格的影响。自孔子以来，儒家皆重视道德人格的修养。《论语·宪问》中有一段孔子关于君子修身的话：

　　子路问君子。子曰："修己以敬。"曰："如斯而已乎?"曰：

"修己以安人。"曰："如斯而已乎？"曰："修己以安百姓。修己以安百姓，尧、舜其犹病诸。"

孔子非常重视君子的修身。修身即是培养自己的道德人格，所谓内圣，此是安百姓、治天下的基础和保证。《大学》首章说："大学之道，在明明德，在亲民，在止于至善。……自天子以至庶人，壹是皆以修身为本。"孟子更是重视道德人格的修养，"我善养吾浩然之气"，此浩然之气配义与道，至大至刚，充塞于天地之间，则"富贵不能淫，贫贱不能移，威武不能屈"、"说大人则藐之，勿视其巍巍然"。此种仁义爱民、伟岸不屈的道德人格是士人永恒的追求。武帝时代，"罢黜百家，独尊儒术"。司马迁受到儒家思想的强烈影响，故在评价法家人物时坚持道德评价优的原则。

附录

法家人物吴起、商鞅、李斯、晁错之传记的部分内容

《吴起列传》曰：

吴起者，卫人也，好用兵。尝学于曾子，事鲁君。齐人攻鲁，鲁欲将吴起，吴起娶齐女为妻，而鲁疑之。吴起于是欲就名，遂杀其妻，以明不与齐也 [1]。鲁卒以为将。将而攻齐，大破之。鲁人或恶吴起曰："起之为人，猜忍人也 [2]。其少时，家累千金，游仕不遂 [3]，遂破其家，乡党笑之，吴起杀其谤己者三十余人 [4]，而东出卫郭门。与其母诀，啮臂而盟曰：'起不为卿相，不复入卫。'遂事曾子。居顷之，其母死，起终不归。曾子薄之 [5]，而与起绝。起乃之鲁，学兵法以事鲁君。鲁君疑之，起杀妻以求将。夫鲁小国，而有战胜之名，则诸侯图鲁矣。且鲁卫兄弟之国也，而君用起，则是弃卫。"[6]鲁君疑之，谢吴起。

【注释】

[1] 不与齐：不亲附齐国。[2] 猜忍：疑忌残忍。[3] 游仕不遂：出游谋求官职，不能如愿。[4] 谤：指责别人的过失。[5] 曾子以孝闻天下。薄：轻视，看不起。[6] 吴起杀卫谤己者三十余人，于卫有罪，今鲁用之，是得罪卫国，损害卫鲁两国的友好关系。

【讲解】

吴起非常残忍，为了成就功名，竟然杀死自己的妻子。他游宦不遂，破败其家，母死不归，是不孝之人。他残忍地杀死批评自己的三十余人。司马迁在"太史公曰"说，"以刻暴少恩亡其躯"。

《商君列传》曰：

> 商君者 [1]，卫之诸庶孽公子也，名鞅，姓公孙氏，其祖本姬姓也。鞅少好刑名之学，事魏相公叔座为中庶子。公叔座知其贤，未及进。会座病，魏惠王亲往问病，曰："公叔病有如不可讳 [2]，将奈社稷何？"公叔曰："座之中庶子公孙鞅，年虽少，有奇才，愿王举国而听之。"王嘿然 [3]。王且去，座屏人言曰 [4]："王即不听用鞅，必杀之，无令出境。"王许诺而去。公叔座召鞅谢曰："今者王问可以为相者，我言若，王色不许我。我方先君后臣，因谓王即弗用鞅，当杀之。王许我。汝可疾去矣，且见擒。"鞅曰："彼王不能用君之言任臣，又安能用君之言杀臣乎？"卒不去。惠王既去，而谓左右曰："公叔病甚，悲乎，欲令寡人以国听公孙鞅也，岂不悖（惑）哉！"
>
> ……
>
> 后五月而秦孝公卒，太子立。公子虔之徒告商君欲反 [5]，发吏捕商君。商君亡至关下 [6]，欲舍客舍。客人不知其是商君也，曰："商君之法，舍人无验者坐之。"[7] 商君喟然叹曰："嗟乎，为法之敝一至此哉！"[8] 去之魏。魏人怨其欺公子卬而破魏师，弗受。商君欲之他国。魏人曰："商君，秦之贼。秦强而贼入魏，弗归，不可。"遂内秦 [9]。商君既复入秦，走商邑，与其徒属发

邑兵北出击郑。秦发兵攻商君，杀之于郑渑池。秦惠王车裂商君以
徇 [10]，曰："莫如商鞅反者!"遂灭商君之家。

【注释】

[1] 商君：公孙鞅的封号。他的封地在於（wū）、商。 [2] 不可
讳：死的委婉说法。 [3] 嘿（hēi）然：惊异的样子。 [4] 屏（bǐng）：
退避。 [5] 这是诬陷。 [6] 关下：泛指秦国的边关。 [7] 没有身份证件
的客人，不准留宿。否则，如果客人是罪犯，则主人连坐有罪。舍人：
留宿客人。 [8] 行法之弊害，竟然到了这种地步啊! 这是商君反省、感
叹自己行法的严酷。 [9] 内：纳，将商鞅送给秦国。 [10] 徇（xùn）：
示众。

【讲解】

商君年少即非常聪明，他的才智高于卫相公叔座："彼王不能用君
之言任臣，又安能用君之言杀臣乎?"商君走投无路，逃到了关下，欲
住客舍，遭到了拒绝。根据商君之法，不知留宿客人的身份，如果客人
是罪人，店主连带判罪。商君的遭遇正好应了"以其人之道还治其人之
身"的俗语，"遂灭商君之家"读来痛快淋漓。

《李斯列传》曰：

> 李斯者，楚上蔡人也。年少时，为郡小吏，见吏舍厕中鼠食不
> 洁，近人犬，数惊恐之。斯入仓，观仓中鼠，食积粟，居大庑之
> 下 [1]，不见人犬之忧。于是李斯乃叹曰："人之贤不肖譬如鼠
> 矣，在所自处耳!" [2]
>
> 乃从荀卿学帝王之术。学已成，度楚王不足事 [3]，而六国皆
> 弱，无可为建功者，欲西入秦。辞于荀卿曰："斯闻得时无怠 [4]，
> 今万乘方争时，游者主事 [5]。今秦王欲吞天下，称帝而治，此布
> 衣驰骛之时而游说者之秋也 [6]。处卑贱之位而计不为者 [7]，此
> 禽兽视肉 [8]，人面而能强行者耳 [9]。故诟莫大于卑贱，而悲莫
> 甚于穷困。久处卑贱之位，困苦之地，非世而恶利，自托于无为，
> 此非士之情也 [10]。故斯将西说秦王矣。"

……

二世二年七月［11］，具斯五刑［12］，论腰斩咸阳市［13］。斯出狱，与其中子俱执，顾谓其中子曰："吾欲与若复牵黄犬俱出上蔡东门逐狡兔，岂可得乎！"遂父子相哭，而夷三族。

【注释】

［1］大庑（wǔ）：大屋。［2］人的贤和不肖在其所处的地位。地位尊贵，处于上层，即是贤；地位卑贱，处于下层，即是不孝。因此，为了获得富贵的地位，则可以不择手段。这里全以贵贱的地位论贤和不肖，不合儒家以德和才论贤和不肖。叶玉麟说："斯毕生得丧，在入仓观鼠一段，全罩通篇。"（《批注史记》）①［3］度（duó）：估计。［4］得时无怠：遇到时机就要迅速抓住。《国语·越语》："范蠡曰：'得时无怠，时不再来。'"［5］今诸侯混战，正是游说之人（策士）大显身手的时候。［6］秋：时期。［7］计不为：打算不干什么事情。［8］像禽兽看着肉眼馋，而吃不到嘴上。［9］虽看起来像人，但没有人的志气和本领。［10］久处卑贱之位、困苦之地，而非议世俗，讨厌名利，以道家的自然无为、清心寡欲相标榜，这不是士人的实情。情：实情。［11］前208年。［12］具五刑：备受五种酷刑。［13］论：判处。

【讲解】

"故诟莫大于卑贱，而悲莫甚于穷困"，这是李斯一生安身立命的根基。

《晁错列传》曰：

错为人峭直刻深［1］。孝文帝时，天下无治《尚书》者，独闻济南伏生故秦博士，治《尚书》，年九十余，老不可征，乃诏太常使人往受之。太常遣错受《尚书》伏生所。还，因上便宜事，以《书》称说。诏以为太子舍人、门大夫、家令。以其辩得幸太子，太子家号曰"智囊"。数上书孝文时，言削诸侯事，及法令可更定

---

① 韩兆琦：《史记选注集评》，广西师范大学出版社1995年，第367页。

者。书数十上，孝文不听，然奇其材，迁为中大夫。当是时，太子善错计策，袁盎诸大功臣多不好错。

……

迁为御史大夫 [2]，请诸侯之罪过，削其地，收其枝郡 [3]。奏上，上令公卿列侯宗室集议，莫敢难 [4]，独窦婴争之，由此与错有隙。错所更令三十章，诸侯皆喧哗疾晁错。错父闻之，从颍川来，谓错曰："上初即位，公为政用事，侵削诸侯，别疏人骨肉，人口议多怨公者，何也？"晁错曰："固也。不如此，天子不尊，宗庙不安。"错父曰："刘氏安矣，而晁氏危矣，吾去公归矣！"遂饮药死，曰："吾不忍见祸及吾身。"死十余日，吴楚七国果反，以诛错为名。及窦婴、袁盎进说，上令晁错衣朝衣斩东市 [5]。

【注释】

[1] 峭直：严正刚直。刻深：苛刻严峻。[2] 景帝即位，错迁为御史大夫。[3] 枝郡：诸侯国边缘上的郡。[4] 难：诘难。[5] 衣朝衣：穿着朝服。

论司马迁价值评价的片面性

　　《史记》的人物传记，首先"实录"历史人物一生的重要事迹，其次在"太史公曰"里给予其价值评价。虽然价值评价有主观性，但不是"什么都行"，价值评价应具有普遍合理性。我们认为，司马迁的价值评价有时表现出相当的片面性。其一，司马迁的价值评价，有时只从历史人物自身的过失缺陷上分析其败亡的原因，而忽视社会因素对其命运的影响。其二，司马迁的价值评价，有时重视历史人物的道德评价而轻视其历史作用的评价。其三，司马迁在评价历史人物时，有时他强烈的主观思想情绪遮蔽了其理性思考。

　　司马迁在为历史人物作传时，首先详细记述他们成败荣辱的人生遭遇。这部分是《史记》人物传记的主要内容，其基本特征是"实录"。班固《汉书·司马迁传》："然自刘向、扬雄博极群书，皆称迁有良史之才，服其善序事理，辨而不华，质而不俚，其文直，其事核，不虚美，不隐恶，故谓之实录。""实录"并非完全客观地记录。"实录"的信史，也不是客观的历史，而是"写的历史"，带有史家一定的主观性。① 司马迁在选择历史事实表现人物的性格和命运时带有其主观先见。当代英国历史学家卡尔说："正如历史家从事实的汪洋大海中选择出对自己的目的有意义的那些事实一样，他从大量的因果关系中抽出那些，而且也

---

　　① 冯友兰：《中国哲学史新编》（上卷），人民出版社 1998 年，第 1—2 页。

只抽出那些有历史意义的因果关系，而历史意义的标准是他自己使这些因果关系适合于他的合理的说明与解释的类型的能力。"① 卡尔所谓"从对自己的目的有意义"角度选择历史事实，就是说这种选择带有史家主观的要求。但作为一位良史，司马迁"实录"内容所表现的主观思想情绪是较为淡薄且隐微，这部分内容基本上是属于事实评价。② 其次，《史记》在事实评价之后，以"太史公曰"形式对历史人物作出价值评价。"太史公曰"直接而明确地表现了司马迁的主观思想情绪、价值评价方式等，虽文字不多，但具有十分重要的意义。要之，《史记》的人物传记是事实评价与价值评价的结合。本文主要探讨司马迁的价值评价所存在的一些基本问题，并予以深层的解释。

一

《史记·绛侯周勃世家》记述了条侯周亚夫变化很大的一生。他始为河内守，突然被封为条侯，续绛侯周勃后，这是他未曾想到的。亚夫有名将之才，治军威严。文帝叹之曰："此真将军矣！"景帝时，亚夫为太尉，在平定吴楚七国叛乱中立下了大功，拜为丞相，登上人臣权力的高峰。不久，免相。接着他被召诣廷尉，"因不食五日，呕血而死。国除"。亚夫是一代名将，位极人臣，最后落得如此悲惨下场，不但令人痛惜，而且发人深省。《史记》"太史公曰"说：

> 亚夫之用兵，持威重，执坚刃，穰苴何有加焉！足己而不学，守节不逊，终以穷困。悲夫！

司马迁认为，造成亚夫悲惨命运的主要原因是他"足己而不学，守节不逊"。具体言之，亚夫不虚心学习古人，所以不善权变，经常忤逆景帝之意。景帝废栗太子，亚夫争之。景帝要封皇后兄王信、匈奴降将徐庐

① 卡尔：《历史是什么？》，吴柱存译，商务印书馆1981年，第114页。
② 司马迁在记叙历史事实时，有时也包含着价值评价，所谓"寓论断于记事之中"。

为列侯，亚夫不同意。景帝"召条侯，赐食。独置大胾，无切肉，又不置箸"，亚夫内心不平，"顾谓尚席取箸"。亚夫之子盗买县官器具，连污他，"吏簿责条侯，条侯不对"，景帝骂曰"吾不用也"。亚夫被召到廷尉。责曰："君侯欲反邪？"亚夫说："臣买官器，乃葬器也，何谓反邪？"吏曰："君侯纵不反地上，即欲反地下耳。"《史记》"实录"这些事实非常清楚明白。我们从中应得出，亚夫正言直谏，确有大臣之风，不应是他取死之道，而景帝的隐忍私恨才是亚夫之死的主要原因。显然，司马迁的价值评价是不公的，不能开解我们对亚夫之死的悲惜心情。明人方孝孺说：

> 文景四世间，如王陵、周亚夫辈无数人，而亚夫尤得大臣体。在景帝时以争皇后兄信及匈奴降王之封忤旨，遂用他事下狱以死。夫封无功者以乱先帝之法，纳夷狄之叛臣以君为臣不忠之心，此诚宰相之所宜争也，亚夫争之，岂为过哉？彼景帝者私刻忍人也？欲封其后之兄，而亚夫不从，其心固有杀亚夫之端矣，特未得其名耳。及降王而不封，其怒宜愈盛，特无以屈其说，故忍而未发。官甲楯之告，景帝方幸其有名以诛之，遂卒置之于死。求其所为事，确乎有大臣之风，景帝罪之者私恨也，为史者宜有以明之，而司马迁反诋之为"守节不逊，以取穷困"，呜呼，人臣如亚夫乃可谓之不逊乎！……迁不称其能守官，而诋其不逊，不闵其死不以罪，而悲其穷困，史氏之论若此，何以信于后世！此吾尝论迁善记事而不知其统，善陈词而不能断，有良史之才而不达君子之道，《亚夫传》之类也。（《逊志斋集》，四部丛刊本）

方氏说，司马迁对亚夫的评价失于公正，进而上升为一般结论，"迁善记事而不知其统，善陈词而不能断，有良史之才而不达君子之道"。良史之才侧重在"实录"事实，君子之道表现在对历史人物作公正合理的价值评价。方氏之论可能较为偏激，但司马迁的价值评价的确有时较为片面。

　　我们如何理解司马迁价值评价的不公正呢？人的本质特征是社会

性，个体的人生活于社会之中，其命运不仅受到自我行为的作用，而且受到社会行为的影响。尤其是在大一统的皇权专制政治下，皇帝的地位和权力至高无上，臣民不过是皇帝的奴仆，是被皇帝驱使的"功狗"（《史记·萧相国世家》），他们失去了人生命运的主体性。因此，史家在评价历史人物时，要关注个体行为与社会行为尤其是专制皇权给予个体命运的强烈影响。马克思曾指出："个人既然是国家职能和权力的承担者，那就应该按照他们的社会特质，而不应该按照他们的私人特质来考察他们。"① 但司马迁只从亚夫个人行为的过失缺陷上寻找败亡的原因，没有揭示出残暴的、非道德理性的专制皇权是亚夫败亡的主要原因。亚夫"足己而不学，守节不逊"固然是他败亡的一个原因。但亚夫正言直谏，不应是他取死之道。景帝隐忍私恨，以"莫须有"的罪名诛杀之，皇权的幽暗是不能以理性加以烛照的，这才是亚夫败亡的主要原因，然而司马迁在"太史公曰"里未加评论。按照司马迁对亚夫悲惨命运的解释，则亚夫是罪有应得，他的命运失去了悲剧性。因为悲剧人物的悲惨命运主要是受到外部邪恶势力的打击而造成的，他们遭遇了不应遭遇的厄运，使人产生怜悯和同情。亚里士多德在《诗学》中说，悲剧人物在道德品质上并不是好到极点，但他的遭殃绝不是由于自己的罪恶。② 概之，司马迁在解释历史人物悲剧命运时，有时只从他们自己的行为过失上寻找原因，而忽视残暴的、非理性的专制皇权的社会原因，从而表现出相当的片面性。

司马迁为何在"太史公曰"里对景帝的隐忍私恨不置一词呢？可能的解释之一是，司马迁生活于汉武帝时期，他不能对武帝之父景帝加以明确地贬损，以免引来杀身之祸。《史记·匈奴列传》"太史公曰"说："孔氏著《春秋》，隐桓之间则章，至定哀之际则微，为其切当世之文而罔褒，忌讳之辞也。"但如何解释他对西汉之前历史人物的片面评价呢？《史记·蒙恬列传》记述了蒙恬的功绩：

---

① 马克思、恩格斯：《马克思恩格斯全集》（第一卷），人民出版社 1956 年，第 270 页。
② 朱光潜：《悲剧心理学》，人民出版社 1983 年，第 93—94 页。

> 始皇二十六年，蒙恬因家世得为秦将，攻齐，大破之，拜为内史。秦已并天下，乃使蒙恬将三十万众北逐戎狄，收河南。筑长城，因地形，用制险塞，起临洮，至辽东，延袤万余里。于是渡河，据阳山，委蛇而北。暴师于外十余年，居上郡。是时蒙恬威振匈奴。

蒙恬与公子扶苏率三十万大军，镇守边塞。因胡亥、赵高、李斯的阴谋陷害，他不得不吞药自杀。"蒙恬喟然太息曰：'我何罪于天，无过而死乎？'良久，徐曰：'恬罪固当死矣。起临洮属之辽东，城堑万余里，此其中不能无绝地脉哉？此乃恬之罪也。'"蒙恬自杀时，他很难从其行为的过失上找到原因，只能以非理性的、神秘的"天命"加以解释，所谓"天命"实际上是他所不知的皇权你死我活的阴谋争夺。司马迁"太史公曰"说：

> 吾适北边，自直道归，行观蒙恬所为秦筑长城亭障，堑山堙谷，通直道，固轻百姓力矣。夫秦之初灭诸侯，天下之心未定，痍伤者未瘳，而恬为名将，不以此时强谏，振百姓之急，养老存孤，务修众庶之和，而阿意兴功，此其兄弟遇诛，不亦宜乎！何乃罪地脉哉？

司马迁否定了蒙恬自己所认为死的理由。他从蒙恬行为过失上分析其被杀是理所当然的："固轻百姓力矣"、"不以此时强谏"、"阿意兴功"。以秦始皇的专制残暴，蒙恬何以能直谏始皇而改变筑长城的政策？何况筑长城在此时也具有阻挡外族入侵的重要意义。实际上，蒙恬被杀的主要原因是最高统治阶级的争权夺利；对其社会因素的专制皇权，司马迁不置一词。清人郭嵩焘说：

> 案蒙氏有功无几微过差，其北备诸侯，方秦并天下时事无急于是者；起长城为防，至汉兴犹蒙其利。而蒙氏故将也，以任边事，其职应然，观其临死绝地脉之言，抑何其言之沉痛也？史公责其

"阿意兴功"而以其遇诛为宜，不亦过乎！[1]

蒙恬死非其罪，值得怜悯和同情，使人产生了对残暴的、非理性的专制皇权的憎恨。秦朝早已灭亡，司马迁本能够毫无忌讳地指出暴君逆臣的罪过。

综上所述，司马迁"太史公曰"在评价历史人物时，往往未触及专制的皇权，可能有忌讳的一面，但主要是司马迁的评价方式，即重视从历史人物本身的行为上分析其成败荣辱的命运，而忽视社会因素给予他们的影响。这种评价方式，加强了个体对自己行为及其行为结果（成败荣辱）的道德责任感，个体行善则得到善报，行恶则得到恶报，从而个体不能以外在的社会因素逃避道德责任的惩罚。如果个体行为不能对其成败荣辱的结果负责，则个体就不再坚持其行为的道德性，则"善有善报，恶有恶报"的天道和人道将崩溃。因此，司马迁的这种评价方式贯穿着强韧的伦理道德筋脉，但它过分地贬抑个体，无疑损害了个体的独立价值，从而表现出片面的深刻性。

二

韩兆琦先生说："商鞅的局限是明显的，但司马迁在作品中所流露的对于法家人物的偏见也是明显的。……尤其荒悖的是司马迁在论赞中说……试比较一下他在《孙子吴起列传》中说吴起的'以刻暴少恩亡其躯'；在《袁盎晁错列传》中说的'变古乱常，不死则亡'，真难想象这种话竟出自一个伟大的历史家之口。《史记》评述历史人物、历史事件之失平，没有再比这几条更严重的了。"[2] 韩先生认为司马迁对法家人物的价值评价是相当不公正的，我们将探讨其评价不公的深层原因。

《史记·商君列传》首先如实地展现了商君变法的艰难曲折，明确地叙述了变法的具体内容及其变法所带来的显著功效，肯定了商君的政

---

① 郭嵩焘：《史记札记》卷五《蒙恬列传》，商务印书馆 1957 年。
② 韩兆琦：《史记通论》，广西师范大学出版社 1996 年，第 430 页。

治才干；然后司马迁在"太史公曰"里对商君进行总的价值评价：

> 　商君，其天资刻薄人也。迹其欲干孝公以帝王术，挟持浮说，非其质矣。且所因由嬖臣，及得用，刑公子虔，欺魏将卬，不师赵良之言，亦足发明商君之少恩矣。余尝读商君开塞耕战书，与其人行事相类。卒受恶名于秦，有以也夫。

司马迁开始就指责商君性格的冷酷少恩，接着叙述具体事件以说明他行为的过失，进而说他著书的内容与他冷酷的性格和行为相同，最后嘲讽他被恶名、亡身灭族是罪有应得。

商鞅的结局是很悲惨的。虽然他性格和行为的刻薄寡恩，是他亡身灭族的一个原因，但这是次要的。主要的原因是来自保守势力的打击。当支持他变法的孝公死后，曾犯法而被商鞅惩罚的太子即位，公子虔（太子之傅，为商君刑）之徒告商鞅欲谋反，发吏捕商鞅。他走投无路，跑到商邑，与其徒属发邑兵北出击郑。秦发兵攻击商君，杀之于郑渑池。秦惠王又车裂商鞅以徇，曰："莫如商鞅反者！"遂灭其家。显然，商鞅之死是最高统治阶级给他加上了"谋反"的"莫须有"罪名，他死非其罪，但司马迁在论赞中未置一词。这与司马迁仅从历史人物本身分析其成败荣辱的评价方式是一致的。

一般而言，评价历史人物要从历史评价与道德评价两个方面。历史评价是对历史人物的历史作用加以评价，道德评价是对历史人物的道德人格给予评价。法家人物往往起着推动历史进步的作用，为国家的富足强盛立下了功劳，他们具有重大的历史功绩；但他们往往刻薄寡恩，在道德人格上相当卑劣。作为一位理性的历史学家，司马迁应把这两方结合起来评价法家人物。但从司马迁论赞里，我们只看到他对商鞅卑劣人格的指责，他未充分肯定商鞅变法的历史功绩，这种以道德评价为主的方式也是片面的。郭双成先生说，司马迁在评价历史人物时，不是首先着眼于他们所采取的政治措施是阻挡了还是推动了历史的发展，而是首先着眼于他们道德品质的缺陷与不足，从而使司马迁在评价历史人物时陷入了片面性。①

晁错是在西汉文景时代"名为治平无事，而其实有不测之忧"②的情况下，勇敢地提出了削减诸侯权力和其他进步政治主张的一位著名的政治家。晁错与他父亲的对话，肯定了晁错"不顾其身，为国家树长画"的功绩。晁错"更令三十章，诸侯皆喧哗疾晁错"，他的父亲从家乡来，责备他"侵削诸侯，别疏人骨肉"。错曰："固也。不如此，天子不尊，宗庙不安。"错父曰："刘氏安矣，而晁氏危矣，吾去公归矣。"这赞扬了晁错公而忘私、国而忘家的献身精神。晁错"衣朝衣斩东市"后，诸侯并未停止叛乱，说明诸侯的叛乱是以诛晁错为名，其实蓄谋已久，从而显示出晁错死的不当性。景帝与邓公的对话，肯定了晁错"削地以尊京师，万世之利也"的不朽功绩，表明他死的悲剧性。但"太史公曰"里说：

> 晁错为家令时，数言事不用；后擅权，多所变更。诸侯发难，不急匡救，欲报私仇，反以亡躯。语曰："变古乱常，不死则亡。"岂错等谓邪！

司马迁对晁错贪功、擅名、好利、更改政令等行为深表不满，指责"错为人峭直深刻"的残忍本性，批评他"诸侯发难，不急匡救，欲报私仇"的狭隘自私性格，以"变古乱常，不死则亡"的幸灾乐祸态度对其悲惨命运加以嘲讽。司马迁没有肯定晁错变法的历史作用，而片面指责晁错贪功、擅名、好利的卑劣人格。

综上所述，司马迁"太史公曰"在评价法家人物的悲惨命运时，一方面仅从他们个人的行为过失上找原因，另一方面重视他们道德人格的评价和忽视其历史作用的评价。这两方面的片面性，使法家人物的悲惨命运失去了悲剧性：他们刻薄寡恩，人格卑劣，造成败亡的原因主要是自己的过失，所以其下场是罪有应得，命运的悲剧性极淡。我们认为，

---

① 郭双成：《史记人物传记论稿》，中州古籍出版社1985年，第216—219页。
② 苏轼：《晁错论》，《苏轼文集》（第一册），中华书局1986年。

司马迁对法家人物的厌恶情绪也是造成他评价片面性的一个原因。司马迁因李陵之祸而下狱，遭受狱吏的凌辱与残酷宫刑。"身非草木，独与法吏为伍，深幽囹圄之中"，"交手足，受木索，暴肌肤，受榜箠"，"见狱吏则头枪地，视徒隶则正惕息"（《报任少卿书》）。司马迁饱受了狱中的痛苦折磨和狱吏的羞辱，他以自身的切肤之痛，深刻地认识到监狱的黑暗和严刑峻罚背后的残暴和冷酷。因此，司马迁在感情上对法家人物是非常厌恶的。其次，司马迁深受儒家德治和礼治思想的影响，而不满武帝"外儒内法"的政治。《史记·平准书》曰："自公孙弘以《春秋》之义绳臣下取汉相，张汤用峻文决理为廷尉，于是见知之法生，而废格沮诽穷治之狱用矣。其明年，淮南、衡山、江都王谋反迹见，而公卿寻端治之，竟其党与，而坐死者数万人，长吏益惨急而法令明察。"这种滥施刑法导致了严重的社会恶果。

三

事实评价具有客观性，属于"实然"的范畴；价值评价是主体根据其主观思想情绪、价值评价方式对历史人物和历史事件加以评价，具有较强的主观性，属于"应然"的范畴。如果价值主体带着较强的主观思想情绪评价历史人物，其思想情绪又不具有普遍性，则主体的理性就因其情绪感性的影响而受到削弱。

《史记·伍子胥列传》记述了伍子胥一生的主要事迹。他的父兄因费无忌谗害而被楚平王诛杀；他忍辱负重，历经磨难，逃到吴国；他佐吴王称霸，带领吴军攻入楚之郢都，最终报仇雪恨；他因伯嚭诋毁被杀而抛尸江上。这部分内容是事实评价，司马迁"不虚美，不隐恶"，较客观地"实录"这些历史事实。他在"太史公曰"里说：

> 怨毒之于人甚矣哉！王者尚不能行之于臣下，况同列乎！向令伍子胥从奢俱死，何异蝼蚁。弃小义，雪大耻，名垂于后世，悲夫！方子胥窘于江上，道乞食，志岂尝须臾忘郢邪？故隐忍就功名，非烈丈夫孰能致此哉？

这是价值评价。司马迁充分肯定伍子胥"弃小义，雪大耻"的复仇行为，热诚赞颂他"隐忍就功名"的大丈夫精神。我们认为，司马迁对伍子胥复仇行为的过分渲染和赞颂，是相当偏激的。伍子胥的父兄被平王无罪杀害，他内心的怨恨和复仇情绪，是可以理解的。他忍辱负重，逃到吴国，为报父兄之仇，屡次游说吴王伐楚。公子光对吴王说："彼伍胥父兄为戮于楚，而劝王伐楚者，欲以自报其仇耳。伐楚未可破也。"最终伍子胥带领楚军攻入郢都，"伍子胥求昭王。既不得，乃掘楚平王墓，出其尸，鞭之三百，然后已"。这种复仇行为是非常偏激的。为了报私仇，引吴军入楚，我们暂且不责备他背叛祖国（因为战国时代，士人朝秦暮楚，祖国的观念相当淡薄），但他的行为给楚国人民带来了深重的灾难，且他抽打楚平王之尸也是残忍无礼之极。申包胥责备曰："子之报仇，其以甚乎！吾闻之，人众者胜天，天定亦能破人。今子故平王之臣，亲北面而事之，今至于戮死人，此岂其无天道之极乎！"伍子胥曰："为我谢申包胥曰，吾日莫途远，吾故倒行而逆施之。"伍子胥也承认他复仇是"倒行而逆施"。强烈的复仇情绪和行为已使他人格扭曲，正所谓"怨毒之于人甚矣哉"！这表明伍子胥的复仇是偏激的、不合理性的。但司马迁大加赞赏，其价值评价是相当偏激的。明人邵宝曰：

> 世称子胥有忠孝大节，忠能忘身而不能忘家，虽起谗以死，未足深累。孝知有亲而不知有国，卒之毒流宗社，不亦甚哉！……乃引兵入郢，其为辱有不忍言者，仇一人而戕一国，此申包胥所谓"已甚"也。①

那么造成司马迁对伍子胥评价偏激的主要原因是什么呢？

司马迁具有非常强烈的复仇情绪。清人李景星说："《伍子胥传》以赞中'怨毒'二字为主，是一片极深刻、极阴惨的文字。……史公满腹

---

①　韩兆琦：《史记通论》，广西师范大学出版社1996年，第226—227页。

怨意，亦借题发挥，洋溢于纸上，不可磨灭矣。以伤心人写伤心事，哪能不十分出色！"① 司马迁为李陵辩护而下狱，处以宫刑，遭受人生的奇耻大辱。痛定思痛。他在《报任少卿书》说："诟莫大于宫刑。刑余之人，无可比数……夫中才之人，事有关于宦竖，莫不伤气，而况于慷慨之士乎！……仆以口语遭遇此祸，重为乡党所笑，以污辱先人，亦何面目复上父母丘墓乎？虽累百世，诟弥甚耳！是以肠一日而九回，居则忽忽若有所亡，出则不知其所往。每念斯耻，汗未尝不发背沾衣也。"命运的不公、专制皇权的无理残暴给他带来了深重的灾难，由此他产生了强烈的复仇情绪。班固《典引·序》记载，永平十七年，明帝诏曰："司马迁著书，成一家之言，扬名后世，至以身陷刑之故，反微文刺讥，贬损当世，非义士也。"（《昭明文选》卷四八）司马迁满腹的怨恨和复仇情绪，使他对伍子胥的复仇产生强烈的共鸣。因此，司马迁评价这些复仇人物时，由于包含着他个人身世的无限感慨与悲愤，他强烈的复仇情绪遮蔽了他的理性，从而导致他片面的价值评价。无可置疑，司马迁因自身的独特遭遇而对历史上的复仇人物格外重视，《史记》记述了一批复仇人物，并给予充分肯定和热情赞扬，《史记》流动着一股较为浓厚的复仇情绪。

司马迁强烈的复仇情绪遮蔽了他对伍子胥复仇的理性思考；同时，司马迁忍辱求生的死亡之思也影响了他对伍子胥的评价。伍子胥忍辱不死，最终报仇雪恨，司马迁谓"向令伍子胥从奢俱死，何异蝼蚁。弃小义，雪大耻，名垂于后世"，这与《报任少卿书》"假令仆伏法受诛，若九牛亡一毛，与蝼蚁何以异"一致，传达出司马迁忍辱求生的死亡之思。这种死亡之思孕育而裂变于他忍辱求生的人生遭遇。司马迁下狱，没有自杀死节以保持生命的尊严和人格的高洁，而忍受宫刑的奇耻大辱。《报任少卿书》："草创未就，会遭此祸，惜其不成，是以就极刑而无愠色"、"所以隐忍苟活，幽于粪土之中而不辞者，恨私心有所不尽，鄙陋没世而文采不表于后世也"。司马迁忍辱求生，最终完成《史记》。他的主观思想情绪，使他很重视忍辱不死的历史人物，且给予很高的

---

① 李景星：《四书评议》，岳麓书社 1986 年，第 63 页。

评价。

彭越在楚汉相争中为刘邦的最后胜利立下了汗马功劳，后因谋反而被流放蜀地。在流放途中，他遇到了吕后，"为吕后泣涕，自言无罪，愿处故昌邑"（以下引文皆出自《史记·魏豹彭越列传》）。吕后许诺，一同来到洛阳。"吕后白上曰：'彭王壮士，今徙之蜀，此自遗患，不如遂诛之。妾谨与俱来。'于是吕后乃令其舍人告彭越复谋反。廷尉王恬开奏请族之。上乃可，遂夷越宗族，国除。"彭越最终不但没有获救，反而还死在吕后手上，既被夷灭了宗族，又蒙上了谋反的恶名。《史记》"太史公曰"说：

> 魏豹、彭越虽故贱，然已席卷千里，南面称孤，喋血乘胜日有闻矣。怀叛逆之意，及败，不死而虏囚，身被刑戮，何哉？中材已上且羞其行，况王者乎！彼无异故，智略绝人，独患无身耳。得摄尺寸之柄，其云蒸龙变，欲有所会其度，以故幽囚而不辞云。

司马迁认为，彭越"不死而虏囚，身被刑戮"，是因为他自恃"智略过人"，日后要干出一番"云蒸龙变"的大事业。显然，司马迁因偏执于忍辱求生的死亡观，故过高地评价了彭越贪生怕死的行为。彭越是否真想干出一番大事业呢？我们理性地分析一下。首先，如果彭越确实具有大志向，那么他应该去蜀国，在那个偏远的地区不动声色地发展自己的势力，日后再图谋复仇大业，可彭越恰恰不愿去蜀国，充分表明他胸无大志。其次，吕后尚能知道蜀地是"云蒸龙变"的好地方，而他竟不察知，如何当得起"智略过人"的评价呢？吕后阴险狡诈，如果他真的"智略过人"，就不应自送虎口。司马迁的价值评价明显地表现出非理性的倾向。追寻其原因，司马迁的忍辱求生的偏激情绪遮蔽了他对彭越行为的理性思考。明人董份说："谓其（彭越）喋血乘胜，功名闻天下，而身反不死，以其囚虏，盖志亦有为也。太史公腐刑，不即死，亦欲以自见耳，故于此委曲致意如此。"[1] 董份谓司马迁的评价寓有个人之志

---

[1] 杨燕起等：《历代名家评史记》，北京师范大学出版社1986年，第636页。

是对的。这正表明司马迁忍辱求生的主观情绪遮蔽了他的理性思考。

综上所述，司马迁在为历史人物作传时，首先"实录"了他们一生的重要事迹，其次他在"太史公曰"里给予其价值评价。虽然价值评价具有主观性，但绝不是"什么都行"的相对主义，价值评价应具有普遍的合理性。司马迁的价值评价有时表现出较为片面、偏激的特征。其一，司马迁在解释历史人物的悲剧命运时，有时只从他们自己的行为过失上寻找原因，忽视社会因素对其命运的影响。尤其在大一统的皇权专制政治下，臣民更不具有人生命运的主体性。其二，司马迁的价值评价，有时重视对历史人物道德人格的评价而忽视对他们历史作用的评价。其三，司马迁在评价历史人物时，他强烈的主观情绪有时遮蔽了他的理性思考。实际上，人的个体性与社会性、道德评价与价值评价、情感与理性，皆是对立的统一，必须从两方面全面、中庸地考虑，否则就会走上片面、偏激之途。我们站在今天的高度，对司马迁的价值评价加以批判和检讨，并不是苛求古人，但也不能迷信古人。在某种意义上说，价值评价所存在的片面偏激是难以避免的，除非不作价值评价，正如《庄子·齐物论》说"有成与亏，故昭氏之鼓琴也；无成与亏，故昭氏之不鼓琴也"。

附录

论司马迁的复仇情结

复仇是《史记》最动人的主题之一。《史记》中许多篇章流动着一股浓厚的复仇情绪。复仇情绪是司马迁意识深层无法化解的情结，是司马迁发愤著书的动力之一，也是形成司马迁之社会政治批判思想的内在因素之一。

《史记》是司马迁的发愤之作。在《史记》中，司马迁对复仇史实的偏爱，对复仇人物的歌颂，表现了他内心深处的强烈复仇情绪。本文就此试作探讨。

（一）

《史记》是一部历史著作，又是一部文学作品，鲁迅先生谓"史家之绝唱，无韵之《离骚》"。《太史公自序》："余所谓述故事，整齐其世传，非所谓作也。""记事实录"、"述而不作"是治史的基本原则。这是本于孔子"述而不作，信而好古"（《论语·述而》）。但司马迁实录并非无动于衷地直录事实，而是与他著述理想有着密切的联系。司马迁在传写一个人物时，往往先确定某一主题，然后根据此主题来选择、增减、改编材料。复仇是《史记》中最动人的主题之一。司马迁把史笔和文笔结合起来，在尊重史实的基础上，运用文学创作的手法，通过合理的想象和虚构来刻画人物，表现其复仇思想，并对复仇者含辛茹苦、忍辱发愤、最终复仇的不屈抗争精神给予热情的歌颂。

《史记·伍子胥列传》的写作，主要是根据《左传》。伍子胥的父兄被害以及伍子胥引吴兵入郢的事件，《国语》根本没有，而《左传》的描述则相当精彩。司马迁在改写《左传》这段文字时，着重加了三点。其一，增加了伍子胥逃往吴国时一路历经磨难、备尝艰辛的情节。伍子胥先至宋，再奔于郑，又适昭关，昭关欲执之，"伍子胥遂与胜独身步走，几不得脱，追者在后"，赖一渔父渡之，"未至吴而疾，止中道，乞食"。子胥为了复仇，奔走、疾病、乞食，九死一生，命运可谓悲惨！司马迁对此浓笔渲染，主要是突出伍子胥忍辱发愤的复仇精神。其二，"及吴兵入郢，伍子胥求昭王，既不得，乃掘楚平王墓，出其尸，鞭之三百然后已"这段精彩文字，是司马迁后加的。这种掘尸鞭之三百的复仇，可谓是"怨毒之于人甚矣哉"！司马迁舍弃了吴兵入郢"以班处宫"（见于《左传》定公四年）的残酷暴行，把历代统治者所标榜的"君讨臣，谁敢仇之？君命，天也。若死天命，将谁仇"的谬论撕得粉碎。其三，司马迁的主观感情表现得非常浓烈。"太史公曰"说道："向令伍子胥从奢俱死，何异蝼蚁？弃小义，雪大耻，名垂于后世，悲夫！方子胥窘于江上，道乞食，志岂须臾忘郢邪？故隐忍就功名，非烈丈夫孰能致此哉！"司马迁称赞伍子胥的复仇是抛弃忠君的"小义"，而雪大耻，是勇烈的大丈夫。这和《报任少卿书》中"假令仆伏法受诛，若九牛亡一毛，与蝼蚁何以异"的文字相同。"非死者难也，处死者难"的忍辱负重、不屈抗争的精神，正是复仇主题如此动人的内在底蕴。

《史记·范雎列传》主要取材于《战国策》。司马迁在写范雎时，将一种复仇情绪注入人物性格之中，这是《战国策》中原来没有的。范雎复仇的情节富于故事性和戏剧性，这明显是司马迁运用文笔，刻画人物，表现其复仇思想感情的一个有力例证。司马迁首先描写了范雎痛不可生、被人冤屈、蒙垢受耻的不幸遭遇。范雎与须贾出使齐国。齐襄王闻范雎辩口，乃使人赐范雎金十斤及牛酒，范雎辞谢不敢受。须贾知之，大怒，以为范雎持魏国阴事告齐，故得此馈。既归，须贾心怒雎，以告诉魏相魏齐，"魏齐大怒，使舍人笞击雎，折胁摺（lā，打断，打落）齿。雎佯死，既卷以箦（zé，竹席），置厕中。宾客饮者醉，更溺雎"。接着，范雎变名姓，忍辱逃到秦国，游说秦王，做了秦相。最后，他开始复仇："须贾辞于范雎，范雎大供具，尽请诸侯使，与坐堂上，食饮甚设。而坐须贾于堂下，置莝（cuo，铡碎的草饲料）豆其前，令两黥徒夹而马食之。数曰：'为我告魏王，急持魏齐头来！不然者，我且屠大梁。'"须贾归来，以告魏齐。魏齐恐惧，逃亡到赵国，欲匿平原君所，但不被接纳。最终，魏齐自刭，赵王献其头予秦。昔日冤仇，一朝洗雪，人格力量由此得以伸张，生命尊严得到了充分地高扬，慷慨快意的人生得以展现。

《赵世家》记载了程婴、公孙杵臼舍生忘死，义存赵孤，为赵氏复仇的事。全文九百余字，情节生动，感情浓烈，对后世戏曲、小说影响相当大，明、清时被敷衍成戏剧《赵氏孤儿》。但这段史实是很可疑的，清代赵翼辨之甚详。赵翼以为：朔死后，朔妻，景公姑，既在宫中生子，屠岸贾何人，敢向宫中索之？贾位非正卿，官非世族，岂能擅杀功臣赵氏？他最后结论说："屠岸贾之事出之无稽，而迁之采摭荒诞，不足凭也。"（《陔余丛考》）近人高步瀛申之曰："但使义例既著，而事之信否转可不问，亦《春秋》之法也。"（《史记举要笺证》）这个故事不足凭，司马迁采之是为了表达战国士林的那种"士为知己者死"的复仇精神。

<h1 style="text-align:center">（二）</h1>

《史记》中的复仇内容主要有以下三个方面。

一是宗族复仇。这是复仇信念与宗法血缘关系结合起来的复仇。《史记》中记述了许多悲壮惨烈的宗法复仇故事。诸如《秦本纪》中世父为报其大父秦仲被戎所杀之仇，而发誓"我非杀戎王则不敢入邑"；《吴太伯世家》、《越世家》、《伍子胥列传》中吴王报姑苏之败，越王勾践雪会稽之耻而卧薪尝胆，伍子胥为父兄复仇报楚；《赵世家》中赵武在公孙杵臼、程婴和韩厥的帮助下终于"攻屠岸贾，灭其族"。这些故事充分体现了宗法复仇的前仆后继和以血洗血的复仇精神。

二是个人复仇。这充分体现了"一饭之德必偿，睚眦之仇必报"的复仇文化心理。孙膑与庞涓是师兄弟，孙膑才高，为庞涓所嫉妒陷害，断去了双脚。孙膑逃到齐国，当了军师，后在马陵道设伏，将庞涓杀死。张仪微时，被楚相怀疑盗璧，"掠笞数百"。张仪后来相秦，为文檄，告楚相曰："始吾从若饮，我不盗尔璧，若笞我。若善守国，我顾且盗尔城。"（《张仪列传》）张仪以牙还牙，盛气凌人，一腔怨恨终得发泄。《韩长孺列传》中，韩安国因犯罪而下狱，吏田甲污辱他，安国说："死灰独不复燃乎？"田甲说："燃即溺之。"后韩安国为二千石，召田甲，田甲肉袒谢罪。安国嘲笑曰："可溺矣！"

三是士为知己者复仇。《刺客列传》专门叙写战国士人为义气所激而舍身报恩的复仇故事。豫让为了报答"智伯国士遇我"，不惜漆身为疠，吞炭为哑，使形状不可知，最后其义难成，拔剑三跃而击赵襄子之衣，然后伏剑自杀。聂政为报严仲子而刺韩相侠累，"因自皮面抉眼，自屠出肠，遂以死"。荆轲为报燕太子丹在秦廷刺杀秦王。秦王拔剑击荆轲，"断其左股，荆轲废，乃引其匕首以擿秦王，不中，中铜柱。秦王复击轲，轲被八创"，死得极其悲壮惨烈。司马迁衷心赞扬他们"义不为二心"、"立义较然，不欺其志"（《刺客列传》）。

另外，《史记》还记叙了当事者遭邪恶势力迫害惨死而化为厉鬼，向仇人报复的象征性复仇。在《魏其武安侯列传》里，田蚡倚仗王太后的势力，害死了灌夫与窦婴。司马迁对田蚡的奸诈、残忍非常痛恨，"武安负贵而好权，杯酒责望，陷彼两贤。呜呼哀哉！迁怒及人，命亦不延。"司马迁以荒诞之笔，叙写田蚡得了一种邪病，"专呼服谢罪"，蚡家"使巫视鬼者视之，见魏其、灌夫共守，欲杀之，竟死"。以司马迁博物洽闻之才，岂不知鬼神之事的不可信？司马迁心里郁积着一股强烈的复仇情绪，不置恶人于死地，心里岂能畅快？

（三）

司马迁对复仇主题的偏爱，是因为他的意识深层沉淀着非常浓厚的复仇情结。这固然有来自原始社会流传下来的深固难徙的复仇文化传统的影响，更有司马迁本人遭受宫刑之辱后强烈复仇情绪的郁积。

因李陵事件而遭受宫刑，对司马迁是一种难以忍受的奇耻大辱。他在《报任少卿书》中说，"仆以口语遭遇此祸，重为乡党所笑，以污辱先人，亦何面目复上父母丘墓乎？虽累百世，垢弥甚耳！是以肠一日而九回，居则忽忽若有所亡，出则不知其所往。每念斯耻，汗未尝不发背沾衣也。"宫刑不仅是他个人之耻，而且也玷污了司马氏祖先的名声。他在《太史公自序》中说："且夫孝始于事亲，中于事君，终于立身。扬名于后世，以显父母，此孝之大也。"这种强烈的宗法伦理意识，势必加强司马迁本能的复仇心理。司马迁继承了孔子以道统为己任的君师心理，这在《史记》中有极明确的表述。司马迁把著作《史记》比之于孔子作《春秋》。《太史公自序》云："先人有言：'自周公卒后五百岁而有孔子，孔子卒后至于今五百岁，有能绍明世，正《易传》，继《春秋》，本《诗》、《书》、《礼》、《乐》之际？'意在斯乎！意在斯乎！小子何敢让焉。"司马迁庄严承担了这一职责，决心以道统批判社会现实，把历史的发展纳入王道的轨迹。"太上立德，其次立功，其次立言"。正当司马迁怀着极大的抱负以著述立言时，他惨遭宫刑摧残，成了人类所不齿、天地所不容的异类。这势必形成巨大的心理反差，由这种心理反差而自然萌发复仇信念。

司马迁深受战国士林之风的影响。他"少负不羁之才，长无乡曲之誉"，尽情地呼吸了时代的自由空气，培养了洒脱不羁、慷慨任气的豪放个性。他青年时代的壮游使他有机会追踪历史风云，凭吊古战场遗址，沐浴英雄豪杰的流风余韵。这进一步拓展了他壮烈的英雄情怀，充实了他的英雄豪气。他博览群书，精通历史，在风云变幻、英雄辈出的历史长河中陶铸了他"立德、立功、立言"以名垂后世的烈士心怀。他在《史记》中为失败的英雄而流泪沾衣，替重义轻生的侠士讴歌，为正义的复仇呐喊，给奇伟倜傥之士扬名。这种士林性格使他无论如何不甘受辱，而捍卫自己的人格尊严，对一切不正义之事产生强烈的复仇情绪。

司马迁的内心充溢着复仇感情，这种感情主要通过他对社会现实的批判以及个人忍垢含辱、发愤著书的方式宣泄出来。

首先，司马迁通过对社会现实的强烈批判意识，来表现他的复仇情绪。司马迁受宫刑之后，身心遭受了极大的摧残，这种生理的扭曲极有可能导致心理的仇恨和变形。这种推测也许是对司马迁人格的歪曲，但我们并不能否认，司马迁的意识深层里确实留下了难以弥合的伤痕。班固在《典引·序》中说，永平十七年，明帝诏问班固曰："司马迁著书，成一家之言，扬名于后世，至以身陷之故，反微文刺讥，贬损当世，非谊士也。"汉明帝认为，司马迁讽刺时政过于激烈，违背了儒家"以礼节情"、"温柔敦厚"的诗教，虽然获得了个人的名声，却非忠臣义士。东汉末年杀了大奸贼董卓的司徒王允说："昔武帝不杀司马迁，使作谤书流于后世。"把《史记》看作"谤书"，虽是极端之论，但也反证了《史记》中强烈批判的复仇精神。我们认为，《史记》对社会丑恶现实的强烈批判，深刻地表现出司马迁作为一个伟大的史学家不同寻常的史识、史才、史德，而司马迁受宫刑之后意识深层或潜意识中的复仇意念，则是其批判精神的一个重要驱动力。

其次，司马迁忍辱发愤著作《史记》的动力之一，就是以完成《史记》留名于后世来洗刷自己和祖先的耻辱。他采用文化复仇的方式，以文化学术成就来对自己的耻辱实行一种补偿。① 司马迁未受宫刑之前，他写作《史记》的主要目的，是想把《史记》作为另一部《春秋》而为后王立法，为人伦立准则。遭受宫刑之后，他再也不把《史记》比作《春秋》，更没有作第二个孔子的殷殷意气了。他在《报任少卿书》中说："所以隐忍苟活，幽于粪土之中而不辞者，恨私心有所不尽，鄙陋没世而文采不表于后世也。"司马迁前后述史目的的不同表述，反映了司马迁前后思想的矛盾。司马迁个人的不幸使他产生了一种悲愤填膺、无法化解的情结，激发其内心的抗争意识与复仇情绪。但他的复仇不能以血洗血，只能以文采表于后世的方式。《报任少卿书》曰：

> 古者富贵而名磨灭，不可胜记，唯倜傥非常之人称焉。盖文王拘而演《周易》；仲尼厄而作《春秋》；屈原放逐，乃赋《离骚》；左丘失明，厥有《国语》；孙子膑脚，兵法修列；不韦迁蜀，世传《吕览》；韩非囚秦，《说难》、《孤愤》；《诗》三百篇，大抵圣贤发愤之所为作矣。此人皆意有郁结，不得通其道，故述往事，思来者。

这一著名的愤书理论，人们多从美学角度予以研究，把它视作司马迁创作的动力学。但从复仇角度研究愤书，则更能准确把握愤书的实质。愤书情绪实质上就是复仇情绪。司马迁含垢忍辱，不能引决，是因为自己和祖先蒙受恶声不能洗雪。他把自己的一腔复仇情绪化作强大的动力来完成《史记》这部伟大的著作。他以此向后人展示自己的人生价值，并寄希望于未来社会的价值评判，这就是司马迁反复所说的"述往事，思来者"。《报任少卿书》："仆诚以著此书，藏诸名山，传之其人，通邑大都，则仆偿前辱之责，虽万被戮，岂有悔哉！"洗雪耻辱，实现个人价值，张扬人格和尊严，这是司马迁愤书的深意之一。

---

① 文化复仇的观念，参考了陈桐生教授的观点，见《中国史官文化与史记》，汕头大学出版社 1993 年。

第二十讲

论司马迁之"天命"、"命"的思想

《史记》的人物传记，不仅展现了历史人物成败祸福的人生遭遇，而且运用因果法则加以解释。从天人的角度来看，"因"可以分为人事之因与天命之因。司马迁主要以人事之因解释历史人物成败祸福的结果，但也给予天命、命一定程度的肯定。首先，历史的实在是理性和非理性、偶然性和必然性的结合。其次，某些历史人物的人生遭遇曲折变化，有相当大的偶然性，变化的原因具有非理性、不可测性，且外在的力量支配成败祸福的人生结果。再次，从司马迁本身来说，史官的角色、传统的天命观念、有限的理性和自身的不幸遭遇，加强了他对神秘天命、命的信从。司马迁给予非理性的天命、命某种程度的肯定，实际上也是对历史荒谬性、非理性的反映，这深刻表现了司马迁对历史丰富复杂性的认识。

一

《史记》的人物传记，不仅展现了历史人物成败祸福的人生遭遇，而且运用因果法则予以解释。如果说历史人物成败祸福的人生遭遇是"果"，那么司马迁的主要任务是分析、揭示各种之"因"。一般而言，"果"是易见的，而"因"非常隐微复杂，有近因、远因，有显因、隐因，有直接之因、间接之因，有天命之因、人事之因，有内在之因、外在之因，有偶然之因、必然之因，等等。史家由于受到诸多限制，故很难正确认识和分析各种因由。史家的史识、史才就表现在能否深入到历史的实在之中揭示各种隐微而复杂的原因。

从天人的角度来看,"因"可以分为人事之因与天命之因。《史记》的人物传记主要从人事方面,分析历史人物成败祸福的原因,表现了司马迁的历史理性精神。①《史记·项羽本纪》以深广的视野,展现了项羽一生的主要遭际,深刻地分析了项羽成败的各种原因。项羽在日暮途穷时一再说:"此天之亡我,非战之罪也。"项羽不从其行为过失上反省败亡的原因,而把失败之因归为天命。司马迁在"太史公曰"里说:

> 吾闻之周生曰,舜目盖重瞳子,又闻项羽亦重瞳子。羽岂其苗裔邪?何兴之暴也!夫秦失其政,陈涉首难,豪杰蜂起,相与并争,不可胜数。然羽非有尺寸,乘势起陇亩之中,三年,遂将五诸侯灭秦,分裂天下,而封王侯,政由羽出,号为"霸王",位虽不终,近古以来未尝有也。及羽背关怀楚,放逐义帝而自立,怨王侯叛己,难矣。自矜功伐,奋其私智而不师古,谓霸王之业,欲以力征经营天下,五年卒亡其国,身死东城,尚不觉悟而不自责,过矣。乃引"天亡我,非用兵之罪也",岂不谬哉!

司马迁首先热情赞颂了项羽亡秦的历史功绩,进而指出项羽败亡的主要原因,最后否定了项羽失败的"天命"之因;项羽的失败主要是其行为过失的人事之因造成的,他应对他行为及其行为的结果负责,而不能以天命之因逃脱自己的罪责。

在《史记·蒙恬列传》里,蒙恬与公子扶苏率领三十万大军,筑长城,镇守边塞。因胡亥、赵高、李斯的阴谋陷害,蒙恬被迫吞药自杀。他在临死时,很难从其行为过失上找到被杀的原因:"我何罪于天,无

---

① 历史理性精神主要表现在四个方面。其一,运用理性(认知和道德)解释人之成败得失的遭遇。其二,运用因果律揭示历史事件的因果关系。其三,主要从人事方面分析历史人物成败得失的原因。其四,就人事之因,须把内因(个人行为的作用)与外因(他人行为的影响)结合起来。这样,既不偏执于个人行为的力量,以造成对个体的过分贬抑,又不执著于外在力量,而为个体开脱其责任。

过而死乎?"他最终以"绝地脉"的神秘之因加以解释:"恬罪固当死矣。起临洮属之辽东,城堑万余里,此其中不能无绝地脉哉?此乃恬之罪也。"司马迁在"太史公曰"说:

> 吾适北边,自直道归,行观蒙恬所为秦筑长城亭障,堑山堙谷,通直道,固轻百姓力矣。夫秦之初灭诸侯,天下之心未定,痍伤者未瘳,而恬为名将,不以此时强谏,振百姓之急,养老存孤,务修众庶之和,而阿意兴功,此其兄弟遇诛,不亦宜乎!何乃罪地脉哉?

司马迁否定了蒙恬"绝地脉"的神秘之因,他从人事方面揭示了蒙恬被逼自杀的外在和内在之因。人事之外因是蒙恬所不知的皇权你死我活的阴谋争夺,人事之内因则是蒙恬自己行为的过失。司马迁更强调内因对蒙恬被杀的重要作用,坚持了蒙恬应对自己的行为及其结果负责的伦理观念。

司马迁主要以人事之因解释成败祸福的结果,但他也给予天命、命某种程度的肯定。《史记·六国年表序》曰:

> 秦始小国僻远,诸夏摈之,比于戎狄,至献公之后常雄诸侯。论秦之德义不如鲁卫之暴戾者,量秦之兵不如三晋之强也,然卒并天下,非必险固便形势利也,盖若天所助焉。

秦经过数世而一统天下。司马迁在《史记·秦本纪》、《史记·秦始皇本纪》里,详细地叙述了秦的兴亡遭遇及其在人事上的各种原因。但他认为,人事上的各种原因不能成为秦得天下的充足理由,还有天命之因的作用。根据儒家仁义可以王天下的观念,秦的德义连鲁卫的暴戾都赶不上;险固便、形势利,也只是秦得天下的一个原因。因此,"盖若天所助焉",大概还有天的帮助。质言之,天命之因与人事之因一同构成了秦得天下的充足理由;但人事之因可以用理性加以解释,而天命之因是神秘难知的,故司马迁用了犹豫怀疑之词"盖若"。

《史记·秦楚之际月表序》曰:

> 昔虞、夏之兴,积善累功数十年,德洽百姓,摄行政事,考之于天,然后在位。汤、武之王,乃由契、后稷修仁行义十余世,不期而会孟津八百诸侯,犹以为未可,其后乃放弑。秦起襄公,章于文、缪,献、孝之后,稍以蚕食六国,百有余载,至始皇乃能并冠带之伦。以德若彼,用力如此,盖一统若斯之难也。秦既称帝,患兵革不休,以有诸侯也,于是无尺土之封,堕坏名城,销锋镝,锄豪桀,维万世之安。然王迹之兴,起于闾巷,合从讨伐,轶于三代,乡秦之禁,适足以资贤者为驱除难耳。故愤发其所为天下雄,安在无土不王。此乃传之所谓大圣乎? 岂非天哉,岂非天哉! 非大圣孰能当此受命而帝者乎?

刘邦得天下有各种原因,司马迁在《史记·高祖本纪》与楚汉之际其他人物传记中作了具体的分析。[①] 司马迁认为,虞、夏的兴起,积德累功达数十年;契、后稷修仁行义十余世,才有天下;秦经过一百多年的武力征伐,方能 统天下;而汉没有以上任何一种因素,且无尺寸之封,却在很短的时间内统一天下,故汉得天下仅从在人事方面很难得到合理的解释,刘邦得天下还有天命之因:"岂非天哉,岂非天哉! 非大圣孰能当此受命而帝者乎?"

《史记·田敬仲完世家》叙述了田敬仲完从陈国逃奔到齐国,经过十余世的努力,最终夺取齐国的政权,即"田氏代齐"。作为史家,司马迁从人事方面分析了田氏代齐的各种原因。就人事而言,更是突出人事的内因,即田氏自己的行为及其产生的结果(人事的外因,即他人的行为及其结果)。司马迁觉得,田氏最终成为诸侯,其人事的努力不足以成为田氏代齐的充足理由,还有神秘之命的影响。传记开始就记录周

---

① 《史记·高祖本纪》:"高祖曰:'公知其一,未知其二。夫运筹策帷帐之中,决胜于千里之外,吾不如子房。镇国家,抚百姓,给馈饷,不绝粮道,吾不如萧何。连百万之军,战必胜,攻必取,吾不如韩信。此三者,皆人杰也,吾能用之,此吾所以取天下也。项羽有一范增而不能用,此其所以为我擒也。'"这是刘邦从自己的行为上反思他得天下的原因。

太史经过陈国时为陈完占卜。此卜言说，田氏在数世后将在姜姓齐国兴盛。陈完逃奔到齐之后，司马迁有一次记录齐大夫懿仲为陈完占卜："有妫之后，将育于姜。五世其昌，并于正卿。八世之后，莫之与京。"① 田氏的遭遇正是按照卜言的预示，天命、命支配着田氏的兴盛，从而表现出较强的宿命观。最后，司马迁说：

> 太史公曰：盖孔子晚而喜《易》。《易》之为术，幽明远矣，非通人达才孰能注意焉！故周太史之卦田敬仲完，占至十世之后；及完奔齐，懿仲卜之亦云。田乞及常所以比犯二君，专齐国之政，非必事势之渐然也，盖若遵厌兆祥云。

司马迁首先说了一番命的幽微神秘，非一般人所能理解；接着认为，田氏代齐未必全是人事的渐然发展所致，还有命之神秘力量的作用。陈完是陈国的贵族，因恐惧陈宣公诛己而逃奔到齐国。他寄人篱下，势单力薄，很难与齐国贵族、大夫相抗衡，但最终田氏能在齐国稳步地发展壮大自己的势力，而成为诸侯。作为史家，司马迁有责任揭示田氏代齐的原因。司马迁从人事方面具体地分析各种原因。就人事而言，司马迁更是突出人事的内因，即田氏自己的行为及其产生的结果（人事的外因，即他人的行为力量）。司马迁觉得田氏最终成为诸侯，其人事的努力不足以成为田氏代齐的充足理由，还有命的神秘之力的影响。②

综上所述，司马迁主要从人事方面解释成败祸福的结果，但也给予天命、命一定程度的肯定；人事之因是主，天命之因是辅，二者构

---

① 用卜言来预兆天命、命，在《左传》里有很大的比重，《史记》在历史叙述中也在一些地方可以看到，但分量较轻。

② 司马迁从人事方面分析了田氏代齐的各种原因。例如，田乞事齐景公为大夫，"其收赋税于民以小斗受之，其粟予民以大斗，行阴德于民，而景公弗禁。由此田氏得齐众心，宗族益强，民思田氏"。田常对齐平公说："德施人之所欲，君其行之；刑罚人之所恶，臣请行之。"田常运用诛伐之权，铲除鲍、晏、监止以及公族的强者，齐国之政皆归田常。为了壮大田氏家族，田常不惜采用污秽的手段："田常乃选齐国中女子长七尺以上为后宫，后宫以百数，而使宾客舍人出入后宫者不禁。及田常卒，有七十余男。"田和事田宣公，悖君臣之义，迁齐康公于海上；通过魏文侯求为诸侯。

成了成败祸福的充足理由。天命是一种不能以人的理性加以理解的神秘力量，它给人类历史以重要影响。成败祸福的结果，可用人之行为的因果关系加以解释，即是司马迁所谓"人"，这可以称为历史的必然性；不能用人之行为的因果关系理解，即是司马迁所谓"天"，这可以称为历史的必然性。司马迁的"究天人之际"即是对历史的偶然性和必然性作一分界。历史的真实是偶然性和必然性、理性和非理性并存，成败祸福的结果及其原因具有相当的偶然性和非理性。司马迁给予非理性的天命、命某种程度的肯定，实际上正是对历史荒谬性、非理性的反映，这深刻表现了司马迁对历史丰富复杂性的认识。徐复观先生说："站在史公的立场，正因为感到历史中有一种不能用人的理性加以解释的力量给人类历史以巨大影响，他才称之为天。"[①]　日本学者今鹰真说："司马迁在此提出'天'、'命'，意在用人以外的绝对者的存在和支配力，去理解历史的不合理性，去理解命运的嘲讽。"[②]

二

天命、命是指超人的神秘力量，幽冥深微，不能为我们的理性所认知，有不可测性，且支配人之成败祸福的结果。要言之，天命、命具有神秘性、偶然性、支配性；天命往往同国家的兴亡、君主的成败结合起来，而命常常与一般人之成败祸福的遭遇相联系。

《史记·绛侯周勃世家》，肯定了神秘之命的重要作用，司马迁在叙述周亚夫的人生遭遇时首先说：

> 条侯亚夫自未侯为河内守时，许负相之，曰："君后三岁而侯。侯八岁为将相，持国秉，贵重矣，于人臣无两。其后九岁而君饿死。"

---

① 徐复观：《两汉思想史》（第三卷），华东师范大学出版社 2001 年，第 197 页。
② 霍松林、尚永亮：《司马迁与史记论集》，陕西人民出版社 1995 年，第 277 页。

这是用看相预知亚夫的"命"。接着，亚夫的人生遭遇基本上如看相者
所言。最后，司马迁说："条侯果饿死。"但是司马迁又主要从人事方
面，具体解释周亚夫封侯、拜将、迁相、免相、下狱、饿死等各种原
因。人事之因与神秘之命纠缠在一起，这我们如何理解呢？

　　其一，司马迁认为，周亚夫一生的遭遇曲折离奇，变化很大，具有
偶然性和荒诞性。亚夫从河内守，被封为条侯，这是他人生的突变。他
迁为太尉，在吴楚之乱中统率中央大军击破吴楚军，战功显赫，这又是
人生的一大变化。不久，他任丞相，登上人臣权力的高峰，志满意得。
最后，亚夫免相、下狱，由将相之尊而被活活饿死。亚夫的人生遭遇曲
折变化，不具有内在的必然性。

　　其二，司马迁认为，造成亚夫曲折遭遇的原因具有偶然性和非理
性。亚夫被封侯，其原因是相当偶然的。亚夫的兄长胜之继承其父周勃
的侯位，假如其兄病逝，兄之子当代。但事情就是这样偶然，其兄有
罪，侯位被废，而文帝偏又选择周勃之子的贤者，以继承侯位，结果周
亚夫被封侯。吴楚七国叛乱时，亚夫的军事才能得以充分展现，他统率
中央大军击溃叛军，立下大功。不久，他迁为丞相，受到景帝的重用。
周亚夫成为将相，其本人的才能当然是一个原因，但外在偶然的机遇也
是一个重要的因素，正如《史记·佞幸列传》所说"力田不如逢年，善
仕不如遇合"，仕途的通达往往因为偶然的遇合。亚夫贵为将相，但最
终因不食五日，呕血而死。其主要原因是什么呢？景帝要废栗太子，亚
夫争之。景帝要封皇后兄王信，亚夫不同意。景帝嘲弄他，"召条侯，
赐食。独置大胾，无切肉，又不置箸"，亚夫心不平。亚夫之子盗买县
官器具，连污他，亚夫被召到廷尉。吏斥责曰："君侯欲反邪？"亚夫
说："臣买官器，乃葬器也，何谓反邪？"吏曰："君侯纵不反地上，即
欲反地下耳。"这些人事之因具有许多非理性的因素。景帝封皇后兄为
侯，根据高祖之约"非刘姓者王，无功而封侯，天下共诛之"，则亚夫
的不同意是合理的。亚夫是朝廷重臣，立有大功，景帝出于私恨而嘲弄
他，不能以礼对待大臣。"君侯纵不反地上，即欲反地下耳"，真是欲致
之罪，何患无辞！亚夫终于以此荒谬透顶的原因而自杀。

　　其三，司马迁认为，亚夫的人生遭遇很难从他自己的行为上加以解

释。亚夫封侯时，他可能从未想过封侯，更没有为封侯采取一些行动。他的意志和行为与其结果是相悖的。亚夫以"莫须有"的罪名而被下狱，终于因不食五日，呕血而死。这很难从其行为的过失上给予说明，实际上，景帝对亚夫的刻毒私恨是造成其悲剧的主要原因。专制皇权的主宰性、非理性支配了亚夫成败祸福的人生结果，他失去了人生命运的主体性。

综上所述，周亚夫的人生遭遇表现出偶然性、神秘性、非理性，他基本上失去了人生命运的主体性。这正是天命、命所具有的基本特征，故司马迁流露出较强的宿命思想。

《史记·外戚世家》是一篇有较浓宿命论色彩的人物传记。在文章的开始，司马迁就先声夺人，发表了一番关于"命"的议论：

> 人能弘道，无如命何。甚哉，妃匹之爱，君不能得之于臣，父不能得之于子，况卑下乎！既欢合矣，或不能成子姓；能成子姓矣，或不能要其终：岂非命也哉？孔子罕称命，盖难言之也。非通幽明之变，恶能识乎性命哉？

人能弘道，但对于神秘之命，既不能控制，又不能理解。在《史记·外戚世家》中登场的人物，一生受到神秘之命的支配，几乎不具有人生的主体性。命是神秘的，圣人孔子尚难以言说，一般人如何能知道"命"的实情呢？

在叙述外戚成败祸福的人生遭遇时，司马迁重视记录占卜、看相、梦，以预知他们的成败结果，暗示他们的得意和失意、成功和失败，都由神秘之命丝丝编织而成。薄太后纳于魏豹宫中，许负为薄姬看相，说她将来要生天子；后来，薄姬给刘邦生了儿子文帝。窦太后的弟弟窦少君为其主人在山中烧炭，夜晚，数百人卧在山崖下，突然崖崩，尽压死卧者，少君独自得脱；自卜数日当为侯，果然不久，他被封为章武侯。王太后是美人时，怀有身孕，王美人梦日入其怀，以告太子；太子说，这是贵的征兆；王美人未生而孝文帝崩，太子（景帝）即位，王美人生男，此男即是汉武帝刘彻。占卜、看相、梦皆相当神秘，很难为人的理性所理解，它们预知了人

的神秘之命。钱钟书解释《史记·外戚世家》中"命"说:

> 不识此正迁之深于阅历、切于事情也。盖婚姻之道,多出于倘
> 来偶遇,智力每无所用之。重以父母之命、媒妁之言,几于暗中
> 摸索。……好逑怨偶,同室方知,只有以宿世因缘、前生注定为
> 解。……马迁因夫妇而泛及天命,殊非迂阔。①

就一般人的婚姻而言,男女相合多出于偶然的相逢,或者听从父母之
命、媒妁之言,不具有婚姻的主体性,故钱先生以"宿世因缘、前生注
定"来解释。但《外戚世家》叙述的是外戚妃嫔的人生遭遇,自有其特
殊性。首先,她们的遭遇相当曲折,有的从贫贱而贵为皇后、太后,有
的从皇后、太后而被废弃、幽死,其遭遇的动荡曲折绝非一般人的婚姻
遭逢可比。其次,一般男女的婚姻关系较为简单,但妃嫔的婚姻关系非
常复杂,具有贵贱乃至生死攸关的利害冲突,她们往往被卷入错综复杂
的政治权力斗争的漩涡当中,更不具有人生命运的主体性。钱先生仅从
一般人的婚姻理解《外戚世家》之命,不能深知司马迁之意。

(一)妃嫔的人生遭遇动荡曲折。薄太后的命运是颇具典型意义的。
其母魏媪先纳薄姬于魏王豹的宫中。后来,魏王豹背汉与楚连和,汉使
曹参击虏魏王豹,而薄姬输入织室。这是人生的一变。豹死之后,刘邦
见薄姬有色,诏纳后宫,但薄姬一年多不得幸。因两位美人的玩笑,刘
邦一幸薄姬而生男(即文帝),以后薄姬很少见到刘邦。这又是人生的
一变。高祖崩,吕后把刘邦宠幸的妃子幽禁起来,不让她们出宫。薄姬
因为很少见到刘邦,得出,跟从自己的儿子至代国。这又是人生的一
变。薄姬之子刘恒最终即位为汉家天子,薄姬被封为薄太后。这更是人
生的重大变化。薄太后的一生经历了数次重大的变化,而这些变化曲折
动荡,神秘莫测,不具有内在的必然联系。

(二)司马迁虽在文章的开始议论一番"命",中间也穿插占卜、
看相、梦等,流露出较浓的命运色彩,但司马迁还是从人事方面解释

---

① 钱钟书:《管锥编》(第一册),中华书局 1986 年,第 295—296 页。

外戚们成败祸福的结果。然而，人事的复杂多变，人事之因的偶然性和非理性，不能不使人感到她们一生是受到神秘之命的操纵。窦太后原是赵之清河人，以良家子侍奉吕后。吕后要把良家子赐给诸王。窦氏希望去靠近家的赵国。她请求宦者吏说："必置我籍赵之伍中。"但宦者忘之，误置其籍代伍中。窦太后悲伤涕泣，心怨宦者。由于外在偶然的原因（宦者忘之，误置其籍代伍中），窦太后去了代国，成为刘恒的妃子。个人的意志和行为与其结果相违背，然而此不幸又是大幸，"代王独幸窦姬，生女嫖，后生两男"。司马迁叙述时用一"独"字，表现了此欢合的偶然性。但更具有偶然性、非理性的是：

> 代王后生四男。先代王未入立为帝而王后卒。及代王立为帝，而王后所生四男更病死。孝文帝立数月，公卿请立太子，而窦姬长男最长，立为太子。立窦姬为皇后，女嫖为长公主。其明年，立少子武为代王，已而又徙梁，是为梁孝王。

这确实不可思议。代王本有皇后，且生有四男。如果代王后之死尚有一定的可能性，那么其四子相继死去，则难以使人相信。但正是此偶然性和非理性，为窦姬的长男景帝立为太子扫清障碍，成就了窦太后及其子女。总之，窦太后由于被他人误置于代，又由于偶然的原因为文帝宠幸，再由于文帝的皇后及其四子相继死去，最终作成了窦太后的好运。而在此过程当中，窦太后本人的意志和行为所起的作用甚微。人事的原因具有很大的偶然性、非理性，如果没有神秘之命的预先设定，史家又能作何解释呢？[①]

　　（三）在《外戚世家》登场的外戚，大多不具有人生命运的主体性，

---

　　① 司马迁接着叙述，窦太后原来家贫，其弟窦少君四五岁时被人掠卖，辗转迁徙数家，命运悲惨，但他终于与窦太后生死重逢，被封为列侯，其变化真有云泥之隔。此遭逢具有相当大的偶然性：一是山崖突崩而他独不死；一是他事隔几十年后仍记得少时与姐姐分别的情形，"姊去我西时，与我决于传舍中，丐沐沐我，请食饭我，乃去"。正是姐弟重逢具有很大的偶然性，故才产生惊喜交集的美学效果："于是窦后持之而泣，泣涕交横下。侍御左右皆伏地泣，助皇后悲哀。"

即她们成败祸福的结果主要不是自己的行为决定的，甚至，自己的意志和行为与自己的结果成反向。刘邦去世后，吕后当权。为了巩固自己的地位，吕后采取了一系列措施。首先，她立长女的女儿为孝惠帝的皇后，希望孝惠皇后生子，承继皇位。这是亲上加亲。但事与愿违，孝惠皇后终于无子。其次，吕后诈取后宫人子为孝惠的儿子，是为少帝。吕后又以她弟弟吕禄的女儿为少帝后，欲使根本牢固。然而吕后的意志和行为适得其反，不仅孝惠一脉断绝，而且吕氏家族遭受灭顶之灾。这表明吕后的意志和行为正与其结果相悖。

综上所述，司马迁为何肯定神秘之命的作用呢？一是历史人物的人生遭遇曲折变化，有相当大的偶然性；二是变化的原因具有非理性、不可测性；三是外在的力量影响甚至支配成败祸福的人生结果。这三个方面与偶然性、非理性、支配性的天命、命具有共同的性格。

三

司马迁主要以人事之因解释历史人物成败祸福的结果，但也给予天命、命一定程度的肯定。以上我们已从历史本身作了解释，下文我们将从史家自身阐释司马迁肯定天命、命的主观原因。

其一，司马氏世典周史，司马谈、司马迁父子两代为汉太史令。太史令的职责是掌管文史星历，记录灾异星变，且与人事相结合。《史记·天官书》曰："日变修德，月变省刑，星变结和。……然其与政事俯仰，最近天人之符。"所谓日变、月变、星变，即日月星出现了异常的情况，比如日食、月食和星孛，通称为天命灾异。天命灾异与人间的治乱福祸具有某种神秘的因果联系，所谓"然其与政事俯仰，最近天人之符"。史官的角色注定了司马迁对天命的某种肯定，虽然他有较为清醒的历史理性，"但作为一位'究天人之际'的太史，他的意识深层又包含有相当程度的神秘因素，从而使得他在考察天以及天与人的关系时，不能不流露出天人感应和神秘思维的倾向"。①

---

① 霍松林、尚永亮：《司马迁与史记论集》，陕西人民出版社1995年，第84—113页。

其二，司马迁受到传统天命论与董仲舒"君权神授"思想的影响。《孟子·万章》：

> 万章曰："尧以天下与舜，有诸?"孟子曰："否。天子不能以天下与人。""然则舜有天下也，孰与之?"曰："天与之。"

孟子虽认为，"天视自我民视，天听自我民听"，即舜必须有得天下民心的贤德，但此并不能成为他有天下的充足理由，还有天命的支持。董仲舒在《天人三策》里也说：

> 臣闻天之所大奉使之王者，必有非人力所能致而自至者，此受命之符也。天下之人同心归之，若归父母，故天瑞应诚而至。(《汉书·董仲舒传》)

君权神授，人君不仅要有德，使天下之民同心归之，而且有天命之符的证验，表示受天命为君。这正是从人事和天命两方面解释人君有天下的原因。虽然人事是基本的，天之符瑞应人事而至，但也并非有人事，即应之天命（例如孔子至德至圣，然而未有天命之应，故没有天下）。这就肯定了天命的神圣、神秘的作用。司马迁认为秦汉得天下有天命的作用，正是受到"君权神授"思想的影响。但相对于董仲舒对天命的十分畏敬和崇奉，司马迁的天命观念则不强。

其三，历史的运行是非常曲折而复杂的。当司马迁在俯瞰历史之流的曲折变化时，一方面，他惊叹于历史的曲折多变；另一方面，他要努力解释历史曲折变化的各种原因。但随着时间的流逝，许多事情早已湮灭不闻，诸种历史记载也残缺不全，它们之间的因果关系很难索解。由于司马迁有限的理性，他很难全面而正确分析历史曲折变化的各种原因。因此，司马迁有时会感到神秘天命、命对历史运行的推动作用。

其四，司马迁本人的悲惨遭遇也使他对神秘之天命、命产生切实的感受。他在历史叙述中，融进了他人生的诸多感受。他悲惨的人生遭遇，使他对命运的支配性、非理性产生了深切的体验。他年轻时胸怀大志，才能非凡，期望像孔子修《春秋》那样著作《史记》。《史记·太史公自序》曰：

> 太史公曰："先人有言：'自周公卒五百岁而有孔子。孔子卒后至于今五百岁，有能绍明世，正易传，继春秋，本诗书礼乐之际？'意在斯乎！意在斯乎！小子何敢让焉。"

司马迁意气殷殷，自我期待甚高，他对前途充满了自信。《报任少卿书》曰：

> 仆以为戴盆何以望天，故绝宾客之知，亡室家之业，日夜思竭其不肖之才力，务一心营职，以求亲媚于主上。而事乃有大谬不然者。

他一心营职，以求得主上的信任，"而事乃有大谬不然者"。他为李陵辩护，遭受了下狱、受宫刑的奇耻大辱。他自己的意志和行为与其结果正相反。他认为，下狱、受宫刑并非是由自己行为过失造成的，而是出于非理性的外在力量的打击。在《报任少卿书》里，司马迁痛定思痛，向世人陈述了他下狱、受宫刑的原因，表明他为李陵辩护有正当的理由。①

> 明主不晓，以为仆沮贰师，而为李陵游说，遂下于理。拳拳之忠，终不能自列，因为诬上，卒从吏议。家贫，货赂不足以自赎，交游莫救，左右亲近不为一言。身非木石，独与法吏为伍，深幽囹圄之中，谁可告诉者！此正少卿所亲见，仆行事岂不然乎？李陵既生降，颓其家声，而仆又佴以蚕室，重为天下观笑。悲夫！悲夫！

---

① 《报任少卿书》从以下几个方面加以说明：一是李陵有国士之风；二是李陵率领五千人与匈奴主力数万人决战，奋勇杀敌，敌人死伤众多，立有大功；三是李陵转斗千里，矢尽道穷，救兵不至，最终投降，是出于不得已；四是李陵暂时投降，忍辱求生，日后在适当的时候将报汉。因此，李陵功过相当。

司马迁肯定自己行事的合理性，即是否定主上、大臣行为的不合理性。正是他们的行为导致了他下狱、受宫刑。这种人事外因的不合理性以及对司马迁遭遇的支配性，只能以非理性的神秘之命加以解释。因此，司马迁发出沉痛的无可奈何的呼喊："悲夫！悲夫！"

历史人物以及他自己人生遭遇的偶然性和非理性，使司马迁产生了神秘之命的观念，从而给予天命、命一定程度的肯定。这表现了司马迁对历史、人生之非理性的认识和感受。《史记·伯夷列传》曰：

> 或曰："天道无亲，常与善人。"若伯夷、叔齐，可谓善人者非邪？积仁洁行如此而饿死！且七十子之徒，仲尼独荐颜渊为好学。然回也屡空，糟糠不厌，而卒早夭。天之报施善人，其何如哉？盗跖日杀不辜，肝人之肉，暴戾恣睢，聚党数千人横行天下，竟以寿终。是遵何德哉？此其尤大彰明较著者也。若至近世，操行不轨，专犯忌讳，而终身逸乐，富厚累世不绝。或择地而蹈之，时然后出言，行不由径，非公正不发愤，而遇祸灾者，不可胜数也。余甚惑焉，傥所谓天道，是邪非邪？

司马迁怀疑"善有善报，恶有恶报"之天道的存在。天道具有道德理性，天命不合理性而具有荒诞性。司马迁怀疑理性的天道，即是给予非理性天命一定程度的肯定。司马迁为何怀疑理性天道的存在呢？或曰：天道无亲，常与善人，即天道是人道的根据。人间有时并不存在人道：许多善人不仅得不到好报，反而遭受灾祸；许多恶人终身逸乐富贵，累世不绝。既然人间有时没有人道，那么当然就怀疑天道的存在了。钱钟书先生说：

> 马迁唯不信"天道"（divine justice），故好言"天命"（blind fate）；盖信有天命，即疑无天道，曰天命不可知者，乃谓天道无知尔。天道而有知，则报施不爽，无复不平则鸣或饮恨吞声矣。顾事

乃大谬不然，理遂大惑不解。①

钱先生把天道与天命加以辨析，而认为司马迁疑天道，即相信天命的存
在。我们必须说明的是，司马迁给予非理性之天命一定程度的肯定，是
怀疑天道而非完全否定天道、人道的存在。否则，人类社会历史将幽暗
而漆黑一团。司马迁"述往事，思来者"，绝不是使来者产生愤世、厌
世、弃世的思想。历史的真实是偶然性和必然性、理性和非理性的并
存。在历史和现实中，符合"善有善报，恶有恶报"的原则居多，违背
此原则究竟是少的。但有的学者片面地夸大了司马迁天命、命的思想。
程世和说，"司马迁这位伟大史学家只好把一切都归于不可理喻的天
命。……司马迁在现实中惨遭痛击，看不到一点正义的光芒，便企图在
历史中找到正义，找到决定历史存在的根据，找到高踞人类历史之上的
'天道'。然而这一切都没有看到，看到的却是一个并非善有善报、恶有
恶报的'不仁世界'，一个充满偶然与荒谬的世界。"② 果真如此，司马
迁就片面夸大了历史运行中的偶然性和非理性，其历史观就不符合历史
的真实。

① 钱钟书：《管锥编》（第一册），中华书局 1986 年，第 306—307 页。
② 霍松林、尚永亮：《司马迁与史记论集》，陕西人民出版社 1995 年，第 334—335 页。

后　记

"未忍无声委地，将低重又飞还"

清人张惠言《木兰花慢》（杨花）曰：

尽飘零尽了，何人解、当花看？正风避重帘，雨回深幕，云护
轻幡。寻他一春伴侣，只断红相识夕阳间。未忍无声委地，将低重
又飞还。

疏狂情性，算凄凉耐得到春阑。便月地和梅，花天伴雪，合成
清寒。收得十分春恨，做一天愁影绕云山。看取青青池畔，泪痕点
点凝斑。

杨花，"似花还似非花"，在春尽日暮之时，任凭其飘零尽了，也无人怜
惜其漂泊、凋落的命运。杨花自重自强，不甘心无声无息地坠落于地，
而在飘落沉沦中不断挣扎向上，"将低重又飞还"。杨花虽身世凄凉、惨
淡，但自爱自惜，保持其独立的清寒品性。最终，杨花带着十分春恨飘
零于青青的池畔，"泪痕点点凝斑"。

一

我的父母都是农民。父亲姓刘，讳圣海，生于 1939 年。他虽然
不识字，但通达世事人情。他年轻时在外面闯荡谋生，见识较广；在
安庆遇见了我的母亲，然后回到家乡安徽省肥西县袁店乡务农。父亲

很不幸，他三十多岁正当壮年时即患上了肺结核病。家里少钱买药求医，又不能将养休息，农村生活的艰辛和繁重使父亲的病时轻时重。在我的记忆中，父亲经常是早晨起来，蹲在院里咳痰，病轻时痰里带着一缕一缕的血丝，重时则吐出一口一口的鲜血。父亲为肺病所苦，又不能做重的农活，心里干着急，他的性格似乎变得越来越急躁和愤恨。他时常因小事而打骂我们。在兄妹四人中，我是老大，平时上学，不太愿意做农活，所以遭受父亲的打骂最多。这在我的心里投下较重的阴影，在当时及此后的一段时间里，我都不能理解和原谅他。但随着我慢慢长大，学业上也有进展，父亲对我渐渐地好起来。尤其是近来，我常年奔走在外，父亲也是风烛残年，他更希望见到我，与我多说说话，在谈到他当初打骂我们的事时，还深表愧疚。我现在早已有了孩子而成为人父，在人生的动荡和坎坷中时常也是悲愤填膺，我想到父亲当时所遭遇的困境，慢慢能理解他打骂我们的心情。今年回去，父亲已数月躺在床上，一直靠药物退烧，他急切地想见我一面。我坐在父亲的身边，他的肺已萎缩得很小，呼吸艰难，非常痛苦。父亲要我捏捏他的腿，我轻轻地捏着已瘦得像小孩子的腿。我心里一阵难过，安慰他说，夏天到来，病情会好转起来。父亲希望在他神智还清醒时见我最后一面，把他的后事交代清楚。他知道自己一口气上不来，就再也见不到我了，他体谅我远在北京，可能没有时间为他送终。

　　父亲患病，家庭的重担即落在母亲的肩上。母亲姓陈，讳霞云，小父亲一岁。她原在安庆城里生活，嫁给父亲后，便跟随父亲来到乡村务农，这对于母亲已是非常不易。母亲任劳任怨，勤劳节俭，踏踏实实地成为一个农民。她善良慈爱，尽心哺育着她的四个儿女。在集体生产队的时候，我家挣的工分最少，所分配的粮食往往只能吃到第二年的三月，此后靠借粮度日，等待小麦成熟。我记忆里颇深的一件事是，在五六月吃麦面，我因为不习惯吃面，又没有米饭吃，常常憋气不吃。母亲哄我不成，便盛上一大碗面条，从东家走到西家请求，为我换上一碗白米饭吃。我现在很少吃肥肉，一看到即嫌恶，开始不知道原因，后来母亲告诉我：在她坐月子时，父亲称了两斤肥肉，用土罐炖着；母亲盛了一碗给我,我吃完之后,又要吃,不给就哭,一连吃了三四碗;这一下吃伤了,从此再也不吃肥肉。我已记不清这件事,听了之后,既感激母亲的慈爱,又甚觉惭愧和伤痛。

农村的生产劳动是艰辛繁重的。每年的"双抢"(抢收抢种)时节,正是一年中最酷热的七八月。母亲是起早贪黑地割稻、插秧、挑稻谷。在我的记忆中有几次,母亲因为在正午三十七八度的高温下割稻而中暑,邻居把我母亲抬回家来。母亲躺在床上,喘气急促,不省人事,我们兄妹几个围在母亲的身边哭喊。那是多么令人伤痛的凄惨情景!每年冬天的农闲季节,农村大修水利,上围堤挑土。围堤有几十米高,抬土的人从围堤的脚下要把一两百斤重的土抬到围堤上。在包产到户的年代,修堤的任务分到各家。因为父亲不能做这样的重活,而抬土又要两个人,所以母亲是独自一个人用两个箩筐挑土。有一次,母亲在围堤的半坡上摔下来,滚到坡下半天也爬不起来。母亲由此落下终身的残疾——腰腿痛,有时痛得不能直腰,不能站立。我今日在叙述这些往事时,虽然留下的记忆是支离破碎的,但仍难以抑制眼中的泪水。我的母亲太辛苦了!农民太辛苦了!这是时代的不幸,还是一个家庭的不幸呢?"看取青青池畔,泪痕点点凝斑。"

母亲已年老了,又患上高血压病,还有腰腿痛的残疾。我现在回去,看到母亲一天一天的衰老,想到她的青春岁月完全无私地献给了她的孩子们,内心充满了感动和感激之情,同时为她人生的苦难和不幸而悲悯。也许我是家中最大的孩子,母亲一直以来最疼爱我。我在外面谋生,她最不放心的也是我。她知道我在外面独自奔走辛苦,知道我往往把苦痛藏在心底而郁郁少欢。我每年回去两三次,坐在母亲的身边,听她叙述我小时候的往事。讲到伤心处,母亲流泪,我也跟着流泪。我又要回北京了,不知什么时候再能回来。母亲送我到岗上,再三叮嘱我不要总是到外面上课,要当心身体。我开始不愿回头,以免母亲不舍,走到母亲看不到我时,才回过头来,母亲还站在岗上。母亲,暂时别了,请您多多保重!我一定会抽出时间,多回几趟家,陪陪您,听您叙述那些百听不厌的心酸往事。

太史公司马谈在死别之际执其子司马迁之手曰:

　　　　且夫孝始于事亲，中于事君，终于立身。扬名于后世，以显父
　　　　母，此孝之大者。

孝始于侍奉自己的父母；中于事君，以治国、平天下；最终立身，以立
德、立功、立言扬名于后世，自己的父母也因此得到尊显，这是对父母
最大的孝。

二

　　我家是非常贫苦的，但父母仍然让我上学读书。我从小就不太喜欢
做农活，与同龄的孩子相比，我学习是比较勤奋刻苦的。母亲常欣慰地
说："国民不喜欢做农活，将来是要吃城里人饭的。"我的学校利和小
学，离我家约有六里路。每天早晨，母亲把米粥烧一滚，便下地做农
活。我稍等一会儿，即在锅里盛上一碗连汤带米的粥，但这也不能叫
粥，因为米都没有开心，还是一粒一粒的，米与水相分开。晚上回来之
后，也不干什么家务事，只是在家里做作业。母亲做农活很晚才回来，
从没有责备过我。

　　我十一岁时，有一个星期天，我下地捡花生，从岗上回家时，肩上
扛着一把大铁锹。因为脚下被绊了一下，大铁锹从肩上倒插下来，锹头
刚好扎在我右腿的后小胫上，深深地扎了一个两寸长的伤口。我一下跌
倒在地上，感到后小腿一阵阵剧烈的疼痛，看见鲜血汩汩地流了出来。
我当时疼痛难忍，又非常恐惧。我用手紧紧地握住伤口，鲜血染红了我
的手，顺着手指缝涌了出来。我强忍着剧烈的疼痛，爬回家，一路上留
下斑斑点点的血迹。父母都不在家里，我就坐在地上。我当时没有哭
喊，伤口已经麻木了，但我的理智是很清醒的。母亲回来了，把我背到
离家六七里的乡医院里，一路上母亲又痛又惧，又累又急，背不动我。
到了医院之后，医生也非常恐惧，幸好没有扎断后腿的主血管，也没有
削掉脚后跟。这真是不幸中的幸运，天意可怜我这一棵幽草。没有麻
药，医生就用弯弯的小钢针在我的后小腿胫上缝了十几针，那真是钻心

的疼痛。可能因为是自己造成的,所以我强忍着疼痛,没有叫出一声来,医生事后甚赞佩我的坚强。

在家待了一个星期,伤口拆了线,我便待不住了,坚决请求父母让我上学。但我的右腿根本不能吃力。父母背不动我,也没有时间。第一天早晨,我骑上水牛,母亲帮我牵着水牛绳,送我上学。以后,母亲没有时间,我自己骑着牛,请同学牵着。但牛的行走是相当缓慢的,牛也要干活,不能老是叫同学牵牛。等到伤口渐渐地好了一些可以稍微吃点力时,我便一拐一拐地走去上学。每天早晨早走,走不上半里,受不住右腿伤口的疼痛,便坐下来休息一会儿,在无人的地方,我便在地上爬行一段。晚上独自回来,有时到天黑。今天我在叙说这件事时,一面看着右腿后小胫上依然清晰的伤疤,一面心里还很后怕。从这件事里,我认识到自己意志的坚忍与对学习的爱好,也自怜自惜自己童年的不幸。

那时,我上学的学费令人烦恼。每到春节之后的正月十六上学,父母总是没有学费。我到学校,没有钱交学费,领不到新书。我常常与父母赌气不去上学。我缩在屋外的墙角边,不吃不喝,默默地流着眼泪。母亲劝我先去上学,并安慰说,舅舅很快会从安庆寄来学费。父亲患病,本没有什么好心情,有时发狠打我。我赌了一天的气,挨了打骂,心里又非常想上学;第二天,我闷闷上学。我日盼夜盼,舅舅终于寄来了钱,我领到了新书,老师已上了两三个星期的新课。

1980年7月的中考,我作为一个应届生(那时有许多复读生,即中专没有考上,再读初三,以期来年考上中专)考了327分,比中专线315分高。我考上了中专,从此有了铁饭碗,再也不用下田干农活了。这在当时是一件很大的喜事,尤其像我们家祖祖辈辈都在田里耕作。那时,中专线高于高中分数线,学生中专没有考上,才去上高中;且大多数农家孩子第一年没有考上中专,也不再读高中,此后连续多年复读,一直到考上中专为止。对于农家孩子来说,考上中专、捧上铁饭碗是他们的最大心愿。因此,复读在当时很盛行,考上中专的也大多数是复读生。在袁店中学,我是第一个应届生考上中专的,袁店中学的老师往往以我的勤奋好学勉励此后的学生。

但在上中专的过程中,我经历了人生的又一次苦痛。够上中专的分数线，要去体检。体检的前六七天，我即患病，身体非常虚弱。在检查脾脏时，医生用手摸，觉得我的脾脏比较大；接着做超声波，检查的结果是我的脾脏大了三公分。在我检查回来的第四天，上面通知下来，我的体检不合格，不能上中专。这对父母和我是一个沉重的打击：他们的希望破灭了，我心里充满回乡村干农活的恐惧。我们全家非常焦急，再三请求袁店中学的领导想想办法。接着，事情有了一些转机，上面再给我们一次复查的机会。这次复查的地点是地区市六安（当时肥西县隶属六安）。我正在病中，每天下午发烧，身体软弱无力，什么东西也不想吃，一闻到汽油味即感到恶心。父亲带着我，辗转乘车，辗转等待，辗转检查。我每到一个地方等待，即瘫坐在地上。我一点活气也没有，患病加上丧气，而我本来天性就不活泼。父亲的脾气也不好。我在昏昏沉沉中乘车、等待、复查。我现在对当时的记忆是非常混浊的。父亲回忆当初的情景，是连声感叹："可怜，可怜！"

复检的结果下来，我仍然不合格。我们全家彻底绝望，我去了安庆舅舅家。舅妈是安庆第二人民医院的医生。她一见病情，就知道我是在打摆子（疟疾），赶快带我到医院。我高烧四十度，病得很重。舅妈告诉我们，正是因为打摆子，所以脾脏才肿大。我这一次彻底铲除了疟疾的病根，以后再没有患疟疾。舅舅、舅妈在城里，眼界开阔，他们说不上中专更好，可以读高中，上大学，并与六安一中（六安地区的重点中学）的同事联系，我准备读六安一中了。但后来，父亲从家里赶来，非常高兴地说，肥西县教育局照顾我们几个没有通过体检的学生，全部录取在肥西师范。这对于父母是一件大好事，我也高兴。我时常在想，人生中有许多偶然的情况，决定了人的一生命运；个人也是十分渺小的，有许多事情并不是自己能做主的；如果当初我没有被录取到肥西师范，而是上了六安一中，凭着我的勤奋好学，应该考上了重点大学，且很可能做出了一番作为，也没有以后我人生之路的曲折坎坷了。我也认识到，人生中所谓的"幸"与"不幸"，并不具有确定性：在当时看来，录取在肥西师范是一种幸运；但长远地看，这也可能是一种不幸。

三

　　1983 年 7 月,我 19 岁,从肥西师范毕业,分配到我的母校袁店中学教书。我当时感到高兴,我成为一名教师,像培育我的恩师们一样教书育人了;且从此不再耕种田地,有了个铁饭碗。我在袁店中学认真教书,悠闲岁月,度过了一段平淡的生活。1989 年 11 月,我结了婚,似乎从此扎根乡村,安居乐业了。但我的心里是不平静的,常常涌出某种渴望,外面世界的神秘光影似乎在召唤着我。我当时不知道走哪条路,常常是郁郁寡欢。但我天性勤奋好学(请读者原谅我的不逊),在教书之余,通过函授和自学考试的方式,花费六七年的时间,完成了大专和本科的汉语言文学的学业。我又自学英语,刻苦钻研许国璋主编的《英语》四册、《新概念英语》四册,基本达到了硕士研究生的英语水平。

　　我喜欢冬天,喜欢冬天的萧瑟和荒寒的情境。故乡的冬景是令人怅惘的,一望无际的田野光秃秃的,十分空阔和寥落;田埂上残留的几株不知名的小野花在寒风中瑟缩颤抖着,是那样的孤独和渺小。我寂寞地望着田野,一直望断田野的尽头,在那遥远的远方应是繁华都市的精彩生活。我的心中无端地涌起一种热望,我要走出去,这里不是我生活的地方,我不喜欢中学教学的拘束,根本不能敞开自己的胸怀,畅言我想讲的内容。我住在学校后面靠近树林的房舍里。在寒冷的冬夜里,躺在床上,听着外面北风吹过树林的呼啸之声,我有一种莫名的悲凉,觉得自己被遗弃在这个偏僻荒寒的地方,恐怕永无出头之日。我不知道我的路在何方? 在那个时候,调动到镇上、县城是困难的。我的父母是农民,家里也没有什么关系,这条路是堵死了。我很少到县城、省城,信息不畅,不太知道外面的情况。大约在 1996 年,我才知道有考研的事。这在今日看来是十分可笑的,但我的家乡是封闭的,我本人的性情也是封闭的。

　　我知道,考研对于乡村的教师来说,是唯一一条走出去的路。我现在终于找到了自己的人生之路,我充满信心,充满渴望。我把整个身心全部投入到考研的复习当中。当时,没有老师辅导,没有补习班可上,也没有向人打听报考古代文学史要看什么书籍，如何复习。我独自一人在家，抱着游国恩主编的《中国文学史》四本、朱东润主编的《历代文学作品选》六本，反复阅读，潜心揣摩。我喜欢下雨天，故乡的雨绵绵不断，常常一下就是数日。在无边丝雨中，我的心里是异常平静而安宁，我细细地阅读古人的诗文，沉浸在他们的生活情境和感情世界中，自得其乐，欣然忘食。1997年岁暮，我第一次参加了硕士研究生考试。考英语的前夜，我借住在亲戚家的小屋里，因为寒冷冻坏了肚子，几乎一夜没有入睡，所以英语考得糊里糊涂。政治课以及三本专业课，考得尚好。那一年的春节，我是在焦急和期待中度过的。四月初，我拿到湖北大学寄来的分数条，总分333分，英语55分，我心里是一阵激动，知道自己的希望就要变成现实。我立即投入到复试的准备当中，又提前十天来到湖北大学，去图书馆借书学习，准备复试。我很顺利地通过了复试，幸运地跟从何新文教授攻读古代文学的硕士学位。我家乡周围中学的教师，考上研究生的也有数人，但像我这样是第一次报考即考上的教师，在当时就我一人。

我悲欣交集！我终于离开袁店中学，离开生我养我的家乡，离开我的父母和亲人，到外面繁华的大城市里开始我全新的生活。那时的我，更多的是激动和高兴，少有的是忆念和不舍。童年的回忆是苦涩的，似乎没有什么高兴的事。乡村生活的艰难和困苦，使我养成了个性的沉默孤独和郁郁寡欢。在袁店中学教了十多年的书，也是荒废岁月，寂寞而没有什么乐趣。虽然教书的声誉颇好，但并没有取得什么突出的成就。我从来就觉得，那不是我生活的地方，不是我的归宿。我的归宿是遥远的远方，是一条曲曲折折而绵延不绝的大路所指向的远方大都市，我当时不知道它的名字，不能确指它，那远方都市神秘陌生而又美好，令人神往。从1997年至2003年，我经历了六年的艰辛学习之后，终于找到了自己的归宿。我的归宿是在高校里默默耕耘：一方面沉浸在学术研究当中安身立命；另一方面教书育人，向大学生畅谈自己的知识学问，抒发自己的人生感慨。陶渊明《饮酒》曰：

栖栖失群鸟，日暮犹独飞。徘徊无定止，夜夜声转悲。厉响思清远,去来何依依。因值孤生松,敛翮遥来归。劲风无荣木,此荫独不衰。托身已得所,千载不相违。

我即是一只哀呼的失群之鸟,在人生之路的徘徊和追求中,终于找到了自己的归宿,"托身已得所,千载不相违"!

2003 年 7 月,我来到中国青年政治学院工作。学校的领导和老师们,给了我太多的关怀和帮助,学生们也给了我太多的支持和鼓励。我总是觉得,自己得到的太多,而付出的太少,这使我时常不安和惶惧。我希望以更多的努力和付出,求得心安。2009 年 4 月,拙作《"好学深思,心知其意"——司马迁〈史记〉二十讲》,获得了中国青年政治学院学术丛书出版资金的资助,我真诚地感谢学校,感谢给了我太多帮助的领导和老师们,从他们的身上,我确证了人性的善良和美好。拙作的出版凝结了我的恩师何新文教授、赵敏俐教授、尚永亮教授的许多心血,是他们引领我走上学术之途,并终于找到了我自己的人生归宿。他们良好的学术品格和君子风范,使我"仰之弥高,钻之弥坚",我竭尽己能,似有所立,但仰望夫子之道的卓然,尚有很大的一段距离。在拙作的出版中,我要真诚感谢中国社会科学出版社的编审黄燕生老师。黄老师为拙作的出版费了许多心力,我无名无势,却得到黄老师的格外关怀和惠顾。在同黄老师的亲切交往中,我进一步体悟到做学问的勤奋认真与做人的善良慈爱。我要感谢我的父亲和母亲,是他们养育了我。虽然我度过了并不愉快的童年少年,但在那艰难困苦的日子里,我深切地体会到人生的不幸,养成了坚强不屈的品性,知道自己的有限不足,懂得感谢感激他人,且在漂泊沉沦中不断挣扎向上,"未忍无声委地,将低重又飞还"。

2009 年 6 月 18 日